面向21世纪金融投资精编教材

国际结算

GUOJI JIESUAN

（第六版）

姜学军 编著

东北财经大学出版社 · 大连

Dongbei University of Finance & Economics Press

图书在版编目（CIP）数据

国际结算 / 姜学军编著. —6 版. —大连：东北财经大学出版社，
2025.8.—（面向 21 世纪金融投资精编教材）. —ISBN 978-7-5654-
5761-6

Ⅰ.F830.73

中国国家版本馆 CIP 数据核字第 2025U8969P 号

国际结算

GUOJI JIESUAN

东北财经大学出版社出版

（大连市黑石礁尖山街 217 号　邮政编码　116025）

网　　址：http://www.dufep.cn

读者信箱：dufep@dufe.edu.cn

大连东泰彩印技术开发有限公司印刷　东北财经大学出版社发行

幅面尺寸：185mm×260mm　　　字数：469 千字　　　印张：24.25

2025 年 8 月第 6 版　　　　　　　2025 年 8 月第 1 次印刷

责任编辑：石真珍　周　晗　　　　责任校对：吉　扬

封面设计：张智波　　　　　　　　版式设计：原　皓

书号：ISBN 978-7-5654-5761-6　　　定价：53.00 元

教学支持　售后服务　联系电话：（0411）84710309

版权所有　侵权必究　举报电话：（0411）84710523

如有印装质量问题，请联系营销部：（0411）84710711

第六版前言

被誉为全球贸易"血液系统"的国际结算，始终处于动态发展之中。近年来，全球经济格局的调整、数字技术的飞速进步以及国际法规和惯例的更新，无不深刻影响着国际结算业务的方方面面，使得国际结算业务更加便捷、高效。同时，随着我国的金融业对外开放持续深化，人民币国际化水平不断提升，稳居全球主要货币前列。党的二十大报告提出，有序推进人民币国际化。近两年的《政府工作报告》都提出，"保持人民币汇率在合理均衡水平上的基本稳定"。为了能够全面、准确地掌握这一领域的前沿知识和实践技能，反映人民币国际化的进展，我们修订了本教材。

本次修订在第五版的基础上，对内容和结构的编排进行了更新和优化，不仅系统阐述了国际结算的基本概念、原理和传统业务方式，还融入了数字技术在国际结算中的应用以及新兴的结算方式和工具。同时，紧密结合最新的国际惯例，通过丰富的实际案例和操作流程，帮助读者深入理解和掌握国际结算业务的核心要点与实践技巧。

作为教材，本书充分考虑到了在校大学生学习能力强但实践经验欠缺的特点，不过内容上并没有简化，同样适用于银行从业人员学习和参考。衷心希望本教材能够成为广大读者学习国际结算的得力助手，为推动我国国际贸易和金融事业的发展贡献力量。同时，由于国际结算领域发展迅速，教材中难免存在不足之处，恳请各位读者提出宝贵意见和建议，使之不断完善。

感谢中国银行辽宁省分行赵慧女士、大连分行邹瑞芳女士长期在业务上给予编者的指导和帮助，向敬业、专业的东北财经大学出版社的编辑们致敬！

编著者
2025 年 6 月

第一版前言

随着我国经济的不断成长与改革开放的深入，以及全球经济一体化趋势的加强，国际结算已成为我国商业银行的主要业务之一。国内银行将国际结算视为彼此间竞争的重要业务，一些国际性银行还把它作为支柱性业务，特别是外资银行的介入，使此业务的竞争日趋激烈。之所以如此，是因为和银行的资产、负债业务相比，属中间业务的国际结算具有风险小、收益高的特点。银行从事国际结算，不仅能得到稳定的业务收入和利息收入，而且可以带动银行其他业务的发展。我国从事国际结算的历史不长，以前只在属于外汇银行的中国银行开展，20世纪80年代中后期各银行业务交叉、专业分工被打破以后，随着股份制商业银行的崛起，此业务才在我国得以普及。国际结算业务的技术性、专业性强，是一项要求很高、较为复杂的业务，不但涉及不同国家当事人之间的关系，而且要熟悉相关国家的贸易特点、商业习惯、法律制度等，稍有不慎，就可能给银行及国家的信誉带来不利的影响。因此，如何和国际接轨、提高国际结算业务的质量、全面掌握其基本技能，是我们应认真面对的问题。而相关的理论、国际惯例、基本操作也是有关专业的学生所应掌握的。

本书是在原《国际贸易结算》（东北财经大学出版社1995年版）的基础上重新编写而成的，因为近几年来，国际结算的经济、技术、法律环境已发生了变化，高等院校的国际结算课程的内容也随之不断更新，重编本书的目的，就是满足知识更新的需要，使其能充分体现和反映国际结算领域的最新发展，使读者能站在此领域的最前沿，以适应实践的需要。

本书在编写过程中，从以下几个方面力求有所更新：一是在章节的编排上，更加符合教学规律，并将复杂的法规条文和操作规则简洁化，使之易学易懂；二是在内容上，将一些陈旧的观点和做法摒弃，对一些新的业务、惯例等做了较为全面的阐述，并加进了国际结算的风险及风险控制等内容；三是坚持理论和实践相结合的原则，具有一定的可操作性。因此，本书既可以作为高等院校的金融类教材，也可以作为银行、进出口企业相关人员的业务参考书。

本书共分四篇、十一章。在编写过程中曾参考了许多图书文献，中国银行辽宁省分行的杜学敏、徐玉华女士提供了许多单据和参考资料，在此深表感谢。

由于水平有限，书中难免存在不足和疏漏，敬请读者批评指正。

编著者
2000年5月

目 录

第一篇　导　论

第一章

国际结算概述

⚘ 本章提要

　　本章是对国际结算基本情况的概述，为后续章节的学习打下基础。通过本章的学习，要了解国际结算的演进过程、国内结算和国际结算的异同；掌握国际结算的概念和国际结算方式的具体内容；明确国际结算的研究对象、办理现汇结算的基本条件等。

第一节　国际结算的含义

一、国际结算的概念

　　随着国与国之间联系的加强，各种各样的国际交往必然增加，表现在政治、经济、文化等各个不同的领域。在这些交往中所产生的债权债务或其他资金授受必须在一定的时期内结清，如中国某公司向美国一商人出售一批货物，美国商人便成为债务人，中国该公司成为债权人，资金将从美国转移到中国。这种资金的国际性转移都是通过专门的机构——银行来完成的。经营外汇业务的银行使用某些结算方式和特定的工具，实现跨国界的资金收付与资金转移，就是国际结算。

　　引起国际结算的原因有很多，如国际贸易、提供或接受劳务、对外投资或利用外资、政府间的资金收付、旅游、赠款、出国留学等，它们都需通过银行来结算。由于国际结算业务涉及面很广，所以能否做好这项工作，不仅涉及银行自身的利益，而且影响各结算当事人的资金运转，甚至直接关系到一国的对外关系。

　　从微观上看，国际结算是银行的一项重要中间业务，与银行资产负债等信用业务不同的是，它并不使用自己的资金，而仅通过向客户提供服务的形式收取手续费，因此成本低、风险小。

　　不仅如此，开展国际结算业务对吸收存款、增加银行资金实力也有积极的影响，因为国际结算业务的增加必然带来结算存款的增加，而这部分存款的成本比储蓄存款和企业存款的成本要低得多，因此，国际结算业务一直是各银行竞争的焦点。哪家银行提供的结算服务质量高，哪家银行就能赢得更多的客户，从而获得更快的发展。也正因如此，各银行在开展国际结算业务的同时，还为客户提供各种融资服务，帮助客户解决资金周转方面的困难。与国际结算相关的融资活动具有时间短、风险小、收效快的特点，并且符合银行资产流动性、安全性和盈利性的原则，所以对改善银行的资产质量有积极的作用。国际性商业银行在其资产业务中对贸易融资的投入都是比较大的，这也在一定程度上反映出贸易融资的地位和效应。

　　从宏观上看，国际结算使国家间的货币收付及时实现，债权、债务按期结清，资金流动得以顺利进行，这对促进一国与他国的经济、贸易、金融的合作、交流和发展均发挥着积极作用。

国际结算作为一门新兴的国际经济学科，以各种结算方式以及作为媒介的各种结算工具为研究对象，目的是安全、快捷地为客户完成国际货币收付结算。

二、国际结算的种类

国际结算业务的分类，是由产生结算业务的交易决定的。由于一切国际交易都反映在一个国家的国际收支平衡表中，所以国际结算的种类可通过国际收支平衡表上的项目来说明。国际收支平衡表包括三个部分（账户）：经常账户、资本和金融账户、错误与遗漏账户。除错误与遗漏账户外，前两个账户所反映的项目都属于国际结算的业务范畴。

经常账户包括货物、服务、收入和经常转移四个部分。

货物反映的是以离岸价为基准的有形商品的进出口贸易，它是国际收支中最重要的项目，也是国际结算的主体，为"货物"进行的结算称为国际贸易结算或有形贸易结算。

服务包含的主要内容有：加工服务；维护和维修服务；运输；旅行；建设；保险和养老金服务；金融服务；知识产权使用费；电信、计算机和信息服务；其他商业服务；文化和娱乐服务和别处未提及的政府服务。其中，运输、保险和金融服务所发生的费用是由贸易引起的，被称为贸易从属费用，此服务收支项目的结算业务被称为无形贸易结算或服务贸易结算。

收入部分是1993年从服务项目中分离出来的，包括雇员报酬、投资收益和其他三部分。

经常转移部分包括政府及个人转移，如经济和军事援助、战争赔款、捐款、侨汇、年金、赡养费等。

经常账户的后两部分以及资本和金融账户（对外投资、筹资、外汇买卖等）的结算被称为非贸易结算。

总之，我们把凡是国家间因货物贸易而产生的货币收付和债权债务的结算称为国际贸易结算；把由服务贸易、收益转移、经常转移和资本转移、金融交易等引起的货币收付的结算称为非贸易结算。

根据WTO发布的数据，在WTO成立后的30年间，全球贸易总额持续增长，从1995年至2023年年均增长5.8%，几乎增长了5倍。服务贸易的增长速度高于货物贸易，年均增长6.8%，而货物贸易年均增长5.5%。从专业学科的角度来看，国际贸易结算是国际结算业务的重点，这是由贸易结算在整个国际结算中所处的特殊地位决定的。贸易结算是和商品的买卖联系在一起的，存在着钱和物的对流。商品经济发展到今天，大部分的交易不可能还是一手交钱、一手交货地同时两讫，尤其是在金额大、货物数量多、运输时间长的国际贸易中，一般是卖方先发货，买方后付款。为了安全、顺利地结算，一般都要通过一些经营外汇业务的银行，也就是外汇银行来进行。银行在帮助结算货款时，要使用信用证、保函、托收等结算方式，这样就使贸易结算比非贸易结算在操作上更为复杂，在内容上它几乎包括了国际结算所有的方式和手段。所以，掌握了贸易结算，非贸易结算就不在话下了。

三、国际结算的基本条件

所谓国际结算的基本条件，是指对国际结算的手段工具、时间地点和方式方法等所做的基本规定。其主要包括以下几个方面：

（一）货币条件

国际结算中使用的货币可以是出口国货币、进口国货币，也可以是第三国货币，无论哪一种货币，都必须是可兑换货币。因为只有使用了可兑换的货币，才能以持有的某一种货币的债权来抵付另一种货币的债务。

可兑换货币有软、硬之分，从贸易商的角度看，进口最好用软币支付，出口则最好使用硬币收款。但使用何种货币是交易双方共同决定的，不能一厢情愿。所以，选择货币除考虑汇率走势以外，还要结合商品的供求状况、价格及利率进行综合考虑，尤其是利率，因为软币的利率往往较高，硬币的利率通常较低。

（二）时间条件

时间条件是指结算中支付款项的时间安排。根据付款与交货的先后关系，支付时间的选择有预付货款、货到付款、分期付款三种。

1.预付货款（Payment in Advance）

预付货款是指买方将货款的一部分或全部预先交给卖方，卖方收到后再发货。实务中常见的是只预付一部分，作为买方保证货到后付款的定金。这种付款时间的安排显然是对卖方有利的。

2.货到付款（Payment After Arrival of Goods）

货到付款是指买方收到货物后在一定时间内向卖方支付货款，这是目前市场上普遍采用的支付时间选择，也叫延期付款（Deferred Payment）。

3.分期付款（Payment by Instalments）

分期付款是指买方在一定时期内分期向卖方支付货款，每期支付的日期和金额均在合同中订明，多用于资本性商品的结算。由于资本性商品的金额、交货期长，分期付款可减轻买方资金上的压力。

（三）结算方式

结算方式有汇款、托收、信用证、保函和保理。不同的结算方式，对款项的安全和资金周转的影响是不同的。汇款和托收属于商业信用，信用证、保函和保理属于银行信用。在国际贸易中，"信用"是指在货物的交接和货款的支付上由谁承担付款和提供货物所有权单据的责任。在汇款和托收项下，买方负责付款，卖方负责提交装运单据；在信用证项下，银行代表买卖双方负责付款和提交单据。采用何种结算方式，应根据商品情况、市场情况、双方当事人的资信情况而定。结算方式可以单独使用，也可以结合使用，如信用证与汇款、信用证与托收、汇款或托收与保函/备用证结合等。

1.信用证与汇款结合

它是指一笔交易部分用信用证方式，余额用汇款方式结算。例如，成交的货物是散装货，对此，信用证规定支付货款的90%，余额待货到目的地（港）后按检验的实际数量用汇款方式支付。

2.信用证与托收结合

它是指部分货款用信用证方式，余额用托收方式结算。通常的做法是，信用证规定受益人（出口商）要开立两张汇票，属于信用证项下的部分货款凭光票支付，而其余额则将货运单据附在托收的汇票项下，按即期或远期付款交单方式托收。信用证中的条款如下：50% of value of goods by irrevocable letter of credit and remaining 50% on collection basis at sight, the full set of shipping documents are to accompany the collection item. All the documents are not to be delivered to buyer until full payment of the invoice value。

采取这种两种方式结合的结算方式，出口商的收汇较为安全，而进口商的保证金也少交，对双方均有利。

3.汇款或托收与保函/备用证结合

汇款和托收是建立在商业信用基础上的结算方式，有一定的风险，如果与保函/备用证结合起来使用，一旦汇款项下预付货款的买方或货到付款的卖方没有收到货或未能收到款，或跟单托收被拒付，就可凭保函/备用证所列的条款进行追偿。

（四）代表货物所有权的单据

单据在国际结算和国际贸易中占据重要的地位，因为单据代表着货物，买方是凭单付款而非凭货付款，而卖方在货物出运后拿到代表货物所有权的提单就可以向当地银行进行融资。所以，在国际贸易结算中，不论采用何种方式，都有一个单据交接的问题。单据的交接就代表了货物的交接。

四、国际结算和国内结算的异同

结算是一种货币收付行为，分为现金结算和转账结算两种。直接以现金支付的称为现金结算；通过银行账户进行款项划拨的称为转账结算。前者是由货币发挥流通手段职能产生的；后者是建立在货币发挥支付手段职能的基础之上的。按区域，又可把结算划分为同城结算、异地结算和国际结算。因此，国际结算和国内结算从本质上看是相同的，都是通过一定的方式为买卖双方进行债权、债务的结算以及其他的款项支付与收受，只是在空间上有差别，即国际结算是跨国进行的，而正是这种地理位置上的差别，使国际结算比国内结算在内容、方式、方法等方面更为复杂，明显的区别有以下几点：

（一）使用的货币不同，存在汇率风险

在进行国内结算时，买卖双方只使用一种货币，即人民币，因此没有汇率风险。但在国际结算中，由于各个国家使用的是不同的货币，需进行货币的兑换，在国际金融市场变化多端的情况下，汇率在不断变动，这样便产生了风险。在签订合同时价格也许是适宜的，但若汇率发生了变动，则盈利可能立刻就转为亏损，或从亏损转为盈利。例如，2015 年 8 月 11 日，央行宣布调整人民币汇率中间价的报价机制为参考"收盘价+一篮子货币"，当天人民币对美元中间价由 6.1162 下调 1 136 个基点至 6.2298，一夜之间，某出口公司 100 万美元的货款立即增加了 113 600 元的人民币收入。同样，如果是进口支付 100 万美元，则要多付 113 600 元。不仅人民币与外币之间是这样，外币之间也存在这样的汇率风险，因此，在国际结算中使用什么货币便成为买卖双方最关心的问题之一，尤其是在汇率动荡的情况下。

（二）产生国际结算风险的原因复杂

不论是国内结算还是国际结算，都存在风险，如信用风险，这是由于一方当事人的信用出现问题而给另一方造成损害的可能性。对于卖方来说，可能是买方单方面撤销订单以及无力或不愿意支付货款；对于买方来说，可能是卖方不交货或交货不合格等。但在从事国际结算时，除了面临信用风险外，还有政治风险及前面提到的汇率风险。政治风险是指由于一方当事人所在国的政策、法律发生变化而给另一方造成损害的可能性，如政府禁止某些商品的进口或出口，从而使已签订的合同无法履行等。而产生这些风险的原因又是极其复杂的，不仅包括政治、经济形势的变化，还有投机等因素，因此风险种类多、背景复杂。

（三）法律和习惯不同

一笔国际结算业务至少涉及两个国家的不同当事人，因此要面临两种法律体系的冲突。仅以票据法为例，各国都制定了相应的票据法，但其中的规定差别很大，如对票据金额的大小写要求，意大利、瑞士等国家规定，当发现不一致时，以小写为准，而德国、英国、美国则要求以大写为准。至于票据的签名与盖章究竟采用哪种做法是有效的，迄今为止各国仍争论不休，英国认为要手签才生效，而其他国家无明文规定，联合国 1982 年制定的《国际流通票据公约（草案）》规定，签字包括盖章、标记、复制、针孔、制字或其他机械方法等。除法律规定外，国际结算中还涉及许多国际惯例，这些惯例的约束力虽然有赖于当事人的自主选择，但基本上已被各国普遍遵守，所以从事国际结算必须了解和熟悉这些惯例并熟练运用，否则将产生麻烦和纠纷。

（四）国际结算的环节多、难度大

一笔国际结算业务不仅涉及两个国家的当事人，而且要通过两个国家（或两个以上国家）的银行来划拨转账，当事人多，任何一个经手人的疏忽都可能影响及时、安全收汇。若由银行控制单据，则要涉及对单据的审核、交接及融资等，而且各国的语言不同，对函电往来的文字、格式的要求各异，因此国际结算的技术性更高，和国内结算相比，不仅结算方式复杂，而且操作的难度也较大。

第二节　国际结算的演变及发展趋势

一、国际结算的演变

国际结算起源于国际贸易，并随着国际运输、保险、国际货币、法律的发展以及科技的进步而不断向更科学、更高效和更安全的方向演进。

（一）易货贸易

国际结算起源于何时，很难加以考证，但国际结算起源于国际贸易却是人们公认的。国际贸易属于历史范畴，是人类社会发展到一定阶段的产物，只有社会生产力和社会分工有了发展，能生产出可供交换的剩余产品并且形成国家后，才产生了国际贸易。这样看来，人类社会进入奴隶制社会后便开始在国与国之间进行商品交易了，由此产生了国际结算。

最初的国际结算是通过以物换物来实现的，即易货。易货作为一种贸易方式，其价值的实现过程和结算过程是统一的，商品交换的完成即结算的结束，这是一种原始落后的结算方式，体现了当时商品交换的特点，其实它在原始社会内部就产生了。在封建社会，由于自然经济占统治地位，商品流通不发达，所以易货这种方式随处可见。明代初期，郑和七次下西洋所从事的贸易就是易货贸易，以丝绸、瓷器、铜器、铁器等交换西非各国的珠宝、象牙、香料、药材等。即使是在商品经济高度发达的今天，局部地区或特殊情况下，依然存在着易货贸易方式。

（二）现金结算

要使易货贸易顺利实现，必须满足两个基本条件：一是交易双方在需求上必须互补；二是交易双方在时间上必须统一。因此，易货只有在双方需求和时间上达成一致时才能完成。随着商品经济的发展，加入交换的商品和人越来越多，若依然以易货为主，就会使交换过程效率过低、成本太高，特别是在国际贸易中，其困难程度是不可想象的。一位欧洲商人在19世纪70年代到非洲旅行，在坦噶尼喀湖畔想租一条船，他描述了这样的情形："交租金的方式是十分有趣的，斯德的代理人要我用象牙支付，但我没有象牙。这时我发现穆哈默德·沙里布有象牙，但他需要布匹，而我已经将布匹换成了其他东西。当时我束手无策。后来，我听说沙里布需要铜钱，而我正好有铜钱，于是我给沙里布一些铜钱，他给斯德的代理人所需要的象牙。这样，我才租到了船。"

因此，继易货之后，就出现了以货币为媒介的现金结算。不过，现金结算并没有完全替代易货，在很长时间里二者共存。从时间上看，公元前5世纪时，便开始有了初级阶段的现金结算，主要以输送黄金、白银来进行。现金结算冲破了物物交换的局限性，因为用货币作为商品交易的媒介，人们普遍更愿意接受，国际贸易也能以比以前更高的效率进行。

（三）非现金结算

非现金结算是现金结算的对称，也叫转账结算，是指不使用现金，通过银行转账的方式实现的结算。票据是非现金结算的主要工具。

14—15世纪，资本主义的萌芽开始出现，地中海沿岸成为欧洲的贸易中心。15—16世纪，贸易中心转移到大西洋沿岸，殖民地的不断开拓使葡萄牙的里斯本、西班牙的塞维利亚、比利时的安特卫普、英国的伦敦等先后成为繁华的国际贸易港口，它们的贸易范围远及亚洲、非洲和美洲。随着贸易的扩大，以运送白银、黄金了结债权、债务的方式已不能适应国际贸易的需要。由于运送白银、黄金的风险大，清点不便，既浪费时间又积压资金，于是商人们开始使用"字据"来代替白银、黄金，这个"字据"就是票据的前身。国际结算的业务量越大，使用票据的优越性就越能显现出来，它不仅避免了风险，而且节省了时间和费用，从而促进了贸易的发展。可以说，票据的产生使贸易结算出现了革命性的变化。如14—15世纪，威尼斯、热那亚、佛罗伦萨等意大利的一些重要商业城市出现了早期的银行，开始使用汇票，通过办理汇兑业务从事非现金结算。但受当时生产力水平的限制，加之交通、通信的落后，国际贸易的规模、范围以及商品的种类都有很大的局限性，同时货币、银行业也不发达，真正意义的现代银行还未产生，所以非现金结算只是部分取代了现金结算，并未占主导地位。

18世纪后半期，资本主义有了较快发展，大工业生产代替了小手工作坊和个体生产方式，导致生产力空前提高，产品大大增加，商品经济的迅速发展为国际贸易的发展提供了物质基础。同时，随着科学技术的进步、交通和通信设施的不断完善，国家间的距离被缩短，国际贸易活动几乎遍布全球，国际政治、文化等的交往和交流也越来越多。在资本主义的发展过程中，国际结算逐步以非现金结算为主，并出现了下列几种变化：

1.银行成为国际结算的中心

本来，票据是由买卖双方直接授受来结算的。现代资本主义银行取代旧式高利贷银行以后，由于银行的资信高于任何一个商人，买卖双方的直接结算演变为通过银行进行间接结算。银行之所以能成为国际结算的中心，完全是由其性质和职能决定的。银行不仅信誉卓著，而且拥有庞大的分支网络，在主要的城市都设立了分支机构，其代理行更是遍及世界各地。由于在各分行和代理行开立了不同货币的账户，它们就可以买进债权人开立的不同货币和不同支付期限的汇票，也可以代替债务人以各种方式汇出各种货币，并且向客户提供资金方面的融通。为使资金能够安全、迅速地转移，银行不断更新设备、提高服务质量、推出新的结算方式和结算工具。这样一来，以银行为中介的国际结算在20世纪初逐渐得以普及，从而使银行成为国内和国际结算的中心。

2.国际结算的依据是单据而非货物

18世纪后期，科技的发展使整个国际关系发生了深刻的变化：社会分工迅速向国际领域扩展，运输业、保险业及银行业纷纷成为独立的部门。由于银行信誉卓著，令买卖双方都愿意通过银行来办理结算。商人们也不再自己驾船出海，而是委托船东运送货物，船东们为了降低风险，又向保险商投保，这样，提单、保险单等相继问世。为了明确买卖双方的责任，票据、提单、保险单逐步定型化，并成为可转让的流通凭证。与此同时，FOB、CIF等价格术语也已形成并为许多国家共同遵循。这种变化首先是给国际贸易的做法带来深刻的影响：买卖双方"凭单付款"的合同代替了以往"凭货付款"的合同，到19世纪末20世纪初，这种"凭单付款"就已相当完善了。买方之所以可以凭着单据付款而不是货物，是因为单据代表了货物，进而银行履行付款义务的依据也变成了单据而非货物。例如，在使用信用证时，只要出口商能提交符合信用证规定的单据，开证银行就必须承担付款的责任，而不管货物如何；反之，货物符合合同规定而单据与信用证要求不符，开证银行就可以拒绝付款。这种做法，可使银行免于介入买卖双方的贸易纠纷中，并且使不熟悉商品专业知识的银行能非常方便地办理国际结算。由于单据代表着货物，银行就不再简单地替买卖双方结算，它可以用单据作为质押向进出口商提供资金融通。如银行凭相符的单据垫付货款给出口商，再凭单据向开证行或进口商索取货款归还垫款。

3.单据的传递速度加快

为了减少单据的在途时间，银行普遍使用快邮来寄送单据。快邮是比一般航邮更为快捷的递送方式，这种方式严格按照预先确定的计划赶班发运，运输衔接紧密，并且是专人负责、优先处理，具有迅速、准确、安全、方便的特点。各个国家都有办理快邮业务的专业公司，比较知名的公司有中国的EMS（邮政速递）、美国的FedEx（联邦快递）及德国的DHL（敦豪）等。

（四）电子结算

自20世纪后期开始，随着科技的飞速发展，国际结算进入电子结算阶段。现代化通信设备和信息技术在贸易、银行、保险等行业的普及应用，使国际结算业务朝着无纸结算的方向发展，国际结算变得更为快捷和安全。

二、目前国际结算的特点和发展趋势

国际结算经历了几个发展阶段，由最初的易货结算、现金结算发展到通过各国商业银行转账结算。可以说，每个阶段都不同程度地缩短了国际货币收付的时间，提高了结算的安全性。为了使银行能更有效地为国际贸易服务，目前的国际结算领域呈现出以下几个特点和趋势：

（一）国际结算与贸易融资的结合更加紧密

贸易融资是指围绕国际贸易结算的各个环节发生的资金融通。这项业务不仅可以使银行获得利息收益，而且可以改善银行的资产质量，所以现代国际结算越来越突出了其与贸易融资紧密结合的特点。不论是出口商还是进口商，只要符合规定的条件，即可从往来的结算银行获得短期及长期的资金融通，这既能提高贸易的成交率，又能增加商品在市场上的竞争力，而银行亦会从中受益。

为适应市场的快速变化、满足客户的要求，银行不断推出方便、快捷的融资方式。例如，在传统的押汇、贴现、授信等业务的基础上，又出现了仓单融资、订单融资和现货融资等新的贸易融资方式，从而大大地方便了贸易，促进了贸易的发展。

（二）国际结算的电子化程度加深

随着科学技术的发展，特别是高科技电子技术应用于银行后，银行结算的过程发生了深刻的变化，其特点是工作效率加快、差错减少，而业务数量却大量增加。由于国际结算涉及国与国之间的往来，不但包括银行与国外分支行的往来，还涉及各国代理行的往来，单据的流转环节多，资金调拨复杂，所以用电脑来处理，这样可以加速资金与单证的流转过程，使结算中的在途时间最大限度地减少，从而节约资金占用，减少利息支出。

1.清算系统简介

清算指的是银行间的汇兑交割，当一国货币已经或即将成为国际性货币时，清算便从国内扩展到国外。跨境清算通常需要国内清算的配合，并以国内清算为基础来进行。目前全球范围内比较有代表性的清算系统有以下几个：

（1）CHIPS，"美国同业银行收付系统（Clearing House Interbank Payment System）"的简称，成立于1970年夏季，是全球最大的私营支付清算系统，由纽约清算所协会（NYCHA）经营，主要进行跨国美元交易的清算，成员有纽约的商业银行、埃奇法公司、投资公司以及外国银行在纽约的分支机构。每天，世界各地的美元清算最后都要直接或间接地在这一系统中处理，它承担着世界各国95%的美元清算，一天的处理金额高达约1.8万亿美元。

CHIPS的成员分为清算用户和非清算用户两类，前者在联邦储备银行设有储备账户，能够直接使用CHIPS系统实现资金转移；后者则必须通过某个清算用户作为代理行，在该行建立账户实现资金清算。为了方便识别每一笔美元收付，防止误付的出现，CHIPS建立了一套通用的代号并分配给每个成员银行，成员银行在使用CHIPS时，必须使用规定的代号或号码，否则将被视为不合格的付款，须承担更多的费用。为了最大限度地提高各国金融机构美元支付清算资金的流动性，从2001年起该系统采用了多边和双边轧差净额机制实现支付指令的实时清算，实现了实时全额清算系统和多边净额结算系统的有效整合。

（2）CHAPS，"英国伦敦同业银行自动收付系统（Clearing House Automated Payment System）"的简称，是全球最大的大额实时清算系统之一。该系统于1984年开始使用，不仅是英国伦敦同城的清算交换中心，也是世界所有英镑的清算中心，由英格兰银行运营。目前，有超过35家直接参与者（参加行），以及数千家金融机构通过直接参与者提供的支付、清算和结算服务来使用该系统。2017年5月，中国银行伦敦分行成为CHAPS系统的直接参加行，是第一家参加该系统直接清算的亚洲银行。

知识拓展

CHIPS的工作流程

CHAPS提供以英镑和欧元计值（1999年实施）的两种独立性清算服务，其中欧元清算与欧洲统一支付平台TARGET连接。因此，CHAPS系统的成员可以在同一个平台上办理国内英镑支付和跨国欧元支付，确保了英镑和欧元在伦敦金融市场交易中具有同等的计值地位。

（3）TARGET，"泛欧实时全额自动清算系统（The Trans-European Automated Real-time Gross Settlement Express Transfer System）"的简称，是为欧盟国家提供实时全额清算服务的一个系统。1999年1月正式启用，由欧盟成员国的实时全额支付系统（Real Time Gross Settlement，RTGS）、欧洲中央银行的支付机构（EPM）和相互间连接系统（Interlinking System）构成。2007年11月TARGET2启动，并于2008年5月取代第一代TARGET。

该系统通过确保支付和市场基础设施的顺利运行，在维护欧元区金融稳定方面发挥着关键作用。它实现了欧元的国内和跨境支付无差别处理，缩短了支付链条，提高了清算效率，降低了支付成本，增强了系统运行的稳定性

（4）CIPS，"人民币跨境支付系统（Cross-border Interbank Payment System）"的简称，是为境内外金融机构人民币跨境和离岸业务提供资金清算、结算服务的重要金融基础设施。由跨境银行间支付清算有限责任公司（CIPS Co., Ltd., 简称跨境清算公司）负责开发运行维护。CIPS（一期）于2015年10月正式上线运行，CIPS（二期）于2018年5月全面投产。（详见第八章第二节）

（5）FEDWIRE，"联邦储备通信系统（the Federal Reserve Wire Network）"的简称。该系统于1913年建立，为美国联邦储备银行所有，其任务之一是为美国银行体系创建统一的支付清算系统。从1918年开始，该系统为银行提供了跨行票据托收服务，跨地区票据托收通过FEDWIRE调拨清算净差额。随着银行业务对支付系统需求的不断扩大，以及电脑电信技术的广泛应用，FEDWIRE已成为拥有1.1万多家成员银行、7 000多家联机收付机构的全国电子系统。1980年以后，所有符合联储存款保险条例要求的存款机构都可以直接使用FEDWIRE。FEDWIRE的主要功能包括资金转账、交易清算、票据处理和证券簿记，是一个实时全额结算服务系统。

（6）SPFS，"俄罗斯央行金融信息传输系统（Financial Messaging System of the

Bank of Russia）"的简称。它于2014年开始开发，以应对可能被切断与SWIFT连接的风险。2022年西方国家对俄实施SWIFT禁令后，SPFS在帮助俄罗斯维持金融稳定和进行跨境交易方面发挥了重要作用。

2023年3月，俄罗斯央行规定从当年10月1日起，俄罗斯各银行在境内进行的资金转账时必须使用俄罗斯国内的平台和金融基础设施进行金融信息传输，这进一步推动了SPFS在俄罗斯国内的应用。据2024年1月17日的报道，已有20个国家接入SPFS系统，用户包括557家银行和公司，其中159个为国外法人。这显示了SPFS系统的国际影响力正在逐渐扩大，尽管它在用户数量、使用频率和范围上远不及SWIFT。

另外，作为全球重要金融中心的东京有4个主要的银行间支付清算系统，分别是：日本银行（日本的中央银行）负责管理和运行的BOJ-NET（日本银行金融网络系统）和FXYCS（外汇日元清算系统）两个大额支付清算系统；TBA（东京银行家协会）管理运行的BCCS（汇票和支票清算系统）和Zengin（全银数据通信系统）两个小额支付清算系统。其中，BOJ-NET在东京甚至整个日本支付清算体系中处于核心和枢纽地位。

香港金融管理局、汇丰银行、渣打银行也分别建成了港币、美元、欧元三个实时支付清算系统并实现了全面联网，使得在中国香港一地就能够同时完成三种货币的PVP（Payment Versus Payment）同步交收清算。其中，2000年香港金融管理局和汇丰银行共同建立的美元/港币外汇交易PVP机制，是世界上第一个跨币种支付撮合处理模式，确保了美元和港币的同时结算，并且清算系统中交易后的货币能够立即投入使用。

2.SWIFT

SWIFT的全称为"全球银行金融电信协会（Society for Worldwide Interbank Financial Telecommunications）"，其总部设在比利时首都布鲁塞尔，于1973年5月成立，1977年9月正式启用。它属于国际银行业间的通信系统，为世界范围内的机构间交换金融交易提供信息传递和通信标准，是一个非营利性的国际合作组织，可处理多种货币的电文。其创始会员为欧洲和北美洲15个国家的239家大银行，后来会员数逐年迅速增加。从1987年开始，非银行的金融机构，包括投资公司、证券公司和证券交易所等也加入进来。目前，全球已有200多个国家和地区超过11 000多家金融机构连接使用SWIFT。

SWIFT的宗旨是"使其用户能够安全/可靠地交换自动化、标准化金融信息，从而降低成本及运行风险，并消除操作低效问题"，服务内容包括全世界金融数据传输、文件传输、直通处理（Straight Through Process，STP）、撮合、清算和净额支付服务、操作信息服务、软件服务、认证技术服务、客户培训和24小时技术支持。它每天24小时运行，只要会员银行的设备正常，任何时候都可接收电报，而且速度极快，发出电子信息一两分钟内就会有收电银行的回应。它的保密性能好，可自动编制与核对密押，不会丢失。SWIFT的费用较低，同样多的内容，SWIFT的费用只有TELEX的18%左右、CABLE的2.5%左右。

SWIFT对收发电信规定了一套标准化的统一格式，各种不同的业务使用不同的发报格式，如MT103是客户付款格式，MT200是银行头寸调拨格式，每种格式里面又规定了不同的项目（FIELD）以区分电文内容。例如，50 ordering customer就是一个项目，50是项目的代号，可以由2位数字表示，也可以由2位数字加上字母表示，如52a ordering institution。不同的代号表示不同的含义。项目还规定了一定的格式，各种SWIFT电文都必须按照这种格式表示。在SWIFT电文中，一些项目是必选项目（Mandatory Field），一些项目是可选项目（Optional Field）。项目代号由2位数字或2位数字加一个小写字母后缀组成，该小写字母后缀在某一份电文中必须由某一个规定的大写字母替换。例如，项目"52a"在某一份电文中可能成为"52A"，在另一份报文中则可能成为"52B"。带上不同的大写字母后缀，其含义和用法也就不一样了。

SWIFT需要会员资格，包括三种类型，分别为会员（股东，Members）、子会员（Sub-Members）以及普通用户（Participants）。会员拥有协会的股份，可享受所有的SWIFT服务，并且拥有选举权；超过90%的用户属于Sub，他们能够全权访问整个系统，但是不拥有股份和选举权；普通用户只享有与其业务相关的服务，主要来自其他类型的金融机构，如证券中介、投资管理公司、基金管理公司等。

中国银行于1983年加入SWIFT，是SWIFT组织的第1 034家会员银行，并于1985年5月正式开通使用。之后，各国有商业银行及上海证券交易所和深圳证券交易所也相继加入。20世纪90年代后，中国所有可以办理国际银行业务的外资银行以及地方性银行均加入了SWIFT，SWIFT的使用也从总行逐步扩展到分行。

1995年，SWIFT在北京电报大楼和上海长话大楼设立了SWIFT访问点（SWIFT Access Point，SAP），分别与新加坡和中国香港的SWIFT区域处理中心主节点连接，使中国内地用户使用SWIFT更加安全、可靠。

3.EDI的应用

EDI（Electronic Data Interchange）即电子数据交换，是一种在企业、机构之间，通过计算机通信网络，以标准化的电子格式，实现商业文档、数据自动交换和处理的技术。它将传统的纸质文档如订单、发票、发货通知等转换为电子格式，在不同的计算机系统之间进行传输和处理，从而实现业务流程的自动化和高效化。EDI起源于20世纪60年代末的美国，到80年代美国和西欧发达国家已经在采用EDI方式进行贸易，90年代初，EDI就以突飞猛进的势头迅速发展起来。

EDI的优势在于：①速度提高。使用EDI技术，开证、交单、传递单据及资金的转移都可在瞬间完成，大大提高了国际贸易和国际结算的效率。②费用降低。传

知识拓展

SWIFT的利弊

统结算中的制单费用很高，20世纪80年代，美国制作一份单据的费用为55美分，而用电子方式来完成只需5美分。③安全性提高。这主要表现在资金的转移上，使用EDI方式，货款直接由进口商的账户移至出口商的账户，可更有效地防范伪造签名、诈骗等。④银行工作效率提高。例如，在使用跟单信用证支付时，必须做到单单一致和单证一致，这是一项复杂烦琐的工作，长期以来一直是手工操作，所以单证不符的情况相当严重。据报，我国有一半的单据制作是有问题的；在英国，也有30%的单证被银行指出存在不符点。应用EDI后，大量纸面单据的消失将使银行从繁重的审单、转单工作中解放出来，有效地减少文件处理中的错误。同时，标准化单据的采用，也使审单工作相对容易和方便。

随着量子计算机的发展，传统加密算法可能受到威胁，为保证EDI数据交换的安全，人们开始使用抗量子计算机加密证书（PQc证书）加密通信，进行互联网EDI的连接验证。例如，佳能信息系统有限公司（Canon IT Solutions Inc.，简称佳能ITS）开发了PQc网关服务器，并在两个服务器中都嵌入了PQc证书，以便使用Internet EDI协议进行加密通信。

EDI系统在数据处理能力和速度上也不断优化。一些新的EDI解决方案通过采用更先进的算法和架构，能够快速处理大量业务数据，提高了交易的执行效率，有的EDI系统可以实现实时数据传输和处理，减少了交易的延迟。

（三）国际结算的规则日趋完善

各国银行在办理国际结算业务时，由于各方当事人对权利、义务和责任有各种不同的解释，不同的银行也在具体的做法上有不同的习惯，因而常常产生误解，造成争议和纠纷。为了避免这些情况的发生，在长期的国际结算实践中，逐渐形成了一些习惯做法，用以调节当事人之间的关系，规范其权利和义务，解决其争议和纠纷。这些习惯做法最终由国际商会等加以归纳和整理，编撰制定出了被普遍接受和采用的国际惯例。随着经济与科技的发展，贸易及结算的规则日趋完善，相关规则不断被修订，如1995年的《托收统一规则》（国际商会522号出版物）、2007年的《跟单信用证统一惯例》（国际商会600号出版物，UCP600），2010年的《见索即付保函统一规则》（国际商会758号出版物），《2020年国际贸易术语解释通则》（IN-COTERMS 2020），2021年的《见索即付保函国际标准实务》（ISDGP），2023年的《国际保理通用规则》（GRIF 2023）等。这些规则不仅促进了贸易和结算向规范化和标准化方向迅速发展，而且也使各国的结算方式逐步趋向统一，各国商业银行的业务处理也趋于一致，为当代国际经贸及其他方面往来的发展奠定了基础。

（四）国际结算的复杂化使结算的难度加大

国际结算的复杂化主要表现在结算工具的多样化、结算方式的多样化、结算内容的多样化和结算对象的多样化等方面。例如，结算时所需的单据包括了商业、保险、检验、多式运输等，以及双方国家管理机构所规定的各种单据。结算方式往往结合起来使用。例如，交易大型成套设备采用汇款中的预付和延期付款信用证；以投标方式采购大型成套设备时需开立投标、履约、预付款保函，有时还要开立信用证，或用备用信用证代替保函。国际结算的复杂化要求结算经办人必须具有较高的技术水平和业务素质。

（五）商业信用扮演越来越重要的角色

信用证曾是全球国际贸易中出口方的首选结算方式，在20世纪六七十年代所占比重高达85%，因为这种结算方式是建立在银行信用的基础上的，安全性较高。然而，自20世纪80年代以来，特别是进入21世纪后，以银行信用为基础的信用证结算方式逐步下滑，而以商业信用为基础的结算方式，如托收和汇款却越来越多地被企业广泛采用，特别是欧盟成员国之间的贸易大多采用商业信用的结算方式。究其原因：一是这些国家的市场经济成熟，进出口双方均讲求信誉；二是这些国家的资信调查业发达，加之处于买方市场这样的大环境下，信用证有逐步被边缘化的趋势。

三、我国的国际结算

国际结算是我国各商业银行的一项重要业务，在促进国际贸易和经济交流方面发挥着十分重要的作用。中华人民共和国成立以来，我国国际结算业务经历了曲折的发展过程，大致可分为以下几个阶段：

1. 1949—1978年

这是我国国际结算的起步阶段，其特点是结算方式单一、结算内容简单。中华人民共和国成立初期，为了恢复和发展国民经济，我国大力组织出口，发展对外贸易，争取侨汇收入。但由于当时国际环境的限制，我国的对外贸易主要是通过双边结算和易货贸易的方式与当时的苏联和东欧国家进行的，全部国际经济交易主要是双边贸易和侨汇收入。这样，我国的国际结算主要是记账结算和汇款，很少使用其他的结算方式。为了与当时的计划经济相适应，在"集中管理、统一经营"的方针指导下，由中国银行经营外汇业务，而当时的中国银行也只是人民银行内部的一个机构。所以，这一时期的国际结算不仅方式简单，而且规模小，结算效率低，具有一定的垄断性。

2. 1979—2001年

这一阶段是国际结算规模不断扩大、业务开始出现竞争的阶段。党的十一届三中全会后，"对内搞活、对外开放"的政策使我国的对外经济关系有了迅速发展，各种形式的国际交流和国际合作不断扩大，出口商品的结构开始发生变化，旅游、金融、保险、航运和对外承包等劳务收支也有大幅增加，政府援助及各种形式的资本输入均不断增长，使结算内容不再单一简化；随着全方位开放政策的实施，记账结算日趋减少，现汇结算不断增加，对不同国家和地区的结算比重有了很大的改变，特别是贸易伙伴不再有所局限；结算方式越来越多，除传统的汇款、托收、信用证以外，保函、保理也开始使用，在具体操作上也逐步标准化，不断和国际接轨；随着国内金融体制改革的深入，各银行打破专业分工，均把国际结算业务作为主要经营品种之一。除了国内各银行之外，外资银行也当仁不让，所以国际结算业务的竞争也越来越激烈。为了在市场上占有更多的份额，各家中外银行纷纷采取各种手段，把国际结算和贸易融资紧密地结合起来，不断增加贸易融资品种，扩大业务范围；随着国际贸易流量和资本流量的迅速增长，国际结算的规模也随之扩大。

但总的来看，在该阶段，我国各家银行开展的国际结算业务与国际商业银行的做法还是有一定差距的。这是由于国内各银行，特别是国有商业银行的内部运作机制是在长期的计划经济框架下形成的，因此在经营方面，无论是在内部机制还是在业务做法上，尚无法完全适应快速发展的、随市场经济转变的外部环境。在国际结算业务的许多环节上，做法较为呆板，缺乏规范性和统一的模式。

3.2002年至今

加入WTO之后，随国际贸易和对外经济合作范围的进一步扩大，我国商业银行经营的外部环境发生了变化，国内各银行不断调整内部机制和经营策略，从而使国际结算业务快速发展。近年来，随着人民币跨境结算的不断增加、互联网金融和金融科技的兴起，以及"一带一路"倡议的实施，我国的国际结算业务又迎来了新的机遇和挑战。

（1）国际结算的做法逐步与国际接轨。除开办通常的国际结算业务外，在传统的贸易融资业务的基础上，不断创新出新的融资业务，如基于跨境人民币结算数据的"征信产品贸易融资"、"信保+担保+银行"普惠金融贸易融资等。由此，各银行的内部经营机制发生了一系列变化，如在组织结构上设置将信贷与结算融于一体的业务部门，在运作方式上普遍实行一揽子授信额度的做法等。

（2）电子化程度不断提高。国际结算电子化、数字化在我国得到了快速的发展，为适应电子技术在结算业务中广泛应用的发展形势，银行结算人员要能熟练地掌握电子结算工具，使国际结算业务充分地体现现代科技带来的效率和收益。

（3）国际结算业务的竞争更为激烈。这种竞争首先是人才的竞争，具有丰富经验和操作技术的人员受到普遍欢迎，近些年银行专业人员的流动明显加快就是例证。随着国际结算业务的发展，涉及的法律纠纷越来越多，这方面的人才也较为缺乏，因此，那些具有一定理论水平和实践经验的、既懂业务又熟悉法律、计算机的复合型人才受到了重视，并获得了较多的发展机会。竞争还体现在各银行的服务质量、服务（结算及融资）品种和设施上，这给各家银行的内部建设带来了新的课题。

（4）跨境人民币结算日趋普遍。国务院于2009年4月8日决定在上海市和广东省的广州、深圳、珠海、东莞4个城市先行开展跨境贸易人民币结算试点工作，境外地域范围暂定为中国香港、中国澳门和东盟国家。中国人民银行、财政部、商务部、海关总署、税务总局、银监会①共同制定的《跨境贸易人民币结算试点管理办法》，于2009年7月1日正式施行。2009年7月6日，我国首笔跨境贸易人民币结算业务在中国银行顺利完成，这标志着人民币国际化向前迈进了一大步。开展跨境贸易人民币结算可以使我国进出口企业在跨境或国际贸易中通过选择本国货币办理结算而规避汇率风险，对推动我国国际贸易稳定增长也具有十分重要的意义。

随着对外经贸的发展，中国已成为全球第一大货物贸易国、第二大外资流入国和对外投资国，融入全球一体化程度不断加深，人民币结算乃至人民币国际化也将迎来发展的"黄金时代"。根据2024年SWIFT发布的数据及中国人民银行相关报告，2024年人民币跨境收付金额达64.1万亿元，同比增长23%；人民币在全球支付中的占比呈现波动上升趋势，整体稳居全球第四大支付货币地位；作为全球第二大贸易融资货币，2024年8月占比5.95%，尤其在金属贸易中占比达10%。

第三节　国际结算的银行网络

办理国际结算业务的银行，必须在业务所涉及的范围内建立广泛的网络。因为国际结算是实现不同国家之间的资金转移，这种转移最终是在银行间进行的，而不是由一家银行直接把款项付给收款人，必须通过银行间的清算来完成。所以，在全球范围内，建立起资金划转畅通的账户网络是国际结算业务顺利进行的关键和前提条件。若海外没有业务网点，无论是国际贸易结算还是出口信贷、银团贷款等融资活动，都将难以开展。

一、国际结算银行网络的形成

在海外建立银行网络是一项综合性的战略，要根据各银行自身的具体情况和发展需要做出正确的选择。总的来看，银行网络可通过设立分行、建立代理行和附属银行，以及兼并当地银行等方式形成。

（一）设立海外分行

海外分行（Branch Bank Abroad）是总行在国外开设的营业性机构，或者说是总行在海外的派出机构，是总行的一个组成部分。它的全部资金来源都由总行提供，盈亏亦由总行承担。在各行总行的财务报表中，均包括了其海外分行的各类资产负债、全部收益、费用以及利润或亏损。

在海外设立分行的好处是：银行可以不失掉本国跨国企业国内及海外业务，同时海外分行还可与当地企业开展业务往来，这样银行将取得分行提供的当地业务的直接收入，特别是与当地企业的业务往来能使分行增加盈利。海外分行还能提供接近海外资金市场的途径，这些国际资金市场经常能以比本国更具吸引力的利率提供

① 2018年，银监会与保监会合并改组为银保监会。2023年，在银保监会的基础上组建国家金融监督管理总局。下文中涉及2023年之前的阐述，均沿用原称。

投资或利用外资的机会。在外汇管制较为宽松的国家，海外分行一般都可以经营东道国法律允许经营的所有银行业务，包括存贷款业务、信托业务等，但必须遵守东道国的法律，并接受东道国有关当局的监管。比如，外国银行在美国设立分行（包括其他分支机构）必须向美国有关金融管理部门申请注册，货币监理署具体负责外国分行在联邦一级的注册，各州金融管理部门负责在州一级的注册。申请注册的外国分行被审批后，由美国联邦储备委员会、货币监理署和联邦存款保险公司共同承担监管的责任。联邦储备委员会主要从贯彻货币政策、维持金融稳定的角度，执行对外国银行分行的存款准备金制度和经营报告制度；货币监理署负责具体管理在联邦注册的外国银行分行的活动；联邦存款保险公司从保证外国银行经营安全、帮助它们避免过度风险经营的角度，执行对外国银行分行的存款保险制度，并检查它们的风险经营活动。外国银行在美国的分行还必须分别向联邦储备委员会、货币监理署和联邦存款保险公司递交经营年报、季报和月报，并接受每年一次的实地检查。对外国银行分行的不法、违章经营，联邦储备委员会、货币监理署和联邦存款保险公司可依法进行处罚。

根据国际惯例，一家银行在不同国家设立的分支机构虽属于同一个法人，在管理体制上隶属于它的总行，但在信用证业务处理中，在国外的分支行被视为独立的银行。例如，中国银行在北京的总行和在纽约的分行，由于属于不同的地区，应被视为两家不同的银行，在纽约分行议付的信用证，北京的总行作为开证行也可以因单证不符而拒付，并且在纽约分行发生的信用证纠纷也不应涉及国内的总行。但对于非信用证业务，总行和海外的分行则仍视为同一法人。

（二）建立代理行

根据协议，本国银行与外国银行相互提供代理服务，这家外国银行即为本国银行的代理行（Correspondent Bank Abroad）。代理行是现今办理国际结算、进行资金收付和银行间资金调拨清算的重要机构，在银行结算网络中居于十分重要的地位。代理行在资金及管理上与国内银行无任何隶属关系，它完全是一家独立的国外银行，只是根据双方的协议，在规定的业务范围内彼此提供结算、融资、咨询、培训等方面的服务。

建立代理行的好处是：市场进入的成本最低；无须进行员工及设施投资；代理行当地的知识和经验都非常丰富，可更为方便地提供服务。代理行关系建立以后，可以因一些特定的原因而终止，如该代理行倒闭或在经营上发生重大问题，政府在国别政策上突然改变，不准与代理行所在国继续往来等。

（三）开设代表处

代表处（Representative Office）是总行在国外开设的代表该银行的办事机构，它不能吸收存款、发放贷款或进行其他的业务活动，而仅仅是在某一地理范围内接洽、联络其总行和该地或该国客户之间的业务，为总行提供当地的政治、经济、法律、银行业务等方面的信息。代表处的资金和一切开支均由总行提供。当预期的市场业务量太少，不值得投资设立分行或者是当地的机会不确定的时候，又或者是银行在决定是否进一步扩张之前欲以最低的成本了解市场的时候，设立代表处是最合适的。代表处往往是设立分行的准备，有时在几年后就可升级为分行，除非业务上不需要或东道国不允许。

（四）建立附属银行

附属银行（Subsidiary Bank）又称子银行，是国内银行在国外按东道国法律注册的独立的法人机构。其资本全部或大部分由国内银行持有，其他资本可能为东道国或其他外国银行所有，由于国内银行占有全部或大部分的股份，因此国内银行拥有对附属银行的控制权，但其一切经营都得按当地的法律和规定办理，并受东道国金融监管当局的监管。

与附属银行类似，也是按所在国法律注册的独立银行，但国内母银行仅占其部分股权，不能完全拥有控制权，则此类银行被称为联营银行（Affiliated Bank）或母行的离枝银行。

在我国银行和非银行金融机构中，中国银行的跨国经营、设置海外机构的历史最长并较成体系（1929年就设立了伦敦分行）。中国银行起初只是在个别国家的金融中心设立机构，经营一些品种单一的零售业务，后来逐步发展、扩张。截至2023年年底，中国银行在中国内地、香港、澳门及60多个国家和地区设有机构，中银香港、澳门分行担任当地的发钞行；与全球近200个国家和地区的1 600余家金融机构建立了代理行关系，在中资同业中保持领先，是中国全球化和综合化程度最高的银行。我国的其他银行在世界各主要城市也有分支机构，其中，中国工商银行的境外资产、境外营业收入和境外利润紧随中国银行之后，其余依次为建设银行、农业银行和交通银行。截至2022年末，中国银行、中国工商银行、中国建设银行、中国农业银行和交通银行的境外机构共计1 159家；境外员工共计52 539人。

二、建立代理行的重要意义

虽然形成海外网络的途径有许多，但代理行的建立是非常重要的，在数量上它远远超过海外分行、附属银行及代表处。从业务控制、活动领域等角度看，设立海外分行比其他几种形式带来的好处更大一些，但开设分行要受到一系列的限制：首先是资金方面的限制。在国外开设分行必须由总行拿出一笔可观的资本金，对资本金数目的规定，各国各不相同，但仅办公设施和用品肯定就需要一笔不小的开支，而租赁场地等也意味着大笔资金的投入。其次是外汇管制方面的限制。在对外汇实行严格管制的国家，对外国银行在本国开设分行有非常严格的规定，甚至根本不允许；即使外汇管制较宽松的国家，对外资银行总行的资本额、盈利情况和经营作风、业务及客户的范围等也都有具体要求，有时还要求开设代表处达到一定的年限后才能设立分行。许多国家还对外资分行的业务范围加以限制，如不准兼并、购买东道国的非银行公司、企业,禁止持有当地公司、企业的股票,不得经营东道国的本币业务等。东道国当局只有在充分考虑外国分行对本国金融资源和经济、贸易发展的影响以及对本国国内银行业竞争的影响,当地公众对外国银行提供金融服务的需求程度,本国与申请设立分行的外国银行所属国家之间的贸易、金融合作关系等因素的基础上,才会批准外国银行在本国设立分行。最后是人员方面的限制。海外分行的主要管理人员是由总行派出的,东道国对其素质、管理方法等也有严格的要求,达不到标准者可能不被批准开设分行。例如,分行的负责人须熟悉外汇业务、精通国际结算、了解当地银行法律和对外资银行的种种规定、懂得东道国的语言、有5年以上的银行工作经验等。由于上述种种限制,总的说来开设海外分行成本相对高一些。

相比之下,建立代理行则没有上述限制。在资金方面,几乎不需要任何投资,利用原银行的设备、技术和场所就可提供许多服务;在外汇管制方面,代理行是当地的银行,对外资银行的种种规定或限制与它无关,且熟悉当地的法规及习俗;在人员方面,不仅无须配备任何管理人员,而且国内银行还可以派遣人员接受代理行提供的培训。因此,建立海外代理行已成为海外银行网络最实用、最重要的一种方式,是一家银行开展各项国际业务的基础。目前代理行之间相互代理的业务范围越来越大,已从单纯地办理国际贸易和非贸易结算,发展到资金拆放、外汇买卖等货币市场业务和发行、投资各种证券等资本市场业务;相互参与银团贷款、签订有关互惠协议;彼此为对方设立分支机构提供协助;相互提供信息、咨询;共同举办业务研讨会、培训人员等。所以,建立海外代理行网络是非常便利且重要的。

三、海外代理行的建立

(一)建立海外代理行的原则

建立海外代理行的原则,首先是平等互利,只有在这个基础上才能建立相互直接委托的业务关系。不论对任何国家和地区,涉及代理业务的一切权利、义务和责任以及技术性的规定都必须符合此原则。其次要符合国家的政策,同时又要区别对待。按国家的对外国别政策,凡属不准往来国家的银行或资产就不能与之建立代理行关系;对已同我国建立代理行关系的外国银行,又要视其政治态度和业务表现加以区别,政治态度不好或业务不熟练、服务质量不高者应及时报告总行以研究对策。

(二)建立代理行的方式及步骤

我国各商业银行建立国外代理行,一般是由总行统一部署。总行根据对外经济和金融业务的发展需要,有选择地与国外银行进行联系、洽谈,签订协议或交换确认函,然后通知国内有关分行,相互交换控制文件后,代理行关系即宣告成立,以后两家银行指定的分支机构就可以直接进行外汇业务往来。有时,与某一地区或某国外银行建立代理行是由分行向总行提出建议,然后由总行出面与国外的银行具体协商、签订协议，再通知国内各分行的。出现这种情况的原因是大量的国际结算业务是由各分行，特别是口岸分行进行的，当分行有建立新的代理行关系的需要时，即可向总行提出建议，分行是不能直接对外签订代理行协议的。也可能有这样的情况，即国外的银行主动向我国分行或总行提出建立代理行的要求，总行在进行必要的了解和考察后，按以上方式操作和处理。

建立国外代理行关系首先要对国外的银行加以选择，要摸清其基本情况，如所在地、成立年代、演变过程、组织形式、资本构成、资产规模、业务经营范围、资信状况等；在世界银行界及所在国所处的地位；经营业绩或在所在国经贸活动中做出的贡献；客户分布状况；竞争能力及发展前景等。在此基础上与对方洽谈，最终签订代理行协议，将协议副本送达国内有关分行。有时，双方并未签订正式的协议，而是以更为简便的方式来代替，即换函确认。我国银行总行和国外银行通过往来函件相互联系，取得一致意见后，双方换函予以确认，宣告代理行关系正式建立。

（三）代理行协议的内容

代理行协议是双方确立代理行关系的契约性文件，一般由一方起草，对方银行审核同意后，由双方总行共同签署后正式生效。代理行协议一般包括以下内容：

1.指定可代理业务的分支行

由于代理行协议是由双方的总行签署的，而大量的业务分散于各自的分支机构，因此在协议中双方都要指定一定的分支机构，说明名称、地址。只有被指定的分支机构才能得到控制文件，才能相互代理有关的业务。

2.规定相互代理业务的范围

代理的业务范围是从满足实际需要出发的，大多包括汇款业务（解付电、信、票汇）、托收业务（跟单及光票托收）、信用证业务（通知、保兑、议付及偿付等）、资信调查等。除这些基本业务之外，如我们前面提到过的，随着两国及两行关系的不断发展，代理业务的范围也可扩展至货币、资本市场及信息交流、人员培训等方面。

3.开立账户

代理行之间的收付清算都是通过往来账户的借和贷来进行的，所以会涉及在代理行开立账户的问题。要说明的是，并不是在所有的代理行都要开立账户，一般只考虑在那些处于东道国的金融中心或货币清算中心的代理行开立账户。这是因为处于上述中心的代理行相对业务量较大，且几乎都是资金实力雄厚、信誉卓著、设备先进、服务效率高的知名银行，在这样的银行开立账户后，这家开设有账户的代理行就叫账户代理行（Depository Correspondent），而未开立账户的代理行被称为非账户代理行（Non-depository Correspondent）。若我们与后者有资金往来，就可通过账户代理行划转，这样，既可避免外汇资金的分散或闲置，又可充分发挥账户代理行的中心作用。

账户代理行又有往账代理行和来账代理行之分。往账是指我国银行在海外代理行开立账户，称之为存放国外同业款项，属于资产科目；来账是指海外代理行在我国银行总行开立账户，称之为国外同业存放款项，属于负债科目。一方的往账就是对方的来账。若双方商定开立账户，可由一方在对方开立对方货币账户，或者双方相互在对方开立对方货币账户，同时在代理行协议中要说明设置账户的条件，如：有无铺底资金，数额多少；有无存款利息，利率多少；是否允许透支，利率及额度多少；账户费用标准及收取方式；对账单如何交递及频次等。

4.控制文件

控制文件（Control Documents）是代理行之间在业务往来中凭以核对和查验对方发来的电函和凭证等的真实性的文件，主要包括印鉴、密押和费率表。双方签订代理协议后，必须交换控制文件，这是保证业务安全顺利进行的重要条件。

（1）印鉴（Specimen of Authorized Signatures Book），即授权签字样本，是列示各级有权代表银行签署文件的授权人员的签字式样的文件。代理行之间的书面文件，如信函、凭证、票据等均须签字后才能生效，收件行收到上述文件后，应将文件上的签字与印鉴册上的签字相核对，在完全相符的情况下，才能确认其真实性，并按照文件上载明的要求加以处理。若对国外发来的文件或凭证上的签字有怀疑，应立刻向对方查询以判定真伪。印鉴册上的被授权签字的人是有级别的，不同的级别，其相应的签字额度、有权签字的范围是不同的，上至总经理下到一般的职员都能作为有权签字人。若有人事变动，应及时更换签字并通知对方。绝大多数签字都是将自己的名字以不易被模仿的方式进行书写，不能使用正楷或印刷体，以防假冒。

（2）密押（Test Key），即电报密押，是加在电文前面以证实电信真实性的密电码。收电行接到电函时，首先要核验密押，相符后才能进行下一步的处理。密押一般是由一系列数字组成，每家银行都以自己的方法编押，所以不会出现密押相同的问题。但各个银行编押的原理基本是一样的，一般是将电函拍发的月份、日期、金额、货币、序号等按某种方式折算成一项数字而形成。密押可由代理行中的一方寄送给另一方，双方共同使用，也可各自使用自己的密押。密押属于绝密性的文件，由专人负责使用和保管。为确保安全，密押在使用一两年以后就要更换。

在使用SWIFT时，使用的是SWIFT的专用密押，它独立于电传密押之外供双方在收发SWIFT电信时使用。SWIFT密押是对全部电文包括所有的字母、数字和符号加押的，准确程度高，且由电脑自动加注和破译，极其可靠。按使用规则，代理行之间的SWIFT密押每半年须更换一次。

（3）费率表（Schedule of Terms and Conditions）是指代理行代办各项业务的收费标准。双方要相互交换费率表，使对方知道其收费标准。其适用范围主要是代理行协议中规定的各项代理业务，如通知信用证、保兑信用证或解付汇款等。我方若委托代理行办理某项业务，是按照对方的费率表收费的，一般先由我方垫付，然后再向客户收取。若与代理行之间的关系良好，彼此可约定优惠办法。

本章基本概念

国际结算 CHIPS SWIFT CIPS 控制文件 国际贸易结算 国际非贸易结算

复习思考题

1. 什么是国际结算？简述国际结算的种类。

2. 国际结算和国内结算存在哪些不同？

3. 简述国际结算的演变。

4. 目前国际结算存在什么特点及发展趋势？

5. 国际结算的海外网点如何建立？

6. 为何要在国外建立代理行？

7. 代理行协议中的控制文件有哪几种？起什么作用？

第二章

国际结算中的国际惯例

本章提要

  本章主要介绍国际结算中涉及的国际惯例，并重点介绍其中的国际贸易术语。国际惯例是从事国际结算业务的银行所要遵循的准则，无论是实务工作还是理论研究，都必须熟悉这些国际惯例，否则寸步难行。本章要求学生了解国际惯例的特点和作用，特别是贸易术语的意义和种类，对三种常用的术语（FOB、CIF、CFR）要能准确地把握。

  国际惯例是在长期的国际交往实践中约定俗成的，是国际社会公认的国际交往行为的惯常模式、规则、原则等，对当事人之间的关系、权利和义务有明确的规范。它是国际外交惯例、国际经贸惯例、国际军事活动惯例、国际文化交流惯例等的总称。本章所论述的国际结算惯例属于国际经贸惯例。由于惯例有成文和不成文之分，根据需要，我们只介绍和国际结算有关的几个重要的成文的国际惯例。

第一节　国际惯例和国际商会

  世界经济发展到今天，其国际化、一体化的程度越来越高，使得国际经贸惯例在国际惯例体系中的地位日益显赫，一般提到国际惯例时多指国际经贸惯例，本节所指国际惯例即如此。

一、国际惯例的特点

1.具有国际性

  国际经贸活动是在世界范围内进行的，因此作为调整经贸关系的惯例也具有国际性，它被许多国家和地区认可，成为各国的共同行为准则。由于其国际民间性质，不涉及国家主权，各国为了避免相互之间涉外经济立法的冲突，避免按国际经贸法律协调时涉及国家主权问题，就都普遍愿意承认和采纳国际惯例。同时，国际惯例多是由国际性的商业组织或团体加以归纳整理而成文的，对各种术语、条款的定义及解释明确、规范，内容也较为稳定，具有一定的权威性，因此国际惯例具有世界通用性，如《国际贸易术语解释通则》《跟单信用证统一惯例》已被许多国家的贸易界和银行界所采用，尤其是《跟单信用证统一惯例》，采用的国家有100多个，几乎成了办理此类业务的真正的统一规则。

2.一般不具有强制性

  国际惯例不同于国际公约、条约和协定，与各国国内立法也相区别，任何国家或组织都不可能也不需要对它拥有权利和义务，一般情况下它也不能直接约束有关国家或公民，一方当事者同样不能强制另一方适用。对国际惯例，当事者可自行决定是否采用，因此国际惯例不具有法律上的强制性。但是，某项国际惯例一旦为某国承认并采用，或者当事者在公约、条约、协定或合同中引用或认定，则该项国际惯例就具有法律约束力，当事者不得违反惯例中的规定，必须履行其中的义务。

3.具有相对稳定性

国际惯例是在长期的经贸活动中经过反复被使用、约定俗成的，是经贸活动的历史产物，因此，具有相对的稳定性。若经常变动，就不能被称为规范，也就失去了权威性，就不可能在国际经贸活动中发挥规范和调整作用。可见，稳定性是国际惯例必备的本质特点，无论是成文的还是不成文的国际惯例都是如此。但稳定又不等于一成不变，它也要随客观条件、环境的变化而适时地修改和完善，否则就跟不上国际经贸活动发展的步伐，难免被淘汰。例如，《国际贸易术语解释通则》自1936年由国际商会制定出来至今已经进行了八次修订和补充。

二、国际惯例的作用

1.推动和促进国际经贸活动的发展

国际惯例虽然不是法律而只是一种行为规范，但当其被当事者采用后即具有法律约束力和强制力。另外，一些国家在国内立法中引用国际惯例，或规定法院有权按照有关国际惯例解释当事人的意愿。因此，国际惯例成为不是法的法，在世界经贸活动中具有特殊的地位和重要性。

国际惯例规定了特定国际经贸活动中的行为规范，明确了当事人应该做什么及如何做，享有什么权利和承担什么义务，以及当事人的权利和义务的关系。这些规范由于是在长期国际经贸实践中历史地形成的，是一种相对稳定和较为公平合理的国际经贸行为规范，因而对国际经济贸易的发展能起到推动和促进作用。只有按照国际惯例办事，才能顺利开展国际经贸活动，保护当事人的正当权益。在这方面，国际惯例可以起到国际经贸法律无法替代的作用。

2.避免经贸活动中的法律冲突

各国都有经济方面的立法，但国内法律的制定均要维护本国的主权和政治、经济利益，因此相互之间存在一些矛盾，用某一个国家的法律来调整国际经贸关系，就涉及另一国家的主权和利益，而且各国的法律繁多，也很难弄得清楚，这客观上给国际经贸活动的开展带来了法律上的障碍。而国际惯例不涉及国家主权，用它来确定当事者之间的权利和义务、调整经济关系、解决经济纠纷，就可以避免法律方面的冲突。因而，国际惯例越来越多地被各国国内经济立法采纳和援引。例如，《中华人民共和国海商法》第二百六十八条规定：中华人民共和国缔结或者参加的国际条约同本法有不同规定的，适用国际条约的规定；但是，中华人民共和国声明保留的条款除外。中华人民共和国法律和中华人民共和国缔结或者参加的国际条约没有规定的，可以适用国际惯例。《中华人民共和国民法典》第四百六十七条规定："本法或者其他法律没有明文规定的合同，适用本编通则的规定，并可以参照适用本编或者其他法律最相类似合同的规定。"

3.促进世界经济新秩序的建立

国际惯例倡导自由、平等、公正、合理、互惠互利的国际贸易、国际分工和最惠国待遇的原则，这个原则对当代世界经济新秩序的建立将发挥重要的指导和调整作用。历史上，国际惯例曾在两次世界大战后世界经济秩序的建立中发挥了重要的推动作用，促进了当时国际贸易的发展。目前，发展中国家的经济正在崛起，经济国际化、一体化不断加强。在这种新形势下，建立新的世界经济秩序已成为国际社会面临的新问题，国际惯例也必将进一步发展和完善，更加科学化、系统化、合理化和公平化。

三、国际商会

大多数国际惯例是由国际性的商业组织或团体编纂和解释的，其中最为重要的机构当属国际商会。

国际商会（International Chamber of Commerce，ICC）由美国商会发起，成立于1919年，总部设在巴黎，是由来自世界各国的生产者、消费者、制造商、贸易商、银行家、保险家、运输商、法律经济专家等组成的国际性的非政府机构。其宗旨是：在经济和法律领域里，以有效的行动促进国际贸易和投资的发展。其工作方式为：制定国际经贸领域的规则、惯例，并向全世界商界推广；与各国政府以及国际组织对话，以求创造一个有利于自由企业、自由贸易、自由竞争的国际环境；促进会员之间的经贸合作，并向全世界商界提供实际的服务等。

ICC通过其下设的十几个专业委员会和数十个工作组，制定了许多国际商业领域的规则和惯例，如国际贸易术语、国际贸易结算规则等，为全世界广泛采用。

自1979年以来，国际商会通过多种途径与我国探讨建立联系，发展业务合作关系。1981年6月，国际商会第139届理事会决定将所谓的"国际商会中华民国国家委员会"改为团体会员。1986年12月，中国国际商会与国际商会进行了第一次会晤，经过谈判，国际商会执行局于1988年6月决定将"国际商会台北商业理事会"改名为"中华国际商会中国台北商业理事会"。在此情况下，中国国际商会逐步加强了和国际商会的业务联系和往来，国际商会多次表示，中国在国际贸易中起着越来越重要的作用，但由于该会章程条款所限，中国当时还不能成为该会会员。该会因此数次提出，愿先协同我国的国际商会成立合作委员会，以保持和发展双方的业务合作。1991年6月，双方在巴黎宣布成立了"国际商会—中国国际商会合作委员会"。1994年11月18日，国际商会在巴黎召开第168届理事会，正式接纳我国为会员。

1995年1月，由中国国际贸易促进委员会牵头组建的ICC CHINA（国际商会中国国家委员会）正式宣告成立。ICC CHINA代表中国企业界、金融界参与国际商务事务和各种国际经贸规则的制定等工作，同各国商界、企业、双边和多边国际组织以及包括中国政府在内的各国政府机构展开对话，在促进同世界各国、各地区工商界的往来与沟通、加强同各国政府及驻华使馆的合作方面，起到了桥梁作用。2006年11月，国际商会中国国家委员会（ICC CHINA）并入中国国际商会（贸促商秘〔2006〕0225号文件）。

中国国际商会（CCOIC）是1988年经国务院批准成立、由在中国从事国际商事活动的企业、团体和其他组织组成的全国性商会组织，是中国国际贸易促进委员会开展各项工作的重要载体，也是代表中国参与国际商会（ICC）工作的国家商会，在开展与国际商会有关业务时使用国际商会中国国家委员会（ICC China）名称。截至2024年7月，中国国际商会会员数量已达35.1万家，其中包括绝大多数中央企业、全国性金融机构以及一大批知名民营企业和外资企业，已经成为我国会员数量最多、国际影响力最大的涉外商会组织。

第二节　国际贸易术语

国际贸易术语简称贸易术语（Trade Terms），也叫价格术语、价格条件（Price Terms）或交货条件（Delivery Terms），是国际贸易合同中商品价格必不可少的一个组成部分，它用三个英文字母作为代号来说明在一定价格基础上买卖双方所应承担的责任，并具体规定了其权利和义务。国际商会的《国际贸易术语解释通则》（International Rules for the Interpretation of Trade Terms，INCOTERMS）已被国际社会广泛承认和接受，是国际贸易中最重要的惯例之一。

一、国际贸易术语的产生

国际贸易术语的产生，在很大程度上是由国际贸易的特殊性决定的。国际贸易双方处在两个不同的国家，其贸易习惯不同，有关法律的规定也不一样。另外，货物要经过很多的运输环节，买卖双方要办理各种手续及支付相应的费用，还可能发生一些意外的风险，所以买卖双方在接货、交货过程中要解决许多问题，这些问题主要是：有关的费用由谁支付；货物在运输途中可能发生的灭失和损失等风险由何方承担；申请进出口许可证、办理装卸货和运输保险等手续的责任；如何交接货物等。对于这些问题，可通过磋商来解决，但是，如果每笔交易都要对上述问题进行逐一的商谈，必然使磋商过程耗时长，并有可能贻误时机，影响顺利签约。于是，在长期的实践中，逐渐形成了各种贸易术语。双方磋商时，只要一方提出某个贸易术语，就包括了上述的全部内容，非常明确。

不同的贸易术语，表示买卖双方在责任、费用与风险的承担上有所区别，如果卖方承担的责任多、支付的费用多、风险大，则商品的售价就高；反之，则商品售价低。所以，贸易术语直接影响商品的价格及构成，人们常常将贸易术语称为价格术语的原因也在于此。由于贸易术语的引入，任何一个国际贸易价格都需要由四个要素来表示，即计价的货币名称、单价、计量单位和贸易术语，如 USD100.00 per set FOB Dalian。

归纳起来，贸易术语的作用可概括为：

首先，贸易术语简化了买卖双方磋商的内容，节省了时间和费用，有利于国际贸易的成交。它用简短的术语规定了买卖双方在交易中所承担的义务、费用和风险，以及购销价格、佣金等其他费用。例如，合同中"FOB"三个字母的含义在国际商会的解释中竟有千字之多。若没有贸易术语，买卖合同的内容就会十分繁杂，一旦发生争议，要往返磋商，使交易的时间和费用大大增加，降低了效率。因此，贸易术语构成了合同的主干部分，它虽不能替代合同的全部，但却非常准确地表达了双方当事人之间的权利、义务、责任等核心事项。

其次，贸易术语是其他各项交易条件的核心。贸易术语关联着合同中其他的贸易条件，其他交易条件都要以贸易术语作为衡量、计算的标准。比如，贸易术语就决定着出口部门在单证方面的义务和责任，以及保险费支付等特殊要求。因此，有关管理部门可从术语中查出对外贸易成交的价格构成、了解贸易合同的性质以及相应的权利和义务，也可以从术语的使用和选择上保护本国的航运业和保险业。

最后，贸易术语有利于国际贸易纠纷的解决。买卖双方一旦在合同中采用了某一贸易术语，则该术语的惯例对双方当事人就都具有法律约束力，因此贸易术语是解决各国法律、习惯分歧的一种补救方法。

二、国际贸易术语的演变

据载，最早使用贸易术语是在1812年，当时一个外国商人到英国利物浦购买货物，要求英国供货人把货物交到停靠在利物浦的船上，合同使用了"Free on Board"的条件（即FOB），有关FOB术语的判例在19世纪的英国法院就已有记载了。随着国际贸易和交通运输的发展，相继出现了一系列贸易术语，并得到了广泛使用。对这些术语，在开始的时候，不同的国家、地区，甚至不同的港口都有规定和解释。后来有关的国际组织对普遍使用的一些术语做出了具有通则性的解释和规定，从而形成了国际惯例。

具有影响力的关于贸易术语方面的惯例有三个：一是《1932年华沙-牛津规则》，这是国际法协会于1928年在波兰的华沙制定的，以后又于1932年在英国的牛津做了修订。它是以英国的贸易习惯和判例为基础，对CIF的性质，买卖双方所承担的费用、责任和风险做了说明和规定。二是《1941年美国对外贸易定义修正本》，这是美国九大商业团体在1919年制定的，原称《美国出口报价及其缩写条例》，1941年修订时改为现名，它对六种价格术语做了解释。三是国际商会的《国际贸易术语解释通则》。上述三个惯例目前虽并存，但以最后一个的影响最大、应用最广。

国际商会早在1936年即制定了《1936年国际贸易术语解释通则》，定名为IN-

COTERMS 1936。

几十年来，为了适应国际贸易实践发展的需要，国际商会先后于1953年、1967年、1976年、1980年、1990年、1999年、2010年和2019年对INCOTERMS进行了八次修订和补充，自1980年版本起，就形成了每十年一修的惯例。最新版本的INCOTERMS 2020自2016年就开始投入修订工作，于2019年9月发布，自2020年1月1日起正式实施。该版本的起草小组中加入了中国专家，听取了来自中国的意见，也充分说明我国作为国际贸易大国，在该领域的参与程度越来越高，能通过各种途径反映中国的需求、发出中国的声音。不过，虽然INCOTERMS已经更新到了2020版本，但是并不意味着其他历史版本的失效，国际贸易的参与方仍然可以选择任一版本适用于其贸易合同。

三、INCOTERMS 2020

（一）INCOTERMS 2020中11种术语的基本含义

1.适用于任何运输方式或多种运输方式的贸易术语

适用于任何运输方式或多种运输方式的贸易术语一共有7个：EXW、FCA、CPT、CIP、DAP、DPU和DDP。

（1）EXW——Ex Works（insert named place of delivery）即工厂交货（填入指定交货地点），指卖方在指定地点（如工厂或仓库等）将货物交由买方处置，即完成交货，卖方不需要将货物装上前来接收货物的运输工具，需要清关时，卖方也无须办理出口清关手续。

EXW是卖方承担责任最小的术语。该术语规定：卖方没有义务为买方装载货物，即使在实际中由卖方装载货物可能更方便。若由卖方装载货物，相关风险和费用亦由买方承担。同时，如果买方不能直接或间接地办理出口清关手续，则不应使用EXW术语。

（2）FCA——Free Carrier（insert named place of delivery）即货交承运人（填入指定交货地点），指卖方在指定地点将已经出口清关的货物交付给买方指定的承运人，即完成交货。

①若指定的地点是卖方所在地，则当货物被装上买方的运输工具时；

②若指定的地点是另一地点，则当货物装上了卖方的运输工具，并抵达该指定地点尚未卸货而交给买方指定的承运人或其他人或处置时。

无论选择哪一个地点作为交货地点，该地点即风险转移给买方且买方开始承担费用的地点。

交易双方经协商，买方将指示其承运人在将货物装上船前，向卖方签发并交付备运提单（Bill of lading with an on-board notation）。

（3）CPT——Carriage Paid To（insert named place of destination）即运费付至（填入指定目的地）。卖方将货物交给其指定的承运人（或取得已经如此交付的货物①），并且支付将货物运至指定目的地的运费，买方则承担交货后的一切风险和其他费用。

此术语有两个关键点，买卖双方应在合同中尽可能准确地规定：一是交货地点（风险在此处转移给买方）；二是指定目的地（卖方签订的运输合同将货物运到此处）。

（4）CIP——Carriage and Insurance Paid To（insert named place of destination）即运费和保险费付至（填入指定目的地）。卖方将货物交给其指定的承运人，支付将货物运至指定目的地的运费，为买方办理货物在运输途中的货运保险，买方则承担交货后的一切风险和其他费用。

CIP下的投保要投最高险别，如CIC一切险和ICC（A）险，而CIF术语下投保最低险别即可。

（5）DAP——Delivered at Place（insert named place of destination）即目的地交货（填入指定目的地）。卖方在指定的目的地或指定目的地内的约定地点将仍处于抵达的运输工具之上，且已做好卸货准备的货物交由买方处置时，即为交货。卖方承担将货物运送到指定地点的一切风险。

（6）DPU——Delivered at Place Unloaded（insert named place of destination）即目的地卸货后交货（填入指定目的地）。卖方在指定的目的地或指定目的地内的约定地点将货物从抵达的载货运输工具上卸下，交由买方处置时，即完成交货。

（7）DDP——Delivered Duty Paid（insert named place of destination）即完税后交货（填入指定目的地）。卖方在指定目的地将仍处于抵达的运输工具之上，但已完成进口清关，且已做好卸货准备的货物交由买方处置时，即为交货。

该术语为卖方承担责任最大的术语。卖方承担将货物运至目的地的一切风险和费用，并且有义务完成出口和进口清关，支付所有出口和进口的关税并办理所有的海关手续。

2.适用于海运和内河水运的贸易术语

适用于海运和内河水运的贸易术语有4个，即FAS、FOB、CFR和CIF。

（1）FAS——Free Alongside Ship（insert named port ofShipment）即船边交货（填入指定装运港）。卖方在指定的装运港将货物交到买方指定的船边（例如，置于码头或驳船上）或取得已经如此交付的货物时，即完成交货。货物灭失或损坏的风险在货物交到船边时发生转移，同时买方承担自那时起的一切费用。

当货物通过集装箱运输时，卖方通常在终端将货物交给承运人，而不是在船边。在这种情况下，FAS术语不适用，而适用FCA术语。

（2）FOB——Free on Board（insert named port of shipment）即船上交货（填入

---

① 此处的"取得"适合于交易链中的多层销售（链式销售），常见于大宗商品交易中。

指定装运港）。卖方以在指定的装运港装上买方指定的船舶或通过取得已交付至船上货物的方式交货。货物灭失或损坏的风险在货物交到船上时发生转移，同时买方承担自那时起的一切费用。

FOB 不适用于货物在装船前移交给承运人的情形。如在集装箱终端交给承运人，此时适用 FCA 术语。

（3）CFR——Cost and Freight（insert named port of destination）即成本加运费（填入指定目的港）。卖方在船上交货或以取得已经这样交付货物的方式交货。货物灭失或损坏的风险在货物交到船上时发生转移。卖方必须签订运输合同，并支付至目的港的正常运费。

（4）CIF——Cost，Insurance and Freight（insert named port of destination）即成本、保险费加运费（填入指定目的港）。卖方在船上交货或以取得已经这样交付货物的方式交货。货物灭失或损坏的风险在货物交到船上时发生转移。卖方必须签订合同，并支付至目的港的正常运费，卖方还要为买方在运输途中货物的灭失或损坏风险办理保险。

（二）买卖双方的主要义务

INCOTERMS 中每个术语项下均有对买方和卖方义务的详尽规定，具体包括一般义务、交货/提货、风险转移、运输、保险、交货/运输单据、出口/进口清关、查验/包装/标记、费用划分、通知等10个方面。

下面用表2-1概括上述11种术语中买卖双方各自应承担的主要风险、责任和费用。

表2-1　　　　　　　INCOTERMS 2020 风险责任费用一览表

国际代码	含义		交货地点	风险划分界限	责任及费用				运输方式
	英文	中文			运输	保险	出口报关	进口报关	
EXW	Ex Works	工厂交货	出口国卖方工厂	货交买方	买方	买方	买方	买方	
FCA	Free Carrier	货交承运人	指定的交货地点	货交承运人	买方	买方	卖方	买方	任何运输方式或多种运输方式
CPT	Carriage Paid To	运费付至	出口国某一地点	货交承运人	卖方	买方	卖方	买方	

国际代码	含义		交货地点	风险划分界限	责任及费用				运输方式
	英文	中文			运输	保险	出口报关	进口报关	
CIP	Carriage and Insurance Paid To	运费和保险费付至	出口国某一地点	货交承运人	卖方	卖方	卖方	买方	任何运输方式或多种运输方式
DAP	Delivered at Place	目的地交货	指定目的地	指定目的地（运输工具上）	卖方	卖方	卖方	买方	
DPU	Delivered at Place Unloaded	目的地卸货后交货	指定目的地	指定目的地（卸货）	卖方	卖方	卖方	买方	
DDP	Delivered Duty Paid	完税后交货	进口国指定目的地	指定目的地（运输工具上）	卖方	卖方	卖方	卖方	
FAS	Free Alongside Ship	船边交货	装运港船边	货交船边	买方	买方	卖方	买方	海运及内河水运
FOB	Free on Board	船上交货	装运港的船上	装运港船上	买方	买方	卖方	买方	
CFR	Cost and Freight	成本加运费	装运港的船上	装运港船上	卖方	买方	卖方	买方	
CIF	Cost, Insurance and Freight	成本、保险费加运费	装运港的船上	装运港船上	卖方	卖方	卖方	买方	

（三）贸易术语的分类

按照适用的运输方式，贸易术语分为两大类，即适用于任何运输方式的 EXW、FCA、CPT、CIP、DAT、DAP 和 DDP，以及仅适合于海运的 FAS、FOB、CFR 和 CIF。INCOTERMS 采用的就是该种分类。

按照交货地点和风险转移的时间点，贸易术语又可分为装运合同和到货合同。

所谓的装运合同是指卖方只要在装运港或装运地将货物装上船或交给承运人监管，就完成了交货义务，此时装运就等于交货，交货时间即为装运时间，风险也在此时转移至买方。属于装运合同的贸易术语有 FAS、FOB、FCA、CFR、CIF、CPT

和 CIP，其中 FAS、FOB 和 FCA 的运费由买方支付（称为主要运费未付），货价中不包含运费。而 CFR、CIF、CPT 和 CIP 的运费由卖方支付（称为主要运费已付），但买方为实际支付方，即实际上运费已包含在货物报价之中。

到货合同是指卖方负责将货物运送到目的地交给买方，并负担货物交至该处为止的一切风险和费用。DAT、DAP 和 DDP 属于到货合同，其中 DDP 的卖方要负责办理进口手续并支付进口税。至于 EXW，也属于装运合同，但由于卖方不负责装货，也有人称之为启运合同。

四、贸易术语的变形

贸易术语的变形是为解决进出口业务中出现的租船运输时装货费和卸货费谁来承担的问题。在班轮运输中，装货和卸货都是由班轮公司来完成的，因此装货和卸货费算在运费中，由支付运费的一方来支付。但在租船运输中，装货费和卸货费都是另外计算的。这时，为了界定这些费用由谁来出就产生了贸易术语的变形。比如，FOB 术语的变形就是为了界定在装运港的装货费由谁来支付的问题，而 CIF 和 CFR 的变形是为了界定在目的港的卸货费由谁来支付的问题。但不论哪种变形，均不影响交货地点和风险转移的界定。

（一）FOB 的变形

（1）FOB 班轮条款（FOB Liner Terms），是指装船费用按照班轮条款办理，卖方只需要将货物交到港口的码头，装卸及平舱、理舱费用全部由运费支付的一方，也就是买方来负担，卖方不需要承担装货费用及风险。

（2）FOB 并理舱（FOB Stowed），简写为 FOB S，是指卖方负责将货物装入船舱并支付包括理舱费在内的装船费用。

这一项贸易术语变形多用于杂货船。为了使货物放置、装载合理，在货物装入船舱舱底后，需对货物进行垫隔、整理和安置，这个过程即为理舱。

（3）FOB 并平舱（FOB Trimmed），简写为 FOB T，是指卖方负责将货物装入船舱并支付包括平舱费在内的装船费用。

这一项贸易术语变形多用于散装货物。货物装船后，为了使船体平衡、保证安全，对成堆装入船舱的散装货物，如煤炭、粮谷等，需要加以摊平、补齐，这个过程即为平舱。

（4）FOB 并吊钩下交货（FOB Under Tackle），是指卖方负责将货物交到买方指定的船只吊钩所及之处，以后的装船费以及平舱、理舱费均由买方负担。

（5）FOB 并理舱和平舱（FOB Stowed and Trimmed），也可以写成 FOB ST，即卖方需要承担平舱和理舱两种费用，是 FOB S 与 FOB T 两种变形的组合。

（二）CIF 的变形

（1）CIF 班轮条款（CIF Liner Terms），是指卸货费用按照班轮条款办理，即卸货费用已包括在运费之中，买方不予负担。

（2）CIF舱底交货（CIF Ex Ship's Hold），是指货物运达目的港在船上办理交接后，自船舱底起吊直至卸到码头的费用，均由买方负担，即一切卸货费用由买方负担。

（3）CIF卸到岸上（CIF Landed），是指由卖方承担将货物卸至码头上的各项有关费用，包括驳船费和码头费。

（4）CIF吊钩下交货（CIF Ex Tackle），是指卖方负责将货物从船舱吊起一直卸到船舷或吊钩所及之处（码头上或驳船上）的费用，船舶不能靠岸时，租用驳船的费用和货物从驳船卸至岸上的费用一概由买方负担。

（三）CFR的变形

CFR的变形与CIF相同。

五、INCOTERMS 2020对INCOTERMS 2010的修改

INCOTERMS 2020（《2020年通则》）相比INCOTERMS 2010（《2010年通则》）并没有进行大幅度的修改，主要是对一些术语的细节问题做了改进，主体内容仍旧延续了《2010年通则》的规定。修改的主要内容如下：

（一）DAT术语改为DPU

DPU的交货地点仍旧是目的地，但这个目的地不再限于运输终端，而可以是任何地方。卖方在目的地需将货物卸下，这是要求卖方负责卸货的唯一一个术语。

（二）CIP的最低保险级别

在《2010年通则》中，CIF和CIP术语下，如果双方没有特别约定，卖方只有义务投保最低级别的海上货物运输保险，即CIC的平安险。但在《2020年通则》中有所不同，CIP术语下的保险级别提高到"一切险"，即CIC的一切险或ICC（A）。CIF仍旧和以前相同。做这样调整的原因是，采用水路运输的CIF更多地适用于散装货物交易，而主要采用多式联运运输方式的CIP更多地适用于加工货物交易，后者在运输过程中的风险更大，对于保险承保范围的要求更高。

（三）自有运输工具

《2020年通则》规定，当采用FCA、DAP、DPU和DDP术语进行贸易时，买卖双方可以使用自己的自有运输工具，而不再像《2010年通则》那样推定适用第三方承运人进行运输。双方承担的运输义务不变，仍旧遵循《2010年通则》的规定。

（四）提单附加机制

《2020年通则》规定，FCA术语下虽然买方负责运输，买卖双方可以约定买方指定的承运人在装货后向卖方签发已装船提单，然后再由卖方向买方做出交单。

FCA术语适用于各种运输方式，是使用最广泛的贸易术语（大约有40%国际贸易在此术语下运作），卖方在出口国的约定地点将货物交付给承运人，则货物即发生交付和风险转移。在信用证或者银行链的交易背景下，做了"已装船"批注的提单往往是银行议付时卖方所要提供的单据，但《2010年通则》的FCA，卖方把

货物交给买方指定的承运人即完成了交货义务，卖方难以从买方指定的承运人处获得"已装船"提单，这样就会导致卖方通过银行收款时陷入困境。《2020年通则》考虑到了交易市场中卖方对于"已装船"提单的需求，便就提单问题引入了新的附加选项。

（五）安全义务及费用承担

在《2020年通则》下，每个国际贸易术语项下的A4和A7条款都明确规定了与安全有关的义务的分配规则，并在A9/B9部分明确了履行相关义务的费用承担问题。例如，FOB术语项下的A4部分载明，"卖方必须遵守任何与运输安全有关的要求，直至交付"，这些调整也反映了当前国际贸易领域对安全问题日益增长的关注。

第三节　国际结算中的主要惯例

国际结算中涉及的惯例有很多，包括成文及不成文的，本节介绍的几个惯例均是影响较大、实务中使用较多的，包括1996年1月1日生效的《托收统一规则》（国际商会第522号出版物）、2007年7月1日起施行的《跟单信用证统一惯例》（国际商会第600号出版物）、2010年7月1日起施行的《见索即付保函统一规则》（国际商会第758号出版物）等。

一、《托收统一规则》

各国银行在办理托收业务时，银行与委托人之间的关系、托收行与代收行的关系如何界定，各方当事人的权利、义务和责任如何，由于各方的解释不一，各国在托收业务的做法上存在差异，因此在这些问题上经常引起争议和纠纷。为了协调各有关当事人之间的矛盾，便于商业和金融活动的开展，国际商会在1958年草拟了《商业单据托收统一规则》（Uniform Rules for Collection of Commercial Paper），即国际商会第192号出版物，建议各银行采用此规则，这就是《托收统一规则》的最初版本。至1967年，国际商会对其进行修改后以第254号出版物的形式公布了这一规则。从此，各国银行在办理托收业务时便有了统一的定义、程序和原则。此后，国际经贸活动迅速发展，但由于托收单据在实践中既有商业性质的也有纯资金性质的，且国际贸易中出现了新的变化，1978年国际商会根据十几年来的实际情况和问题，对该规则进行了修订和补充，将原规则名称改为《托收统一规则》，即国际商会第322号出版物，并于1979年1月1日起正式生效。现在使用的《托收统一规则》是1996年1月1日起施行的，即国际商会第522号出版物（ICC Uniform Rules for Collections，URC 522），它是根据托收实务中存在的问题进行大量修订后的新版本。

该规则分为"总则和定义"（第1~3条）、"托收的形式及结构"（第4条）、"提示的形式"（第5~8条）、"责任和义务"（第9~15条）、"付款"（第16~19条）、"利息、费用和支出"（第20~21条）、"其他规定"（第22~26条），共计26条。

"总则和定义"：明确规定了"托收"的标的物包括"金融单据"和"商业单据"在内的"单据"；对"光票托收""跟单托收"做了界定；对托收业务中有关当事人的定义进行了明确；强调银行有权拒绝代收行的地位。

"托收的形式及结构"：要求必须提交一份完整、准确的托收申请书，并对申请书进行了严格的规范。托收行只允许按申请书的规定行事。

"提示的形式"：界定了提示的含义；指出代收行可由委托人指定，否则托收行可自行选择；规定了代收行放单的条件（D/P 和 D/A）；在 D/P 下，不应含远期付款的汇票。

"责任和义务"：规定银行处理托收业务时应"善意、合理和谨慎"；对货物及相关单据做了比以前（322 号）更为详细和明确的要求，使银行的责任越来越明确地与货物脱钩；银行利用其他银行的服务，其风险和责任由委托人负担；银行要确定单据表面上与托收指示所列单据是否一致，并以电信方式通知遗漏或不符；对单据的有效性免责；对传递延误、遗失及翻译免责；对不可抗力免责。

"付款"：规定要将收妥的款项不延误地汇给寄单行；对以当地货币付款、以外币付款和部分付款做出了规定。

"利息、费用和支出"：规定了利息、费用和开支的收取方式及相应的单据处理。

"其他规定"：是对承兑、本票及其他票据、拒绝证书、需要时的代理、通知的形式和方法的界定。

《托收统一规则》规定的所有条款只有在与托收指示的内容没有抵触时才可以运用。如果两者有抵触，就应服从托收指示的规定，托收指示是托收业务的基础，也是确定有关当事人权利义务关系的依据。

二、有关跟单信用证的国际惯例

（一）《跟单信用证统一惯例》

在国际贸易中，跟单信用证是一种重要的结算方式，作为一种国际支付工具，要求信用证的各个当事人对信用证条款的理解和解释一致。但由于有关当事人处在不同的国家，法律、习惯、语言不同，误解难免存在，而且信用证本身的条款也极具复杂性，因此许多银行希望能统一解释信用证，于是一些银行开始以民间团体的身份制定一些信用证惯例。例如，1920 年美国出现了商业信用证纽约银行协会条款，法国等西欧国家也进行过国内的统一活动。但信用证是国际业务，作为向国际统一方向迈进的必然结果，国际商会于 1930 年拟订了《商业跟单信用证统一惯例》，并在 1933 年正式公布。之后，随着国际贸易的发展和变化，国际商会分别在 1951 年、1962 年、1974 年、1978 年、1983 年、1993 年和 2007 年进行了多次修订，现称其为《跟单信用证统一惯例》（Uniform Customs and Practice for Documentary Credits，UCP），被各国银行和贸易界广泛采用，已成为信用证业务的国际惯例。

目前使用的是2007年的版本，即UCP600，于2007年7月1日实行。

UCP600的修订工作从2003年5月开始，在修订过程中，全面回顾了UCP500实施以来ICC发布的各类出版物、意见及决定，吸收了其中合理的条款；全面反映了近年来国际银行业、运输业和保险业出现的变化，并体现了一定的前瞻性；内容更加贴近实务，条文更加具体明确，相符交单的标准趋向宽松，文字更加简洁，方便了贸易和操作，对促进信用证业务的健康发展起到了积极的作用。UCP600共39条：

第1~5条的内容是：适用范围，定义，解释，信用证与合同，单据与货物、服务或履约行为。

第6~13条的内容包括：兑用方式、截止日和交单地点，开证行责任，保兑行责任，信用证及其修改的通知，修改，电信传输和预先通知的信用证和修改，指定，银行之间的偿付安排。

第14~16条的内容有：单据审核标准，相符交单，不符单据、放弃及通知。

第17~28条的内容包括：正本单据及副本，商业发票，涵盖至少两种不同运输方式的运输单据，提单，不可转让的海运单，租船合同提单，空运单，公路、铁路或内陆水运单据，快递收据、邮政收据或投邮证明，"货装舱面""托运人装载和计数""内容据托运人报称"及运费之外的费用，清洁运输单据，保险单据及保险范围。

第29~32条的内容是：截止日或最迟交单日的顺延，信用证金额、数量与单价的伸缩度，部分支款或部分发运，分期支款或分期发运。

第33~37条的内容有：交单时间，关于单据有效性的免责，关于信息传递和翻译的免责，不可抗力，关于被指示方行为的免责。

第38条是对可转让信用证的规定。

第39条是款项让渡。

（二）《跟单信用证项下银行间偿付统一规则》

为解决银行间偿付的程序问题，国际商会制定了《跟单信用证项下银行间偿付统一规则》（The Uniform Rules for Bank-to-Bank Reimbursement Under Documentary Credits），该规则是对《跟单信用证统一惯例》的补充。UCP600实施以后，国际商会对1995年的URR525做了一些修订，于2008年7月公布了新版的《跟单信用证项下银行间偿付统一规则》（国际商会第725号出版物，URR725），2008年10月1日起实施。该规则共包括四个部分：

第一部分为总则与定义（第1~3条），分别为URR的适用、定义、偿付授权书与信用证。

第二部分为责任与义务（第4~5条），即对索偿要求的偿付、开证行的义务。

第三部分为授权书、修改书与索偿要求的形式与通知（第6~12条），分别为偿付授权书或者偿付修改书的出具和接收、偿付授权的到期、偿付授权书的修改或者撤销、偿付承诺、索偿要求的标准、索偿要求的处理、重复的偿付授权。

第四部分为杂项规定（第13~17条），包括外国法律和惯例、信息传递的免责、不可抗力、费用、利息/价值损失。

（三）《UCP600下信用证审单国际标准银行实务》

UCP规定，银行应依据"国际标准银行实务"审核单据。但是UCP并没有明确指出何为国际标准银行实务。由于没有统一的国际标准以及各国对UCP的理解不统一，引发了大量的争议，严重影响了国际贸易的正常发展。有鉴于此，国际商会银行委员会于2000年5月成立了一个专门工作小组，对世界主要国家审单惯例加以统一编纂和解释。2003年1月，国际商会以第645号出版物正式出版了《关于审核跟单信用证项下单据的国际标准银行实务》（International Standard Banking Practice for the Examination of Documents under Documentary Credits，ISBP），它不仅规定了信用证单据制作和审核所应遵循的一般原则，而且对跟单信用证的常见条款和单据做出了具体规定。UCP600实施后，ISBP也做了相应的修订，形成ISBP681，于2007年7月1日随同UCP600的实施而实施。在UCP600实施一年多后，国际商会于2008年年底正式发起动议，又修订、起草了新版的ISBP745，以解决信用证审单实务中所反映的问题，并于2013年4月17日在国际商会葡萄牙里斯本春季会议上高票通过，即时生效。ISBP745的英文全称是 International Standard Banking Practice for the Examination of Documents under Documentary Credits subject to UCP600，2013 Revision，ICC Publication No.745，即《UCP600下信用证审单国际标准银行实务》，其不仅是各国银行、进出口公司信用证业务单据处理中的必备工具，也是法院、仲裁机构、律师在处理信用证纠纷案件时的重要依据。

三、有关保函的国际惯例

（一）《合约保函统一规则》

《合约保函统一规则》（Uniform Rules for Contract Guarantee），即国际商会第325号出版物（ICC325），是于1978年颁布实施的，它是针对投标保函、履约保函以及还款保函制定的规则。ICC325实施后，对保函业务产生了一定的影响，促进了大型工程项目的国际性招标、投标、承包的顺利开展。但是，随着国际贸易的迅速发展，保函的使用大大超出了原来的范围。同时，ICC325存在的一个最大缺陷是，它规定受益人索赔时必须提供或在合理时间内补交证明委托人违约的文件，如法院判决或仲裁庭决议等，这对于受益人来说条件过严；而担保行为了判断委托人是否违约，往往被迫卷入委托人与受益人之间的合同纠纷，对银行亦不利。该规则对保函的性质及担保人付款责任性质等重要问题也未予以明确。因此，ICC325没有被广泛地接受和使用。在这种情况下，国际商会于1992年制定了第458号出版物，即URDG458。但URDG458生效后，ICC325仍继续有效。

（二）《见索即付保函统一规则》

《见索即付保函统一规则》（Uniform Rules for Demand Guarantee，URDG758）是为独立见索保函实务制定的国际统一惯例，是1992年生效的URDG458的升级版，历经3年修订而成。2010年7月1日，URDG758在全球范围内正式生效。

URDG758有两大明显特点：一是在URDG758规则下，保函的独立性和单据化特征更加明显，与信用证愈发接近；二是URDG758关于保函操作的具体规则比URDG458更加详尽。

URDG758的推广国家在2000年时还只有13个，目前扩展为100余个。

（三）《见索即付保函国际标准实务》

2021年4月14日，国际商会（ICC）银行委员会通知，根据其2021年度会议上的投票结果，《见索即付保函国际标准实务》（International Standard Demand Guarantees Practice，ISDGP）获得正式通过。作为URDG758的配套文件，ISDGP为保函业务的各个环节提供了详细的操作流程指引。使得参与保函业务的银行、企业和其他金融机构，能够更加清晰地了解自己的权利和义务，减少操作中的不确定性和风险。ISDGP统一了不同国家和地区在保函业务操作上的差异，对于保函条款的解释、索赔文件的要求等方面提供了一致的标准，避免因不同地区的法律和习惯差异而导致的争议。

ISDGP正文分为由A到Q17个部分，内容涵盖见索即付保函/反担保有效期内的每个环节。

四、《国际备用信用证惯例》

以往，备用信用证遵循的是跟单信用证规则，但UCP对备用证不能完全适用，这一点也为UCP500第一条所承认，它规定"只在适用范围内"适用。即使最简单的备用证（只要求提示一张汇票）提出的问题，UCP中也未涉及，复杂的备用证就更需要专门的规则了，《国际备用信用证惯例》（International Standby Practices，ISP98）的出台正好满足了这些要求，在国际金融服务协会的支持下，由国际银行法律与实务学会用了5年的时间，进行了15稿的讨论后才得以形成，最终以国际商会第590号出版物（ICC590）的形式出版，于1999年1月1日起实施。

ISP98的出版和实施是国际经济一体化和金融全球化发展的需要，正如国际银行法律与实务学会主席James E. Byrne教授在ISP98的前言中所述，独立制定备用信用证的惯例，表明了备用信用证这一金融产品的重要性。备用信用证的余额已超过商业信用证，在备用信用证被广泛使用并且是发源地的美国，非美国银行备用信用证余额也已经超过美国银行备用信用证余额。

ISP98共包含10条规则，89款，分别为：

第1条，总则（General Provisions），共11款。

第2条，责任（Obligations），共7款。

第3条，交单（Presentation），共14款。

第4条，审单（Examination），共21款。

第5条，拒付通知、权利的丧失和单据处理（Notice, Preclusion and Disposition of Documents），共9款。

第6条，转让、让渡及依法转让（Transfer, Assignment and Transfer by Operation of Law），共14款。

第7条，取消（Cancellation），共2款。

第8条，偿付责任（Reimbursement Obligations），共4款。

第9条，时间的计算（Timing），共5款。

第10条，联合及参与（Syndication/Participation），共2款。

对于常用的备用信用证，ISP98均给出了定义，如"履约备用信用证（Performance Standby）""预付备用信用证（Advance Payment Standby）""投标备用信用证（Bid Bond /Tender Bond Standby）""反担保备用信用证（Counter Standby）""融资备用信用证（Financial Standby）""保险备用信用证（Insurance Standby）""商业备用信用证（Commercial Standby）""直接付款备用信用证（Direct Payment Standby）"等。

ISP98不仅适用于国际备用信用证，也同样适用于国内的同类业务；不仅银行适用，非银行金融机构也适用；并且只有明确表示依据ISP98开立时，备用信用证才受ISP98管辖；在同时注明依据ISP98和UCP600开立时，ISP98优先于UCP600。

五、《福费廷统一规则》

福费廷业务近年来在全球发展很快，为规范该业务，国际福费廷协会和国际商会共同制定了《福费廷统一规则》（Uniform Rules for Forfaiting, URF800），于2013年4月在里斯本举行的国际商会银行委员会春季会议上通过，这是全球首个专门针对福费廷业务的国际标准。

随着数字化贸易的普及，ICC于2023年1月1日发布URF 800（2023版），主要更新包括：明确电子签名和电子票据的法律效力（与UCP 600电子交单同步）；新增"链式交易"规则，防止重复融资；将"主权债务违约"纳入不可抗力条款。

六、《国际保理通用规则》

20世纪60年代，欧洲和美国的保理商开始寻求国际合作，但由于各国法律和商业习惯差异，跨境保理面临诸多障碍，如应收账款转让的法律效力不统一、信用风险评估缺乏国际标准、争议解决机制不透明等。1968年，旨在推动全球保理业务的标准化与合作的国际保理商联合会（Factors Chain International, FCI）在荷兰成立，第一版GRIF（General Rules for International Factoring）于同年发布，目标是统一双保理（Two-Factor System）的操作规则；明确出口保理商与进口保理商的责任划分；提供争议解决的框架。其后在20世纪80年代、2000年、2010年、2018年分别进行了修订和完善，现在使用的是2023年版，即《国际保理通用规则》（General Rules for International Factoring， GRIF 2023），共分为 32 条（Articles），每一条款均明确规范国际保理业务的关键环节。

　　2023年版本明确了电子化交单和数字签名的法律效力；优化了争议解决流程的时间节点；强化了数据保护和合规要求。

本章基本概念

　　国际惯例　国际贸易术语　FOB　CIF　CFR　FCA　《托收统一规则》UCP600　ISBP745　ISP98　URDG758　URF800　GRIF2023

复习思考题

　　1.国际惯例有什么特点和作用?

　　2.什么是国际贸易术语? 有何作用?

　　3.掌握国际贸易术语的内容并比较其差异。

　　4.国际结算中的主要惯例有哪些?

第二篇 国际结算中的票据和单据

第三章
国际结算中的票据

本章提要

　　票据是现代经济生活中使用最普遍的一种有价凭证，也是国际结算业务中必不可少的结算工具。通过本章的学习，了解票据的两大法系和我国的票据法，重点掌握汇票的概念、要项、当事人、种类和票据行为，理解票据的概念与特征，以及汇票、本票和支票的性质、作用与区别。

　　票据，也称金融单据（Money Paper）、资金票据（Financing Documents）或流通票据（Negotiable Instrument），是指那些反映债权债务关系，以支付货币为目的，可以转让流通的单据。一般人们省去了"金融"或"资金"两字，就叫票据，也很少称其为"资金单据"。本来票据范围是很广的，商业上的凭证都叫票据，如发票、提单、保险单。但人们现在谈起的票据已不是指这种广义上的票据，而只是指汇票、本票、支票这三种代表货币的支付凭证。

第一节　票据概述

　　票据是出票人签发的、承诺自己或委托他人在见票时或指定日期向收款人或持票人无条件支付一定金额、可以流通转让的一种有价证券。它是适应商业的需要而产生和发展起来的，经历了漫长的演变过程。为便于其流通，各国都制定票据法对其加以约束，使之发挥的作用越来越大。

一、票据的产生

　　票据是国际结算的主要工具，它是在长期国际贸易的实践中逐步演变发展起来的。在开始出现贸易时，采取的是物物交换的方式，即易货，这时，交易双方在商品种类、数量等方面的供求是很难达到一致的。随着货币的出现，特别是随着金属货币的广泛使用，商品交换开始以货币为媒介，采取现金结算的方式。现金结算显然便利了交易的进行，但漂洋过海运送黄金白银十分不便，不但风险大、费用多、占压资金，而且各国货币的含金量和成色也不同。于是商人们开始用"字据"来代替黄金白银，即使用票据来结算，也叫非现金结算。直至目前，票据仍是国际结算的主要工具。

　　从世界范围看，一般的说法是，票据是在中世纪的商业活动中产生的，到资本主义时代全面盛行，但其起源可追溯到古希腊和古罗马时代。当时有一种"自笔证书"被认为是票据的雏形，这种证书的持有人在请求债务人偿付债务时必须提示该证书，债务获得清偿后退还给债务人，这种制度同现代票据的设权性和返还性是一致的。12世纪，意大利商人所使用的由货币兑换商签发的兑换证书与现代的本票和汇票十分接近。到了资本主义时期，票据的应用日益普遍和不可缺少，有关票据的制度也在这个过程中不断完善，逐步有了背书、承兑等制度。随着银行业的发展，又出现了专门由银行付款的支票。票据在我国很早就出现了，如唐朝的"飞钱"、宋代的"交子"，并在一定地域内使用和流通。

二、票据的性质

作为票据，归纳起来有以下几大性质：

1.设权性

所谓"设权"，是指持票人的票据权利随票据的设立而产生，离开了票据，就不能证明其票据权利。而票据权利产生的前提是做成票据，权利转移的前提是交付票据，权利行使的前提是提示票据。这里的票据权利是指付款请求权、追索权及转让票据权等。

2.要式性

它是指票据的形式必须符合规定。所谓形式也就是票据上记载的一些项目，各国票据法对"式"都做了详细的规定。

3.文义性

"文义"即文字上的含义或其思想内容，指票据的效力是由文字的含义来决定的，债权人和债务人只受文义的约束，债权人不得以票据上未记载的事项向债务人有所主张，债务人也不能用票据上未记载的事项对债权人有所抗辩。

4.无因性

"因"是指产生票据权利义务关系的原因。无因性是指债权人持票行使票据权利时，可以不明示原因。但是，当某出票人命令付款人向收款人付款时，为什么出票人能下这种命令呢？肯定是有原因的。总的来说，原因有两个：一是出票人与付款人之间有资金关系，如出票人在付款人处有存款或付款人愿意向出票人贷款；二是出票人与收款人、票据背书人与被背书人之间有对价关系，如A开出以B为收款人的票据，B又以背书的方式转让给了C，其原因可能是A买了B的货物，所以开立票据向B付款，而B之所以转让给了C，可能因为他欠了C的债等。这种资金关系和对价关系即为票据的基础原因。可见，任何一张票据都有基础原因，但票据成立后，当事人的权利义务并不受票据原因的影响，对受让人来说，无须调查票据背后的原因，只要要式齐全，他就能取得票据文义上载明的权利。这种特性就被称为票据的无因性。

进一步地说，票据的无因性就是指产生票据上的权利义务关系的原因与票据上的权利义务要分开。无因性有利于票据的广泛流通。

5.流通转让性

一般的债权在转让时，必须经过债务人的同意，但票据经过背书或交付就可自由地转让、流通，转让时无须通知债务人，债务人不能以没接到通知为由拒绝承担义务。受让人在取得票据权利后，如遭拒付，有权对所有的当事人进行追索，且正式持票人的票据权利不受前手权利缺陷的影响。

6.提示性

提示性是指债权人要求付款人付款时，必须提出票据，显示占有这张票据，并要求付款。

7.返还性

持票人收到款项后，应将票据交还付款人。当付款人是主债务人时，票据关系消灭；如是次债务人，付款后可向前手追索。如不交还，债务人可不付款。

在票据的上述各种性质中，最重要的是其流通转让性，它是票据的基本特性；其次是无因性和要式性，它们是为流通转让性服务的。受让人往往无从了解票据产生或转让的原因，但对票据是否符合法定要式却一目了然，因此要"式"不要"因"的目的，就在于能使票据的收受更加方便地进行，以保证票据流通的正常。

三、票据的功能

1.汇兑功能

票据是异地输送现金和兑换货币的工具。从票据的发展历史来看，正是为了克服异地运送现金的不方便才出现了票据。不仅在票据最初使用的几个世纪，即使在当今社会，票据的汇兑功能也还是很重要，特别是在国际贸易中，利用票据的汇兑功能进行国际结算可以减少现金的往返运送，从而避免风险、节约费用。票据的汇兑功能是票据的传统功能。

2.信用功能

商品的赊销和赊购使卖方和买方之间产生了债权债务关系，这种债权和债务关系被称为信用关系。利用票据可以使这种债权债务关系得到书面确认，因此，票据是建立在信用基础上的反映债权债务的书面凭证。例如，某项商品的交易约定买方在收到货物后的某个时间付款，买方可开立一张本票，这时这张本票就代表了买方到时付款的信用。票据的信用功能是票据的核心功能。

3.支付功能

支付功能即用票据代替现金作为支付工具。这样既可以避免因携带大量现金而产生的风险，又可以避免清点现钞可能产生的错误和花费大量时间。票据的支付功能是票据的基本功能。

4.流通功能

票据的流通功能表现在，票据经过背书可以转让给他人，并且经过连续背书可以连续地转让。背书人对票据的付款负有担保责任，所以，票据背书的次数越多，票据付款的担保人就越多，票据的信誉就越高。但票据的信用基础是商业信用，依靠的是票据当事人之间的信用关系，不具备法定货币的强制性和最后支付能力，这是票据作为流通手段时与通货的区别所在。

5.融资功能

票据的持有者可以通过将尚未到期的票据向金融机构贴现取得资金，以解决资金周转困难；在有的国家，票据的发行允许不具备真实商品交易背景，而纯粹以融资为目的。

票据的以上功能，使票据制度成为现代市场经济的一项基本制度。商业信用、银行信用的票据化和结算手段的票据化，也是市场经济高度发展的重要标志之一。

四、票据法及其法系

（一）票据法及其法系的形成

票据法是指规定票据制度以及票据当事人权利义务关系等内容的法律规范的总称。票据法有广义和狭义之分。广义的票据法是指各种法律中有关票据的规范的总和，而狭义的票据法仅指名为"票据法"的法律及与之直接相关的法律。

票据立法开始是以习惯法的形态出现的，由当时商人团体的规章、惯例及商人裁判所的判例组成。随着中央集权国家的逐步形成，这种习惯法逐渐演变为成文法。最早出现的成文法票据法是1673年法国国王路易十四时期的《陆上商事条例》中关于票据的规定。自此以后，各资本主义国家相继制定了各自的票据法。1847年，根据《普鲁士联邦票据法法案》，德国制定了关于票据的普通条例，经修改后形成了德意志帝国的票据法。英国于1882年在原有普通法判例的基础上制定了《流通汇票法》。1897年，美国纽约州首先公布了《统一流通票据法》，后被其他各州所采用。由于各国法律文化的特点及政治、经济条件的差异，在19世纪末，世界上逐渐形成了票据法的三大法系，即法国法系、德国法系和英美法系，之后取而代之的是两大法系。

1.三大法系简介

（1）法国法系。其认为票据是代替现金运输的工具，因此对票据作为支付工具的作用规定得极为详细，而对票据的其他作用只做了简略的规定，并认为票据关系和票据基础关系不能分开，票据为要因证券，这给票据的流通带来许多不便。这种特点同制定票据法时的历史条件是有直接关系的，当时的票据在经济生活中主要用于输送现金，其流通工具和信用工具的作用还未充分显示出来。法国法系在19世纪初曾一度风靡欧洲，希腊、比利时、意大利、西班牙和葡萄牙等都深受其影响。但随着时间的推移，由于其不能适应现代经济生活的需要，仿效法国法系的国家相继放弃了固守的原则，向德国法系靠近。法国也于1935年仿照《日内瓦统一法》修订了其票据法，并于1936年2月1日颁布实施。

（2）德国法系。较之法国法系，德国法系认定票据是信用的媒介，强调票据的信用和流通作用；将票据关系与其基础关系完全分离，使票据成为无因证券，为票据设定了严格的法定格式。德国法系影响所及的国家有奥地利、日本、瑞士、匈牙利、丹麦、瑞典等。

（3）英美法系。英美法系又称英国法系，它在注重票据的信用和流通以及将票据关系与票据基础关系分离等方面，与德国法系相同，但在对票据形式的要求方面，则较德国法系简便、自由。仿照英美进行票据立法的国家有加拿大、印度、澳大利亚、新西兰等。

2.两大法系简介

由于各国票据法分属三大不同法系，不但不同法系之间的规定不同，而且同一法系中不同国家对票据的规定也不完全一致，这给票据在国际经贸中的流通和使用带来了许多不便，因此有了统一票据法的倡议。1910年和1912年，在德国、意大利两国政府的提议下，在海牙两度召开国际票据法统一会议，制定了《统一票据规则》。但在该规则还未得到各国政府的批准之前，第一次世界大战就爆发了，票据法的统一运动暂时告一段落。

1930年，在国际联盟的主持下，于瑞士日内瓦召开了国际票据法统一会议，会议通过了《1930年统一汇票、本票法公约》及其他相关公约，1931年又签订了《统一支票法公约》，英、美两国虽然也参加了这次会议，但拒绝签字，未加入日内瓦统一票据法系，即所谓大陆法系，原因是"不愿以新法破坏几经周折才实现的英联邦内及美国的票据法统一事业"，从而使世界票据法分成两大体系——大陆法系和英美法系。大陆法的运用以法国、德国为代表，包括了欧洲的大多数国家；英美法主要在美国和英联邦成员国中使用。

大陆法和英美法存在许多冲突，为消除两大法系的差别，联合国国际贸易法委员会在1972年第5届会议上通过了《联合国国际汇票与国际本票公约（草案）》和《联合国国际支票公约（草案）》。《联合国国际汇票与国际本票公约》经联合国国际贸易法委员会1987年第20届会议通过后，已由联合国大会于1988年12月9日正式通过。鉴于电子资金划拨将越来越多地取代支票支付，联合国国际贸易法委员会已停止有关《联合国国际支票公约草案》的工作。

3.我国的票据法

我国的票据使用虽然起步很早，但发展缓慢，一切票据行为及票据争议都是按各地的习惯来处理的。我国的第一部票据法是在1929年10月30日由当时的国民政府颁布实施的。中华人民共和国成立后，旧的票据法被废除。随着计划经济的实施，国内取消了汇票和本票，个人不得使用支票，汇票的使用仅限于国际贸易。在这种情况下，对票据的管理完全使用行政方法。中国共产党第十一届中央委员会第三次全体会议后，随着"对内搞活、对外开放"政策的实行，改革了金融体制，开放了商业信用，特别是1989年4月1日施行新的《银行结算办法》后，银行汇票、商业汇票、银行本票、支票得到全面推行，为了能对票据关系进行全面而系统的调整，《中华人民共和国票据法》（以下简称《票据法》）于1995年5月10日在第八届全国人大常委会第十三次会议上被审议并通过，于1996年1月1日起施行。这标志着在经济生活中作用重大、涉及面甚广的票据在我国步入了法治化的轨道。

根据我国的《票据法》，中国人民银行于1997年8月21日发布了《票据管理实施办法》，于同年10月1日起施行①。为配合《票据法》及《票据管理实施办法》的施行，中国人民银行于1997年9月19日又颁布了《支付结算办法》，同年12月1日生效②。为了正确使用《票据法》，公正而及时地审理票据纠纷案件，最高人民法院审判委员会于2000年2月24日通过了《最高人民法院关于审理票据纠纷案件若干问题的规定》，并于2000年11月14日公布，于同年11月21日起施行，根据2020年12月23日最高人民法院审判委员会第1 823次会议通过的《最高人民法院关于修改〈最高人民法院关于破产企业国有划拨土地使用权应否列入破产财产等问题的批复〉等二十九件商事类司法解释的决定》修正。2004年8月，修订后的《中华人民共和国票据法》颁布实施。至此，我国票据法体系得以基本完善。

（二）《英国票据法》、《日内瓦统一法》以及我国《票据法》的比较

世界票据法体系分为英美法系和大陆法系。英美法系国家的票据法是以《英国票据法》为蓝本，大陆法系国家的票据法则以《日内瓦统一法》为依据。前者是英国的国内法，后者则是一种国际公约。

国际票据法律适用的原则大致为：有关出票及票据的合法性适用出票地法律；其他票据行为适用行为地法律。在我国对外经济交往中发生涉外票据关系时，既要依照我国《票据法》，有时也要适用别国的票据法。因此，下面简单比较一下两大法系的不同。

1.在《日内瓦统一法》中，汇票与支票是独立的；而《英国票据法》将支票并入汇票，并将以银行为付款人的即期汇票定义为支票。

2.在规定票据定义时，《日内瓦统一法》不像《英国票据法》那样有严谨的文句，它只是以规定票据的必要项目给票据下定义。

3.《日内瓦统一法》尤为强调票据的要式性。例如：

（1）《日内瓦统一法》强调票据上要有票据名称的字样，即标明是汇票或本票或支票（我国《票据法》也有此规定）；《英国票据法》无此要求。

（2）在票据金额方面，两法都规定，如大小写不一致，以大写金额为准（我国

---

① 2010年12月29日，国务院第138次常务会议通过《国务院关于废止和修改部分行政法规的决定》，对《票据管理实施办法》部分条款予以修正，于2011年1月8日中华人民共和国国务院令第588号发布施行。
② 2024年2月2日，中国人民银行行务会议审议通过了《中国人民银行关于修改〈支付结算办法〉的决定》，并于2024年2月6日发布施行。此次修改是为了贯彻落实《国务院关于取消和调整一批罚款事项的决定》（国发〔2023〕20号），进一步优化营商环境。主要修改内容为：删除第一百二十五条、第一百九十二条第二款、第一百九十七条。

《票据法》规定，此种票据无效），但《日内瓦统一法》还规定，如果有两个大写不一致，以数额小的大写为准。

（3）关于票据的抬头（收款人），《英国票据法》规定三种票据均可作记名抬头和来人抬头（我国《票据法》规定三种票据均不可作来人抬头）；而《日内瓦统一法》不允许来人抬头。

（4）关于出票日期，《日内瓦统一法》将此作为必要项目（我国《票据法》有相同规定）；《英国票据法》认为无出票日期，票据仍然成立。

在其他记载方面，两法也有一些不同的规定。例如，《英国票据法》认为，出票人和背书人可用"免于追索"的文句来免除在票据被拒绝付款时受追索的责任；而《日内瓦统一法》认为，出票人只能免除担保承兑的责任，而不能免除担保付款的责任（我国《票据法》认为此种责任不可免除）。

4.两法对票据行为的规定不同。表现为：

（1）《英国票据法》规定，限制背书的被背书人无转让票据的权利；《日内瓦统一法》认为票据仍可由被背书人转让，转让人只对直接后手负责，对其他后手概无责任（我国《票据法》同《英国票据法》）。

（2）票据权利的善意取得，应该包括取得票据时无恶意或重大过失。《英国票据法》认为，只有出于善意并付对价的正当持票人不受对抗；《日内瓦统一法》不强调是否付过对价（我国《票据法》同《英国票据法》）。

（3）提示期不同。《日内瓦统一法》规定，即期票据必须从出票日起1年内做付款提示；见票后定期汇票必须在出票日起1年内做承兑提示；远期票据必须在到期日及以后的两个营业日中做付款提示。《英国票据法》规定，即期汇票必须在合理时间内做付款提示；见票后定期汇票必须在合理时间内做承兑提示；远期汇票必须在到期日当天做付款提示（我国《票据法》规定，即期汇票自出票日起1个月内做付款提示，远期汇票自到期日起10日内做付款提示）。如果持票人未在规定时效内提示票据，那么他就丧失了对前手的追索权，而承兑人对持票人仍有付款责任，其责任时效，《日内瓦统一法》规定为自到期日起3年，《英国票据法》规定为自承兑日起6年（我国《票据法》规定为自到期日起2年）。

（4）做成承兑的时效，《英国票据法》规定付款人须在习惯时间内（24小时）做成；《日内瓦统一法》规定2天内做成承兑（我国《票据法》规定3日内做成承兑）。

（5）《日内瓦统一法》规定付款人付款时不需要认定背书真伪；《英国票据法》规定必须认定背书真伪（我国《票据法》同《英国票据法》）。

（6）持票人遭到拒付时，根据《英国票据法》，只有国际汇票才必须由公证人做成拒绝证书；《日内瓦统一法》允许在汇票人或付款人破产时，以法院判决代替拒绝证书（我国《票据法》有相似规定）。

（7）《英国票据法》没有"保证"规定；《日内瓦统一法》允许"保证"票据（我国《票据法》同《日内瓦统一法》）。

（三）我国《票据法》中的特殊规定

我国《票据法》中未采用无记名背书的方式；承兑不得附条件，否则，视为拒绝承兑；不允许一部分付款；本票仅指银行本票；允许持票人在到期日前进行追索；拒绝证明分为拒绝承兑证明和拒绝付款证明，拒绝承兑人或拒绝付款人分别为拒绝承兑或拒绝付款证明的做成义务人（而一般票据法中的拒绝证书制度，均将持票人规定为做成义务人）；在法定情形下，人民法院的司法文书、有关行政主管部门的处罚决定及法定证明可以替代拒绝证明，持票人如果不能出示拒绝证明、退票理由书或未按照规定期限出示其他合法证明的，将丧失对其前手的追索权；拒绝事由通知为追索权人应履行的义务或手续，必须采用书面形式，未尽通知义务的，并不因此而丧失追索权，仅对因怠于通知而产生的损害负赔偿责任；支票持票人超过提示付款期限后，付款人可以不付款。

第二节　汇票

一、汇票的定义

根据《英国票据法》，"汇票是一人向另一人签发的，要求即期或定期或在可确定的将来时间对某人或某指定人或持票人支付一定金额的无条件书面支付命令"（A bill of exchange is an unconditional order in writing, addressed by one person to another, signed by the person giving it, requiring the person to whom it is addressed to pay on demand or at a fixed or determinable future time a sum certain in money to or to the order of a specified person, or to bearer）。

《日内瓦统一法》是通过内容来定义的，汇票应包含下列内容：①"汇票"字样；②无条件支付一定金额的命令；③付款人；④付款期限；⑤付款地点；⑥收款人；⑦出票日期和地点；⑧出票人签字。

我国《票据法》对汇票的定义是：汇票是出票人签发的，委托付款人在见票时或者在指定日期无条件支付确定金额给收款人或者持票人的票据。

二、汇票的必备项目

对汇票的解释各国相似，但汇票的格式和内容则略有差别。如加以归纳，有些项目是汇票一般必备的；有些则是绝对必备的，即少了一项，就构不成汇票；还有一些属于任意记载事项，记不记载都不影响汇票的效力。而且，国际结算中使用的汇票属国外汇票，多用英文，格式是横条式。对票据的最大与最小尺寸，票据法中一般未做规定，但实务中都要求以合适的尺寸和不易涂改的方法做成。其式样可参见图3-1。

```
                    BILL OF EXCHANGE

No. _____                            _____
FOR ▓▓▓▓▓▓▓

At _____ sight of this FIRST BILL of exchange（SECOND being unpaid）
 Pay to _____ or order the sum of
▓▓▓▓▓▓▓▓▓▓▓▓▓▓▓▓▓▓▓▓▓▓▓▓▓▓▓▓▓▓▓▓▓▓▓▓▓▓▓
Drawn under _____

L/C No. _____ dated _____


To:

                                              （signature）
```

图3-1　汇票式样

以下介绍汇票的必备项目，包括绝对必须记载和相对应记载的部分。

1.表明其为"汇票"的文字

我国《票据法》和《日内瓦统一法》都要求在汇票的正面标明其名称，《英国票据法》对其未加规定，但在实务中一般都注有"汇票"字样，其目的是与本票、支票等相区别。有的汇票无上方的"BILL OF EXCHANGE"字样，其"汇票"的性质是通过文中的"Exchange for"显示出来的，用汇票的同义词"Draft"也可。

2.无条件支付命令（Unconditional order to pay）

这包含三层意思：

首先，汇票是支付命令，而不是请求，因此，汇票上不能出现请求的词语，但不排斥用词的礼貌，如"请付（Please pay to）"及"付（Pay to）"同样是一种命令，但不能使用"Would you please pay to..."，因为这只是请求不是命令。

其次，支付不能附加条件，不能把某一事情的发生或某一情况的出现作为付款的先决条件。如"On arrival of..."或"After clearance..."等表明货物已抵达或所装运的船只已到或货物已通关，出现这类有条件的文字都是不可以的，此类汇票无效。但《英国票据法》允许使用"在某特殊事件发生之日或发生之后的固定期限"这样的条件，该事件肯定会发生，尽管时间不确定。例如，有"××逝世之日付给我……"字样的汇票是有效的，一个人必然要死，这是一个肯定的将来事件，尽管不知道实际的日期；但汇票若是"在某人结婚后付款"，则是无效的汇票，因为这是或有事件，即使此人后来结了婚，该汇票也不能成为有效的汇票。同样，写明"承兑后一定时期付款"的汇票也不是合法的汇票，因为将来付款人不一定会承兑，他可能拒绝承兑。

除明显带有先决条件的以外，有的汇票带有隐含的条件，如规定汇票付款的资金来源于某一特定的账户或某一特定的来源，如果这一特定的账户或来源资金不够或根本没有，那么汇票的付款就不能实现，因此有这样记载的汇票也是无效的汇票。如有的汇票写有"Pay to A USD100 out of the sales profits of cotton sweaters"的文字，又有的写有"Pay to A USD100 from No.2 account"的文字，那么，一旦销售利润不足100美元或亏损，汇票的付款人即可不付；而2号账户中的存款不足，付款人也同样可以不付。显然，这样的汇票都是无效的汇票。

如果汇票上记载着"Pay to A USD100, debit No.2 account"，则情况又不同，此处付款与借记是两个分开的行为，借记2号账户并不是付款的先决条件，虽然付款人可能因账户不足而拒付，但这是付款人的事，与出票人无关，因为汇票本身并未限制2号账户是唯一的付款资金来源，因此此汇票仍然是有效的。

3.确定的金额（Certain in money）

这是指汇票要表明确定或可以确定的金额，在后一种情况下，要求任何人根据票据文义的记载都能得到同样的结果。如果金额是"About USD200"或"USD200 or USD100"，由于不是"一定金额"，因此无效。

汇票上的金额在"Exchange for"处用阿拉伯数字书写，在"The sum of"处用文字，当两者出现不一致时，各国票据法一般都规定以文字表示的为准。因为有的国家的票据法中并未规定大小写要并列一起写，所以，有时会出现仅以文字或数字记载金额的汇票，若出现上下文金额不一致的情况时，以其中最小者为汇票金额，但实际做法大多数都是退票并要求出票人重新出票。我国《票据法》在第八条中规定，票据金额要大小写同时记载，二者必须一致，否则票据无效。

许多国家的票据法均允许在金额的后面附有利率条款或汇率条款，但金额仍要满足"确定"要求，若只标明计利息而未标明利率，就是无效的汇票。如"USD100 plus interest"，金额就不是确定的，应为无效。但《日内瓦统一法》规定，这里只是利息的记载无效，汇票本身是成立的。

汇票的金额包括两部分，一是货币名称，二是金额。货币名称一般用标准代码表示，要和信用证中使用的货币一致，金额一般保留两位小数。

4.付款人（Drawee）

汇票式样中的左下角"To"表示汇票的付款人（Payer），即汇票的被发票人、受票人（Drawee）。要注意写清楚其详细地址，以便持票人提示承兑或要求付款。在国际贸易中，如果是信用证交易，则付款人大多数都是开证行。

《英国票据法》还允许有两个或两个以上的付款人，但任何一个付款人都必须对全部债务负责，没有主次之分，即连带负责。

5.出票日期和地点（Date and place of issue）

出票地点记载于汇票的右上方，有时空白汇票已先行印就了出票地，若没有，则以出票人的实际所在地为出票地。出票地直接关系到汇票适用哪国的法律，当汇票未注明出票地时，则以出票人签名后注明的地址为该汇票的出票地。关于汇票的形式及有效性，一般以出票地的国家法律为准。

至于出票日期，其作用是：

（1）可确定出票人在签发汇票时有无行为能力，若出票时已宣告破产，则票据不成立。

（2）可用来计算汇票的付款到期日及利息的起算日等。

（3）可确定汇票的提示期限。

出票日期写成DD/MM/YY（欧洲式）或MM/DD/YY（美国式）均可，为便于辨别，月份最好是英文的简写或全称，如SEP或September。

《英国票据法》认为出票日期不是绝对必备项目，如未列明日期，任何持票人都可把实际的出票日填上。

6. 付款期限（Tenor）

付款期限是指付款人支付汇票金额的日期。付款期限的表示方法主要有以下几种：

（1）即期付款（at Sight；on Demand）即见票即付，也就是持票人向付款人提示汇票的当天就是该汇票的到期日。这种汇票有时注明"见票即付"，如"at Sight"或"on Demand"或"on Presentation"。如果没有表示出付款日期，就表明是即期付款。因此，该项目不是绝对记载项目。

（2）见票后定期付款（Payable at a fixed period after sight or at days after sight）。此种汇票是持票人向付款人提示，经承兑后确定付款到期日，等到到期日再付款。这里的提示与即期汇票的提示不同，不是要求付款而是要求承兑，到期日从承兑日算起，而且不是以"出票日"而是以"见票日"来决定到期日。如果汇票是"见票后一个月付款"，虽然是3月30日出票，但4月10日付款人才见到（提示承兑），这时到期日是4月10日以后的30天，即5月10日，如果付款人拒绝承兑，持票人应尽快做成拒绝证书，这时汇票的到期日就从做成拒绝证书日算起。但是在做了拒绝证书之后，如果付款人又承兑了汇票，则持票人有权坚持将第一次提示汇票的日期作为承兑日。

可见，写有这种付款期限的汇票是一定要承兑的，不仅要在规定的期限内，还要在承兑时注明日期；如果付款人拒绝承兑，持票人需请求做成拒绝证书。

（3）出票后定期付款（Payable at a fixed period after date）。这种汇票是在汇票开出后的若干时日到期，如"出票后150天付款"（150 days after date），即以出票日为起算点计算付款到期日。

（4）确定日期付款（Payable at fixed date）。此种汇票是以某一确定的日期为付款日（其期限是可以确定的，否则失效），如2024年9月22日（on Sep. 22，2024）。

此外，有的信用证将汇票到期日规定为提单后180天（180 days after date of bill of lading）或"交单后30天"（30 days after date of presentation of the documents）。在这种情况下，起算日是提单签发日或交单日。出票人要在汇票上注明提单日或交单日，到期日计算出来后通常要在汇票上注明。

除即期付款以外，其余三种都属于远期付款。可见，付款期限并不是绝对必须记载的，即使汇票没有载明付款时间，其效力也不受影响。《英国票据法》《日内瓦统一法》，以及我国《票据法》都规定，如果汇票没有载明付款期限，一律作"见票即付"处理。

对于远期汇票，除了"确定日期付款"的汇票外，都需要推算到期日。在计算时，需要注意的是：

① 如到期日恰遇非营业日（星期六或星期日）及节假日，则顺延。

② 非即期的汇票到期日的算法是"算尾不算头"，即不包括见票日或出票日，但包括付款日。例如，出票后30天付款，如果出票日是1月13日，则起算日为1月14日，到期日就是2月12日。

③ 月为日历月。2月29日后的一个月是3月29日，而不是31日，1月31日后的一个月是2月28日（或29日），即在相同的日期到期，不必考虑月大月小。

④ 半月以15天计。

⑤ 月初为1日，月中为15日，月末为本月最后一天。

7.收款人（Payee）

汇票的收款人是在"Pay to the order of"之后注明的，这也是汇票的抬头。其作用是表明汇票的最初权利者，可与第一背书人的签名对照，以判断背书是否连续，并可决定汇票能否流通转让及其转让的形式。通常有三种方式规定收款人：

（1）限制性抬头（Restrictive Order）。这种抬头对收款人做了限制，即除抬头栏中规定的人外，其他任何人都不享有票据权利，即票据债务人只对收款人一人负责。因此，这种抬头的汇票既不能转让也不能流通。其形式有：

① Pay to A（在汇票的其他地方有"不可转让"字样）

② Pay to A only

③ Pay to A not transferable

（2）指示性抬头（Demonstrative Order）。这种抬头的特征是有"Order"字样，即可由收款人指定的人收款，如：

① Pay to the order of

② Pay to A or order（英国人喜欢这样用，以防止作弊）

③ Pay to A（虽无Order字样，但在别处无"不可转让"，实际上与①是一样的）

这种抬头的汇票，除A可收款外，还可通过背书将汇票转让给第三者。

（3）来人抬头（Bearer Order）。这种抬头是命令向任何持有该汇票的人付款。

特征是在收款人栏目中有"Bearer"字样，即任何持有该汇票的"来人"都可作为收款人要求票据权利。形式如：

① Pay to bearer

② Pay to A or bearer

对②中的A可不予理睬，只将其视为"Pay to bearer"。这种抬头的汇票称为来人汇票，任何拥有这种汇票的人就是"来人"，即要成为来人，必须拥有一张"来人汇票"，这和日常使用的"来人"的意思是不同的。另外，经空白背书的指示汇票也是来人汇票。所以，来人汇票是明确注明付给来人或经空白背书的汇票。《日内瓦统一法》和我国《票据法》禁止以这种抬头开立汇票。

8.出票人签字（Drawer's Signature）

汇票须经出票人亲笔签名或盖章方有效。签字的地方是在汇票的右下方。可以说这是汇票最主要的项目，因票据法是根据某人在票据上的签字来确定他的责任的，不签字就不负责，签字等于承认了自己的债务，收款人因此有了债权，从而票据成为债权凭证。

根据《英国票据法》对不完整汇票的规定，只要交付了一张签过字的白纸就算确定了债务，其他的项目可由持票人根据授权来填写。

9.付款地（Place of Drawer）

汇票的支付地叫付款地，一般付款人名字旁边的地址即是。若出口商所开汇票是以外币表示的，有时要在金额的后面注明以何地的货币为付款货币，如"New York Funds"或"Payable by an approved banker's desk New York 或 Payable in New York Funds"等。付款地涉及适用法律，在付款地发生的承兑、付款等行为都适用付款地的法律。

在以上9个项目中，付款期限、付款地及出票地不是绝对必记载的项目，汇票并不因未记载它们而无效。我国《票据法》及《日内瓦统一法》均规定一张汇票绝对应记载的项目有7项，即汇票字样、无条件支付命令、确定金额、出票日期、收款人、付款人和出票人签字。《英国票据法》认为出票日期及汇票字样也非必记载项目，这样，汇票只有5项绝对必记载项目了。

三、汇票的其他记载事项

汇票除以上必备的项目外，有时还载有其他的事项。有的记载将产生一定的票据效力，如利息条款、无追索权条款等；有的记载票据法并未禁止，加列上也不影响汇票的法律效力。这些项目大致如下：

1.汇率条款

汇票在用外币表示的情况下，就会涉及外汇汇率问题。因此，实务中有的汇票上注明了汇率条款：Payable at collecting bank's selling rate on date of payment for sight draft on New York，或 Payable for face amount by prime banker's sight draft on New

York。若没有注明，付款人一般根据付款人当地银行的卖出汇率来付款。

2.利息条款

汇票可以载有利息条款，但计算期间和利率都明确方可。利息条款的内容通常如下："按年利率8%支付自出票日起到付款日止的利息（Payable with interest at 8% p.a. from the date here to date of payment of this instrument）。"计算期间若未注明，则认为从出票日开始一直到付款日终止。

3.无追索权条款

这里的追索权包括承兑和付款。汇票出票人应保证汇票的承兑和付款，当汇票遭到拒绝承兑和拒付时，持票人有权向前手追索，但出票人可以在汇票上注明不保证该汇票的承兑和付款。依照英美法，无追索权条款可以以下列文句表示：

（1）在文本处记载：Pay to（payee）or order without recourse to me。

（2）在汇票空白处写明：Without recourse（to drawers）。

但《日内瓦统一法》只允许免除担保承兑的责任，而不能免除担保付款。我国《票据法》对此未做规定。

4.免除做成拒绝证书条款

拒绝证书是行使追索权所必需的条件，证明汇票确实遭到拒绝承兑或拒绝付款。但出票人也可以在汇票上注明"不要拒绝证书""免除拒绝证书"，使之不需拒绝证书就可直接行使追索权，并在一旁签名使之具有法律效力。免除制作拒绝证书时，于汇票上的空白处注明"Protest waived"或"Waived protest"字样，如汇票上有免除拒绝证书的记载而仍做了拒绝证书，则其行为是有效的，但有关费用由持票人自己支付。

5.成套汇票

为防止汇票在向海外寄送过程中丢失，汇票往往同时开出数张内容相同的一组。不过也有单张的情况（载有Solo，表示汇票只有一张），用于信用证指定的议付行向指定的偿付行索偿。

两张式汇票：第一张为First of exchange，正面一般有"Original"字样；第二张为Second of exchange，正面上写有"Duplicate"。三张式汇票：前两张同上；第三张为Third of exchange。各联汇票均有效，但一联支付后，其余便自动失效，每联汇票都有此项内容的记载，在第一张上说明"付一不付二"，在第二张上是"付二不付一"。国际结算中使用的汇票以单张或一式两张最为普遍。

6.出票条款（Drawn Under）

信用证项下的汇票，常规定汇票上须写明汇票的起源，即根据某银行某年、月、日开出的某号信用证签发汇票。例如，Drawn under L/C No. ×× issued by ×× bank dated ××。

7.汇票号码

为方便查询起见，出票人可于汇票上加列序号。一般使用发票的号码。

8.单据交付条件

交付单据有两种处理方式，或是付款交单（D/P），或者承兑交单（D/A），这在托收时的汇票上常需写明，而L/C项下一般不记载。

9.对价条款

汇票上常有"Value received"（钱货两讫）的条款，这是沿袭习惯的做法，不记载并不影响汇票的效力。"Value received"有两层含义：一是表明出票人向付款人承认收到票面所示的金额，有收据的意思；二是表明约因，如"For value received against shipment of 100 bales of cotton"，就表明汇票的开出是由于出运了100包棉花。

有时会见到这样的对价条款："Value received and charge（the same）to the order of"后接出票人名称（位于汇票右下角），意思是"价款已收讫，请记入本人账户"。所以，在"of"后面若写上金额及船名就会影响汇票的效力。

图3-2为填有项目的汇票。

四、汇票的主要关系人

汇票有三个基本当事人，即出票人、付款人和收款人，他们是汇票设立时产生的，此时汇票尚未进入流通领域。汇票进入流通领域后，还会出现其他的当事人，如背书人、被背书人、持票人等。

（一）汇票的基本关系人

1.出票人（Drawer）

出票人即签发汇票并交付汇票的人，进出口业务中就是出口商，他是汇票上的债务人。在汇票承兑之前，他是汇票的主债务人，承兑后，承兑人变成主债务人，出票人是次债务人，变成承兑人的担保人。它的主要责任是对汇票的收款人或持票人保证汇票的承兑和付款，一旦汇票不被承兑或遭拒付，持票人在完成必要的法律程序后，可向出票人行使追索权，这时出票人应负支付票款的责任。

2.付款人（Payer）

付款人即接受出票人开出的汇票及相应的支付命令的人，又叫被发票人或受票人。汇票的付款人不是汇票上的债务人，持票人不能强迫其付款，因为汇票的付款人在理论上有权防止他人无故向他乱发汇票，在未承兑前，付款人对汇票可不负责。但远期汇票一经付款人承兑，则表示付款人承认此项债务的有效性，他就变成了主债务人，也是承兑人，这时出票人、持票人均可要求其在到期时付款。作为主债务人的承兑人有到期付款的义务，在持票人提示付款时，他不能以出票人的签名是伪造的为借口拒绝付款。

BILL OF EXCHANGE

NO. 191103A   Shenyang China   JAN.18,2020

Exchange for USD17,577.00

At XXX   sight of this FIRST of exchange

(Second of the same tenor and date unpaid) pay to the order of ourselves

the sum of   US DOLLAR SEVENTEEN THOUSAND FIVE HUNDRED AND SEVENTY SEVEN ONLY

Drawn under   THE PREMIER BANK LIMITED
               CREDIT NO. 214919010516   DATED 24.12.2019

To THE PREMIER BANK LIMITED

BILL OF EXCHANGE

NO. 191103A   Shenyang China   JAN.18,2020

Exchange for USD17,577.00

At   XXX   sight of this SECOND of exchange

(First of the same tenor and date unpaid) pay to the order of ourselves

the sum of   US DOLLAR SEVENTEEN THOUSAND FIVE HUNDRED AND SEVENTY SEVEN ONLY

Drawn under   THE PREMIER BANK LIMITED
               CREDIT NO. 214919010516   DATED 24.12.2019

To THE PREMIER BANK LIMITED

图 3-2　汇票（影印件）

3. 收款人（Payee）

收款人也叫受款人，是汇票的债权人，也是第一持票人，他有权获得票面上的金额。收款人在未取得票款前，对出票人保留追索权。若远期汇票已经承兑，则收款人对付款人和出票人都有要求付款权，一旦拒付，即可行使追索权；若远期汇票被付款人拒绝承兑，则收款人不能直接向付款人追索，因为这时的主债务还未转移，仍属出票人，所以应向出票人追索。同理，即期汇票拒付时，也应向出票人追索。如果收款人通过背书转让了汇票，他就肩负着向被背书人保证付款或承兑的责任，一旦遭到追索，应偿还票款，然后再向出票人追索补偿。

总之，收款人有两项权利，一是要求付款权，二是追索权。

（二）汇票的其他关系人

汇票进入流通后，会产生以下关系人：

1.背书人（Endorser）

背书人是以转让为目的在汇票背面签章并交受让人的人。背书人对被背书人或其后手，负有担保付款人承兑或付款的责任。当最后的被背书人，即持票人没能得到承兑或付款时，可向前手行使追索权。

一张汇票可能会有多个背书人，但第一个背书的一定是收款人，然后随汇票的再转让，出现第二个、第三个甚至更多的背书人。

2.被背书人（Endorsee）

被背书人即背书的受让人。依据票据法的规定，票据一经背书，票据上的权利便由背书人转让给了被背书人，因此被背书人是票据的权利人，他可以凭票要求付款人付款，也可以通过背书再转让汇票。

3.承兑人（Acceptor）

承兑人是指在汇票上承诺在到期日支付汇票金额的付款人，也是汇票的主债务人，其付款责任是第一性的，也是绝对的。承兑人仅存在于汇票中，本票和支票没有这一关系人。

4.持票人（Holder）

持票人可能是收款人，也可能是最后的被背书人或来人，因为汇票是可以转让的。《英国票据法》对持票人的定义是：持票人是拥有汇票的收款人或被背书人或来人。同时还规定，持票人应在汇票的到期日之内或合理时期内向付款人提示承兑和付款，即做承兑提示和付款提示，否则出票人和前手全体背书人的责任便宣告解除，即对汇票不再负责。付款后，持票人应将汇票交给付款人；如拒付，可向次债务人行使追索权。《英国票据法》将持票人分为对价持票人（Holder for Value）和正式持票人（Holder in Due Course）。

所谓"对价"，是指支持一项简单合约之物。对价持票人是指在取得汇票时付出一定代价的人，即受让人必须付给转让人某些货物、货币、劳务作为转让的代价。例如，今天交付1吨煤，明日收货人交给出售者一张支票，这吨煤就是这张支票的对价。这个对价不一定是货币，也可以是商品或服务。有的持票人本人未付对价，但只要他的前手曾付过，也属于对价持票人，如赠与。汇票的留置权也算付了对价，如某公司委托银行代收1 000英镑的汇票，银行先垫500英镑，则银行对汇票就有500英镑的留置权。另外，对价也不一定必须是汇票的全部金额，一部分也可以。如果你把你的金表转给了我，而我只给了你10元，我也算付了对价。

正式持票人也称善意持票人（Bona Fide Holder）①。根据《英国票据法》，票据的占有人要成为正式持票人，必须符合以下几个条件：

（1）签收背书是真实的。

（2）汇票在表面上是完整的、合格的、不过期的。

（3）善意地付了对价。

（4）未发现汇票的前手所有权上有缺陷（如以暴力、欺诈等手段取得汇票）。

所谓"善意"，是指诚实地行事，并不知道转让人的权利有缺陷或可疑之处，而且只要能证明他不知道，并且未产生怀疑，也不是有意地对可疑的地方视而不见，那就满足了"善意"的标准。

由此可见，正式持票人是某种类型的对价持票人，这种持票人即使他的前手转让人的权利是有缺陷的，他仍具有无可争议的汇票文义上的权利。而对价持票人如果不是正式持票人，就不能拥有优于其前手转让人的权利——他的前手有权利上的缺陷，那他也有缺陷。

5.保证人（Guarantor）

保证人即由非票据债务人对出票人、背书人或参加承兑人做出保证行为的人。保证人与被保证人的责任是相同的。票据保证人与一般债务人的担保人都具有债务的从属性，最大的不同点在于，票据保证人的责任具有独立性，即使被保证人的债务无效，也要负票据上的责任。

6.参加承兑人（Acceptor for Honour）

为了防止追索权的行使，为特定票据债务人的利益而代替付款人做承兑行为的预备付款人和其他第三人，被称为参加承兑人。参加承兑人不是票据的主债务人，只有在遭拒付时才负偿还义务，并且参加承兑人只对持票人和被参加人的后手负责。参加承兑人付款后即取得持票人的权利，可以向被参加人及其前手行使追索权。我国的《票据法》没有这一关系人。

五、汇票的票据行为

票据行为即票据法律行为，有广义和狭义之分。广义的票据行为泛指能引致票据权利义务关系发生、变更或消灭的全部法律行为，包括出票、背书、承兑、参加承兑、保证、付款、参加付款以及提示、追索等；狭义的票据行为仅指以负担票据债务为目的的要式法律行为，包括出票、背书、承兑、参加承兑和保证五种。

1.出票（Draw，Issue）

出票即票据的签发。其包括两个动作，先做成汇票，由出票人本人或授权人签名，然后交付给付款人承兑或交给收款人，有时是当面交付，不在一地的可邮寄交

---

① 我国的《票据法》没有这一概念，但包含了类似的规定，如第十三条规定"票据债务人不得以自己与出票人或者与持票人的前手之间的抗辩事由，对抗持票人。但是，持票人明知存在抗辩事由而取得票据的除外"。

付。若出票人仅有出票的行为而无交付的行为，汇票就是无效的。交付是法律上的一个很重要的行为。《英国票据法》规定，不论出票、背书或承兑，如无交付这一法律行为来最后完成，以上各种行为都无效。出票人出票后，对收款人或持票人担负汇票的及时承兑和付款，若付款人拒绝，持票人有权向出票人行使追索权；对收款人来说，其取得汇票即成为持票人，拥有汇票上的权利；对付款人来说，出票只是单方面的法律行为，付款人并不因此负有付款的义务。

出票在票据诸行为中是主票据行为，其他的行为都建立在出票的基础上，称附属票据行为。

2. 背书（Endorsement）

汇票的持有者在汇票背面注明转让的签名并交给被背书人的行为称为背书。背书的作用可以理解为：表明票据权利由背书人转让给被背书人，这也是背书的主要目的之一；可通过连续背书，证明持票人具有行使票据权利的资格；另外还有担保效力。

背书人实际上对票据所负的责任与出票人是相同的，只不过他属于"从债务人"，只有在汇票的主债务人即出票人或承兑人拒付时，才会被追索。

（1）背书时的注意事项

① 要在汇票的背面做成。与出票、承兑等行为不同，背书是在汇票的背面书写（签字及记载必要事项），如果背面已经记满，可在粘单上背书，但第一个在粘单上背书的人应该在汇票和粘单的连接处盖章（骑缝章）。

② 必须是对汇票全部金额背书，部分背书或将汇票分开转给两个或数个被背书人的背书均不起转让作用，获得此种汇票的人对汇票也无权利。

③ 背书不得附有条件。背书应是无条件的，如背书附有条件，要求须履行该条件后背书才生效，则该条件记载无效。

④ 防止背书回头。对被背书人来说，他成了持票人，拥有付款和追索的请求权，且前手越多，收款也就越安全，因为担保的人多了。但如果背书回头（是指以汇票上原有的债务人为被背书人的背书），由于他对原来的后手已无追索权，担保的人反而少了，如A→B→C→D→E→B，则B只能向A追索。我国对此种背书没有明确规定。

⑤ 背书要连续。一张票据在实际支付以前可能经过多次转让，从出票人到最后的持票人，中间经过多人之手，后面的人往往不认识前面的人，这就产生了如何确定或证明谁是票据权利人的问题。对此，票据法规定了背书的连续性，由背书的连续性来解决这一问题，即持票人的票据权利要由背书的连续性来证明。通过连续背书，就可以推定持票人为法律上理所当然的权利人，即使不证明权利的移转过程及移转的有效性也可以行使票据上的权利。

我国《票据法》第三十一条第二款规定，背书连续是指在票据转让中，转让汇票的背书人与受让汇票的被背书人在汇票上的签章依次前后衔接。《最高人民法院关于审理票据纠纷案件若干问题的规定》第四十九条规定，依照我国《票据法》第三十一条的规定，连续背书的第一背书人应当是在票据上记载的收款人，最后的票据持有人应当是最后一次背书的被背书人（如图3-3所示）。

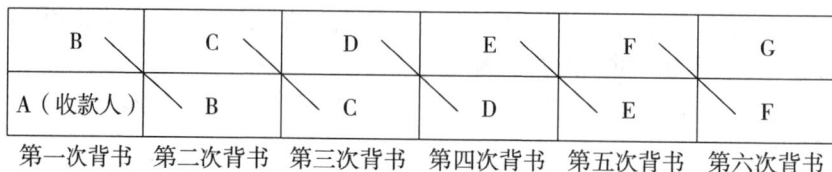

B	C	D	E	F	G
A（收款人）	B	C	D	E	F

第一次背书　第二次背书　第三次背书　第四次背书　第五次背书　第六次背书

图3-3　连续背书示意图

（2）背书的种类

背书的种类如图3-4所示。

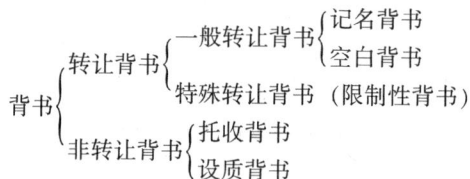

$$
背书\begin{cases}转让背书\begin{cases}一般转让背书\begin{cases}记名背书\\空白背书\end{cases}\\特殊转让背书（限制性背书）\end{cases}\\非转让背书\begin{cases}托收背书\\设质背书\end{cases}\end{cases}
$$

图3-4　背书的种类

①空白背书（Blank Endorsement），又称无记名背书、略式背书、不完全背书，即背书人只在汇票背面签名，而不载明被背书人的名称。汇票一经空白背书，就成了来人汇票，受让人可以不做背书，仅凭交付来转让汇票的权利。但空白背书可以变成记名背书，也可再恢复到空白背书。《英国票据法》、《日内瓦统一法》及日本的《票据法》均有关于空白背书的规定，但我国《票据法》第三十条规定：汇票以背书转让或者以背书将一定的汇票权利授予他人行使时，必须记载被背书人名称。可见，我国《票据法》禁止空白背书。如：

汇票正面：Pay to the order of A Co.

汇票背面：For A Co.

Signature

②记名背书（Special Endorsement），也叫特别背书、正式背书、完全背书。除背书人在汇票背面签名外，还要在名字上面写上"付给××（pay to the order of ××）"的字样，被背书人可再做记名或空白背书来继续转让。例如，汇票的正面写有"Pay to the order of A Co."，即A公司是收款人，A公司转让汇票时，背书为：

Pay to the order of B Co.

For A. Co.

Signature

这就是记名背书，意味着 A Co.已经将汇票转让给 B Co.了。

③限制性背书（Restrictive Endorsement），也称禁止背书，即背书人在签名的同时，表明禁止汇票的继续转让，使汇票的转让受到限制。如：

Pay to A only

Pay to A not transferable

Pay to A not to order

出现这种背书后，汇票仍可继续背书，但做限制性背书的背书人只对其直接后手负责，而对间接的被背书人不承担责任。

限制性背书还包括回头背书和期后背书，前者是以票据上的债务人为被背书人的背书；后者是汇票到期后所做的背书。

④托收背书（Endorsement for Collection），即背书人注明其背书的目的只是委托被背书人代为行使票据权利，而不是转让汇票的所有权。背书的形式可以是：Pay to A or the order for collection。

也就是说，A 虽然持有了汇票，但并没有票据权利，仅仅是接受背书人的委托代为处理。

⑤设质背书（Endorsement of Pledge），也称质权背书，即以票据权利为被背书人设立质权而做成的背书，这种背书的目的不是转移权利，而是设定质权，背书人是质权设定人，被背书人是质权人。

在以上五种形式的背书中，前三种背书是以转让票据权利为目的的背书，通常所说的背书多属此类；而后两种一般称为非转让背书，它是用于转让票据权利以外的其他权利的背书。

有时背书中列有"Without recourse"的字句，说明背书人不愿负被追索的责任，但他的前手并不免除，这种背书被称为"不担保背书"。

要注意的是，背书是持票人转让汇票的一种方式，但不是唯一方式，如来人式抬头的汇票及空白背书的持票人仅凭交付即可完成票据权利的合法转让，无须背书。

3.提示（Presentation）

汇票持票人将汇票出示给付款人，要求其付款或承兑的行为叫作提示。即期汇票一经提示，付款人就要付款，这叫付款提示；远期汇票提示时，付款人要先承兑，这叫承兑提示；到期时再进行付款提示。

（1）在规定的时间内提示

对于付款提示，《英国票据法》规定，已承兑汇票付款提示在付款到期日的当天，《日内瓦统一法》规定在付款到期日或次日的两个营业日内提示。即期汇票的提示，《英国票据法》规定"在合理的时间内"，至于如何理解"合理"，一般只要不是故意拖延，就算是在合理的时间内。实务中，一般认为不应超过半年；《日内瓦统一法》规定，从出票日起1年内做付款提示。

对于承兑提示，《英国票据法》也是规定"在合理的时间内"；《日内瓦统一法》规定必须从出票日起1年内做承兑提示。

我国《票据法》规定，对于付款提示，见票即付的汇票的提示时间是出票后1个月内，定日付款、出票后定期付款的提示时间为到期日起10日内；对于承兑提示，定日付款、出票后定期付款的提示时间是在到期日前，见票后定期付款的提示时间是从出票日起1个月内。

提示既是持票人的权利，也是其义务，如未在规定时间内提示，持票人就丧失了对前手背书人的追索权。

（2）在规定的地点提示

汇票的持票人应该在汇票载明的付款地点向付款人提示，如果没有载明付款地点，按票据法的规定，在付款人的营业场所提示（如果营业场所也没有，可到付款人的住所提示）。由于汇票的付款人大多是银行，还可以通过票据交换所提示。

4.承兑（Acceptance）

汇票付款人表示承担到期付款责任的行为叫作承兑。承兑也包括两个动作，一是写成，二是交付。交付可以是实际的交付，即在承兑后将汇票交给持票人，也可以是推定的交付，只要付款人通知持票人在某日已做了承兑，就算交付。国际上习惯的做法是，对180天以内的远期汇票，承兑后不退给持票人，而只是书面通知（承兑通知）。

通过承兑，明确了汇票的主债务人，即承兑人成为主债务人，承兑人保证他将按汇票的文义来付款，不能以出票人的签字是伪造的或出票人不存在或未经授权而否认汇票的效力。承兑前，汇票的责任顺序是：出票人→收款人（第一背书人）→第二背书人……承兑后，责任顺序为：承兑人→出票人→收款人（第一背书人）→第二背书人……通过承兑，使见票后定期付款的远期汇票的付款时间明确了。

《英国票据法》规定，要在持票人做承兑提示的24小时内做承兑，否则就是拒付。但拒付后还可再承兑，不过汇票的到期日是从第一次提示日算起。《日内瓦统一法》规定，持票人第一次提示时，付款人可不承兑而要求他第二天再提示，第二天提示时就必须做承兑。我国《票据法》第四十一条规定，付款人对向其提示承兑的汇票，应当自收到提示承兑的汇票之日起3日内承兑或者拒绝承兑。

承兑应在汇票的正面做出，承兑的方式有两种，分别是一般性承兑和保留性承兑。

（1）一般性承兑（General Acceptance）。它是指付款人对出票人的指示不加限制地予以确认，同意执行。一般性承兑包括简式承兑和正式承兑。简式承兑：仅有付款人的签字；正式承兑：除签字外，还注明"承兑"字样，见票后定期付款的，要注明承兑日期。

简式承兑：Signature（付款人）

正式承兑：ACCEPTED

28Sep.，2024

For B Co.

Signature（付款人）

可见，一般性承兑不外乎五种形式：①只有付款人签字；②付款人签字，加"已承兑"；③付款人签字，加日期；④付款人签字，加"已承兑"，加日期；⑤以上任何一种加"在××分行付款"。我国《票据法》第四十二条规定，付款人承兑汇票的，应当在汇票正面记载"承兑"字样和承兑日期并签章；见票后定期付款的汇票，应当在承兑时记载付款日期。也就是说，我国不允许简式承兑。

（2）保留性承兑（Qualified Acceptance）。它是指付款人在承兑时，对汇票的到期付款加上一些保留条件，从而对票据文义进行了修改，包括以下几种情形：

①带条件的承兑：如交提单后承兑或货物完好才承兑。

②部分承兑：只承兑汇票金额的一部分。有的国家承认这种承兑，但我国《票据法》不承认，即若付款人做出部分承兑时，视为拒绝承兑。

③规定地点的承兑：表明只能在某地承兑付款。

④规定时间的承兑：如原为出票后3个月付款，在承兑时改为出票后6个月付款。

⑤并非由全部付款人承兑：如汇票的付款人为A和B两个人，但只有A承兑了，B未承兑。

英美票据法均规定，除部分承兑外（英国认为接受这种承兑并无害处，比一点都没承兑要好一些，但持票人仍需将未被承兑的余额作为退票来处理，并通知全体前手当事人），持票人有权拒绝接受保留性承兑。如拒绝接受，可把汇票视为拒绝承兑；如接受了保留性承兑，而出票人或背书人并未授权，事后也不同意，则持票人以后不能向他们行使追索权，即后者的责任解除。在以上保留性的承兑中，我国《票据法》只提到了有条件的承兑，规定"承兑附有条件的，视为拒绝承兑"。

5.付款（Payment）

付款是指汇票的付款人于汇票到期日支付汇票金额以消灭票据关系的行为。付款是一种支付汇票金额的行为，但其目的是消灭票据关系，因此，只有汇票上的主债务人向持票人支付票据的行为才能产生消灭票据关系的效力。至于其他人如出票人、背书人、参加付款人和保证人等的付款，就不能被称为票据的付款。比如，承兑人退票，持票人可要求任一前手付款。假如某背书人被迫付了票款，他可以同样地向前手背书人或出票人索偿。当汇票还留有一个责任当事人，而且有人能向他追索时，汇票所涉及的交易就没有完结，该汇票就不能解除。

付款是票据关系的最后一个环节，其具体过程是：汇票的持票人向付款人提示汇票，请求付款，然后付款人付款并收回汇票，从而使汇票上的法律关系结束。与背书、承兑等的票据行为不同，付款人付款时不必在票据上做任何表示。

付款人在付款前应审核背书是否连续，只有对背书连续的持票人付款，才可免除责任；还应审核汇票的格式是否合法，绝对应记载项目是否欠缺等，否则一旦对不合格的票据付款，付款行为是不发生票据法规定的效力的。除此之外，我国《票据法》还规定，付款人应当审核提示人的合法身份证明或者有效证件。其目的在于减少票据纠纷，保护持票权利人的利益。

6.退票（Dishonour）

当持票人提示汇票要求承兑或付款时遭到拒绝，就叫退票（拒付包括拒绝承兑和拒绝付款两种情况），也叫拒付。事实上不可能的付款，如破产、死亡等也属于退票。发生退票时，持票人为保全自己的票据权利，有两件事要做：

一是发退票通知（Notice of Dishonor）。一旦发生退票，持票人要及时通知前手，即发出退票通知，或叫作拒付通知。这个通知可以是书面的，也可以由人传达，措辞不限，只要能说明是哪一张汇票遭退票就可以了。但我国《票据法》规定，退票通知只能以书面形式做成。为了使每一个前手都负责，持票人应在发生退票时通知每一个当事人。

以表3-1中的当事人为例，持票人H要分别通知G、F、E、D、C、B、A。若持票人只通知了他的前手G，那么只要经G继续通知下去一直到出票人，这种通知同样有效。如果其中的某个人忘了通知，《英国票据法》规定，他自己对持票人仍负有责任，但却丧失了对出票人及全体前手背书人的追索权。《日内瓦统一法》和我国的《票据法》均认为，不及时通知并不丧失追索权，但若给前手带来损失，则应负赔偿责任，赔偿金额不超过汇票金额。

表3-1   票据的当事人

出票人	收款人	背书人	持票人
A	B	C D E F G	H

退票通知必须在合理的时间内发出。《英国票据法》规定，如被通知人和通知人同住一地，通知书应于退票的第二天送到；如被通知人住在其他城市，通知书要在次日邮寄出去。《日内瓦统一法》规定，持票人在拒绝证书做成后4日通知前手，前手再在2日之内通知其前手。我国《票据法》第六十六条规定，持票人应当自收到被拒绝承兑或者被拒绝付款的有关证明之日起3日内，将被拒绝事由书面通知其前手；其前手应当自收到通知之日起3日内书面通知其再前手。

二是做成拒绝证书（Protest）。当持票人的权利被拒绝或无法行使时，大多数国家的票据法都规定持票人要以法定证明书来证明这个事实，即所谓的拒绝证书。它是由法定机关制作的、证明持票人依法行使或保全票据权利的行为遭拒绝的书面文件。拒绝证书是持票人行使追索权所必需的证明文件，主要包括拒绝承兑证书和拒绝付款证书。英美票据法、日本票据法均如此规定。《英国票据法》要求在拒付后的一个营业日内做成拒绝证书。我国《票据法》对拒绝证书没有明确的规定，但规定持票人行使追索权时，应当提供有关证明文件，如承兑人或者付款人被人民法院依法宣告破产的司法文书、行政主管部门的处罚决定等都具有拒绝证明的效力。持票人不能出示拒绝证明、退票理由书或者未按照规定期限提供其他合法证明的，丧失对其前手的追索权。《日内瓦统一法》的规定与我国大体相同。

7.追索（Recourse）

汇票遭退票时，持票人要求前手偿还票款和费用的行为被称为追索。持票人是主债权人，有权向背书人、承兑人、出票人及其他的债务人追索。持票人可以依背书人的次序，也可越过前手，向其中任何一个债务人请求偿还。为节省时间，甚至可以跨越所有的中间环节。一般是向最主要的债务人追索，未承兑前向出票人追索；已承兑时，如承兑人拒付，也是向出票人追索。出票人偿还之后，还可向承兑人追索。承兑人要是还不付，出票人可以起诉。

（1）追索的条件

① 在规定的期限内提示。

② 在规定的期限内做成退票通知和拒绝证书。

（2）追索的金额

① 汇票金额，包括汇票上规定的利息。

② 损失的利息。即期汇票从付款提示日起计息，远期汇票从汇票到期日起计息。凡汇票上载明按一个特定的利率付给利息的，均属于损失的利息，可以按照也可以不按照该利率计算。

③ 做成拒绝证书和退票通知的费用。

（3）追索权的时效

《日内瓦统一法》规定，汇票承兑人的责任期限自到期日起3年，持票人对前手的追索权自做成拒绝证书日起或到期日起1年；汇票背书人因被追索而清偿票款并向前手转行追索，自清偿日起6个月内有效。《英国票据法》规定持票人保留追索权的期限是6年。我国《票据法》第十七条规定：持票人对票据的出票人和承兑人的权利的期限为自票据到期日起2年；见票即付的汇票、本票的期限为自出票日起2年；持票人对前手的追索权的期限为自被拒绝承兑或者被拒绝付款之日起6个月；持票人对前手的再追索权的期限为自清偿日或者被提起诉讼之日起3个月。

8.保证（Guarantee or Aval）

保证是指非汇票债务人对于出票、背书、承兑等行为予以保证，也是对汇票债务的担保。保证人一般是第三者，被保证人则是出票人、承兑人、背书人等票据上的债务人。

票据保证的目的在于补充特定债务人信用的不足，增强票据的信用，使票据更便于流通，因为票据的担保人增加了，尤其是当保证人财力雄厚、信誉度高时。

保证人的责任具有以下几个特点：

（1）保证人和被保证人的责任在性质上完全相同，负有一样的票据责任。保证人的票据责任取决于被保证人的责任地位。如果保证人为承兑人提供保证，保证人即处于承兑人地位，就必须对最后的持票人负绝对的付款责任；如果保证人为出票人或背书人提供保证，其地位就与出票人和背书人相同，应当承担担保票据承兑和保证付款的责任。

（2）保证人和被保证人在责任顺序上相同。保证人和被保证人的责任没有主次顺序之分，持票人可以向被保证人主张票据权利，也可以向保证人主张票据权利。当持票人向保证人请求付款时，保证人应当足额付款。

（3）保证人的责任是独立责任。除被保证人的债务因形式要式欠缺而无效外，被保证的人债务即使实质上无效，票据保证仍有效成立。即在票据记载合格时，即使被保证人的债务因手续不齐而无效，但保证人仍要对票据债务负责。

（4）票据保证人为两人以上时，所有保证人对债权人负法定连带责任。

保证的具体做法是由保证人在汇票或在汇票粘单上记载"保证"的字句以及日期、签名、被保证人名称（未写时为出票人）。例如：

GUARANTEED   PER AVAL

for ___被保证人___   On behalf of ___被保证人___

Signed by _____   Signed by _____

Dated on   Dated on_____

其中，日期和被保证人是非绝对必记载事项。已承兑的汇票，承兑人为被保证人；未承兑的汇票，出票人为被保证人。

票据保证应在汇票上或其粘单上为之，未规定正面反面，如为承兑人作保证，则可记载于正面；如为背书人作保证，则可记载于反面。

票据保证为单方行为。保证的成立按法定的方式在票据上为之即可生效，无须征得被保证人后手的同意。保证人付款后，可向承兑人、被保证人及其前手追索。

在英国，没有保证，但有融通制度。根据《英国票据法》，汇票的融通当事人是作为出票人、承兑人或背书人而在汇票上签字的人。他未收到汇票的对价，其目的只是将自己的名字出借给其他人，这样的汇票被称为融通汇票（Accommodation Bill）。融通当事人对汇票的对价持票人承担责任。该对价持票人在取得汇票时是否知悉该当事人是融通当事人则无关紧要。假设A急需资金，便与他的一位资金雄厚的朋友B商量，签发一张以B为付款人的1个月后付款的汇票，并由B承兑。尽管A没有付对价给B，但B一经承兑便承担了1个月后付款的责任。由于付款的责任是由富有的 B 来承担的，因此该汇票是一流的汇票。A 可以立即用这张汇票去贴现取得资金。1 个月后 A 在财务上不紧张了，便可向 B 提供资金以便兑付该汇票。B 作为承兑人在汇票上签字帮助或融通了 A，因而 B 是融通当事人。A 采用这种方法，有时被称为"放风筝"或"空中筹款"。

融通当事人只对对价持票人承担责任，但不对被融通当事人负责，因为后者没有赋予他承担责任的权利。上例中，B 以承兑 A 的汇票方式融通了 A。如果 A 将汇票转让给 C，C 可要求 A 和 B 付款。若 B 在到期时拒付，C 可向 B 起诉或向 A 索取票款。如果 C 向 A 索取票款，A 必须支付，付款后汇票就解除了，而不能像通常的出票人那样起诉承兑人 B。

9.参加承兑和参加付款（Acceptance for Honour & Payment for Honour）

非汇票债务人为防止追索权的行使、维护出票人和背书人的信誉，在得到持票人同意的前提下，参加被拒绝承兑汇票的承兑。参加承兑人只是第二性的债务人，只有在主债务人不付款时才负责付款，成为参加付款人。《日内瓦统一法》规定，参加承兑和参加付款可以是除付款人以外的任何人，包括出票人。

参加承兑时，应注明"参加承兑"及参加承兑人的名称、日期、签名以及被参加承兑人的名称。例如：

Accepted for the Honour of ___被参加承兑人___

on ___日期___

Signed by ___参加承兑人签字___

参加承兑人一经承兑汇票，就是保证如付款人不付款，他就将凭正式提示按他承兑的文义予以付款。持票人到期时仍向付款人提示付款，若拒付，则在做成拒绝证书后才能向参加承兑人请求付款。作为参加承兑人：①可以承兑汇票的全部金额，亦可只承兑部分金额；②在参加承兑前，汇票必须先做不获承兑而遭退票的拒绝证书；③见票定期付款的汇票因不获承兑而遭退票，尽管随后参加承兑，但到期日是从做成拒绝证书之日算起；④持票人可以拒绝接受参加承兑，其权利不会因此而受到任何损害。

参加付款时，要在汇票上记录参加付款的事实，并记载谁是被参加付款人。如果漏记，则出票人作为被参加付款人。参加付款并非必须先要有参加承兑，尽管二者常常是前后伴随着的，而且参加付款无须经持票人的同意。

当几个人同时参加付款时，能免除最多债务人者有优先权。例如，G 是持票人，汇票已被承兑，但后来因不获付款而遭退票，N 提出为 A 参加付款，M 为 D 参加付款，L 为 F 参加付款（如图 3-5 所示），即：L 付款，后手无人，不能免除任何人的责任；M 付款，可免除 E、F 的责任；而 N 付款，后手都可免除责任。因此，N 有优先权。

$$A \to B \to C \to D \to E \to F \to G$$
$$\uparrow \qquad\quad \uparrow \qquad\quad \uparrow$$
$$N \qquad\quad M \qquad\quad L$$

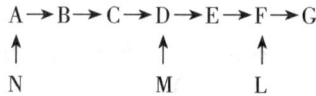

图3-5　几个人同时参加付款的情况

我国《票据法》没有参加承兑和参加制度的规定。

六、汇票的种类

1.根据汇票出票人身份的不同进行分类

（1）银行汇票（Banker's Draft）。它是以银行为出票人，委托国外的分行或代理行付款的汇票。出票人和付款人都是银行。例如，进口商为支付货款，可购买一张银行签发的汇票，自行寄交给国外的出口商向付款银行提示取款。这种付款方式就是通常所说的票汇。

（2）商业汇票（Commercial Draft or Trade Bill）。它是以商号或商人为出票人的汇票。出口商输出货物后，即开出汇票。当付款采用托收方式时，可将汇票交给银行，委托银行代收票款。

国际贸易中的银行汇票与商业汇票的区别有以下几点：

① 银行汇票的出票人是银行；商业汇票的出票人是出口商。

② 银行汇票多用于顺汇；商业汇票多用于逆汇。

③ 银行汇票的付款人是出票银行的海外分行或代理行；商业汇票的付款人是国外的进口商或信用证的开证银行。

④ 银行汇票多为光票，不附货运单据；商业汇票多是附货运单据的跟单汇票。

2.根据汇票是否附有货运单据进行分类

（1）跟单汇票（Documentary Bill or Draft）。它是附有货运单据的汇票。其信用性除依靠当事人的诚信度外，还有物资作为后盾，在国际贸易中被广泛使用。

（2）光票（Clean Bill or Draft）。未附有任何货运单据的汇票被称为光票。与既有人的信用又有物的保证的跟单汇票相比，它没有物的保证，完全凭出票人、背书人和付款人的信用。所以，光票一般不用于收取货款，而只用于运费、保险费、利息的收取。出口商在采用寄售方式推销新产品时，大都签发不附单据的光票，委托银行寄往国外向代理商提示收款。由于银行信用较高，所以银行汇票大多数是光票。

3.根据汇票付款期限不同进行分类

（1）即期汇票（Sight Bill or Draft；Demand Bill or Draft）。它是付款人在见票或提示时立即就要付款的汇票。

（2）远期汇票（Time Bill or Draft；Usance Bill or Draft）。它是在将来若干时日付款的汇票，包括见票后、出票后若干天及某个确定时期付款的汇票。

4.根据交付单据的方式进行分类

（1）付款交单汇票（Document Against Payment Bill），即付款人付清票款后才能得到货运单据的汇票，又称付款押汇汇票（Documentary Payment Bill）。

（2）承兑交单汇票（Document Against Acceptance Bill），即付款人承兑汇票后即可得到货运单据的汇票，又称承兑押汇汇票（Documentary Bill）。

5.根据承兑人身份的不同进行分类

（1）商业承兑汇票（Commercial Acceptance Bill）。远期汇票的承兑人如果是进口商或其指定的个人，称为商业承兑汇票。

（2）银行承兑汇票（Banker's Acceptance Bill）。远期汇票的承兑人如果是银行，则为银行承兑汇票。

前者建立在商业信用基础上，后者建立在银行信用基础上，所以银行承兑的汇票更易于被人接受，也便于在市场上流通。

6.根据汇票上货币的不同进行分类

（1）外币汇票（Foreign Currency Bill）。汇票上的金额为外国货币的汇票称作外币汇票。

（2）本币汇票（Home Currency Bill）。汇票上的金额为本国货币的汇票即本币汇票。国外持有人持这种汇票时须经托收才能收回票款。

7.根据汇票的流通范围不同进行分类

（1）国内汇票（Inland Bill）。国内汇票只在国内流通，出票地和付款地都在同一国家之内。

（2）国外汇票（Foreign Bill）。国外汇票在两个以上的国家流通，出票地和付款地不在一个国家，或者都在国外。

8.根据汇票张数的不同进行分类

（1）单一汇票（Solo Bill）。出票人只签发了一张且无副本的汇票就是单一汇票。顺汇时使用的银行汇票即属于单一汇票。

（2）复数汇票（Set Bill）或套汇票。汇票在两张以上成套的叫作复数汇票。这种汇票每张都有同等效力，但其中的一张兑付，其余的就自动失效。逆汇时所使用的商业汇票多为两张一套的汇票。

9.根据关系人不同进行分类

（1）一般汇票。汇票上的三个基本当事人——出票人、付款人和收款人分别是三个不同的人，这种汇票称为一般汇票，也是汇票的典型形式。

（2）变式汇票。汇票上三个基本当事人中有两个是由一人充任的，这种汇票称为变式汇票。它分为三种：①指己汇票，又称己受汇票，是指出票人以自己为收款人的汇票；②对己汇票，又称己付汇票，是指出票人以自己为付款人的汇票；③付受汇票，即以付款人为收款人的汇票，付款人和收款人实际上为一个人。

第三节　本票

一、本票的定义

本票又称期票。根据《英国票据法》，"本票是一人向另一人签发的，保证即期或定期或在可以确定的将来时间对某人或指定人或持票来人支付一定金额的无条件的书面承诺"。（A promissory note is an unconditional promise in writing made by one person to another, signed by the maker, engaging to pay, on demand or at fixed or determinable future time, a sum certain in money to, or to the order of a specified person or to bearer.）

《日内瓦统一法》对本票的定义与汇票一样，也是从内容上加以定义的。本票应包含：①"本票"字样；②无条件支付一定金额的承诺；③付款期限；④付款地点；⑤收款人；⑥出票日期和地点；⑦出票人签字。

我国《票据法》中对本票的定义是：本票是出票人签发的，承诺自己在见票时无条件支付确定的金额给收款人或持票人的票据。

理解本票最简单的方式就是把它当成"我欠你"的借据，由"我"签发，保证在指定日期支付一定金额给"你"。显然，本票是一种"自付"票据。

二、本票的必备项目

本票是票据的一种，具有票据的一切性质。本票的格式也是横条式的，图3-6是一张本票的简单式样。

---

(1) PROMISSORY NOTE

USD (3) 5 000.00   (8) Dalian   (5) Sep. 29, 2024

(6) On demand   (2) we promise to pay the order of   (7) B Company the sum of Five Thousand U.S. dollars only.

(4) For A Company

(Signature)

图3-6　本票式样

本票必须具备的项目有：

（1）表明其为本票的文字，见图3-6中的"PROMISSORY NOTE"。

（2）无条件支付承诺。这里的支付也是不能附加条件的，但不是汇票的"命令"，而是承诺。在图3-6中，"We promise to pay"表明了这一点。

（3）一定金额。这一要求与汇票相同。

（4）出票人签字。

（5）出票日期和地点。这要写在右上角，若未写明出票地点，则出票人所在地即为出票地。

（6）付款期限。若是×× days after date，即出票后若干天是到期日；有的直接指定了到期日，如2024年3月1日，则属于固定日期的本票；若没有表明期限，则视为即期本票；若是×× days after sight，即见票后若干天付款。

（7）收款人或其指定人。

（8）付款地点。若未写明付款地点，则出票地为付款地。

我国《票据法》第七十五条规定，上述8个项目中，除付款地点、付款期限、出票地点外，其余均为绝对必备项目，即：表明"本票"的字样、无条件支付的承诺、确定的金额、收款人名称、出票日期、出票人签章。

三、本票的基本关系人

由于本票的出票人和付款人是同一人，所以基本关系人只有两个，即出票人和收款人。

1.出票人

出票人即签发本票的人，也是本票的付款人（主债务人）。它的主要责任就是履行所承诺的付款，到期时保证支付给收款人或持票人，且这种责任是无条件的、绝对的。出票人交付本票后，无权再干预持票人。由于本票是自付票据，要"Make a promise"，所以本票的出票人习惯上被称为"Maker"。

要强调的是，本票的出票人签发了本票，就是承诺自己要无条件支付确定的金额给收款人或者持票人，他在票据关系中是主债务人，承担着首要的、绝对的和最终的付款责任，而不是像汇票的出票人那样，承担的是在汇票得不到承兑或者付款时才承担的保证付款的责任。

2.收款人

收款人即本票的债权人。收款人可以背书转让本票，并对后手保证付款。若出票人拒付，可行使追索权。若票据上规定在某地付款时，收款人一般应在此地提示付款，以确保出票人所承担的责任。根据《英国票据法》，在6年之内收款人都可采取措施进行追索，过了6年就无权再采取任何行动了。

四、本票的票据行为

本票除不必承兑，亦不必参加承兑以及对本票银行不予贴现之外，其余的与汇票相同，即出票、背书、保证、到期日、付款、参加付款、追索权等与汇票的规定一样。

五、本票的种类

1.根据本票上抬头做成方式的不同进行分类

（1）记名式本票。票面上记载收款人的姓名或商号。

（2）指示式本票。抬头中有"凭指示"字样。

（3）无记名式本票。票面上未记载收款人的名字和商号。此种本票转让时仅以交付为要件，一些国家和地区对此本票的面额做了限制，以防其代替货币进入流通领域。我国《票据法》不承认无记名式本票。

2.根据本票付款期限的不同进行分类

本票可分为即期本票和远期本票。远期的表示方法和汇票相同，其中见票后定期付款的本票也称注期本票。"见票"是指当持票人提示时，出票人为确定付款的到期日，在本票上记载"见票"字样并签章的行为。

3.根据本票出票人的不同进行分类

本票可分为银行本票和商业本票。

此外，本票还可分为外币本票、本币本票；按流通范围不同，分为国际本票和国内本票；按支付方式不同，分为现金本票和转账本票；按金额记载方式不同，分为定额本票和不定额本票。从性质上看，公债、国库券、CDs、信用卡、旅行支票等也都属于本票。

六、本票与汇票的比较

本票和汇票一样都属于票据，具有票据的共同特征。它们都是必须以货币表示、金额一定、以无条件的书面形式做成的；付款期限可以是即期的或远期的；收款人可以是记名的或不记名的。因此，票据法关于汇票的出票、背书、到期日、追索等行为的规定，基本上都适用于本票。本票的收款人与汇票的收款人相同；本票的出票人类似于汇票的承兑人。

尽管本票和汇票具有很多共同特征，但它们毕竟是两种不同的票据，在许多方面仍有不同，具体区别见表3-2。

表3-2　　　　　　　　　　　　　　　　汇票与本票的主要区别

汇　票	本　票
1.无条件支付命令，是委付票据	1.无条件支付承诺，是自付票据
2.三个基本当事人	2.两个基本当事人
3.承兑前出票人是主债务人，承兑后承兑人是主债务人	3.出票人始终是主债务人
4.有承兑和参加承兑	4.没有承兑和参加承兑
5.出票人可以为收款人	5.出票人不可以为收款人
6.一式两份或一式多份	6.一式一份
7.国际汇票遭到退票，必须做成拒绝证书	7.国际本票遭到退票，无须做成拒绝证书

由于本票只是一个"我欠你"的借据，常常发生到期不付款的情况，所以本票的使用范围不广，特别是那些中小厂商很少签发，即使签发，对方也不愿接受，除非这张本票的出票人资金雄厚、信誉良好。为解决这个问题，使本票也能融通资金，便由银行来担任本票的保证人，以提高本票的信用。本票经银行保证后，同汇票经银行承兑的效果一样，比较容易被接受。银行在本票正面空白处记载银行保证付款的字样，而申请人则将票款交给银行，作为银行付款的来源，在持票人提示

时，银行即予付款，银行的保证责任也就解除了。

在国际贸易中，本票（远期）一般用于出口国的买方信贷。当出口国银行把资金贷给进口国的商人用以支付进口货款时，往往要求进口商开立分期付款的本票，由进口国银行背书保证后交出口国银行收执，作为贷款的凭证。这一类本票不可能在市场上流通，仅是债权人的一种债权依据。至于即期本票，实用价值不大，偶尔在即期跟单托收时使用。

在我国，《票据法》对本票的出票人的资格有限制，只能由银行签发，银行以外的任何法人、公民都不能签发；同时，本票仅限于见票即付，是一种支付工具，不具有信用功能，提示付款期限自出票日起最长不得超过2个月（见表3-3）。

表3-3　　　　　　　　　　　　　我国本票的有关规定

定义	银行本票是银行签发的，承诺自己在见票时无条件支付确定的金额给收款人或者持票人的票据	
适用范围	适用于同城单位和个人所有款项的结算	
种类	不定额本票	金额起点为100元
	定额本票	1 000元、5 000元、10 000元、50 000元
主要规定	一律记名，允许背书转让	
	付款期最长不得超过2个月	
	银行本票丧失，失票人可以向出票银行请求付款或退款	

第四节　支票

一、支票的定义

《英国票据法》对支票的定义是，支票是以银行为付款人的即期汇票（A Bill of Exchange Drawn on a Bank Payable on Demand，因此英国将支票归入汇票，而不是单独划分出来）。具体来说，支票是银行存款户对银行签发的授权银行对某人或某指定人或持票来人即期支付一定金额的无条件书面支付命令。

《日内瓦统一法》也是从内容上对支票加以定义的。

我国《票据法》第八十一条规定：支票是出票人签发的，委托办理支票存款业务的银行或者其他金融机构在见票时无条件支付确定的金额给收款人或者持票人的票据。

从以上定义中可以看出，支票有两个最重要的特点：一是见票即付；二是以银行作为付款人。支票的式样如图3-7所示。

```
┌─────────────────────────────────────────────────────────────────┐
│  Cheque for  ▨▨▨▨▨▨▨▨▨▨▨▨▨              place        date          │
│                                                                    │
│  Pay to the order of _____  the sum of      │
│  ▨▨▨▨▨▨▨▨▨▨▨▨▨▨▨▨▨▨▨▨▨▨▨▨▨▨▨▨▨▨▨▨▨▨▨▨▨▨▨▨▨▨▨▨▨▨▨▨▨▨▨▨▨▨▨▨▨▨▨       │
│                                                                    │
│  To _____              _____              │
│                                           ( Signature )            │
└─────────────────────────────────────────────────────────────────┘
```

图3-7　支票式样

二、支票的内容

作为支票，应记载的项目有：

（1）"支票"字样。

（2）无条件支付的委托。

（3）付款银行名称（一般支票上都有印就）。

（4）出票人签章。

（5）出票日期和地点（未写明地点的，出票人名字旁边的地点即为出票地）。

（6）付款地点（未写明的，付款银行所在地即是）。

（7）写明"即期"字样，如未写明，仍视为见票即付。但实务中也有远期支票的做法，如出票人希望在一个星期以后再付款，他可在支票的出票日期一栏内填上一个星期以后的那个日子作为出票日期，并与收款人约定在一个星期以后再作付款提示。这种以将来日期为出票日的支票就叫远期支票。但《日内瓦统一法》不承认这种远期支票，认定支票只要一向银行提示，且其他内容合格，银行就立即付款，不管出票日期是否"已到"。《英国票据法》认为出票日期的倒签或推迟，并不影响票据的成立，但为了避免麻烦，一般不付出票日期未到的支票。

（8）确定的金额。

（9）收款人或其指定人。

我国《票据法》第八十四条规定，支票绝对要记载的事项包括前面第（1）（2）（3）（4）（5）（8）项。另外，第八十五条规定，支票上的金额可以由出票人授权补记，未补记前的支票，不得使用。第八十六条规定，支票上未记载收款人名称的，经出票人授权，可以补记。

三、支票的关系人

1.出票人

出票人是在付款行开立支票账户并签发支票的人。出票人开出支票就等于承诺支票被提示时银行保证付款，并在银行拒付时赔偿。《日内瓦统一法》还规定，在合理的付款提示期限内，出票人不得撤销已开出的支票，只有提示期满后才能撤销。

支票上出票人和付款人的关系是存款户与银行的关系，只有在开户行里有足够的存款，出票人才能开出支票。因此，支票出票人的保证也是保证他在银行里有足够的存款，或者银行允许透支。这就要求出票人自出票日起至支付完毕止，保证其在存款账户中有足以支付支票金额的资金。如果没有足够的存款而开出空头支票，要负法律上的责任，一般国家对开空头支票的出票人都要处以罚款，金额大的要拘留或判刑。

出票人不得签发与其预留印鉴不符的支票。

2.收款人

支票可因交易而取得，也可因受赠、继承而得到，因此，支票收款人很广泛。收款人可获得支票上的款项，但要按期提示。我国《票据法》规定，支票的持票人要在规定的期限内向付款人做付款提示，超过规定期限的，付款人可不付款，并丧失对出票人以外的前手的追索权。《英国票据法》规定，收款人要按期提示，虽然在期限之后再行提示持票人的权利不受影响，即持票人如未在合理的时期内提示，出票人仍需对支票负责，但这一时期若发生付款银行倒闭等给出票人造成了损失，对损失的部分出票人将解除责任。如A给B一张1000英镑的支票偿还贷款，B未在合理的时间内提示支票，拖延了好久，就在此期间，付款银行倒闭，即支票不可能被银行付款了，那么A就可不再对这张支票负责，因为如果B及时去提示，其就不会受到损失。

我国《票据法》规定，支票的持票人应当自出票日起10日内提示付款；持票人对支票出票人的权利，自出票日起存续6个月。

3.付款人

支票项下的付款人就是出票人的开户银行。当持票人向付款行提示支票时，银行要对支票进行审核。首先要审核支票上载明的事项，如支票金额的大小写是否准确、相符，出票日期和提示日期的间隔是否合理，是否有出票日期在提示日期之后的情况；提示期是否超过期限；支票背面的背书是否准确；签字或印鉴与预留的样本是否一致等。其次应看出票人的账户是否有足够的余额，或者在银行允许的透支范围内。最后要注意支票是否被止付。

4.代收行

持票人有时不是自己拿支票去取款，而是交给他的开户行，委托银行收款。代替客户收取支票款项的银行被称为代收行。代收行要诚实地代顾客收取支票的款项，在代收时并未发现委托人的所有权有缺陷，即是善意的（in Good Faith）。如果代收行在代收时发现有怀疑，应查询并得到满意的签复；否则，属于代收行有疏忽行为，有责任退还票款。委托人必须与代收行有资金上的往来关系，并且票款一定要收入委托人的账户，而不是用来归还委托人对代收行的欠款。

四、支票的种类

1.根据收款人做成方式的不同进行分类

和汇票类似，支票可分为记名式抬头、指示式抬头和来人式抬头三种。记名式的抬头有"Pay to only"字样或有不可转让的字样；指示式抬头的特征是有"Order"字样，经背书后可转让；来人式抬头无须背书，只要交付就可转让。

2.根据支票上是否划线进行分类

（1）非划线支票（Open Crossings），也叫现金支票。持此类支票既可提取现金，又可通过往来银行代收转账。

（2）划线支票（Crossed Cheque）。这种支票在支票上划有两道平行线，分为一般划线支票（General Crossings）和特殊划线支票（Special Crossings）。一般划线支票是在平行线中不注明收款银行名称的支票，持票人可以通过任何一家银行代收转账。其形式有以下几种（如图3-8所示）：

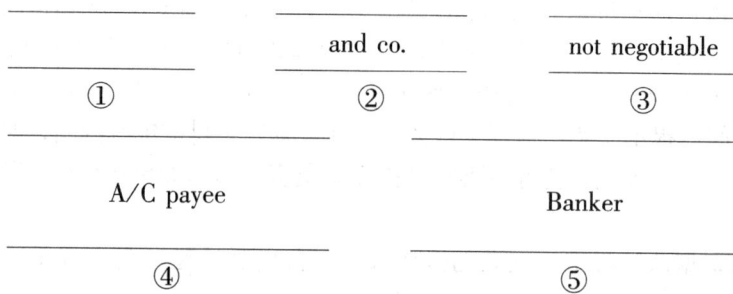

	and co.	not negotiable
①	②	③

A/C payee	Banker
④	⑤

图3-8　划线支票的形式

① 最普通的划线支票。

② 在平行线中加上"和公司"字样，这是早期银行业遗留下来的，没有什么实际意义。

③ 表明禁止流通转让，出票人只对收款人负责，但并不禁止一般转让，收款人仍可转让，不过被转让人的权利不优于他的前手，不能取得正式持票人的权利。

④ 中的A/C payee（Account Payee）是对代收行的指示，指示它在票款收妥后入收款人账户。实际上，④是可以转让的，但被转让人找一家代收银行比较不易，因根据横线上的指示，代收银行只能将款项收入收款人的账户。

⑤ 列示"Banker"字样。

特殊划线支票是在平行线中具体写有收款银行名称的支票，即付款银行只能将票款划付给划线中指定的银行。其形式如图3-9所示。

A Bank

①

A Bank
A/C payee

②

not negotiable
A Bank

③

A Bank
not negotiable A/C payee

④

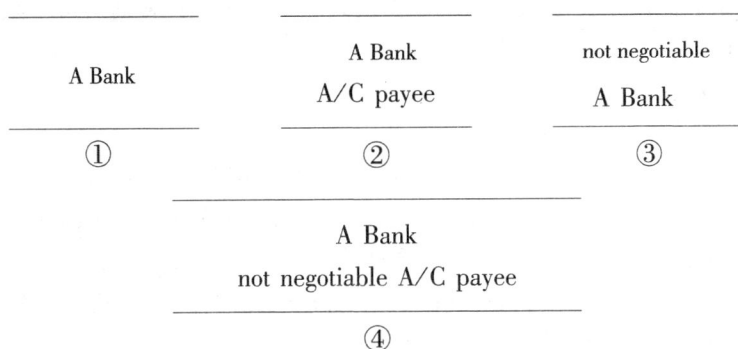

图3-9 特殊划线支票的形式

图3-9中，②和③中分别加列了“入收款人账户”及“不可流通”字样，而且这四种形式都规定只有A银行可以代收。横线内的银行名称只能有一个，若有两个以上，付款行可拒付。但若指定的两家银行相互之间具有委托关系，则允许例外。

非划线支票在由出票人、持票人加划横线或加注银行名称后，可成为一般划线支票或特殊划线支票。但划线支票要转化成非划线支票或特殊划线支票转化成一般划线支票是不允许的，必须经出票人签字授权另签支票，因为这种转化放宽了支票的流通范围。

划线支票起源于英国，通过划线，限定了受票人的资格，划线支票的付款人不会把支票金额直接交付给持票人，而只能把相应的款项付给持票人的开户行，再由开户行转付给收款人（即持票人）。这样做，可以防止支票伪造和遗失或被盗时被人冒领，对收款人来说比较安全。

3.根据支票是否进行了保付分类

（1）保付支票（Certified Cheque）。是付款行应出票人或收款人的要求，在支票上加盖“保付”或其他同义的签章，以表明支票提示时付款行一定付款。支票保付后，付款行就成为主债务人，承担与汇票承兑人相同的责任，出票人和背书人都可免除责任，免予追索。并且，持票人在任何时候都可提示要求付款，付款行不受提示期的限制有照付的义务。付款行保付后，通常票款从出票人的账户转入专户，以备付款。对于保付支票，一般情况下不会退票，也不会有止付的通知。“保付”是日本的做法，我国的《票据法》和《日内瓦统一法》，以及《英国票据法》均未规定。

（2）普通支票。即未经保付的支票。

4.根据出票人的不同进行分类

（1）银行支票（Banker's Cheque）。它是指由银行签发并由银行付款的支票。

（2）个人支票（Personal Cheque）。它是指由个人签发并由银行付款的支票。

我国《票据法》第八十三条将支票分为三种，即现金支票、转账支票和普通支票。现金支票只能用于支取现金；转账支票只能用于转账；普通支票不限定支取方式，既可支取现金又可用于转账。

五、支票的拒付和止付

1.支票的拒付

支票的拒付指银行对不符合付款条件的支票拒绝付款。能引起拒付的理由有：①出票人签名不符（Signature Differs）；②支票开出不符规定（Irregularly Drawn）；③支票未到期（Post-dated）；④支票逾期提示（Out of Date）或过期支票（Stale Cheque）；⑤大小写金额不符（Words and Figures Differ）；⑥金额需大写（Amount Required in Words）；⑦缺付款人名字（Payer's Name Omit）；⑧托收款项尚未收到（Effect not Cleared）；⑨支票已止付（Order not to Pay）；⑩存款不足（Insufficient Fund）；⑪需收款人背书（Payee's Endorsement Required）；⑫要项涂改，所谓"要项"，包括出票日、横线、付款地、金额、收款人等。

2.支票的止付

支票的止付是指出票人向付款行发出书面通知，通知银行不再对该支票付款。其原因大多数是支票遗失或被窃，也可能是随合同的撤销而停止支付。

《日内瓦统一法》禁止在有效期内止付支票，即使出票人死亡、破产，也不会影响支票效力，这样规定是为了防止出票人在开了空头支票后又止付，以此来逃避责任，但是在有效期之后出票人可以止付。《英国票据法》允许止付，但止付后出票人并不能解脱债务，在有确凿证据证明出票人已经死亡或破产时，银行有权止付支票。一般地，英国银行在收到由出票人签字的书面通知后才会止付，如果是用电话通知的，则必须随后送交书面通知证实一下。我国《票据法》规定，失票人可以通知付款行止付，也可以在法院提起诉讼或公示催告。

六、支票的付款期限

《日内瓦统一法》规定的提示期限是，若出票与付款在同一国家，自出票日起8天内；不在同一国家但在同一大洲的，是20天；不在同一国家又不在同一大洲的，是70天。追索的期限是从上述提示期限起6个月内。

《英国票据法》对支票的有效期没有什么特殊的规定，同汇票一样，应在合理的时间内做付款提示。

我国《票据法》第九十一条规定，支票的持票人应自出票日起10日内提示付款。

长期以来，由于受到业务和技术条件的制约，我国支票基本只在同一城市范围内使用。2007年6月25日建成全国支票影像交换系统后，实现了支票在全国范围的互通使用。根据央行的规定，支票全国通用后，出票人签发的支票凭证不变，支票的提示付款期限仍为10天；异地使用支票款项最快可在2至3小时之内到账，一般在银行受理支票之日起3个工作日内均可到账。为防范支付风险，异地使用支票的单笔金额上限为50万元。

七、支票和汇票的主要不同

除了支票的付款人一定是银行，付款期限一定是即期的以外，它与汇票并无本质上的区别。下面将二者的不同之处列入表3-4中。

表3-4 **汇票与支票的比较**

汇 票	支 票
1.出票人和付款人之间可以先有资金关系，也可以没有	1.必须先有资金关系
2.有即期和远期	2.只有即期
3.付款人没有限制	3.只能是银行或其他指定的金融机构
4.无保付和划线；有承兑、参加承兑及参加付款	4.有保付和划线；无承兑、参加承兑及参加付款
5.一式多份	5.单张
6.支付和信用工具	6.支付工具
7.承兑前出票人是主债务人，承兑后承兑人是主债务人	7.出票人是主债务人
8.不能止付	8.可以止付

本章基本概念

票据 票据法 汇票 出票人 受票人 收款人 背书人 出票 背书 空白背书 记名背书 限制性背书 托收背书 设质背书 提示 承兑 一般性承兑 保留性承兑 保证 参加承兑 参加付款 银行汇票 商业汇票 一般汇票 变式汇票 指己汇票 付受汇票 本票 支票 划线支票 保付支票

复习思考题

1.简述票据的性质和功能。

2.什么是汇票？其绝对必备项目有哪些？

3.什么是一般汇票和变式汇票？

4.什么是票据行为？有哪些票据行为？

5.汇票的基本当事人及权利、责任和义务是什么？

6.背书的种类有哪些？如何做成背书？

7.什么是承兑？如何做成承兑？

8.什么是本票、支票？它们有哪些关系人？

9.什么是划线支票、保付支票？

10.比较汇票、本票及支票的不同。

第四章
国际结算中的单据

☙ **本章提要**

　　单据在国际贸易中不仅是重要的履约证明，也是不可或缺的物权凭证。本章应重点掌握国际贸易中的基本单据，即商业发票、海运提单、保险单据的内容、作用以及主要项目，掌握海上保险的损失类型和险别，并熟悉其他单据的种类和内容。

第一节　单据概述

一、单据的作用

　　单据是指与商品交易相关的凭证和证明文件，如商业发票、运输单据和保险单据等。在国际贸易和国际结算中，单据的传递和使用举足轻重，国际贸易的整个操作其实就是以单据为中心的。

　　1.单据是出口商履约的证明

　　国际贸易的最终交易对象虽然是货物，但在进口商收到货物之前，只有出口商亲自接触过货物，其他当事人只能通过单据来了解货物的情况，如商业发票反映了货物的基本状况，运输单据说明了货物运输及所有权转移的情况，而从保险单据可看出货物的保障程度。所以，单据是出口商履约情况的证明，各种单据从不同的角度反映了出口商是否执行合同及执行的程度。

　　2.单据是货物的代表

　　除了代表货权的提单可以转让外，承担运输风险的保单也可以转让，国际贸易货物的单据化，使商品的买卖可通过单据的买卖来实现。卖方交付单据，代表交出货物；买方付款获得单据，代表买到货物；谁拥有单据，谁就拥有货权。

　　货物单据化使银行不与货物直接打交道，免于卷入贸易纠纷，这是银行参与贸易双方结算和融资的前提条件之一。

　　3.单据是结算的凭证

　　国际贸易结算不是以货物，而是完全以单据为依据。UCP600第5条规定，"银行处理的是单据，而不是单据可能涉及的货物、服务或履约行为"。

　　4.单据是融资的手段

　　由于单据代表了货权，银行便可以在结算过程中以单据为质押向进出口商提供融资，解决他们的资金周转困难，如押汇、贴现、福费廷、保理等。

二、单据的种类

　　国际贸易和国际结算涉及的单据有很多，可从不同的角度加以分类。

1.按单据的作用分：基本单据和附属单据

基本单据是指出口商必须提供的单据，如发票、提单、保险单；附属单据是指进出口双方根据货物的不同特点或进口地官方的规定而要求出口商提供的单据，如包装单、重量单、产地证、海关发票、检验证等。

2.按单据的性质分：金融单据和商业单据

金融单据即票据，指汇票、本票和支票；商业单据是指表明货物及发运情况的单据，如商业发票、运输单据、保险单据及其他单据等。

3.根据贸易双方所涉及的业务种类分：出口单据和进口单据

出口单据包括出口许可证、提单、商业发票、保险单（CIF）、产地证、检验证、汇票等；进口单据包括进口许可证、保险单（FOB）等。

图4-1是对单据的大致分类。

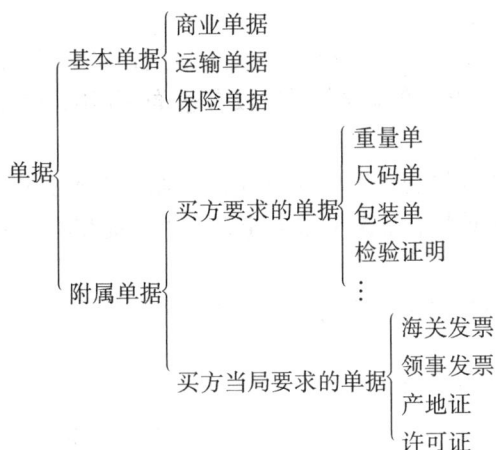

图4-1 单据的种类

三、单据制作

（一）单据制作的基本要求

国际结算中的单据基本上都是出口商向进口商提供，但并非都是由出口商自己制作的，有一些是由参与国际贸易的协作部门，如保险公司、运输公司、检验机构等出具的。不论出自谁手，由于单据作用之重要，对其制作要求是一致的，即准确、完整、及时、简明和整洁。

信用证下的单据还要做到"单证一致、单单一致"，对出口商来说，还要"单货一致"。"单证一致"，就是单据种类、份数、出具部门及内容等须与信用证要求一致，甚至还须与信用证上所列各项文字措辞完全一致；"单单一致"即单据与单据之间相关内容应一致；"单货一致"是指单据上内容描述应与实际货物情况相一致。

（二）制单的方法

传统的制作方法是打字，同时复印、影印、自动处理或电脑处理也是允许的。

（三）制单的顺序

（1）先制作发票，在所有单据中，发票是中心单据，其他单据都参照发票制作。

（2）根据发票上的数量、单价和金额，要求商检机构签发产地证、保险公司签发保险单。

（3）根据发票和装箱单上的记载办理托运，要求运输公司根据不同的运输方式签发海运提单或空运单等运输单据。

（4）根据发票金额制作汇票。

（5）根据合同和信用证的要求制作其他单据。

（四）单据的正、副本

单据有正、副本之分，二者不仅在形式上有区别，在作用上也不同，如提单的正本是物权凭证，可用于提货，但副本提单就没有这样的作用，仅仅只是货物的收据。

1.正本单据

如果信用证明确要求提交正本单据的份数，则出口商必须满足这一要求；如果信用证只要求提交某种单据，而未明确规定是否可以提交副本单据，则出口商必须提交至少一份正本单据。

那么，什么样的单据可以被视为正本单据呢？对此，UCP600（第17条）有专门的规定，大致是：

（1）表面上看似带有出具人原始签名、标记、印戳或标签的单据为正本单据，除非这个单据明确表明不是正本。如一张产地证的第二联印有"Copy"，即使该第二联有原始的手签，也不是正本。

（2）表面看来由单据出具人手工书写、打字、穿孔或盖章的单据。

（3）表面看来使用单据出具人的原始信笺（Original Stationery），即带有出具人名称或公司名称的信头、标志或水印的信纸。

（4）声明单据为正本，除非该项声明表面看来与所提示的单据不符。如果单据声明其是正本，如"本单据是第二份正本"或有"原始的"（"Original"）字样，则该单据就是正本单据。如果某单据是另一单据的影印本，上面关于正本的陈述是针对母单据而非该影印本，则这张影印本就不是正本。

2.副本单据

如果信用证要求提交副本单据，则提交正本单据或副本单据均可；如果信用证使用诸如"in Duplicate""in Two Fold""in Two Copies"（一式二份、两份、两套）等术语要求提交多份单据，则可以提交至少一份正本，其余份数以副本来满足，而不必都提交正本。

一般以下单据为副本单据：

（1）复写件，即采用复写纸复写或套打，顶联（Top Copy）是正本，而复写出的 Carbon Copy 均是副本。

（2）影印件，如利用复印机、传真机进行影印，影印出的单据称 Photo Copy，是典型的副本单据。

（3）自动或电脑处理打印出的单据，没有摹本签字或印章，也未打印在有公司名头的信纸上，即在空白纸上做成的单据，均是副本单据。

（4）单据本身表明为副本的单据，如有"Copy"字样等。

（五）单据的签字

单据签字的作用有两个：一是作为印鉴以辨别真伪；二是表明出单人的责任。按 UCP600 的规定，单据上的签字可以通过手签、摹样印制、穿孔签字、印戳、符号或任何其他机械或电子的证实方法做成。

并非所有的单据都要求签字，除非信用证有要求，如发票、装箱单和重量单。另外，副本单据也不必签字。但有的单据必须签字，即使信用证没有要求，如运输单据、保险单、汇票、各种证明或声明等。

（六）单据的更改

所有单据原则上都应避免更改，特别是许可证、产地证等，一旦发现有误，应重新制作；有的单据允许更改，但须加盖更正章。

（七）交单时间和地点

在信用证结算方式下，单据如果未能在信用证中的交单截止日之前或当天提交到规定的地点，银行拒受。

交单日和交单地点是密不可分的，只有确定了交单地点，交单期限才能最终确定。一般在信用证项下，指定银行所在地即为交单地点

（八）电子单据

根据 eUCP 2.0 和 eURC 1.1[①]，电子记录（如 PDF、XML 文件）与纸质单据具有同等效力，可以使用数字签名或区块链技术验证其真实性。在技术上，支持多种电子格式（如 ISO 20022 报文），但要求电子记录需注明关联的信用证编号，并通过可靠系统传输。在交单时间上，以银行系统接收电子记录的时间为准，若系统故障导致无法接收，交单截止日自动顺延。

第二节　商业单据

商业单据主要是指描述商品品质或证明其状况的单据，包括发票、包装单、重量单、尺码单等。

---

① 《跟单信用证统一惯例》（UCP 600）和《托收统一规则》（URC 522）的补充规则，作为最新版本，分别于 2019 年和 2023 年生效，用以规范信用证和托收项下的电子交单。

一、商业发票

由出口商向进口商开立的说明货物的名称、数量、价格的清单叫作商业发票（Commercial Invoice），简称发票。发票是出口商必须提供的，在全部单据中起核心作用，其他单据均须参照它来缮制，在内容上不得与发票的记载相矛盾。

（一）商业发票的作用

（1）作为出口商向进口商发运货物或履约的证明文件。发票上对有关的货物做了详细的描述，进口商从发票上就能了解出口商所发货物是否符合合同的要求，所以是重要的履约证明。

（2）作为进出口双方的记账凭证。各国的企业均凭发票来记账，发票中一般列有详细的计算过程。

（3）作为报关完税的依据。发票中关于货物的描述、货价、产地等是海关确定税额、税率的依据。

（4）可以代替汇票。在信用证不要求汇票的情况下，开证行就根据发票的金额来付款，因此发票可以代替汇票作为付款凭证。

（5）作为中心单据。发票是基本单据，在交易和结算中不可或缺，其他的单据均是按照发票来制作的。在信用证下，确定各单据是否一致时，主要看各种单据是否与发票一致。因此，商业发票是银行重点审核的单据，它在全部单据中起着核心作用。

（二）发票的内容

发票的形式并不固定，不同国家的出口企业的发票均有不同的格式，而且合同不同，发票的内容也不一样，但以下内容一般被视为发票的基本内容。具体可参考所附的商业发票式样（见表4-1）。

（1）标明"发票"字样，即"Invoice"，或"Commercial Invoice"。

（2）出票人名称与地址。出票人的名称和地址在发票的上方表示，出口商在印制空白发票时大多数都已印上了这一内容。出票人即为出口商，但也有可能是第三者。

（3）进口商的名称及地址（To），即抬头。信用证项下发票的抬头，必须是开证申请人，若信用证另有规定，则按其要求填写。如信用证的申请人为 A Co., Ltd., London，但同时又规定 Invoice to be made out in the name of B Co., Ltd., London，则发票的抬头应为后者。

（4）发票号码（No.）。每张发票均有自己的号码，由出口商自行编制，有的也使用银行的统一编号。

表4-1　　　　　　　　　　　　商业发票

(2) 中国纺织品进出口公司上海市服装分公司

CHINA NATIONAL TEXTILES IMPORT & EXPORT CORPORATION

(3) To：M/S CHLAPPAREL, 51MORELAND ROAD, EAST COBURG 3058, VICTORIA， AUSTRALIA	SHANGHAI GARMENTS BRANCH 1040 NORTH SUZHOU ROAD. SHANGHAI.CHINA ABLE ADD：GARMENTS SHANGHAI	(4) 号码 No. G.12874 (5) 订单或合约号码 Sales Confirmation No.5G4078/83

(1) INVOICE

(6) 日期 Date DEC.3,2024

装船口岸 From　　(7) SHANGHAI 信用证号数 Letter of Credit No.　(8) 2656/3298	目的地 To.　　(7) MELBOURNE 开证银行 Issued by　(9) ANZ BANK，MEI BOURNE

唛头 Marks & Nos	货名数量 Quantities and Descriptions	总值 Amount
(10) CHL A. 5G4078 MELBOURNE NO.191/210 – 5G4079 – NO.211/220 – 5G4080 – NO.166/180 – 5G4081 – NO.221/240 – 5G4082 – NO.181/190 – 5G4083 – NO.151/165	(11) 6000 pcs.of Ladies Woven Sleepwear 3000 pcs of Ladies Woven Pyjamas 9000 pcs.of Chinese Origin QTY.　ORDER NO.　S/C NO.　　UNIT PRICE 2000 pcs.　0106　5G4078　@AUDx.xx/pc. 1000 "　0107　5G4079　" x.xx/pc. 1500 "　0108　5G4080　" x.xx/pc. (12) 2000 "　0109　5G4081　" x.xx/pc. 1000 "　0110　5G4082　" x.xx/pc. 1500 "　0111　5G4083　" x.xx/pc. 　　　　　　　　TOTAL AMOUNT：(13) (14) PACKED IN 90 CARTONS ONLY. (15) TOTAL：GR .WT.3535 KGS. NET WT.3175 KGS (16) MEASUREMENT：5.656M³	C&F MELBOURNE AUDx，xxx.xx " x，xxx.xx " x，xxx.xx " x，xxx.xx " x，xxx.xx " x，xxx.xx AUDxx，xxx.xx
(18) 产地证 CERTIFICATE OF ORIGIN： We hereby certify that the above mentioned goods are of China origin.	(17) 中国纺织品进出口公司上海市服装分公司 China National Textiles Import & Export Corporation SHANGHAI GARMENTS BRANCH SHANGHAI.CHINA (手签)

（5）合同号码（Contract No.）。发票是出口商履行合同义务的证明，填上合同号码，表明发票的出具是以某项合同为依据的。如同一发票显示了几个合同的货物，则这几个合同号都要列明，式样中的5G4078/83即表明是6个合同。

（6）签发日期（Date）。根据UCP600，出具发票的日期可早于开出信用证的日期，但不得迟于信用证规定的交单日期。发票日期并不是重要的项目，ISBP758认为可以不注明。

（7）起讫地点（From...to）。按货物运输的实际起讫地点填写，如果货物需转运，转运地点也要明确。例如，货物从大连经香港转船至瑞典的哥德堡，应写成"from Dalian to Goteborg W/T（VIA）Hong Kong"。

（8）信用证号码（L/C No.）。如使用的不是信用证方式或信用证无规定，则可不填写。

（9）开证行名称（Issued by）。

（10）唛头（Shipping Marks）。唛头即运输标志，是印刷在货物外包装上的图形文字和数字，其作用是方便运输及保管过程中有关人员识别货物，以防错发、错运。只要货物上有唛头，发票上就要打出来，否则应填写N/M（没有唛头）。

（11）货物描述（Quantities and Descriptions）。包括货物的名称、数量、规格、包装、重量等。货物的名称要与信用证中的货物名称一致，而其他单据上可以使用货物的统称。如信用证中的数量前面有"About"或类似字样，则发票上的数量可有10%的伸缩。

（12）单价（Unit Price）。单价由四个部分组成，即计价货币、计量单位、金额和价格术语。按UCP600的规定，必须将发票币别做成与信用证相同的币种，价格术语必须按信用证规定的填写。

（13）总额（Amount/Total Price）。出口商应根据实际所装货物的数量和单价，正确计算货物的总价。在使用信用证结算方式时，发票的总额如果超过信用证规定的金额，UCP600第18条规定："按照指定行事的被指定银行、保兑行（如有）或开证行可以接受金额超过信用证所允许金额的商业发票，只要该银行已承付或已议付的金额没有超过信用证所允许的金额，其决定对各有关方均具有约束力。"

一般来说，信用证金额是进出口双方的交易金额，也是开证行在单证相符的条件下向受益人支付的最高金额，因此，反映货物价值的发票应与信用证的金额一致，但有时信用证数量有溢装比例，而金额未做相应的规定，发票金额就会超过信用证的金额。

佣金和折扣是价格的又一组成部分，但不一定出现在每一笔交易中，它取决于单价中是否包含佣金和折扣。凡通过中间商成交的合同，均须由进口商或出口商支付佣金（Commission），其价格条款应为CIF×%或CFR×%，这是明佣。有的合同，价格条款虽是CIF或CFR，但实际上含有佣金，只是对客户不暴露，这叫暗佣。折扣（Discount）是卖方给买方的减价，是在直接交易下发生的。佣金和折扣虽都是一种减除，但在性质上是有区别的。例如，在计算保险加成和交税时，折扣可在发票金额中减去，而佣金则不能，即佣金是价格或收入的一个组成部分。例如，信用证中要求"from each invoice 5 percent commission must be deducted"，即要求在每一张发票中要扣除5%的佣金。假如来证的价格条件是CIF C5%伦敦，总额是USD 205 384.00，则发票金额栏目中的金额计算如下：

CIF C5%	LONDON	USD205 384.00
	−C5%	USD10 269.20
CIF	LONDON	USD195 114.80

有时来证中的价格不仅含佣金，而且还含折扣，在发票的总金额中，要把两项都扣除。发票净值是卖方向买方收取的金额；如果合同中包含佣金和折扣，但信用证未加规定，则总额中不应扣除佣金，因为佣金一般是在卖方收到货款后再向中间商支付，但应减去折扣，折扣不是卖方可以收取的。

有时，有的信用证要求分别列出运费、保险费及FOB价，则这些要求要在发票上显示。

（14）包装和件数。此项不是发票的必备项目，在有包装单的情况下，可能仅注明件数，有时甚至连件数也没有。此栏目包括包装材料、包装方式和规格等，要与其他单据相一致。式样中的"PACKED IN 90 CARTONS ONLY"只注明了包装方式和数量。

如果货物是散装，可注明"IN BULK"字样，不注明也可。

（15）重量（Weight）。重量包括毛重和净重，如果信用证上明确要求在发票上列明货物重量，则发票上一定要反映出来。当有包装单和重量单时，发票可不列出重量，若要反映，注明总重量即可。但以重量计量或计价的，应详细列明。

发票上的重量应与其他单据上的重量一致。

（16）规格（Measurement）。它是指货物的体积，一般以M^3为单位，保留小数至3位。

（17）签名。UCP600规定除非信用证有要求，发票可以不签名。签名一般由出口公司的法定代表人在发票的末端签字。有手签要求时，必须手签，否则可以使用印章。

（18）特别条款。这是根据不同地区、不同信用证的要求缮制的。如有的信用证除要求发票的一般内容外，还要求加上证明的文句，如：

COMMERCIAL INVOICE MUST INDICATE THE FOLLOWING：

A）THAT EACH ITEM LABELLED "MADE IN CHINA".（每件商品标明"中国制造"）

B）THAT ONE SET OF NON−NEGOTIABLE SHIPMENT DOCUMENTS HAS BEEN AIRMAILED IN ADVANCE TO BUYER.（一套副本装运单据已预先邮给买方）

有的发票上有印就的产地证明，但如信用证要求单独提供产地证的，还应另外签发，不能以此替代所要求的产地证。

二、其他属商业发票的发票

1.形式发票（Proforma Invoice）

形式发票是出口商在货物销售前向进口商开出的非正式发票，也叫预开发票。形式发票在外表上与商业发票的唯一差别是格式上有"形式"字样。它的作用是：①充当交易的发盘，供进口商订货参考；②在外汇管制较严的国家，进口商要用形式发票来申请外汇及进口许可证。

形式发票不是正式的发票，对双方无约束力，不能作为出口结汇的单据。但是若进口商接受了形式发票，就不再是"形式"，而是肯定的合约。一旦接受，出口商就要另开正式的发票，并将已接受的形式发票的详细内容照录于正式的商业发票上。出口商通常被要求在商业发票上注明"所列货物按××号形式发票"，并且还要申明"商业发票和形式发票相符"。

2.证实发票（Certified Invoice）

证实发票是一张经签署的普通的商业发票，但需要证明以下某项内容：

（1）货物符合某项合同或形式发票。

（2）货物是或不是某特定国家所产。

（3）发票内容。一般用这样的证明文句"We hereby certify the contents of this invoice true and correct"，即发票的内容是真实和正确的，并将发票底端的"错误当查"（E&O.E）划去（如有）。

3.联合发票（Combined Invoice）

将其他某种单据的内容或几种单据的内容都反映在商业发票上，这样的商业发票即为联合发票。也就是说，联合发票不仅具有商业发票的作用，而且还代替了其他的它所联合的单据，诸如保险单、重量单、装箱单、产地证等。但联合发票使用得不多，只能在信用证允许的范围内使用。

4.样品发票（Sample Invoice）

出口商为推销商品将样品寄给进口商而出具的发票称作样品发票，供进口商报关和采购参考。许多国家对小额样品是免税的，且样品本身也多属赠送性质。因此，此发票仅仅是一份清单。

5.收讫发票（Receipt Invoice）

收讫发票又称钱货两讫发票，这种发票要加注收到货值条款"Value/Payment received under L/C No.　dated　issued by　"。这种发票现已很少使用。

6.银行发票（Banker Invoice）

在交易比较复杂时，有时信用证对货物名称、规格、包装等的规定要比合同简单，为使单证相符，出口商按信用证的要求缮制一份简略的发票交银行议付，这种发票就叫作银行发票，而将内容详尽的和合同要求一致的发票径寄进口商。

三、重量单、装箱单、尺码单

1.重量单（Weight List）

重量单是由出口商签发或由第三者提供，表明货物重量的单据，一般包括皮、毛、净重。它必须和其他单据上所表示的重量一致。重量单是计价、计数或计算运费的依据。除信用证载明必须提交单独的重量单外，附加于货运单据上的重量申明银行也应接受。

重量单的主要内容有重量单名称、编号、日期、唛头、货名、货量、不同的规格品种，毛重、净重或皮重以及出单人的签章等。

2.装箱单（Packing List）

装箱单又称包装单，是表明货物包装详细情况的单据。进口地海关主要依据装箱单对某一特定内容的包装进行检查，也是进口商核对货物及商检部门验货的根据。表4-2所附的就是一份装箱单。

表4-2 　　　　　　　　　　　　　　　装箱单

EXPORTER		PACKING LIST				
IMPORTER		P/L DATE				
		INVOICE NO.				
		INVOICE DATE				
		CONTRACT NO.				
Letter of Credit No.		Date of Shipment				
Marks	DESCRIPTION OF GOODS Commodity No.	Quantity	Package	G.W	N.W	Meas
Total amount						

Exporter signature

装箱单的内容通常有：单据名称、编号、日期、唛头、货名、箱件号、规格、数量、毛重、净重、包装材料、包装方式及签字（也可不签）等。

3.尺码单（Measurement List）

尺码单是专门说明货物及包装尺码的单据，表示每个包装单位的长、宽、高及体积（以 M³表示），以便安排运输、仓储和计算运费。

尺码单的主要内容包括单据名称、编号、日期、唛头、货名、货量、尺码和签字等。

装箱单、重量单、尺码单可以不显示收货人、价格和装运情况，对货物内容的描述一般都使用统称。

这三种单据并非在一次交易中都要用到，一般根据进口商来证的要求而定，但它们都起着补充发票内容不足的作用，便于进口商在货物抵港后报关、验货和核对。因此，其内容要与发票及其他单据的内容一致。装箱单应注意不能漏列箱（件）号数；重量单上的各箱（件）重量的总和应与总重量相一致；各单据上的总件数应与发票一样并与实际包装相符。

第三节　运输单据

运输单据是证明货物载运情况的单据，当出口商将货物交给承运人办理装运时，由承运人签发给出口商的证明文件，证明货物已发运或已装上运输工具或已接受监管。由于运输方式不同，运输单据的种类包括：由船运公司或其代理人签发的海运提单；由航空公司或其代理人签发的航空运单；由速递公司和邮局签发的快递或邮寄收据；由铁路部门签发的铁路运单；由多式运输营运人签发的多式运输单据，以及汽车运输公司签发的公路运单等。

一、海运提单

海运提单（Ocean/Marine Bill of Lading，B/L）是海运时使用的运输单据，由承运人或其代理人根据运输合同签发给托运人，表明接受了特定的货物或货已装上船并将经海洋运至目的地交给收货人的收据和物权凭证。由于海运成本低、运量大、通过能力强，一直是国际贸易的主要运输方式，直到目前国际贸易总运量中仍有 2/3 以上的货物是通过海上运输来实现的，我国进出口货运总量的95%也都依赖海运，海运因此被称为全球贸易的动脉。

海运适合运输大批量、大体积的货物，如煤炭、铁矿石、机械设备等工业原材料和产品。但该种运输方式易受气候和自然条件的影响，风险较大，速度相对较慢，灵活性相对较低，需要地面系统的配合才能完成整套运输流程。因此，需长期运输的货物，以及急用、易受气候条件影响的货物，一般不宜采用海运。

（一）海运提单的作用

1.作为货物的收据（Receipt for the Goods）

海运提单（下面简称提单）表明承运人已按提单所列的内容收到了货物，已经装船或准备装船。

对托运人来说，提单是承运人已按提单所记载的内容收到货物的初步证明，如果承运人有确实的证据证明其事实上收到的货物与提单上的记载不符，则他可以向托运人提出异议。但对于受让提单的包括收货人在内的第三人来说，提单是终结性的证据，即承运人对提单的受让人不得否认提单上有关货物记载内容的正确性。这在法律上是为了保护善意第三人的利益，保证提单的流通性。

2.作为物权凭证（Document of Title）

提单代表了货物的所有权，是物权凭证。提单的合法持有者在目的港凭正本提单提货，承运人凭正本提单交货，通过转让提单可以转让货物的所有权。也正是因为提单是物权凭证，所以决定了提单可以转让、质押。

3.作为运输合同的证明（Evidence of Contract of Carriage）

提单上列明了承运人和托运人双方的权利和义务，但提单本身并不是运输合同，而只是运输合同的证明。因为运输合同是托运人向承运人订舱的时候就达成的，而提单的签发是在货物装船以后，所以提单对托运人来说是运输合同的证明（但当提单由托运人转让给受让人时，提单就成为受让人与承运人之间的运输合同）。

（二）海运提单的关系人

1.承运人（Carrier）

承运人即船方，是接受托运人的委托，将货物运往目的港的一方。承运人一般是实际拥有运输工具的运输公司，但也有可能是租船人，他从船东处租用船只经营运输。承运人的主要责任就是按运输合同的规定，将提单所记载的货物安全、及时地交给收货人，但如果货主违反规定，承运人可行使留置权。例如，货方不付应付运费，承运人可以扣押货物或出卖货物以抵偿欠款。

为将货物安全、及时地交给收货人，承运人必须保证船舶适航；应适当和谨慎地装卸、搬运、配载、运送、保管、照料所运货物；不做不合理绕航。

2.托运人（Shipper/Consignor）

托运人是委托承运人将特定货物运往目的港的一方，即合同中的卖方，也可以是买方（如果贸易术语是FOB）。信用证项下提单的托运人一般是受益人。但除非信用证另有规定，银行将接受表明以信用证受益人以外的第三者作为发货人的运输单据，即托运人可以不是卖方。这种情况可能是，合同的签订者虽然是某公司，但实际供货人是另一家企业，这时就可以以这个企业为托运人。这种情况在转让信用证项下时有发生。

作为托运人，应按约定的时间和地点，将货物交给承运人，如实地向承运人提供货物的品种、性质、包装、危险特征等情况，并向承运人支付运费及其他费用；作为托运人，其有权指定收货人。

3.收货人（Consignee）

收货人通常是托运人，也可以是通过背书获得提单的第三者。收货人又称抬头，根据抬头的不同做法决定提单能否转让。收货人在实务中有两种做法：

（1）记名抬头。在抬头人栏内写明收货人的名称。这种提单不能转让，只能由该特定的收货人提货。按某些国家的惯例，如使用了记名抬头，承运人可以不凭提单交货，它起不到物权凭证的作用。这种抬头多用于高价或特定的货物，直接交给收货人，由于不能转让，可以防止冒领。记名抬头可用以下三种格式：

① Consigned to A

② Onto A

③ Deliver to A

（2）指示抬头。在抬头人栏内写有"指定人（Order）"字样的抬头统称指示抬头。这种提单在签发时收货人是不确定的，托运人或其他占有提单之人（即下面的A）经背书后可以转让给特定的当事人，持有人可凭此向船方提取货物。此种提单最能反映提单物权凭证的作用。这种抬头分记名指示、不记名指示两种。所谓记名指示，即指定该提单的指示人是谁，其形式为"To order of A"。A可以是Shipper（货主）、Applicant（买方）或Issuing Bank（开证行）等，经A背书还可再转让。不记名指示的抬头又叫空白抬头，这种提单上无收货人的名称，抬头人栏内只载有"交指定人（To order）"字样，提单的背面有托运人的背书，目前的国际贸易中大多数都使用这种抬头。

信用证项下的提单，要按信用证的要求制作抬头，不能擅自改动。托收项下的提单，一般只做空白抬头或托运人指示抬头，即"Order"或"Order of shipper"，切不可做成以买方为指示人的抬头，也不能做成以买方为抬头人的记名抬头，以避免在货款未收到时货权已转移。

（3）不记名抬头。提单上没有填写收货人，而仅注明货交持有者"To bearer"。这种提单在转让时无须背书，交付即可转让，而承运人则是见单放货。虽然流通性充分，但安全性较差，一旦丢失，无从补救，实践中较少使用。

货物运抵目的地时，收货人应当及时到指定地点提货，不提取或延迟提取时，船长有权将货物卸在仓库或其他地方，并由收货人承担相应的风险和费用。收货人也不得因货物损害而不提取货物，但他可以在规定的时间提出索赔。我国《海商法》规定：货物损害明显的，收货人应当在交货的当时提出；损害不明显的，在7天内提出；集装箱货物可在15天内提出。

4.被通知人（Notify Party）

为了方便货主提货，船方到达目的港时发送到货通知的对象就是被通知人。有时被通知人就是进口商。如果是记名提单或收货人指示的提单（Order of applicant），而收货人又有详细地址的，此栏目可以不填，如果是空白指示或托运人指示提单，则必须填写，否则，船方将无法与收货人联系。

（三）海运提单的内容

提单的内容一般有正反两面。背面是印就的运输条款，基本是固定不变的；而正面则需在签发提单时视具体情况填入不同的内容。承运人都备有自己印就的提单格式。下面结合表4-3说明提单正面的内容。

（1）托运人（Shipper）的名称、地址。

（2）承运人（Carrier）的名称、地址、电话、电报挂号等。UCP600规定，提单必须注明承运人的名称，银行不接受万能提单。

（3）收货人（Consignee）。

（4）被通知人（Notify Party）。

（5）首程运输（Pre-Carriage by）。如果货物需转运，则此栏中填写第一程船的船名；若无须转运，则此栏空白。

（6）收货地点（Port of Receipt）。如果货物需转运，则此栏中填写收货港/地名称；若无须转运，则此栏空白。

（7）船名及航次（Vessel Name & Voy. No.）。如果货物需转运，则此栏中填写第二程船的船名和航次；如果无须转运，则此栏填写实际运输船舶的船名和航次。

如果提单上有"预期船"（Intended Vessel）字样或类似有关限定船只的词语，需要做装船批注，该批注应包括装运日期以及实际船名。

（8）装运港（Port of Loading）。实际装船港口的具体名称。

如果提单没有将信用证中规定的装货港作为装货港，或包含"预期"（Intended）或类似有关限定装货港的词语，则需要做装船批注，该批注包括信用证中规定的装货港、装运日期以及船名。

（9）卸货港（Port of Discharge）。即目的港的名称。

（10）最终目的地（Final Destination）。如果目的地为目的港，则这一栏空白。

（11）正本提单的份数（Number of Original B/L）。提单有正、副本之分，正本可用来提货、议付、背书转让，而副本则无此功能。正本提单的份数由信用证规定，并在此栏目中用大写标明。如信用证规定为全套（Full set of clean on board bill of lading），而未具体说明是几份，则包括一套单独一份的正本提单，也可以是包括二份、三份或四份的正本提单，并在此栏目中标注。

（12）唛头（Marks and No.）。以信用证规定的唛头为准，唛头中的每一个字母、数字、图形及排列位置均应符合规定，并与其他单据和实际货物保持一致。

（13）包装件数（Number and Kind of Packages）。对于有包装的货物，应注明包装数量和单位，如"577 CARTONS""500 BALES"，并在下方用大写写上数量；如果装运的是煤等散装货，此栏应填"BULK"；如果是一台机器或一辆汽车，填"1 UNIT"，也要写明大写数目。

表4-3   海运提单

Shipper: (1) CHINA NATIONAL TEXTILES IMP. & EXP. CORP. SHANGHAI GARMENTS BRANCH			B/L No. 271 (22)	
Consignee: (3) CONSIGNED TO SEARS, ROEBUCK & CO., U.S.A.		(2) 華潤運輸倉儲有限公司 as carrier CHINA RESOURCES TRANSPORTATION & GODOWN CO., LTD. HONG KONG TA.02461 BILL OF LADING DIRECT OR WITH TRANSSHIPMENT		
Notify Party: (4) ARTHUR J. FRITZ & CO., 2241 EAST GRAND AVE., EASEGUNDO, CA. 90245, USA. ATTN: MR. J. JACOBSEN/MR. GREG SHILL		(23) SHIPPED on board in apparent good order and condition (unless otherwise indicated) the goods or packages specified herein and to be discharged at the mentioned port of discharge or as near hereto as the vessel may safely get and be always afloat.		
Pre-Carriage by: (5)	Port of Receipt: (6)	The Shipper,Consignee and the Holder of this Bill of Lading hereby expressly accept and agree to all printed,written or stamped provisions, exceptions and conditions of this Bill of Lading, including those on the back hereof.		
Vessel Name & Voy. No.: HAIXING V.2 (7)	Port of Loading: (8) SHANGHAI			
Port of Discharge: (9) HONG KONG	Final Destination: (10) LOS ANGELES	Freight Payable at:	Number of Original B/L: (11) THREE	
Marks and Nos.	Number and Kind of Packages	Description of Goods:	Gross Weight (KGS) Measurement (m³)	
(12) R S ◇ 41 ◇ C LOS ANGELES CITY OF INDUSTRY MADE IN CHINA STOCK NO. 64101 COLOR SIZE QUANTITY: 48 EA CARTON NO. 1/577	(13) 577 CARTONS	(14) SHIRTS	(15) 10511	(16) 88.858
	(17) SAY FIVE HUNDRED SEVENTY SEVEN CARTONS ONLY		(18) FREIGHT PREPAID	
	ABOVE PARTICULARS DECLARED BY SHIPPER			
Freight and Charges: (19)		IN WITNESS whereof, the Carrier or Agents of the vessel has signed the above stated number of Bills of Lading, all of this tenor and date. One of which being accomplished, the others to stand avoid. (20)		
		Dated in: SHANGHAI 30DE 2024		
Freight due to ship, cargo and/or ship lost or not lost Shippers are requested to note particularly the terms and of the insurance upon their goods. Term and Conditions as per back hereof.		CHINA RESOURCES TRANSPORTATION & GODOWN CO., LTD. (21) (手签)		

（14）货物描述（Description of Goods）。可以使用通称，但不得与信用证中的描述有矛盾。比如，信用证中的货物描述为"红色松木中式办公桌，长、宽、高：120mm×70mm×80mm"，发票中应按该描述显示，提单及其他单据的货物描述仅为"办公桌"即可。

（15）毛重（Gross Weight）。除非信用证另有规定，毛重一般以千克（KGS）或吨为单位。如果裸装货物没有毛重，则只写净重（N.W.）或"Gross for Net"（以毛作净）。

（16）尺码（Measurement）。它是指货物的体积，以 m³ 为单位。

（17）大写件数（Total Package（in Words））。除煤炭、石油等散装货以外，都要注明大写件数，并与小写件数完全相符。通常由三部分组成：数字、单位和"Only"（整）。例如，示例中的"FIVE HUNDRED SEVENTY SEVEN CARTONS ONLY"。

（18）运费条款（Freight Clause）。在各种类型的提单中，都有运费这一栏目，提单上一般不必列明运费的金额，而只表明运费是否已付即可，除非信用证有要求。如按 CIF 或 CFR 价成交，提单上应标明"运费已付（Freight repaid，Freight paid）"；如按 FOB 或 FAS 价成交，标明"运费到付（Freight collect）"。

（19）运费和费用（Freight and Charges）。一般空白，除非信用证特别要求注明运费或其他费用的具体金额。

（20）签发提单的地点与日期（Place and Date of Issue）。地点应为装运地点，在备运提单下，应是货物接受监管的地点。日期不得迟于信用证规定的最迟装运日期，否则银行拒绝接受。

根据 UCP600 第 20 条规定，提单的签发日期将被视为发运日期，但提单如果载有表明发运日期的已装船批注，此时已装船批注中显示的日期将被视为发运日期。

（21）签署（Signed for and Behalf of Carrier）。UCP600 第 20 条 A 款规定："提单，无论名称如何，必须看似：表明承运人名称，并由下列人员签署：①承运人或其具名代理人；或者②船长或其具名代理人。承运人、船长或代理人的任何签字必须表明其承运人、船长或代理人的身份。代理人的任何签字必须表明其系代表承运人还是船长签字。"

也就是说，在表明 Carrier 的名称的前提下，共有四个人可以签发提单，即承运人、承运人的代理人、船长、船长的代理人。

a.承运人签字。

CHINA OCEAN SHIPPING CO.

AS CARRIER

彭瑞雪（SIGNATURE）

如果在提单的上方已经印就了 CHINA OCEAN SHIPPING CO.，且有"CARRI-

ER"的字样证实其为承运人时，签字栏中就可以不写 AS CARRIER，表4-3就是这种情形。

b.承运人的代理人签字。

AAA CO., LTD.

AS AGENT FOR（OR ON BEHALF OF）

CHINA OCEAN SHIPPING CO.

THE CARRIER

何山（SIGNATURE）

同上，如果在提单的上方已经印就了 CHINA OCEAN SHIPPING CO.，且有"AGENT"的字样证实其为承运人的代理人时，签字栏中就可以不写 AS AGENT。

c.船长签字。

如果提单已经表明了承运人的身份，当船长是SMITH时：

SMITH（SIGNATURE）AS MASTER

如果提单未表明承运人的身份，则：

SMITH（SIGNATURE）AS MASTER

CHINA OCEAN SHIPPING CO. THE CARRIER

d.船长的代理人签字。

如果提单已经表明了承运人的身份，WWW CO., LTD.作为代理，由段小强签字时：

WWW CO., LTD. AS AGENT FOR

（OR ON BEHALF OF）MASTER

段小强（SIGNATURE）

由于代理人一般不知道船长的名字，可以不表示船长的姓名。

可见，承运人的身份有两种表示方法：一是用印就的文字标明，例如在右上方运输公司名字的后面打上"CARRIER""AS CARRIER"字样；二是在右下方签字处加上"Carrier"。

（22）提单编号（B/L No.）。

（23）印就的契约文句。一般含有四项条款：①装船条款。说明承运人收到外表状况良好的货物并已装在船上或表明货物已收到准备装运。②内容不知悉条款。货物的详细情况是由托运人填写的，承运人只核实货物的表面状况。③承认接受条款。它是指提单的关系人同意接受提单上的包括背面的一切条款。④签署条款。表明提单正本一式几份，其中一份用于提货后，其他几份即失效。

Shipped on board in apparent good order and condition（unless otherwise indicated）the goods or packages specified herein and to be discharged at the mentioned port of discharge or as near hereto as the vessel may safely get and be always afloat.

The weight，measurement，marks，numbers，quality，contents and value，being particulars furnished by the shipper，are not checked by the carrier on loading.

The shipper，consignee and the holder of this Bill of Lading hereby expressly accept and agree to all printed，written or stamped provisions，exceptions and conditions of this Bill of Lading，including those on the back hereof.

In witness whereof，the carrier or agent of the vessel has signed the above stated number of Bill of Lading，all of this tenor and date，one of which being accomplished，the others to stand avoid.

Shippers are requested to note particularly the terms and of the insurance upon their goods.

知识拓展

提单背面的
内容

海运提单的背面是印就的具体运输条款，对有关承运人的责任、托运人的责任、索赔和诉讼等均有详细的规定。根据UCP600，对提单背面的条款，银行不予审核。

提单背面还有一项内容，即背书。除记名抬头的提单不能转让外，其余的提单经背书后都可转让给第三者。和汇票的背书类似，背书时可做成记名背书，也可做成空白背书。除少数提单的背面有印就的背书栏（Shipper's Endorsement）和连续背书栏（Successive Endorsement）外，大多数并不限定位置，只要在提单背面签章背书即可。但有背书栏的，必须在栏目中填写，否则无效。空白抬头的提单，托运人要按规定背书，否则既不能转让也不能提货。

知识拓展

海运提单的
国际公约

（四）海运提单的种类

按不同的标准，提单可做如下分类：

1.按货物是否装船进行划分

提单可分为已装船提单（On Board B/L or Shipped B/L）和备运提单（Received for Shipment B/L）。

（1）已装船提单是货物装上船后由承运人、船长或他们的代理人签发的提单。提单上载明货物"已由某某轮装运"和装船日期及签字。在一般情况下，货物装上船后不能再卸下改装其他的船。有这种提单的人根据提单上"On Board"的记载，可以明确知道承运人不仅收到了货物，而且已装上了指定的船只，从而可以按照既定的航程计算出货物到达目的地的时间。所以，这种提单对托运人、收货人、议付银行都有好处。按照银行业务的惯例，出口商向银行议付货款所提交的单据必须是已装船提单。根据UCP600第20条，提单必须通过以下方式表明货物已在信用证规定的装货港装上具名船只：

① 预先印就的文字；或者

② 已装船批注注明货物的装运日期。

所谓"预先印就的文字"就是提单右上角契约文句中的"SHIPPED on board in

apparent good order and condition…" 或类似词句。如果此处印就的是 "Received in apparent good order and condition" 就是收妥待运的标志，不符合第20条 "装上具名船只" 要求。

（2）备运提单是船运公司已收到货物在等待装船的期间应托运人的要求而签发的提单，以证明托运人备妥货物交承运人掌握。它没有确定的装船日期，货物将来能否出运也没有保障，增加了买方或提单持有人的风险，实际上只是一张收据，除非信用证授权，否则银行不予接受。

若承运人在出具备运提单后，货物装上了船，承运人可根据托运人的要求收回原来的备运提单另行签发已装船提单，也可以在原备运提单上加装船批注（On Board Notation）、船名、日期。由于集装箱运输方式的出现和发展，这种 "装船批注" 提单经常使用。这种做法不是通常的船运公司用已装船提单换备运提单，而是经 "附加" 后，由原来的备运提单变成已装船提单。如原提单格式中的船名前有 "预期" 字样，则其批注栏内还要有实际船名的记载。

2.按承运人是否对货物做了不良批注进行划分

提单分为清洁提单（Clean B/L）和不清洁提单（Unclean B/L）。

（1）清洁提单是指不载有明确声明货物和包装有缺陷的条款或批注的提单。有的提单在其正面印就的契约文句中第一句就是 "除非本提单有特别的声明，货物应在外表状况良好状态下装船" 或类似的文句。因为，交货时货物表面状况良好，承运人未发现有毁损或包装不良，他就有责任按同样外表良好的状态将货物交给收货人。这给提单收货人的利益提供了充分的保障。

（2）不清洁提单是指承运人在提单上加注货物及包装状况不良或存在缺陷等批注的提单，如 "某件损坏" "某盒遭水渍" 等。提单上常见的批注有：

① 对货物及表面状况的批注，如 "一包破"。

② 附加费用的批注。

③ 运输方式的批注，如 "可就近卸货处理货物"。

④ 对货物数量的批注，如 "少一桶"。

上述只有①属于不清洁范畴；②和③只是对权利义务的重申，在背面印就的条款中均有说明，正面加注这些内容，对收货人的权益并无影响；对于④，若托运人不能补齐，是按实际数量开具发票的，对收货人来说仍是货真价实。

若提单上有 "内容不知悉条款" 及 "承运人免责条款"（说明由于货物性质或包装而产生的风险，承运人不负责任），也不属于不清洁范畴。

由于不清洁提单上加注有货物损坏的说明和条款，买方根据合约有理由不接受此种情况下的货物。在跟单信用证项下，银行可拒绝接受不清洁提单。

3.根据抬头表示方式的不同（或可否转让及如何转让）进行划分

提单可划分为记名提单（Straight B/L）、指示提单（Order B/L）及不记名提单

（Bearer B/L 或 Blank B/L 或 Open B/L）。

4.按中途是否转船进行划分

提单可分为直运提单（Direct B/L）、转船提单（Transhipment B/L）和联运提单（Through B/L）三种。

（1）直运提单即货物运输途中不转船，直接运达目的港的提单。提单上只有装货港和卸货港的名称，没有"中途转船"的字样。但直运提单仅仅表明不转船，在中途往往要停靠港口补充燃料、水或食品等。如果信用证规定不许转船，必须提供这种提单，否则银行拒绝接受。

（2）转船提单是货物要在中途的港口换船才能运往目的港的提单。提单上记载的运输是从起运港到卸货港再到最后目的港这样的两段海运，一般注有在"××港转船"的字样（With transhipment at_into_）。由于货物在中途港口换船不仅会增加货物受损和其他风险及转船费用，而且还可能因换船而延误送货时间。因此，进口商通常都要求直达运输，并在合同和信用证内明确规定不许转船。但是，有时由于运输条件的限制或其他方面的原因，转船提单也有使用，比如最后的目的港非常偏僻，一般的船只很少驶往。但这种提单对托运人却无不方便，因卸货港的手续是由第一程的承运人办理的，托运人发货后取得的是包括全程的可以立即交单取款的提单。

（3）联运提单是指提单上所列货物从起运港到目的地是由两个或两个以上的承运人运送的，托运人在办理托运手续并缴纳全程运费之后，由第一程承运人所签发的、包括运输全程并能凭以在目的地提取货物的提单。这种联运提单适用于两种或两种以上的运输方式（海海、海陆、海空、海河等）的联合运输。采用这一提单时，货物运输途中转换运输工具和交接工作，都由第一程承运人或其代理人负责向下程承运人办理，托运人无须亲为。

联运提单和转船提单虽包括了全程的运输，但签发提单的承运人或代理人一般都在提单条款中规定，只是对货物在其负责运输的一段航程中发生的损失负责，即第一程承运人只对货物在第一程运输中发生的损失负赔偿责任，对换船期间和第二程运输中发生的损失不负责（由第二程承运人负责）。

联运提单包括了转船提单，转船提单属于联运提单中的海运输，转船提单不能代替联运提单。

5.按提单形式的完整性进行划分

提单可分为全式提单（Long Form B/L）与简式提单（Short Form B/L）。

全式提单是指提单背面有印就的运输条款，而简式提单则无。国际商会对其的定义是：简式提单是指船运公司或其代理人所发出的提单中，注明某些或全部装运条款系参照提单以外的来源或文件。

简式提单长期以来由于本身不能构成独立的文件，所以对其是否接受有分歧，直到1975年，根据当时颁布的"290"，银行才予以接受。许多国家鼓励使用船公司共用简式提单。这种提单上船公司的名称是空白的，承运人要自己加列和填写其他内容。对于这种共用简式提单，只有信用证上允许银行才接受。

6.按提单签发日期和装船日期的关系进行划分

提单可分倒签提单（Anti-dated B/L）和预借提单（Advanced B/L）。

（1）倒签提单，是指承运人在装船后签发提单时，应托运人的要求，将提单上的签发日期提前，以符合信用证规定的装运日的提单。按规定，出口商必须在信用证规定的装运日期内将货物装上船，取得承运人签发的提单，否则银行将拒绝接受。而将提单的装运日倒签之后，从表面上来看就符合了信用证的要求。

（2）预借提单，是指货物已处于承运人的监管之下，因故未能装船或正在装船但未装完，由于信用证规定的装运日已到，承运人应托运人的请求而签发的提单。

预借提单和倒签提单的主要区别在于，前者是在货物还未装船或未装完船时签发的，后者是在货物已装完船时签发的。二者的相同之处为，均是在托运人请求之下，将提单签发日期提前，以符合信用证规定的装船日期。

这两种提单是托运人与承运人在合谋之下签发的不符合实际装船日期的提单，均构成虚假行为。其后果必会使收货人（买方）的利益受到损害。

【案例4-1】

某年5月8日，A公司与B公司签订购销合同，约定由B公司向A公司提供三种规格的胶合板6 000立方米，价格条件为CIF汕头，总价款226.6万美元，以信用证方式结算。6月4日，A公司向中国银行汕头分行申请开立以B公司为受益人的100%即期议付不可撤销跟单信用证。信用证约定货物装运期不迟于7月31日，可分批装运，不可转运；议付单据包括一套以议付银行为指示人的清洁已装船提单；信用证有效期至8月21日。

7月23日，B公司从印度尼西亚坤甸港发运胶合板，第一批3 000立方米，A公司根据信用证的规定议付了货款113.3万美元。第二批货物由C船公司承运，C船公司向B公司签发了一式三份清洁已装船提单，提单记载船名是"新发轮"，货物为3 000立方米胶合板，提单签发日期是7月31日。8月3日，B公司传真通知A公司，后一批胶合板已于7月31日装上"新发轮"，并附C船公司签发的提单。

8月24日，A公司收到中国银行汕头分行要求其付款赎单的通知书，此时，货物尚未抵达汕头港。据调查，"新发轮"7月30日至8月6日还在汕头港进行上一航次的卸货。A公司认为C船公司与B公司恶意串通，签发了虚假提单，属于提单欺诈行为，遂于8月25日向法院提出冻结信用证和扣押"新发轮"的申请，并起诉请求海事法院判两被告赔偿A公司利润损失和向内贸单位赔付的定金损失等共计53万美元。

庭审中，C船公司承认，第二批胶合板实际于8月13日在印度尼西亚坤甸港装船，8月26日装船完毕，9月16日抵达汕头港。

海事法院认为，提单签发地在印度尼西亚，但损害结果发生在中国，故可以适用中国法律。根据《中华人民共和国海商法》的规定，在货物装船完毕后，承运人才能签发已装船提单。C船公司在货物尚未开始装船时就签发了已装船提单，构成了预借提单。A公司为减少损害而申请法院冻结信用证，没有付款赎单，但仍然可以对侵权行为人提起侵权损害赔偿之诉。为此，判决B公司和C船公司承担连带责任，赔偿A公司的全部损失。

【案例4-2】

某年7月，中国丰和贸易公司与美国威克特贸易有限公司签订了一项出口货物合同，合同中，双方约定货物的装船日期为11月，货款以信用证方式结算。合同签订后，中国丰和贸易公司委托我国宏盛海上运输公司运送货物到目的港美国纽约。但是，由于丰和贸易公司没有能够很好地组织货源，直到第二年2月才将货物全部备妥，于2月15日装船。中国丰和贸易公司为了能够如期结汇取得货款，要求宏盛海上运输公司按11月的日期签发提单，并凭借提单和其他单据向银行办理了议付手续，收清了全部货款。

但是，当货物运抵纽约港时，美国收货人威克特贸易有限公司对装船日期发生了怀疑，威克特公司遂要求查阅航海日志，运输公司的船方被迫交出航海日志。威克特公司在审查航海日志之后，发现了该批货物真正的装船日期是2月15日，比合同约定的装船日期要迟延达3个多月，于是，威克特公司向当地法院起诉，告我国丰和贸易公司和宏盛海上运输公司串谋伪造提单进行欺诈，既违背了双方合同约定，也违反法律规定，要求法院扣留宏盛海上运输公司的运货船只。

美国当地法院受理了威克特贸易公司的起诉，并扣留了该运货船舶。在法院的审理过程中，丰和公司承认了其违约行为，宏盛公司亦意识到其失理之处，遂经多方努力，争取庭外和解，最后，我方与美国威克特公司达成了协议，由丰和公司和宏盛公司支付美方威克特公司赔偿金，威克特公司撤销了起诉。

7.按使用船只的不同进行划分

提单可分为班轮提单（Liner B/L or Regular Liner B/L）和租船提单（Charter Party B/L）。

（1）航线正规、船期固定、在目的地有预定泊位的船舶叫作班轮。由班轮承运人或其代理人签发的提单叫作班轮提单。一般船公司所出的提单均为班轮提单。班轮公司一般印有船期表，在其网站及其它媒体上公开揽货。其运费是公开的，适用于小额成交或零散杂货。

（2）大宗交易时，货主为了减少运费，往往自己租船运输。当货方租船运输时，由船长、船东、租船人或他们的具名代理人签发的以租船合约为依据的提单叫作租船提单。租船合约是货方在使用租船之前与船方订立的合约，它是租船提单的依据。一般运费就是租船费，装卸费则另行规定。

大多数的租船提单无固定的格式，也不将合约的内容全写在上面，只是注明

"受租船合约约束（Subject to a charter party）"，形式上一般为简式提单。除非经申请人同意，并在信用证中注明可以接受租船提单，否则，银行拒绝接受。

8.按承运人身份的不同进行划分

提单可分为承运人提单（Carrier B/L）和运输行提单（Forwarder B/L）。

（1）由承运人、船长或他们的代理人签发的提单叫作承运人提单。

（2）由运输行以自身的名义，或以承运人或多式运输营运人或他们的代理人的身份签发的提单均为运输行提单。运输行也叫"货代"，即国际货运代理人，他们来往于货方和船方之间，招揽生意，收取佣金，其自身并无运输工具，是先把托运人托运的货物拼成一个集装箱然后交给船公司承运。运输行与承运人的责任分别是：运输行对管辖时的货物负责；而承运人对运输的货物负责。如果信用证允许，银行接受运输行以自身的名义签发提单，否则，银行只接受运输行以承运人或多式运输营运人或其代理人的名义签发的提单。

9.按在装运港是否付运费进行划分

提单可分为运费到付提单和运费已付提单。

如提单上注明运费到付（Freight Collect），则称运费到付提单；如提单上注明运费已预付（Freight Prepaid），则称运费已付提单。运费是到付还是预付，是和贸易术语相联系的。在CIF和CFR下，提单必须是预付的；而在FOB下，其则是到付的。

如提单上注明"运费可预付（Freight Prepayable）"或"运费应预付（Freight to be Prepaid）"，则不能表明运费已预付。但银行可接受"运费待付（Freight Payable）"的提单，除非信用证不允许。如果信用证不禁止，则银行将接受注有运费以外附加费用的单据，如装货费、卸货费等。

10.其他提单

（1）舱面货提单（On Deck B/L），又称甲板货提单。即注明货物放在船舶露天甲板上的提单。货物放在舱面上易受损，而且按《海牙规则》，承运人对这样的货物灭失免责，所以银行拒收。但由于集装箱运输的发展，对货物可能装在舱面上，但只要单据上没有特别注明已装或将要装在舱面上，银行予以接受，因为集装箱一般都堆放在甲板上。

（2）集装箱提单（Container B/L）。凡是以集装箱装运货物的提单就叫集装箱提单。集装箱运输是把一定数量的单件货物集中装在一个特定的箱子内作为一个运输单位的运输。为适应不同货物的需要，集装箱被设计成各种不同的类型，如干货集装箱、冷藏集装箱、挂式集装箱、开盖集装箱等。

集装箱提单有两种形式：一种是在普通的海运提单上加注"用集装箱装运（Containerized）"字样；另一种是使用多式运输单据，这时提单的内容增加了集装箱号码和"封号（Seal Number）"。因为货物包装上的唛头不起作用了，即使提单上打出了箱内小件的数量，由于承运人只对看得到的货物的表面状况负责，在交货时，只要封口完好，承运人就可免责。因此，提单上一般会注明"Shipper's Load and Count"（托运人装载和计数）。

在集装箱提单上，常见下面几种术语：

CY（Container Yard），堆场或货场，是专门堆放集装箱的场所，由托运人自己装拆箱内的货物，在此收货或交货。

CFS（Container Freight Station），货站，是专门办理集装箱装拆的场所。由承运人装箱或拆箱的货物，均在此办理收付。

FCL（Full Container Load），整箱货，指箱内的货物是同一货主的。

LCL（Less Container Load），拼箱货，指箱内的货物属于不同的货主。

集装箱承运人的责任根据不同的情况，会有CY/CY、CY/CFS、CFS/CY和CFS/CFS几种情形。

（3）电放提单（Telex Released B/L），是指承运人或其代理人签发的注有"Surrendered"或"Telex Release"字样的提单。提单是货物所有权的凭证，因此，收货人只有拿到正本提单后才可以提货，一般情况下发货人通过银行转交提单或将提单径寄收货人。但在近洋运输中，船期很短，只需一两天，而这时邮寄的提单可能还没到，为不影响收货，在货物装船完毕后，承运人或其代理人已经签发了提单或已经交给了托运人或还没有交给托运人，应托运人的要求，承运人或承运人的代理人可收回正本提单，而以电传、传真等形式通知其在卸货港代理将货交给提单收货人或托运人指定的收货人。等货物到达目的港时，收货人就可以凭身份证明或者盖章后的电放提单传真件向船公司提取货物。

在实际业务中，由于提单电放后托运人不再掌握货权，因此，办理电放前一定要确认能够安全收款，否则，可能会遭受钱货两空的损失。因此，承运人会要求托运人出具一份保函，保证电放造成的一切问题与其无关。经常使用的电放提单形式有：

① 在正本提单上加盖电放字样图章，将加盖章后的提单发送给其目的港代理凭以放货，如"SURRENDERED"或"TELEX RELEASE ORIGINAL B/L SURRENDERED"等字样。

② 承运人或其代理人收回提单正本后出具并发送专门电文给其卸货港代理凭以放货。如"Herewith advised that full sets of original B/L have already surrendered at ×× port by carrier in ××. Please release the shipment to consignee called ×× against this surrendered notice after collecting relevant charges at your side without original B/L"。

二、航空运单

航空运单（Air Waybill）是空运时使用的运输单据，由承运人或其代理人根据运输合同签发给托运人，表明接受了特定的货物并将经航空运至目的地。

航空运输速度快、货物周转时间短、途中受损率小，适合易受损货物、贵重商品、急需物资及生鲜商品的运输；航空运输不受地面条件的限制，适合地面条件恶劣、交通不便的内陆地区的运输。在第二次世界大战前，航空运输主要用于价值高、体积小的商品，如钻石、黄金、工艺品等。二战后，航空运费逐渐降低，商品越来越多地通过航空方式来运输。

航空运输的局限性表现在：运输费用较其他运输方式高；舱容有限，对大件货物或大批量货物的运输有一定的限制；易受恶劣气候的影响等。

航空运单由托运人填写，由托运人和承运人共同签字确认。

（一）航空运单的作用

航空运单是国际航空货物运输所使用的运输单据。但不同于海运提单，它不是物权凭证，形式上都是记名的，不能背书转让（运单右上方有"NOT NEGOTIABLE"的字样），持有航空运单也不能要求货物所有权（在目的地收货人仅凭航空公司发出的提货通知提货，而非航空运单），但可凭其向银行办理结汇。

（1）是运输合同的证明。航空运单一旦签发，即为运输合同的书面证明，并由托运人和承运人双方签字。

（2）是货物收据。承运人收到货物后，将第三联航空运单正本交托运人，作为接收货物的证明。

（3）可以作为运费账单和发票。航空运单上分别记载着属于收货人（或托运人）应负担的费用和属于代理的费用，因此可作为运费账单和发票。承运人将第一联正本自己留存，作为运费收取凭证。

（4）是验收货物的依据。航空运单第二联的正本由航空公司随机交收货人，收货人据此验收货物。

（5）是报关的凭证。在货物航空运至目的地后，须向当地海关报关。在报关所需各种单证中，航空运单必不可少。

（6）可作为保险证书。如果承运人承办保险或托运人要求承运人代办保险，那么航空运单即可用作保险证书。载有保险条款的航空运单被称为红色航空运单。

（二）航空运单的种类

根据空运组织的不同，航空运单有两种：

1.航空公司的运单（Air Waybill，AWB）

AWB在航空货运界又被称为总运单（Master Airway Bill）。IATA，即国际航空运输协会（International Air Transport Association）使用的航空运单一式12份，其中有3份为正本，第一份正本注明"Original 1（For the carrier）"，由托运人签字后，承运人自己留存；第二份正本注明"Original 2（For the consignee）"，由承运人和托运人双方签字，航空公司随班机交给收货人；第三份正本注明"Original 3（For the shipper）"，由承运人在接收货物后签字，交给托运人，作为接收货物的证明。其余副本由航空公司按规定或根据需要分发。如果信用证要求受益人提交航空运单，则只能是第三份正本，因为作为托运人只能得到这一张。

由于航空运单不是物权凭证，在信用证项下，为了掌握货权，开证行可以要求以自己作为收货人。

2.运输行的空运单（House Air Waybill，HAWB）

HAWB又被称为分运单，供运输行办理集中托运、联运等运输时使用。由于运输行签发运输单据的有效性已被普遍承认，所以运输行的空运单的作用和航空公司的空运单基本一样。

（三）航空运单的内容

航空运单与提单一样，包括正面和背面的内容，背面是运输条款。下面仅介绍正面的内容。航空运单的格式参见表4-4。

（1）运单号（Airway Bill No.）。包括航空公司的数字代号（前三位数字）和运单的序列号，如式样中的999。运单号是航空运单不可缺少的组成部分，是托运人、收货人向承运人查询货物运输情况的重要依据。

（2）承运人（Carrier）。该项内容印有航空公司的标志、名称和地址，同时，还印有"Not negotiable"字样，表明航空运单的不可流通转让性。

（3）托运人名称、地址（Shipper's Name and Address）。填写发货人姓名、地址、所在国家及联络方法。

（4）托运人账号（Shipper's Account Number）。一般不填。

（5）收货人名称、地址（Consignee's Name and Address）。应填写收货人姓名、地址。与海运提单不同，空运单不可转让，所以"凭指示"之类的字样不得出现。在托收结算方式下，若以代收行为收货人，应事先取得代收行的同意。在信用证结算方式下，应根据信用证的规定来填写，有时以买方，有时以开证行为收货人。

（6）收货人账号（Consignee's Account Number）。一般不填。

（7）承运人代理的名称和所在城市（Issuing Carrier's Agent Name and City）。若运单系由承运人的代理人签发，则要填写实际代理人的名称及城市名；如直接由承运人本人签发，则此栏空白不填。

（8）代理人的IATA代号（Agent's IATA Code）。一般不填。

（9）代理人账号（Agent's Account Number）。需要时供承运人结算使用，一般不填。

（10）起航机场及指定航线（Airport of Departure and Requested Routing）。一般仅填起航机场名称。

（11）会计事项（Accounting Information）。指与费用有关的事项，如运费预付、到付或发货人结算使用信用卡号、账号及其他必要的说明。

（12）转运机场/首程船/路线及目的地（To/By First Carrier/Routing and Destination）。货物运输途中需转运时按实际情况填写。

表4-4   航空运单

(1)   999-1488   7574

| 999 | SHA | 14887574 |

Shipper's Name and Address	Shipper's Account Number (4)	NOT NEGOTIABLE

(3) CHINA NATIONAL TEXTILES IMP. & EXP. CORP. SHANGHAI BRANCH

Air Waybill **(2)** 中国民航   *CAAC*

ISSUED BY **THE CIVIL AVIATION ADMINISTRATION OF CHINA**

Consignee's Name and Address   Consignee's Account Number **(6)**

(5) KOWA COMPANY LTD., NO.6-29, 3-CHOMENISHIKI, N KA-KU,TELEX 721, J 59931

It is agreed that goods described herein are accepted in apparent good order and condition for carriage SUBJECT TO THE CONDITIONS OF CONTRACT ON THE REVERSE HEREOF. THE SHIPPER'S ATTENTION IS DRAWN OF THE NOTICE CONCERNING CARRIER'S LIMITATION OF LIABILITY.

Issuing Carrier's Agent Name and City **(7)**

Agent's IATA Code **(8)**   Agent's Account No. **(9)**

Airport of Departure(Add. of First Carrier) and Requested Routing
SHANGHAI **(10)**

Accounting Information

(11) A.D.C.L. 05100(SAB03)
FREIGHT PREPAID

(15)   **(16)**

to OSA | By First Carrier GA **(12)** | to | by | to | by | Currency | CHGS code | WT/VAL PPD COLL | Other PPD COLL | Declared Value for Carriage **(17)** | Declared Value for Customs **(18)** |

Airport of Destination OSAKA **(13)**   Flight/Date CA921/26.AUG **(14)**   Amount of Insurance **(19)**

INSURANCE-If carrier offers insurance and such insurance is requested in accordance with the conditions thereof indicate amount to be insured in figures in box

Handling Information **(20)**
(For USA only) These commodities licensed by US for ultimate destination…Diversion contrary to US law is prohibited.

No.of Pieces RCP	Gross Weight	Kg lb	Co.Item.No	Chargeable Weight	Rate / Charge	Total	Nature and Quantity of Goods (Incl. Dimensions or Volume)
(21)	**(22)**		**(23)**	**(25)**	**(26)**	**(27)**	COTTON PIECE GOODS 4.24M3
18 CARTONS	1 710	K	SCR2195	1710	4.92	8 413.20	INV.NO.34794 **(28)** MARKS:KOWA K-8320 51JALO13 OSAKA

Prepaid 8 413.20 | Weight charge **(29)** | Collect | Other Charges AWC:10.00 **(30)**

Valuation Charge **(31)**

Tax

Total Other Charges Due Agent **(32)**

Total Other Charges Due Carrier
10.00 **(33)**

Shipper certifies that the particulars on the face hereof are correct and that insofar as any part of the consignment contains dangerous goods, such part is properly described by name and is in proper condition for carriage by air according to the applicable Dangerous Goods Regulations.

ASIAN DEVELOPMENT CO.LTD.,SHANGHAI BRANCH
ZHENG   SI **(35)**

Signature of Shipper or His Agent

Total Prepaid 8 423.20 **(34)** | Total Collect

Currency Conversion Rate | CC Changes in Dest.Currency

(36)

中国民航 CAAC   25.AUG.2024   SHANGHAI

Signature of Carrier or His Agent

Charges at Destination | Total Collect Charges

For Carrier Use Only at Destination   999- 1488 7574

3. - ORIGINAL—FOR THE SHIPPER **(37)**   **A**

（13）目的地机场（Airport of Destination）。货物运载的最终目的机场。

（14）航班/日期（仅供承运人使用）（Flight/Date，For Carrier Use Only）。指飞机航班号及实际起飞日期。但本栏只供承运人使用，因而该起飞日期不能被视为货物的装运日期（以航空运单的签发日为装运日）。

（15）货币及费用代码（Currency & CHGS Code）。指支付费用使用的货币，而费用代码一般不填。

（16）运费/申报价值及其他费用（WT/VAL & Other）。申报价值（Valuation Charge）是指下面第17栏中向承运人申报了的价值，其必须与运费一起交付。有两种情况：预付（PPD，Prepaid）或到付（COLL，Collect）。如为预付，则在PPD栏下打"×"；若为到付，则在"COLL"下打"×"。需要注意的是，在航空货物运输中，运费与申报价值费支付的方式必须一致，不能分别支付。

（17）运输申报价值（Declared Value for Carriage）。填写托运货物的总价值，一般按发票额填列。如果发货人不要求声明价值，则填入"NVD（No value declared）"。

（18）海关申报价值（Declared Value for Customs）。此栏所填价值是提供给海关的征税依据。当以出口货物报关单或商业发票为征税依据时，本栏可空白不填或填"As Per INV."；如货物系样品等少量且无商业价值，可填"NCV"（No commercial value）。

（19）保险金额（Amount of Insurance）。只有在航空公司提供代保险业务而客户也有此需要时才填写。

（20）处理信息（Handling Information）。一般填入承运人对货物处理的有关注意事项等，如包装情况、发货人对货物在途时的某些特别指示、对第二承运人的要求等。

（21）货物件数（No. of Pieces）。填入所载货物的包装件数，如10包即填"10"。附样中本栏的RCP系"Rate combination point"的缩写，意即税率组成点。

（22）毛重/千克或磅（G/weight/Kg./B）。填入货物总毛重，重量单位可选择千克（kg）或磅（b）。

（23）运价等级（Rate Class）。根据航空公司有关运价资料，按实际填写费率等级的代号，等级代号有M、C、S、R、N、Q六种。它们是：M（Minimum，起码运费），C（Specific commodity rates，特种运价），S（Surcharge，高于普通货物运价的等级货物运价），R（Reduced，低于普通货物运价的等级货物运价），N（Normal，45千克以下货物适用的普通货物运价），Q（Quantity，45千克以上货物适用的普通货物运价）。

（24）商品编号（Commodity Item No.）。按费率等级填列，一般不填。

（25）计费重量（Chargeable Weight）。此栏填入航空公司据以计算运费的计费重量，该重量可以与货物毛重相同也可以不同，如果属于"M"费率等级和以尺码计算运费的，此栏可空白。

（26）运价（Rate/Charge）。填入该货物实际计费的费率。

（27）运费总额（Total）。计算收取运费的总值，即计费重量与费率的乘积。

（28）货物名称和数量（含体积或容积）（Nature and Quantity of Goods（Incl.Dimensions or Volume））。填写合同或信用证中规定的货物名称、唛头、数量和尺码。

（29）计重运费（预付/到付）（Weight Charge（Prepaid/Collect））。在对应的"预付"或"到付"栏内填入按重量计算的运费额。

（30）其他运费（Other Charge）。当发生诸如运单费、危险货物费、起运地仓储费和目的地仓储费等费用时填写；若无此类费用则不填。

（31）申报价值（Valuation Charge）。一般空白不填。

（32）因代理人需要而产生的其他费用（Total Other Charges Due Agent）。一般空白不填。

（33）因承运人需要而产生的其他费用（Total Other Charges Due Carrier）。一般填写"As arranged"。

（34）预付费用总额/到付费用总额（Total Prepaid/Total Collect）。它是指预付或到付费用及其他费用总额，可在相应栏内填"As arranged"。

（35）发货人或其代理人的签字（Signature of Shipper or His Agent）。以示保证所托运的货物不是危险品。

（36）签单日期、地点、承运人或其代理人的签字（Executed on_at_，Signature of Carrier or His Agent）。该日期被视为发运日期，除非空运单据载有专门批注注明实际发运日期，此时批注中的日期将被视为发运日期。

承运人或其代理人的任何签字必须表明其承运人或代理人的身份；代理人签字必须表明其系代表承运人签字。

（37）正本（Original）。

三、铁路运单

铁路运单（Rail Waybill）是国际铁路运输中使用的单据，是由铁路承运人或其代理人签发的证明托运人与承运人运输合约的凭证。与其他运输方式进行比较，铁路运输具有准确性和连续性强、运量大、速度快、受气候自然条件影响小和运输成本低等优点，使货物全程通过铁路到达最后目的地的数量日益增多。但由于装卸次数多，货物损毁或丢失事故通常比其他运输方式多，不能实现"门对门"的运输，通常需要其他运输方式的配合。国际铁路运输分别由不同的国家组合签订了《国际铁路货物联运协定》和《国际铁路货物运输公约》，对成员方之间的铁路运输有一系列便利的规定。

《国际铁路货物联运协定》，简称《货协》（CMIC），1951年在华沙签订。现行

知识拓展

航空运单的
国际公约

的是1971年4月经铁路合作组织核准，并从1974年7月1日起生效的文本，分8章，共40条和若干个附件，成员国有当时的苏联、匈牙利、保加利亚、捷克、罗马尼亚、阿尔巴尼亚、蒙古、朝鲜、越南、中国（1953年参加）、民主德国、阿尔及利亚等12个国家。

《国际铁路货物运输公约》，简称《货约》（CIM），1890年由欧洲各国在瑞士首都伯尔尼举行的各国铁路代表会议上制定。1970年2月7日修订，1975年1月1日生效，其成员国包括主要的欧洲国家。

参与《货协》的东欧国家又是《货约》的成员国，这样《货协》国家的进出口货物可以通过铁路转运到《货约》的成员国去，这为沟通国际铁路货物运输提供方便。因为不论是《货协》还是《货约》，它们都规定可以在成员方间办理联运，即把货物发往成员方的任何一个车站，只需在发货站办理一次手续。

铁路运单只是运输合约的证明和货物收据，不是物权凭证，同航空运单一样，一律记名，不得转让。以《货协》为例，铁路运单的主要内容有：当事人名称、地址、开立日期、托运站与收货站，货物的品名、件数及毛重，运费及支付情况，发货人与承运人签字等。运单由五联组成：

第一联为运单正本。它记载了货物全程的费用，以便收货人了解或支付有关的部分。运单正本（见表4-5）随货物自始发站到收货站，在收货人付清运单上所记载的应付费用后，连同货物到达通知单（第五联）和货物一起交给收货人。

第二联为运行报单。它是参加联运的各铁路部门办理货物交接、划分责任、确定费用负担等的原始证据，同第四联一起留存在到达站。

第三联为运单副本。它由承运人在始发站加盖承运日期戳记后交给托运人。托运人凭此向银行办理结汇、变更运输要求以及在货物和运单全部灭失时凭以提出索赔的要求。UCP600第24条规定，无论是否注明"正本"字样，铁路或内陆水运单据都被作为正本接受。

第四联为货物交付单。作为货物已交付收货人的凭证，它随同货物至到达站，并留存在到达站。

第五联为货物到达通知单。它随同货物至到达站，并同运单正本一起交给收货人。

我国的国际铁路运输分为两种：一是对外国的（国际）铁路联运；二是对我国港澳地区的铁路运输。

1. 国际铁路联运

国际铁路联运，由托运人在始发站托运，铁路承运人根据运单将货物运往终点站交给收货人。在由一国铁路向另一国铁路移交货物时，无须收货人、托运人参加，亚欧各国均按国际条约承担国际铁路联运的义务。国际铁路联运全程使用一份铁路运单。我国通往欧洲的国际铁路联运线主要有四条：

表4-5 铁路运单

运单正本—оригинал накладной
（给收货人）—（для получателя）

| | 批号-отправка № | 运输号码 |
| | 25（检查标签-кантрольная этикетка） | |

发送路简称（сокращенное наименование дороги отправления）中铁 ккд	1 发货人 通信地址-отправитель, почтовый адрес	2 合同号码-договор №
		3 发站 станиция отправления
	5 收货人 通信地址-получател, почтовый адрес	4 发货人的特别声明-особые заявления отправителя
	6 对铁路无约束效力的记载-от метки,необязательные для железной дороги	26 海关记载-отметки таможни
	7 通过的国境站-пограничные станиций перекода	27 车辆-вагон/28 标记载重（吨）подъемная сила (т)/29 轴数-оси 30 自重-масса тары/31 换装后的货物重量-масса груза после перегрузки

| | | | | | 27 | 28 | 29 | 30 | 31 |

| 8 到达路和到站-дорога и странция назгачения | | | |

| 国际货协-运单 慢运 смытон-наквадлая меалой скорости | 9 记号、标记、号码 знаки,марки,номера | 10 包装种类 род упаковки | 11 货物名称 наименование груза | 50 附件第2号 прил.2 | 12 件数 число мест | 13 发件人确定的重量（公斤）масса(в кг)определен отправителем | 32 铁路确定的重量（в кг）масса определен железной дарогой |

| 14 共计件数（大写）-итого мест прописью | 15 共计重量（大写）-итого масса прописью | 16 发货人签字-подпись отправителя |

| 17 互换托盘-обмеиые поддогы 数量-количество | 集装箱/运送用具-контейнер /перевозочные средства |
| | 18 种类-вид 类型-категория | 19 所属者及号码 владелец и № |

20 发货人负担下列过境铁路的费用-отправителем приняты платежи за следующие транзитные дороги	21 办理种类-рад отправки （整 车）（零担）（Повагоная）（мелкая）	22 由何方装车（发货人）（Отправи-Телем）	33
	（大吨位集装箱）（крупнотоннажног о контейнер）	（铁路）（железной дороги）	
	不需要的划消-ненужное зачеркнуть		34

23 发货人添附的文件-документы, приложенные отправителем	24 货物的声明价格 объявленная ценность груза	35
		36
	45 封印 пломбы	37
	个数 Количество 记号-знаки	38
		39

46 发站日期戳-календарный штемпель станиий отправления	47 到站日期戳-календарный штемпель станций назначения	48 确定重量方法 Способ определения массы	49 过磅站戳记, 签字-Штемпель станция взвешивания, подпись	40
				41
				42
				43
				44

（1）西伯利亚大陆桥[①]（Siberian Land Bridge，SLB），又称第一亚欧大陆桥，是指以俄罗斯东部的符拉迪沃斯托克（中文名海参崴）为起点，经中国东北北部地区和西伯利亚大铁路通往莫斯科，再通往欧洲各国，最后到达荷兰鹿特丹港的铁路交通线。该铁路线是世界第一条连接欧洲、亚洲的大陆桥，贯通亚洲北部，沟通太平洋和大西洋，经过俄罗斯、中国、哈萨克斯坦、白俄罗斯、波兰、德国、荷兰共7个国家，全长约13 000千米。

（2）新欧亚大陆桥，又称第二亚欧大陆桥，由中国江苏连云港经新疆维吾尔自治区与哈萨克斯坦的铁路连接，贯通俄罗斯、波兰、德国至荷兰的鹿特丹。其运程比海运缩短9 000千米，比西伯利亚大陆桥缩短3 000千米。它所连接的国家包括中国、俄罗斯等东亚、中亚、西亚、中东、东欧、西欧等的40余个国家，全长10 900多千米，于1992年年底开通。

（3）渝新欧铁路，即第三亚欧大陆桥，从重庆西站始发，经西安、兰州、乌鲁木齐，从边境口岸新疆阿拉山口进入哈萨克斯坦，再经俄罗斯、白俄罗斯、波兰到达德国的杜伊斯堡，全程11 179千米，于2012年8月底正式开通。渝新欧铁路实行一站通关的运营模式，大大压缩了运输成本。与传统的水路运输相比，运程时间从过去的40天左右缩短到16天。

（4）中欧班列（CHINA RAILWAY Express，CR Express），是指按照固定车次、线路、班期和全程运行时刻开行，往来于中国与欧洲以及共建"一带一路"国家的集装箱国际铁路联运班列。班列分别从中国重庆、成都、郑州、武汉、苏州、义乌等开往德国、波兰、西班牙等国家的主要城市。截至2024年，中欧班列累计突破10万列，超1 100万标箱，货值4 200亿美元，运行82条线路，联通亚欧36个国家327个城市，货物5万余种。2023年以来，电动汽车、锂电池、光伏产品"新三样"成为中欧班列运量新的增长点。

2.对我国港澳地区的铁路运输

经由铁路向香港和澳门运送货物时，既不同于国际联运，又不是一般的国内运输，其全过程均由两部分组成。

对香港的铁路运输包括内地段铁路运输和香港段铁路运输；对澳门的铁路运输，是先将货物运抵广州南站再转船运至澳门。

其间使用的运输单据叫作承运货物收据（Cargo Receipt）。它是中国对外贸易运输公司以承运人的身份签发的、出口商凭以结汇的运输单据。它既是承运人的货物收据，也是承运人与托运人运输契约的证明，相当于国际联运的运单副本，同时也是收货人的提货凭证。

---

① 大陆桥（Land Bridge）是指连接两个海洋之间的陆上通道，是横贯大陆的、以铁路为骨干的、避开海上绕道运输的便捷运输大通道。主要功能是便于开展海陆联运，缩短运输里程。西伯利亚铁路就是一条跨越亚欧大陆而将太平洋和大西洋联结起来的陆上桥梁，被人们称为欧亚大陆桥或西伯利亚大陆桥。

承运货物收据的主要内容有：承运人的名称、承运收据的中英文名称、编号、发票号码、合同号码、关系人的名称和地址、起运地及过境地和目的地、签发日期、装运日期、车号、唛头、件数、货名、大写件数、运费支付地点、提货地点和货运代理人名称、签字盖章、承运简章（背面）等。

四、公路运单

公路运单（Road Waybill）是利用汽车运输时，由承运人或代理人签发的，作为收到货物的收据和运输合同的证明。汽车运输主要用于货物的集港和疏港运输、边境公路的过境运输等，具有灵活、简便、快捷、直达的特点，能深入偏远地区，但运量有限、费用较高。目前公路运输中主要经营的运输种类有：整箱货物运输、零担货物运输、特种货物运输、集装箱运输和包车运输等。

国际公路货物运单一般一式三份：发货人和承运人共同签字以后，第一份交发货人，作为货交承运人的收据；第二份跟随货物至目的地，随同货物一起交给收货人；第三份运单由承运人留存。

有关公路运输的公约是《国际公路货物运输合同公约》（Convention on the Contract for the International Carriage of Goods by Road，CMR），它是 1956 年在日内瓦由欧洲 17 个国家一致通过签订的。该公约规定了适用范围、承运人责任、合同的签订与履行、索赔和诉讼等。按 CMR 规定签发的公路运单，是为国际上接受和认可的不可转让的运输单据，它适用于由公路运送货物经过或到达 CMR 的会员国家。对于公路运输，还有一个协定，即《依据 TIR 手册进行国际货物运输的有关关税的协定》，TIR 是《国际公路运输规定》（Transport International Routine）的简称。根据该规定，将货物从原产国经由过境国运抵目的地国时，对持有 TIR 单证的运输车辆，可以在实施 TIR 公约的国家间通行，只需接受始发地和目的地国家的海关检查，途经国一般情况下不再开箱查验。

五、邮政收据和快递收据

邮政收据和快邮递据（Post Receipt and Courier Receipt），简称邮包收据，是国际邮政运输（International Parcel Post Transport）所使用的单据，它是邮局和速递公司承认从寄件人处收到信函、包裹并负责邮至目的地交收货人的证明。

邮政运输具有广泛的国际性。在多数情况下，邮件要经过一个或几个国家的经转，相互为邮件的经转提供服务，是国际邮政共同遵守的准则；同时，邮政运输还有国际多式运输的特点，因其运输过程一般需要经过两个或两个以上国家的邮局和两种或两种以上的运输方式的联合作业才能完成，但托运人只需向邮局办理一次性手续，邮件的运送、交接、保管、传递等均由各国的邮局负责，托运人无须自己办理。邮件到达目的地后，收件人可在当地就近邮局提取邮件，对托运人和收件人极为方便，是"门到门"的服务。但这种运输只适用于重量轻、体积小的物品，因为邮局对邮件的尺寸、重量等均有限制。

同航空运单一样，邮包收据也不是货权凭证，不能凭以提货。货物是直接按地址投送给收货人，或另发通知书由收货人去邮局领取，一般不通过银行，因为国外的邮政部门不太愿意保存以银行为收货人的邮包，而银行本身也往往没有合适的储藏场所。

邮包收据通常包括下列内容：

（1）邮局的印章。邮戳上的日期即装运日期。如是快递，则要注明速递公司的名称，收货日就是装运日。

（2）邮局审核人员的签字。

（3）收件人的姓名和地址。

（4）装运唛头和件数。

（5）已付邮资标记。

（6）寄送人姓名、地址。

由于每个邮包的装货量有限，发件人一次往往要寄好多包裹，在同地、同一天邮出的包裹被视为同一批。

世界上最大的国际邮政运输组织是万国邮政联盟（Universal Postal Union），我国于1972年加入该联盟。

六、国际多式运输与多式联运单据

（一）国际多式运输的特点

国际多式运输，又称国际多式联运，是随集装箱运输的推广而发展起来的一种综合运输方式。使用集装箱运输，货物从起运地到目的地常常要使用一种以上的运输工具，如果在使用每一种运输工具时，都要出具一份相应的运输单据，不仅手续复杂，而且各个承运人的责任也难以划分，因此，为适应这种运输方式，就产生了一种覆盖全程的运输单据——多式联运单据（Multimodal Transport Document，MTD）。签发此单据的人叫作多式联运经营人（Combined Transport Operator，CTO），这种经营人可以不掌握运输工具，即所谓的"无船经营人"（Non-vessel Operating Common Carrier，NVOCC），他一方面以承运人身份向货主揽货，另一方面又以托运人的身份向实际承运人托运。对托运人来说，他是总承运人，负责完成全程运输并赔偿货物在运输过程中发生的灭失和损坏。根据1980年《联合国国际货物多式联运公约》的定义，国际多式联运是指"按照多式运输合同，以至少两种不同的运输方式，由多式联运经营人将货物从国境内接管货物的地点运至另一国境内指定地点交付的货物运输"。

国际多式联运的优越性表现在：

首先，简化了货方的手续。在国际多式联运方式下，不论运输全程分几个区段，使用几种运输方式，所有的运输事项都由多式联运经营人办理，托运人只需订立一次运输合同，办理一次托运，按同一费率支付运费，购买一次性保险。如果联运过程中出现问题，不论发生在哪个运输段，都由多式联运经营人负责，大大方便了货主。

其次，缩短了运输时间，提高了货运质量。在国际多式联运方式下，各个运输环节和各种运输工具之间配合密切、衔接紧凑、中转及时，使货物的在途时间缩短，有助于及时、安全地运抵目的地；同时，由于以集装箱为运输单元可实现直达联运，使货损、货差大为减少，提高了货物的运输质量。

再次，降低了运输成本，节约了运输费用。由于国际多式联运可实现门到门的联运，托运人在把货物交付后即可取得运输单据，提前了收汇时间；而采用集装箱联运，可相应地节省货物的包装、理货和保险等费用支出。

最后，提高运输管理水平，实现合理运输。多式联运经营人拥有广泛的业务网络，可以合理地组织和选择最佳的运输路线和方式，加快货物周转。

国际多式运输有以下几个基本特征：

（1）一张单据（One Document），即全程运输只要一份运输单据。

（2）一人签发（One Issuer），即只由多式联运经营人签发，而无须每个承运人都签发。

（3）一个多式联运航程（One Multimodal Journey），即尽管使用几种运输工具，但只作为一个航程对待。托运人支付的也是单一运费，不论实际运输过程中使用了多少种运输方式。

（4）一人负责整个航程的完成（One Responsibility for the Performance of Transportation），即由多式联运经营人负责自收货地到交货地的运输。

（5）一人负责灭失与损坏（One Liability for the Loss），即由多式联运经营人负责货物在运输过程中的灭失与损坏。

（二）多式联运单据

多式联运单据是在货物的运输过程中使用两种以上的运输方式，由多式联运经营人签发的、证明多式联运合同及多式运输经营人接管货物并按合同条款妥善交付货物的单据，又叫联合运输单据（Combined Transport Document）。

多式联运单据分为可转让和不可转让两种。可转让的多式联运单据像提单一样，做成指示式，通过背书或交付来完成转让手续。可转让的多式联运单据可以签发一套一份以上的正本，多式联运经营人凭其中一份交付货物后，其责任就宣告解除。不可转让的多式联运单据必须列明收货人，收货人不能转让单据，多式联运经营人把货物交给收货人或凭收货人的通知交给他授权的收货人后，多式联运经营人的责任即宣告解除。

多式联运单据的内容（见表4-6）和普通提单的内容差不多，但多了以下几个项目：

表4-6　　　　　　　　　　　　多式联运单据

Shipper	COSCO　　B/L No.
Consignee	**中国远洋联运〔集团〕公司** CHINA OCEAN SHIPPING〔GROUP〕CO. COMBINED TRANSPORT BILL OF LADING
Notify Party	RECEIVED in apparent good order and condition except as otherwise noted the total number of containers or other packages or units enumerated below for transportation from the place of receipt to the place of delivery subject to the terms and conditions hereof.One of the Bills of Lading must be surrendered duly endorsed in exchange for the goods or delivery order.On presentation of this document duly endorsed to the Carrier by or on behalf of the Holder of the Bill of Lading, the rights and liabilities arising in accordance with the terms and conditions hereof shall, without prejudice to any rule of common law or statute rendering them binding on the Merchant, become binding in all respects between the Carrier and the Holder of the Bill of Lading as though the contract evidenced hereby had been made between them IN WITNESS whereof the number of original Bills of Lading stated under have been signed, all of this tenor and date, one of which being accomplished, the other（s）to be void.

Pre-Carriage by ①TRAIN		Place of Receipt ②NANJING
Ocean Vessel & Voy. No.		Port of Loading：
Port of Discharge		Place of Delivery ③CHICAGO

Container No. ④	Seal No. Marks & Nos ⑤	No. of Containers or Pkgs 80	Kind of Packages Description of Goods CARTONS J ACKETS FREIGHT PREPAID ⑥CY TO CY ⑦ CONTAINERIZED	Gross Weight 2 560 KGS	Measurement 14.336 CU.M.

TOTAL NUMBER OF CONTAINERS OR PACKAGES（IN WORDS）

FREIGHT & CHARGES	REVENUE TONS		RATE	Per	Prepaid	Collect
Ex Rate	Prepaid at	Payable at			Place and Date of Issue	
	Total Prepaid	TWO	No. of Original Bs/L		Signed for the Carrier	

⑧LADEN ON BOARD THE VESSEL
Date
By_____

① Pre-Carriage by，首程联运，可根据实际情况填写"火车"（train）、"卡车"（truck）等。

② Place of Receipt，收货地点，可根据实际情况填写"北京"（Beijing）、"南京"（Nanjing）等地名。

③ Place of Delivery，交货地点，可根据实际情况和信用证的规定填写"芝加哥"（Chicago）、"底特律"（Detroit）等内陆城市名称。

④ Container No.，集装箱号。

⑤ Seal No.，封号。如果信用证未做规定，集装箱号和封号也可不填。

⑥ CY TO CY，是"集装箱堆场至集装箱堆场条款"，如果信用证规定提单上需证明货物由集装箱堆场至集装箱堆场，就应在此栏填明。

⑦ CONTAINERIZED，表示该提单下的货物由集装箱运输。

⑧ ON BOARD，装船批注。因为多式联运单据是备运性质的提单，加上此装船批注后才能成为"装船提单"。具体做法是在该栏目内加盖装船日期章，如果没有这个栏目，则在提单正面的空白处注明"Shipped on Board"及日期。

（三）多式联运单据与联运提单的区别

多式联运单据和我们前面介绍的联运提单有相似的地方，都是代表使用多种运输方式（两种或两种以上）运送货物的单据，但在以下几点上有明显的不同，二者不可混淆：

（1）运输方式的组成不同。联运提单仅限于由海运和其他运输方式所组成的联合运输，如海海、海陆、海空、海河、海江等，并且第一程必须是海运；而多式联运单据既可用于由海运和其他运输方式所组成的联运，也可用于不包括海运的其他运输方式所组成的联运，如陆空、陆空陆等。

（2）责任不同。联运提单的签发人负责第一程的运输，当货物转到第二程运输工具上后，他即处于托运人的代理人的地位，不代表第二程的承运人向托运人负责；而签发多式联运单据的联运经营人是对整个运程完成并对运输过程中发生的任何货物损失负责的。

（3）联运提单必须表明货物已装船或已装运于指名船只；而多式联运单据可表明货物已发运，接受监管或装船。

（4）联运提单是由船公司或其代理人签发的海运提单，承运人是运输工具的所有人或租赁人；而多式联运单据是由多式联运经营人签发的，他不一定有自己的运输工具。

第四节　保险单据

保险是一种经济补偿制度，它按科学的方法计收保费，建立保险基金，对参加保险的被保险人由于灾害事故造成的损害或责任给予经济补偿，或对人身伤亡给付保险金。国际结算中的保险是指货物的运输保险，这是一种财产保险，是对运输过程中的货物进行的保险，即一旦货物在保险期限内和保险责任范围内遇到事故、遭到损失，被保险人就可从保险人那里得到经济上的补偿。国际货物运输保险依运输方式的不同可以分为海上运输保险，陆路、航空、邮政货物运输保险等。由于几个世纪以来货物大多数都是通过海洋运输，故海上运输保险起源较早，其他各种运输保险多以它为参考，所以海上运输保险是我们讲解的重点。

保险单是保险人承保后向被保险人开具的证明保险合同的单据，是出险后被保险人索赔的依据。

一、保险单的作用

在国际贸易中，由于要经过长距离的运输，货物有可能遇到多种意外而发生损失，且货物在装卸、仓储时也会有风险，因此，为了使货物在受损时能够得到一定的补偿，买方或卖方应在货物出运前向保险公司投保。保险单就是保险人与被保险人之间所签的保险合同的证明，如果货物真的发生了损失，被保险人可凭保险单向保险人索赔。所以，保险单是被保险人索赔和保险人理赔的依据；保险单还是一种权利的凭证，这个权利即被保险人有权在受损后要求给予补偿。但赔偿又不是必然发生的，只是偶然的，所以保险单是一种潜在的利益凭证。因此，在掌握了提单又掌握了保险单的情况下，才是真正掌握了货权。在CIF/CIP合同中，出口商提交符合规定的保险单是必不可少的义务。

需要注意的是，保险单只是保险合同成立的书面证明，保险合同本身是经保险人签字的投保单。如果保险事故发生在保险单签发之前，保险人仍需按生效的保单承担赔偿责任。

二、保险单的有关当事人

（一）保险人

保险人（Insurer or Assurer）是与被保险人签约的一方，有取得保费的权利，也有赔偿损失的义务。可以作为保险人的有：

（1）保险公司，是指经国家有关部门批准专门经营保险业务的组织，是法人，以股份有限公司为最常见的形式。

（2）保险商（Underwriter），是以个人身份来经营保险业务的。比如英国允许劳合社①的成员以个人名义经营保险，被称为保险商或承保人。其法律规定，无论是保险公司还是保险商都可作为保险人。

---

　　①　劳合社（Lloyd's）是英国最大的保险组织，本身是个社团，更确切地说是一个保险市场，与证券交易所相似，只向其成员提供交易场所和有关的服务，本身并不承办业务。劳合社由其社员选举产生的一个理事会来管理，下设理赔、出版、签单、会计、法律等部门，并在100多个国家设有办事处。该社为其所属承保人制定保险单、保险证书等标准格式，此外还出版有关海上运输、商船动态、保险海事等方面的期刊和杂志，面向世界各地发行。2000年，劳合社在北京成立代表处。2007年3月，劳合社再保险（中国）有限公司获准开业。

（二）被保险人

被保险人（Insured or Assured）即受保险合同保障的人，他有权按保险合同向保险人取得赔款，一般都是进出口商。被保险人在满足以下两个条件时方有资格取得赔偿：

（1）有保险利益。在索赔时，只有证明自己拥有保险利益才能取得赔款，即证明货物的损失对自己造成了损失。在货物运输保险时，持有提单就是拥有保险利益的证明。

（2）持有善意。被保险人要如实介绍货物、运输工具、运输路线等情况，以利于保险人做出准确的判断，并且还必须保证货物未出险，至少在投保时不知道货物已出险，因为保险人并不调查事实。如果被保险人没有达到这样"善意"的标准，保险人在货物出险时就可以拒绝赔偿。

（三）保险代理人

保险代理人（Insurance Agent）是保险人的代表，根据授权代表保险人承接保险业务。有时一些业务保险公司无法完成，便请海外的机构来代理，如检验货物、批改保险单甚至理赔等。

（四）保险经纪人

保险经纪人（Insurance Broker）是在保险人和被保险人之间联系业务的中间人，替保险公司招揽业务。由于它只是被保险人的代理人，不保证保险人的偿付能力，因此对于保险经纪人签发的暂保单，银行不予受理。

（五）查勘、理赔代理人

查勘、理赔代理人（Surveying and Claim Settling Agents）是指货物出险时负责检验、理赔的承保人的代理人。通常查勘与理赔为同一代理人，但根据需要也可以分开，各司其职。如果信用证规定在目的港以外的地方赔付，如目的港在伦敦，赔付地在巴黎，则应注明伦敦的查勘代理人和巴黎的赔付代理人。

另外，需要明确的还有：投保人（Applicant）是指对保险标的具有保险利益、同保险人订立保险合同的当事人。受益人（Beneficiary）是指保险合同中约定的保险事故发生时享有保险金额请求权的人。在国际货物运输保险中，投保人、被保险人和受益人的界限不太容易划分。一般情况下，投保人就是被保险人，订立合同时是投保人，合同成立后即成为被保险人，并且通常不指定受益人。

三、保险人的责任

保险人的责任是用险别名称来表示的，而险别又是根据损失的原因和损失的类型来确定的。

（一）海上运输货物损失的原因

1.自然灾害

自然灾害即由非常的自然界力量造成的灾害，如恶劣气候、雷电、洪水、地震等。

2.意外事故

意外事故指运输工具遭遇的非意料之中的事故，如搁浅、触礁、碰撞、沉没、失火、爆炸等。

3.一般外来原因

一般外来原因指除自然灾害和意外事故之外造成货物损失的原因，如偷窃、钩损、雨淋、串味、承运人短交货等，一般是因为人的行为或者由货物的物理、化学属性造成的损失。

4.特殊外来原因

特殊外来原因表现为战争、罢工、拒收、交货不到等，主要由军事、政治及行政法令等原因引起，这些原因造成的损失往往巨大。

（二）海上运输货物损失的种类

海上运输货物的损失简称海损。根据损失程度的不同，海损分为全部损失（Total Loss）和部分损失（Partial Loss）；按货物损失的性质，又可分为共同海损（General Average）和单独海损（Particular Average），而共同海损和单独海损又都属于部分损失。

1.全部损失

其简称全损，是指被保险货物全部灭失或等同于全部灭失。全损有三种情况：

（1）实际全损（Actual Total Loss），又称绝对全损。构成实际全损有下列四种情况：①货物实体全部灭失，如货物被大火全部焚毁，船舶遭难船货沉入海底；②货物丧失原有的用途和价值，如水泥被海水浸泡结成硬块；③被保险人对货物的所有权已无可挽回地被剥夺，如战争时货物被敌国没收；④载货船舶失踪，达到一定时限（我国《海商法》规定为2个月）仍无音讯。

（2）推定全损（Constructive Total Loss），指货物遇到风险后，虽然还没有达到完全灭失的程度，但全损已不可避免；或者为了避免全损，需要支付的抢救费、修理费加上继续将货物运到目的港的费用之和已超过货物完好状态时的价格。

（3）部分全损（Partial Total Loss），指保险标的物中可分割的某一部分发生的全损。如在同类货物中，整件货物的灭失或在装卸过程中整体或一批货物的灭失。

2.部分损失

部分损失是指被保险货物的损失没有达到全部损失的程度。按照损失的性质，部分损失可以分为共同海损和单独海损。

（1）共同海损。是指船舶在航行过程中遇到自然灾害或意外事故，威胁到船、货的共同安全，船方为了维护船、货的共同安全，或者为了使航程能继续完成，有意识、合理地做出的特殊牺牲和发生的特殊费用。例如，为了避免船舶翻覆，船长命令将部分货物投入海中以保船舶安全；又如，船舱失火，为救火而使部分货物浸水而受损等。

　　共同海损的成立必须具备下列条件：①做出共同海损的行为时必须是船、货共同处于危险状态中；②其措施是人为的、有意识的，并且是合理的；③其目的是船、货的共同安全；④共同海损牺牲的费用具有非常性质；⑤损失必须是共同海损的行为直接造成的。

　　共同海损由两部分组成：一是共同海损使船、货造成的损失，称为共同海损牺牲；二是共同海损措施引起的费用。共同海损应由船舶、货物、运费三方按比例共同分摊，各国家的海商法都列入了共同海损的原则，在国际上，《约克-安特卫普规则》对共同海损的原则范围和理算做了详细的规定，大多数班轮提单上都明确表明关于共同海损和救助应遵守该规则。

　　（2）单独海损，是由于承保范围内的灾害和事故使货物遭受的损失，不是全部的，也不能共同分摊，即由货方单独承担的部分损失。在单独海损中，损失仅包括保险标的的损失，不包括与此有关的任何费用。

　　共同海损与单独海损的区别主要体现在三个方面：

　　首先，在损失的构成上，共同海损既包括货物牺牲，又包括共同海损费用；而单独海损仅指货物的损失，不包括任何费用。

　　其次，在造成损失的原因上，共同海损是一种主动的、故意的行为；而单独海损是偶然的、意外的。

　　最后，在损失的承担上，共同海损由受益各方共同分担；而单独海损由受损者自己承担。

　　另外，施救费用和救助费用也包括在共同海损中，属于保险人的承保范围。施救费用是指保险标的在遇到灾害事故时，被保险人为了避免或减少货物的损失，采取各种合理的抢救与保护措施而支出的费用。这些费用只要是合理的，尽管以后保险标的仍遭受全损，保险人在保额赔偿以后，仍对这些费用负责。救助费用则是指货物或船舶遇到风险后，由其他第三者前来救助，由此而向其支付的报酬。报酬的多少是按照获救财产大小、危险程度和救助服务的性质而决定的。其原则是"无效果，无报酬（No Cure，No Pay）"。

　　（三）险别

　　根据中国《海洋运输货物保险条款》，海运承保的险别可以分为两大类：基本险和附加险。

　　1.基本险

　　基本险是投保人必须投保而且可以单独投保的险别，是保险人对承保标的所承担的最基本的险别。其可分为三种：

　　（1）平安险（Free from Particular Average，F.P.A）。这是保险人承担责任最小的一种险别，其责任范围是：

　　①被保险货物在运输途中由于恶劣气候、雷电、海啸、地震、洪水等自然灾

害造成整批货物的全部损失或推定全损。当被保险人要求赔付推定全损时，须将受损货物及其权利委付给保险人。

②由于运输工具遭受搁浅、触礁、沉没、互撞、与流冰或其他物体碰撞以及失火、爆炸意外事故造成货物的全部或部分损失。

③在运输工具已经发生搁浅、触礁、沉没、焚毁意外事故的情况下，货物在此前后又在海上遭受恶劣气候、雷电、海啸等自然灾害所造成的部分损失。

④在装卸或转运时由于一件或数件整件货物落海造成的全部或部分损失。

⑤被保险人对遭受承保责任内危险的货物采取抢救、防止或减少货损的措施而支付的合理费用，但以不超过该批被救货物的保险金额为限。

⑥运输工具遭遇海难后，在避难港由于卸货所引起的损失以及在中途港、避难港由于卸货、存仓以及运送货物所产生的特别费用。

⑦共同海损的牺牲、分摊和救助费用。

⑧运输契约订有"船舶互撞责任"条款，根据该条款规定应由货方偿还船方的损失。

（2）水渍险（With Particular Average，W.P.A or W.A）。除包括上列平安险的各项责任外，还负责被保险货物由于恶劣气候、雷电、海啸、地震、洪水等自然灾害所造成的部分损失。

这种险别有免赔条款（Franchise），即只有在货物损失超过规定的百分比时，承保人才给予赔偿。例如，糖、烟叶、麻、皮革、毛皮等的免赔率是5%，其他的是3%；对易受损的商品，如鱼类、水果、盐、种子、谷物等不予赔偿。免赔率有绝对免赔率（Excess）和相对免赔率（Franchise）之分，绝对免赔率是保险人只赔超过免赔的部分，相对免赔率是按实际损失赔偿。但损失率低于免赔率时，不予赔偿。如保险人有要求，承保人也可不计免赔率（Irrespective of Percentage，I.O.P），但需要多付保费。

（3）一切险（All Risks，A.R.）。除包括上列平安险和水渍险的各项责任外，还负责被保险货物在运输途中由于外来原因所致的全部或部分损失。

一切险并非承担所有的风险，它不包括特殊外来原因造成的损失。一切险使用得较多，虽然费率较高，但责任范围较广。

2.附加险

附加险是一种不能单独成立的险别，必须附属在基本险上，因此只有在投保了基本险之后才能保附加险。基本险只能选一种，附加险则根据货方的需要保多少种都可以。附加险分为一般附加险和特殊附加险两种，前者是承保一般外来原因造成的损失，后者是承保特殊外来原因所造成的损失。

（1）一般附加险，包括：偷窃、提货不着险（Risk of Theft, Pilferage and Non-Delivery, T.P.N.D），淡水雨淋险（Risk of Freshwater and Rain Damage, F.W.R.D），

短量险（Risk of Shortage），混杂沾污险（Risk of Intermixture and Contamination），渗漏险（Risks of Leakage），碰撞破碎险（Risk of Clash and Breakage），串味险（Risks of Taint of Odour），受潮受热险（Risk of Sweat and Heating），钩损险（Risk of Hook Damage），包装破裂险（Risk of Breakage of Packing），锈损险（Risk of Rust）等11种。

（2）特殊附加险，包括：战争险（War Risk，WR），罢工暴动民变险（Risk of Strike，Riots and Civil Commotions，SRCC），交货不到险（Risk of Failure to Delivery），舱面险（Risk of Deck），黄曲霉素险（Aflatoxin Risk），拒收险（Rejection Risk），进口关税险（Risk of Import Duty），海关检验险（Risk of Survey in Customs），码头检验险（Risk of Survey at Jetty），存仓火险责任扩展条款（Fire Risk Extension Clause for Storage of Cargo at Destination HongKong Including Kowloon or Macao，FREC）[①]等。

罢工险通常与战争险同时投保，如果已经投保战争险，则可免费加保罢工险；如果只保罢工险，则按战争险费率收费。

3.保险人的除外责任

保险人的除外责任又称责任免除，指保险人依照法律规定或合同约定，不承担保险责任的范围，是对保险责任的限制。保险人的除外责任主要有：

（1）被保险人的故意行为或过失所造成的损失。

（2）在保险责任开始前，被保险货物已存在的品质不良或数量短差。

（3）被保险货物的自然损耗、市价跌落、运输迟延所引起的损失或费用。

（4）战争与罢工暴动民变险中的除外责任。

（5）由发货人责任引起的损失。

（四）保险人的责任期限

各种运输保险条款均载有责任起讫时间，以明确保险有效期限，一般都使用"仓至仓"条款（Warehouse to Warehouse Clause），即自发货人在保险单上注明起运地的仓库或储存场所开始至目的地收货人的仓库或储存场所为止。如未抵达上述目的地，则在货物于最后卸货港全部卸离海轮后60天为止。在上述60天内如需转运，则开始转运时保险责任终止。

四、保险单的内容

保险单的全部内容包括正、反两面。反面是印就的保险条款，说明保险人和被保险人的权利义务；正面的内容要由保险人根据每一笔保险的具体情况填写。我们以中国人民财产保险股份有限公司的海上货运保单格式为例，说明保险单正面的各项内容，参见表4-7。

---

① 专门适用于货到中国香港（包括九龙）和澳门且在港澳银行办理押汇的出口运输货物保险。

表4-7　　　　　　　　　　　　　　　　保险单

PICC　中国人民财产保险股份有限公司（1）
PICC Property and Casualty Company Limited

总公司设于北京　　　　　　　　一九四九年创立
Head Office Beijing　　　　　　　Established in 1949

货物运输保险单 CARGO TRANSPORTATION INSURANCE POLICY

提单号（B/L No.）　CGDLSG8061015　（17）保险单号（Policy No.）　PYIE200821020600002010
合同号（Contract No.）
发票号（Invoice No.）　DGL-10001
信用证号（L/C No.）
被保险人　　　　　（2）DALIAN GOLDSTEAD HI-TECH CO., LTD.
（Insured）：　　　　DENGSHAHE TOWN, JINZHOU DISTRICT, DALIAN CHINA

中国人民财产保险股份有限公司（以下简称本公司）根据被保险人要求，以被保险人向本公司交付约定的保险费为对价，按照本保险单列明条款承保下述货物运输保险，特订立本保险单。
THIS POLICY OF INSURANCE WITNESSES THAT PICC PROPERTY AND CASUALTY COMPANY LIMITED (HEREINAFTER CALLED "THE COMPANY") AT THE REQUEST OF THE INSURED AND IN CONSIDERATION OF THE AGREED PREMIUM PAID TO THE COMPANY BY THE INSURED, UNDERTAKES TO INSURE THE UNDERMENTIONED GOODS IN TRANSPORTATION SUBJECT TO THE CONDITIONS OF THIS POLICY AS PER THE CLAUSES PRINTED BELOW.

标记 MARKS & NOS.	包装及数量 QUANTITY	保险货物项目 GOODS	保险金额 AMOUNT INSURED
（3）N/M	（4）1 CASE	（5）VALVE STEEL (ALLOY STEEL) BARS HOT TOLLED, ANNEALED MACHINE STRAIGHTENED AND CENTRELESS GROUND CONDITION L/C NO.0041 001080870003 DATE:MARCH 28 2024	（6）USD4 802

总保险金额：
Total Amount Insured:　　（7）US DOLLAR FOUR THOUSAND EIGHT HUNDRED AND TWO ONLY
保费（Premium）：　　（8）AS ARRANGED　　启运日期（Date of Commencement）：（10）Jun. 01 2024
装载运输工具（Per Conveyance）：　　（9）WAN HAI 267 V.W033
自：　　　　　　　　　　　　　经：　　　　　　　　　至：
From　（11）DALIAN CHINESE SEAPORT　Via　　　　　　　To　　　　CHENNAI SEAPORT, INDIA
承保险别（Conditions）：

（12）INCLUDE—INSTITUTE CARGO CLAUSES (A) INSTITUTE WAR CLAUSES(CARGO)
　　　　AND INSTITUTE STRIKE CLAUSES(CARGO)
　　　　INSURANCE TO COBER FROM SUPPLIERS WAREHOUSE TO OPENERS WAREHOUSE

所保货物如发生保险单项下可能引起索赔的损失，应立即通知本公司或下属代理人查勘。如有索赔，应向本公司提交正本保险单（本保险单共有三份正本）及有关文件。如一份正本已用于索赔，其余正本自动失效。
IN THE EVENT OF LOSS OR DAMAGE WHICH MAY RESULT IN A CLAIM UNDER THIS POLICY, IMMEDIATE NOTICE MUST BE GIVEN TO THE COMPANY OR AGENT AS MENTIONED. CLAIMS, IF ANY, ONE OF THE ORIGINAL POLICY WHICH HAS BEEN ISSUED IN （18）THREE ORIGINAL(S) TOGETHER WITH THE RELEVANT DOCUMENTS SHALL BE SURRENDERED TO THE COMPANY. IF ONE OF THE ORIGINAL POLICY HAS BEEN ACCOMPLISHED, THE OTHERS TO BE VOID.

保险人：中国人民财产保险股份有限公司大连市分公司
UNDERWRITER: PICC PROPERTY AND CASUALTY COMPANY LIMITED DALIAN BRANCH

（13）GLADSTONE AGENCIES LIMITED BOMBAY OFFICE
419 HIMALAYA HOUSE 79 PALTON ROAD
BOMBAY 400001 INDIA
TEL:0091-22-22675974,22675975
FAX:0091-22-22675976
EMAIL:MUMBAI @ GLADSTONEAGENCIES.COM

地址/ADD：　大连市中山路141号
　　　　　　No.141, Zhongshan Road, Dalian, China
电话/TEL：　0411-095518
传真/FAX：　0411-83706029
EMAIL：　　huoyx@ dal.piccnet.com.cn
PICC Property and Casualty Company Limited Dalian Branch

赔款偿付地点　　　（14）INDIA IN USD
Claim Payable at
授权人签字
（15）签单日期（Issue Date）　　May. 31 2024　Authorized Signature　（16）　（手签）
　　　　　　　　　　　　　　　　　　　　　　　　　　　　　　　Manager
核保人：　（印鉴）　制单人：　（印鉴）　经办人：　（印鉴）　www.piccnet.com.cn

（1）保险人名称（Insurer）。其应为保险公司的名称，而不能是保险代理人或经纪人的名称。

（2）被保险人（Insured）。在信用证交易中，一般应填写受益人的名称。但信用证若有特殊规定，则按信用证要求办，如以开证申请人或开证行或以"To order"为被保险人。凡以受益人为被保险人的保险单需要背书以便转让。

（3）唛头与件数（Marks & Nos.）。唛头和件数应与发票、提单等填写的一致，可以填：AS/PER IVOICE NO. ×××；如果信用证要求所有单据均须"showing marks"时，则必须显示完整的唛头。

（4）包装及数量（Quantity）。填写最大外包装单位及件数；如以重量计价，可填件数及毛重或净重；如果是散装货，则表示其重量，并注明"散装"（in bulk）字样。

（5）货物描述（Goods）。填写货物的名称，允许使用统称。如果信用证要求一切单据均需表明信用证的号码，则可在本栏目中表示。

（6）保险金额（Amount Insured）。该金额是货物发生损失时保险公司给予的最高赔偿限额。小写表示，保留整数。如信用证对保险金额有规定，则按规定办理（应视为最低保额的要求）；如果未做规定，则最低投保金额按下面的原则来掌握：

① 根据单据表面可以确定 CIF 或 CIP 价格时，CIF 或 CIP 价格加 10% 就是最低保险金额。

② 根据单据表面无法确定 CIF 或 CIP 价格时，可按信用证要求的付款、承兑或议付的金额或商业发票金额两者中的较高者加 10% 作为最低保险金额。

上述的 10% 为保险加成，是将进口商预期的利润和有关费用加入货价内一并投保，以在货物遭受损失后，能更好地保护进口商的利益。

保险单的货币应与信用证上的货币一致，以防汇率风险。如发票上的金额包括佣金，则保险金额要按发票毛额来计算，即按未扣除佣金的金额来计算；如发票上的金额是扣除了折扣的，则按净额来保险。

（7）总保险金额（Total Amount Insured）。大写的保险金额，注意大小写应一致。

（8）保费/费率（Premium/Rate）。除非信用证另有规定，一般不用填写具体的数字，"As Arranged"（根据约定）即可。

（9）装载运输工具（Per Conveyance）。如是海运，则填写装货船只的名称及航次（S.S.×××Voyage No.×××，其中S.S.是Steamship的缩写），如投保时已明确中途要转船，则在第一程船名后加上第二程船名，如第二程船名不详，则在第一程船名后加打"&/or Steamers"或"With Transhipment"。如不使用海洋运输方式，则火车运输时要注明"By Train"；航空运输时要注明"By Airplane"及航班号；邮寄时注明"By Parcel Post"；海陆联运时，在第一程船名后注明陆运工具名称；陆空陆联运时注明"By Train/Air/Truck"。

（10）启运日期（Date of Commencement）。可按提单的日期填写，即具体的年月日；也可以简单一些，海运用"As Per B/L"，陆运用"As Per Cargo Receipt"，空运用"As per Air Waybill"，邮寄用"As per Post Receipt"。

（11）起讫地点（From...to...）。起点为装运港名称，讫点为目的港名称。中途转船时，注明"With Transhipment"或"VIA"如From Shanghai to Dubai With Transhipment HongKong。如货物到达目的港后还要转运到内陆城市，则在目的港后面加注"转运至某地（and thence to...）"。

当信用证中未明确列明具体的起运港口和目的港口时，如："Any Chinese port"或"Any Japanese port,"填制时应根据货物实际装运选定一个具体的港口，如Shanghai或Osaka等，而不能是一个内地城市。

UCP600第28条规定，保险单须表明承保的风险区间至少涵盖从信用证规定的货物接管地或发运地开始到卸货地或最终目的地为止。

（12）承保的险别（Conditions）。其指保险人的承保范围，即保险人所承保的是哪一种基本险和哪些附加险，这是保险单的核心内容。如果信用证对各种险别有详细规定，则保险单应符合这些要求。如果信用证规定"保一般险（Usual Risks）"或"保惯常险（Customary Risks）"或未做特别规定，银行当按照所提交的保险单据予以接受。

在填写险别时，一般需填写险别的英文缩写，要注明险别的来源（即颁布这些险别的保险公司）和生效时间。如"PICC"指中国人民保险公司（后更名为中国人民保险集团股份有限公司）；"C.I.C"指《中国人民保险公司海洋运输货物保险条款》；生效时间为1981年1月1日。

下面是信用证中对保险要求的例子：

① Insurance must include all risks as per ocean marine cargo clauses war risks as per war risk clause of the People's Insurance Company of China.

② Full set insurance policy or certificate covering all risks.

③ Marine insurance policy or certificate covering Institute Cargo Clause "A".Institute War clauses and Institute Strikes，Riots and Civil Commotions Clause.

信用证中会明确是按照中国保险条款还是协会货物条款（Institute Cargo Clause，I.C.C）投保或按照其他条款投保。如果没有规定，如②，则提交的单据只要显示了规定的险别，不论是按照什么条款，银行都应接受。

（13）检验或理赔代理（Surveying and Claim Settling Agents）。保险人在目的港的代理人，出险时根据保险人的授权检验货物、分析出险原因、理赔等。

（14）赔付地点（Claim Payable at）。若信用证无规定，以目的港为赔付地点。

（15）签单日期（Issue Date）。签单日期是保险人的责任起点，保险公司提供的是"仓至仓"服务，所以要求在货物离开出口方仓库前办理，因此准确的时期应是货物离开仓库的日期，至少要早于提单的签发日或同一天。

（16）保险人签字盖章（Authorized Signature）。保险单必须由保险公司或保险商或其代理人或代表出具并签署；代理人或代表的签字必须表明其系代表保险公司或承保人签字。如 A Company 作为 B Insurance Company 的代理签字，签字方式如下：

A Company on behalf of

B Insurance Company

LUO DAWANG（SIGNATURE）

（17）保险单号码（Policy No.）。

（18）保险单的份数。如果保险单表明其以多份正本出具，则所有正本均须提交。如果信用证中没有特别说明保单的份数，一般应提交一套完整的保险单，如有具体的份数要求，应按规定提交。如果信用证规定 full set 而没有规定 full set 是几份，仅仅提交一份正本即可。

五、保险单据的转让

保险单据是权利凭证，和提单一样，可以通过背书转让给第三者（因此要提交全套正本）。如在 CIF 项下，是卖方投保，安排保险，但货物运输途中的风险应由买方承担，因风险的划分以货物装上船为界限。这时，卖方需将保险单随同提单一起转让给买方，即将接受保险赔偿的权利转让给买方。

保单的转让和提单的转让是独立的，货物所有权的转移并不等于保单项下的索赔权和补偿权的让渡。但保单的转让总是伴随着运输单据的转让而发生，以使受让人在取得货物所有权的同时也取得保险单下的利益。

保单的背书分为空白背书、记名背书和指示背书三种。

1.空白背书

空白背书只注明被保险人的名称（出口公司），当信用证没有具体规定使用哪一种背书时，就可使用空白背书。这种背书意味着被保险人或任何保单的持有人在被保货物出险后，均享有向保险公司或其代理人索赔的权利并获得合理补偿。

2.记名背书

在业务中很少使用记名背书，因为这一背书方式只允许被背书人而限制其他人在保险货物出险后向保险公司索赔。当来证要求"Endorsed in the name of ×××"或"Delivery to（the order of）××× CO."时，即使用记名方式背书。具体做法是：在保险单背面注明被保险人名称和经办人的名字后打上"Delivery to ××× CO."或"In the name of ×××"字样。

3.指示背书

当信用证要求"Insurance policy issued to the order of ×××"，此时在提单背面注

明被保险人名称和经办人的名字后，再打上"To order of ×××"。

与提单一样，保单转让时，不必通知保险公司。转让后，善意持有人即获得了合法的索赔权利。在货物出险时，只有同时掌握提单和保单才能真正掌握货权。

六、伦敦协会货物条款和中国保险条款

为确定险别及其责任范围，各保险公司都有自己适用的保险条款，如伦敦保险协会（Institute of London Underwriters）制定的"协会货物条款（Institute Cargo Clause）"以及中国人民保险公司（PICC）制定的"中国保险条款（China Insurance Clause，C.I.C）"。伦敦协会货物条款在1912年制定，后经多次修订，现行条款是1981年修订、1982年1月1日开始使用的。新条款的名称改用英文字母表示，分别以协会货物条款A（I.C.C（A））、协会货物条款B（I.C.C（B））、协会货物条款C（I.C.C（C））代替原条款中的一切险、水渍险及平安险，新条款对保险人承保的风险不再做全部损失与部分损失的划分，并且各种险别条款的条文按问题的性质做了统一分类排列。虽如此，但其在内容上的变化不大，只是在责任范围上更加明了和确切。协会货物条款是国际货运界通用的保险条款，世界上许多保险公司的货物联运保险都是以I.C.C为范本的。

我国现行的货物运输保险条款是由中国人民保险公司在1981年1月1日修订的货物运输保险条款，简称"中国保险条款"，即C.I.C。我国出口货物的运输保险原则上采用此条款，但为配合出口，在国外客户的要求下，我国保险公司也可接受协会货物条款。中国保险条款分为基本险和附加险两种，在前面介绍保险种类时，就是根据它来说明的，此处不再赘述。

七、保险单据的种类

1.保险单

保险单（Insurance Policy）是保险人在保险合同成立后签发的文件，它是保险契约存在的证明，也是诉讼的依据。保险单除具有基本内容外，保单的背面还附有保险契约的全部条款，对保险人和被保险人的权利、义务做了详尽的规定，是完整的承保形式，因此又称为正式保单，实务中称"大保单"。信用证要求出具保险凭证而非保险单时，银行也可接受保险单。

2.保险凭证

保险凭证（Insurance Certificate）是表示保险公司已接受保险的一种证明文件，是一种比较简单的保险单据，又称"小保单"。它只包括保险单的基本内容，但不附有保险条款的全文，保险人和被保险人的权利、义务应以正式的条款为准。它虽然与上述的保险单在效力方面是相同的，但有一点区别，即如信用证要求保险单时，银行不能接受保险凭证。因为它要依附于别的文件，缺乏完整的独立性。

保险凭证多在预约保险中使用。在预约保险项下，保险人一般将空白的保险凭证预留给被保险人，这样被保险人在每批货物出运后，就将船名和所装货物的细节填入保险证明，并将其中的一份或数份交给保险人（等于通知了保险人）。保险人审核后，根据被保险人的要求，一般直接在保险凭证上签字盖章，或视情况根据保险证明另外向被保险人签发保险单。

3.承保证明

承保证明（Risk Note）又叫联合凭证（Combined Certificate），是一种比保险凭证更简单的单据。它只是在出口商的商业发票上加注承保的金额、险别及编号，而不另外出具保险单，一般只用于有约定的双方（即联合发票）。

4.暂保单

在进口商投保的情况下（如 FOB 或 CFR 合同），常使用暂保单（Cover Note）。暂保单的有效期一般为30天。暂保单是证明暂时保险的单据，是在投保的货物数量、保险金额、船名尚未确定时，保险人根据概算的金额签发的保单。因为在进口商收到出口商的装运通知时再投保，货物已在途中，而保险人对投保前的货损是不负责的。这种单据基本上不会成为信用证要求的单据。买方在收到卖方发出的装船通知时，再向保险人申请确定保险合同。

暂保单的另一种情况是，由保险经纪人签发，表明有关业务已经投保，正待签发保险单或保险凭证，但不包含声称已投保的详细项目。它起不到保险单的作用，保险人对经纪人签发的暂保单不负法律责任，银行一般不接受这种保单。

5.预约保险单

预约保险单（Open Policy）也称开口保险单，一般只列明承保货物的范围、险别、费率，但没有总保险金额（有时规定每批货物的最高金额）。每批货物装运的详细情况由被保险人向保险人申报，只要货物属于预保的范围，保险人将自动予以承保并签发保险凭证。

预约保险单是投保人选择预约保险方式后与保险公司签订的保险凭证。预约保险（Open Cover）是保险人与被保险人之间的一种货运保险方式，即在双方约定的期限内，被保险人所有的出口货物按照约定的费率自动得到保险。货物装运后，被保险人应立即通知保险人，由保险人签发预约保险单。预约保险单属长期性合约，可以约定期限，只要在规定的期间里，可以反复使用；也可以不约定期限，如果是这样，一般都有注销条款，一方欲终止保单的效力，必须在规定期限内向对方发注销通知。

在预约保险下，被保险人先预交一定的保险费，在货物价值确定后再做调整。预约保险单一般只列明承保货物的总范围，包括被保险货物的种类、航程区域、运输工具、保险条件、保险费率、总保险限额。每批货物装运的详细情况由被保险人向保险人申报，只要货物属于预保的范围，保险人将自动予以承保并签发保险凭证。

使用预约保险单可以减少逐笔投保的手续，并可防止迟保和漏保，而且国外的保险公司对预约保险单往往给予优惠的费率，因此业务正常的进出口商都与保险公司签订预约保险单。我国以 FOB 和 CFR 形式进口货物时，为简化手续，并防止进口货物在国外装运后因信息传递不及时而发生漏保或来不及办理保险，就使用预约保险的形式。

6.批单

批单（Endorsement）是在保险单开出后，因保险内容有改变，保险人应被保险人要求所签发的批改保险内容的凭证，具有补充、变更原保单内容的作用。一经批改，保险人需按批改后的内容来承担责任。批改的内容如涉及保险金额的增加或保险责任的扩大，保险人一般在证实货物未出险的情况下才办理。批单原则上需粘贴在保险单上，并加盖骑缝章，使之作为保单不可分割的一部分。

7.保费收据

保费收据（Premium Receipt）是保险人给投保人出具的收取保险费的收据。在 FOB、CFR 价格下，若卖方代买方投保，就以保险收据作为向买方收费的凭证。

8.保险通知书或保险声明书（Insurance Declaration）

在 CFR 和 FOB 交易中，保险由进口商办理。但有些进口商与国外的保险公司已订有预保合同，此时他们就在信用证中订立条款，要求出口商在货物发运时向进口商指定的国外保险公司发出保险通知书或保险声明书，通知书的内容除了出运货物的具体品名、数量、重量、金额、运输工具、运输日期等外，还要列明进口商名称和预约合同号码。该项通知是卖方为买方提供的装运后服务，其副本被列为议付单据之一。

第五节　官方单据

对一国政府根据法令或需要对进出口货物所要求的必须缴验的单证，我们将其统称为"官方单据"或"政府单据"，主要包括海关发票、领事发票、产地证，以及官方机构出具的商检证等。

一、海关发票

进口国海关规定的商品进口报关时必须提交的特定格式的发票，叫海关发票（Customs Invoice）。海关发票的作用主要是供进口商凭以向海关办理进口报关、纳税等手续。进口国海关根据海关发票核查进口商品的价值和产地来确定该产品是否可以进口，是否可以享受优惠税率，并据此计算进口商应缴纳的进口税款。有时进口商要求提供估价和原产地联合证明书（Combined Certificate of Value and Origin）或）根据××国海关法令的证实发票（Certificate Invoice In Accordance With ×× Customs Regulations），习惯上也将其称为海关发票。

海关发票的内容与商业发票差不多，且相关的内容要一致。但海关发票一定要证明商品的成本价格及构成和生产国家。若成交价格为 CIF，应分别列明 FOB 价、运费、保险费，这三者的总和应与 CIF 的货值相等。发票上有一栏"出口国国内市场价"，一般用本币表示，填写时要慎重。另外，签字人和证明人须以个人身份出现，而且二者不能是同一人，要手签，用墨水（In Ink），不能涂改。

海关发票在银行业务中已不多见，加拿大、美国、新西兰等有时还用。表 4-8 为加拿大海关发票，即出口到加拿大的货物（食品除外）所使用的海关发票。其栏目用英、法两种文字对照（表 4-8 未加列法文），每个项目都要填写，不得空白，若没有或不适用，必须填写"N/A"（Not Applicable）或"N/L"。表 4-9 是美国的海关发票。

二、领事发票

某些国家的进口管理当局需要在货物清点之前向其提供领事发票（Consular Invoice）。它是出口方根据进口国的规定，按固定格式填制或经进口国驻出口国的领事签证的发票，其作用是根据现行市价来审核销售价以保证不发生倾销；可作为课税的依据；还能增加领事馆的收入；同时作统计之用。

对于领事发票，各国有不同的规定并设计了各自的格式，由出口商从进口国大使馆获得，详细填列后送大使馆盖章并支付费用。目前，许多国家已取消了领事发票，但仍有少数国家保留了这一制度，如某些拉丁美洲国家和少数其他国家。某些进口国不需要领事发票，在出口商的商业发票上由进口国的领事盖章即可，这叫作"领事签证发票"，其作用与领事发票相同。

领事发票和领事签证会给国际贸易带来一些不便，所以我国出口不接受领事发票的要求，一般也不接受领事签证。如国外要求领事签证，则要求其修改为以中国国际贸易促进委员会（China Council for Promotion of International Trade，CCPIT，简称"贸促会"）或出入境检验检疫局签证代之。

三、产地证

产地证（Certificate Origin）是原产地证书的简称，是一种证明货物原产地或制造地的文件，也是进口国海关采取不同的国别政策和关税待遇的依据。有的国家实行差别关税，根据不同国家的来源征收不同税率的关税。有了产地证，即可确定对进口货物应征收的税率。有的国家为了限制某个国家或地区的货物进口，需要以产地证来证明货物的来源，以控制进口额度。

签发产地证的机构视信用证的具体要求来定，如无规定，银行可接受任何机构签发的产地证，甚至包括出口商自行签发的产地证。

根据《中华人民共和国出口货物原产地证书签证管理办法》（海关总署令第270号），产地证分为非优惠原产地证书、普惠制原产地证书、区域性优惠原产地证书。

表4-8　　　　　　　　　　　　　加拿大海关发票

CANADA CUSTOMS INVOICE

1 Vendor (Name and Address)	2 Date of Direct Shipment to Canada	
	3 Other References (Include Purchaser's Order No.)	
4 Consignee (Name and Address)	5 Purchaser's Name and Address (if other than Consignee)	
	6 Country of Transhipment	
	7 Country of Origin of Goods	IF SHIPMENT INCLUDES GOODS OF DIFFERENT ORIGINS ENTER ORIGINS AGAINST ITEMS IN 12.
8 Transportation: Give Mode and Place of Direct Shipment to Canada Transport	9 Conditions of Sale and Terms of Payment (i.e. Sale, Consignment Shipment. Leased Goods, etc.)	
	10 Currency of Settlement	

11 No. of Pkgs	12 Specification of Commodities (Kind of Packages, Marks and Numbers, General description and Characteristics, i.e. Grade, Quality)	13 Quantity (State Unit)	Selling Price	
			14 Unit Price	15 Total
18 If any of fields 1 to 17 are included on an attached commercial invoice. Check this box ☐ Commercial Invoice No.＿＿＿＿＿＿＿		16 Total Weight		17 Invoice Total
		Net	Gross	

19 Exporter's Name and Address (If other than Vendor)	20 Originator (Name and Address)
21 Departmental Ruling (If applicable)	22 If fields 23 to 25 are not applicable, check this box ☐

23 If included in field 17 indicate amount	24 If not included in field 17 indicate amount	25 Check (If applicable):
(ⅰ) Transportation charges, expenses and insurance from the place of direct shipment to $＿＿＿＿＿ (ⅱ) Cost for construction, erection and assembly incurred after importation into Canada. $＿＿＿＿＿ (ⅲ) Export packing $＿＿＿＿＿	(ⅰ) Transportation charges, expenses and insurance to the place of direct shipment to Canada. $＿＿＿＿＿ (ⅱ) Amounts for commissions other than buying commissions. $＿＿＿＿＿ (ⅲ) Export packing $＿＿＿＿＿	(ⅰ) Royalty payments or subsequent proceeds are paid or payable by the purchaser. ☐ (ⅱ) The purchaser has supplied goods or services for use in the production of these goods. ☐

表4-9   美国海关发票

DEPARTMENT OF THE TREASURY

UNITED STATES CUSTOMS SERVICE SPECIAL   CUSTOMS INVOICE   Form Approved

19U.S.C.1481.1482.1484.（Use separate invoice for purchased and non-purchased goods.）   O.M.B.No.48-RO342

1.SELLER	2.DOCUMENT NO.*	3.INVOICE NO. AND DATE*
	4.REFERENCES*	
5.CONSIGNER	6.BUYER（if other than consignee）	
	7.ORIGIN OF GOODS	
8.NOTIFY PARTY*	9.TERMS OF SALE，PAYMENT，AND DISCOUNT	
10.ADDITIONAL TRANSPORTATION INFORMATION* ACCEPTED	11. CURRENCY USED USD 12.EXCHANGE RATE（If 13.DATE Fixed or agreed） ORDER	

14.MARKS AND NUMBERS ON SHIPPING PACKAGES	15.NUMBER OF PACKAGES	16.FULL DESCRIP-TION OF GOODS	17.QUANTI-TY	UNIT PRICE		20.INVOICE TOTALS
				18.HOME MARKET	19. INVOICE	

If the production of these goods involved furnishing goods or services to the seller 21.□ （e.g.，assisted such as dies，molds，tools，engineering work）and the value is not included in the invoice price，check box（21）and explain below.	22.PACKING COSTS	
27.DECLARATION OF SELLER/SHIPPER （OR AGENT）	23.OCEAN OR INTERNATIONAL FREIGHT	
I declare：If there are any rebates, drawbacks or bounties allowed upon the exportation（A）□of goods，I have checked box（A）and itemized separately below. I further declare that there is no other invoice differing from this one（unless otherwise described below）and that all statements contained in this invoice and declaration are true and correct.	If the goods were not sold or agreed to be sold，I have checked（B）□box（B）and have indicated in column 19 the price I would be willing to receive. （C）SIGNATURE OF SELLER/SHIPPER（OR AGENT）：	24.DOMESTIC FREIGHT CHARGES
		25.INSURANCE COSTS
		26.OTHER COSTS （Specify Below）
28.THIS SPACE FOR CONTINUING ANSWERS		

THIS FORM OF INVOICE REQUIRED GENERALLY IF RATE OF DUTY BASED UPON OR REGULATED BY VALUE OF GOODS AND PURCHASE PRICE OR VALUE OF SHIPMENT EXCEEDS $500 OTHERWISE USE COMMERCIAL INVOICE.

（一）非优惠原产地证书

非优惠原产地证书也叫一般原产地证书（Certificate of Origin，CO）或普通产地证书，简称原产地证。它是证明本批出口商品的生产或制造符合《中华人民共和国出口货物原产地规则》的一种法律文件，由中国国际贸易促进委员会签发，通常用于不使用海关发票或领事发票的国家或地区，以确定对货物征税的税率。表4-10为一般原产地证的格式，其内容主要有：

1. 出口方（Exporter）

出口方填写出口方的名称、详细地址及国家（地区）。

2. 收货方（Consignee）

收货方填写最终收货方的名称、详细地址及国家（地区），通常是合同中的买方或信用证上规定的提单的被通知人。

3. 运输方式和路线（Means of Transport and Route）

海运、陆运应填写启运港、到货港及运输路线。如经转运，还应注明转运地，如 "From Shanghai to rotterdam by vessel via Hong Kong。"

4. 目的地国家（地区）（Country/Region of Destination）

目的地国家（地区）是指货物最终运抵国，一般应与最终收货人或最终目的港国别一致，不能填写中间商国家名称。

5. 签证机构用栏（For Certifying Authority Use Only）

此栏一般空白，为签证机构在后发证书或加注其他声明时使用。

6. 唛头（Marks and Numbers）

填写唛头和包装编号，应按照出口发票上所列唛头填写完整图案、文字标记及包装号码。如果货物无唛头，应填 "N/M"。如唛头过多此栏缮制不下，可填写在第7栏的空白处，但不要与第7栏的内容混淆。

7. 商品名称、包装数量及种类（Number and Kind of Packages；Description of Goods）

商品名称要填写具体名称，这一栏填写应注意以下几个问题：

（1）包装数量必须用英文和阿拉伯数字同时表示。

（2）应具体填明货物的包装种类（如 Case、Carton、Bag 等），不能只填 "Package"；如果无包装，也应填明货物出运时的状态。

（3）品名应填写具体，具体到能找到其相对应的HS编码[1]（前四位数）。

（4）如果信用证开过来的品名有误、不具体或采用英文以外的其他文字，应在该品名后的括号内补填正确、具体的英文品名。

---

[1]　全称为《商品名称及编码协调制度的国际公约》（International Convention for Harmonized Commodity Description and Coding System），简称协调制度（Harmonized System，HS），从1992年1月1日起，我国进出口税则采用世界海关组织的《商品名称及HS》。

表4-10   一般原产地证书

ORIGINAL

（1）Exporter ABC IMPORT AND EXPORT CO.,LTD	Certificate No.
（2）Consignee OSJORD AS LURAMYRVEIEN 64, POSTROKS 152 N-4065 STAVANGER, NORWAY VAT NO. 977 084 709 TEL NO.: 147 5163 7200	**CERTIFICATE OF ORIGIN** **OF** **THE PEOPLE'S REPUBLIC OF CHINA**
（3）Means of Transport and Route FROM SHANGHAI TO STAVANGER BY SEA	（5）For Certifying Authority Use Only
（4）Country/Region of Destination NORWAY	

（6）Marks and Numbers	（7）Number and Kind or Packages; Description of Goods	（8）H.S.CODE	（9）Quantity	（10）Number and Date of Invoices
N/M *************	 FIVE THOUSAND EIGHT HUNDRED AND SIXTY-TWO（5 862） CARTONS OF EXTINGUISHER ************************** *	 84241000 **********	 9 250PCS **********	 SJ040464-GP26 MAY 15,2023 *************

（11）Declaration by the Exporter	（12）Certification
The undersigned hereby declares that the above details and statements are correct, that all the goods were produced in China and that they comply with the Rules of Origin of the People's Republic of China. ABC IMPORT AND EXPORT CO.,LTD. SHANGHAI MAY 15,2023 许正 ---------------------------------- Place and date. Signature and stamp of authorized signatory	It is hereby certified that the declaration by th exporter is correct. 中国国际贸易促进委员会上海分会 CHINA COUNCIL FOR THE PROMOTION OF INTERNATIONAL TRADE （SHANGHAI） SHANGHAI MAY 15, 2023 *** Place and date, signature and stamp of certifying authority

（5）一般情况下，商品的商标、牌名、货号可不填，商品名称等项列完后，应在末行或次行加上表示结束的符号"*******"，以防止加填伪造内容，国外信用证有时要求填写合同、信用证号码等，可加在此栏空白处。

8.商品编码（H.S.Code）

此栏要求填写商品 H.S.编码，与报关单一致。

9.量值（Quantity）

它是指数量或重量，应以商品的计量单位填写，以重量计算的要填写毛重或净重，如100PCS，300SETS，G.W.2 000KGS。

10.发票号码及日期（Number and Date of Invoices）

该栏必须按商业发票填写，日期应早于或同于实际出运日期。为避免月份、日期的误解，月份一律用英文表述。

11.出口方声明（Declaration by the Exporter）

该栏由申领单位已在签证机构注册的人员签字或者加盖法定代表人的手签章并加盖中英文对照的签证章，还要填写申领地点和日期，日期不得早于发票日期，而且应早于货物的出运日期。

12.签证机构证明（Certification）

它是指由签证机构签字、盖章。签字和盖章不得重合，并填写签证日期、地点。此栏日期不得早于10栏的发票日期和11栏的申领日期，且应早于货物的出运日期。

（二）普惠制原地证书

普惠制，即普遍优惠制（Generalized System of Preferences，GSP），是一种关税制度，指工业发达国家对发展中国家或地区出口的制成品和半制成品给予普遍的、非歧视的、非互惠的关税制度，是在最惠国关税的基础上进一步减税以至免税的一种特惠关税。

享受普惠制待遇的商品必须符合三个条件：一是原产地标准。二是符合直接运输的原则，出口商品不但要在受惠国生产或制造，而且必须直接从受惠国家运往给惠国。通过过境国的，必须在过境国海关监管之下，没有投入当地市场销售或交付当地使用，更不能在那里进行其他再加工。三是必须提供有效的证明文件，这个证明文件就是普惠制原产地证明书格式A，简称GSP FORM A。我国使用的普惠制原产地证书是指为我国出口货物享受普遍优惠制给惠国关税减让待遇确定出口货物原产于中华人民共和国境内的证明文件，见表4-11。

表4-11   普惠制产地证   ORIGINAL

1.Goods consigned from （Exporter's business name，address，country）	Reference No. GENERALIZED SYSTEM OF PREFERENCES CERTIFICATE OF ORIGIN （Combined declaration and certificate） FORM A Issued in THE PEOPLE'S REPUBLIC OF CHINA （Country） See notes overleaf			
2.Goods consigned to （Consignee's name，address，country）				
3.Means of transport and route （as far as known）	4.For official use			
5.Item number	6.Marks and numbers of packages	7.Number and kind of packages；description of goods	8.Origin criterio （see notes overleaf）	9.Gross weight or other quantity	10.Number and date of invoices

11.Certification It is hereby certified，on the basis of control carried out，that the declaration by the exporter is correct.	12.Declaration by the exporter The undersigned hereby declares that the above details and statements are correct； that all the goods were produced in CHINA （Country） and that they comply with the origin requirement specified for those goods in the Generalized System of Preferences for goods exported to ———————————————— （Importing Country）
Place and date，signature and stamp of certifying authority	Place and date，signature of authorized signatory

　　截至2024年10月，仅有挪威、新西兰、澳大利亚三个国家给予中国普惠制待遇，其他国家如欧盟成员国、英国、加拿大、土耳其、乌克兰和列支敦士登等已经取消了对中国出口商品的普惠制待遇，这既是中国经济发展和国际地位提升的自然结果，也是给惠国基于自身经济利益和保护本国产业的考虑。

（三）区域性优惠原产地证书

区域性优惠原产地证书，是指为我国出口货物享受其他缔约方在自由贸易协定或者优惠贸易安排项下关税减让待遇确定出口货物原产地或者原产资格的证明文件。例如，《亚太贸易协定》优惠原产地证书（目的国：孟加拉国、印度、老挝、韩国和斯里兰卡）；《中国–新加坡自由贸易协定》优惠原产地证书；《中国–新西兰自由贸易协定》优惠原产地证书；《中国–秘鲁自由贸易协定》优惠原产地证书；海峡两岸经济合作框架协议原产地证书；《中国–哥斯达黎加自由贸易协定》优惠原产地证书；《中国–韩国自由贸易协定》优惠原产地证书；《中国–澳大利亚自由贸易协定》优惠原产地证书；《中国–冰岛自由贸易协定》优惠原产地证书；《中国–瑞士自由贸易协定》优惠原产地证书；《中国–格鲁吉亚自由贸易协定》优惠原产地证书等。

四、商品检验证明

商品检验证明（Inspection Certificate）简称检验证，是由某一检验人对货物进行检验后，说明货物符合标准的书面证明文件。

（一）检验证的作用

1.证明出口货物已达到某种标准

国际贸易中，货物要经过长途运输才能到达买方手中。由于不能当面交货和验收，双方往往会就产品的品质、数量、残损等发生争议。卖方在发货前如经有资格的检验人验货并签发了检验证书，说明事实状态，就可明确责任归属，减少纠纷。

2.计价的依据

有的合同中规定，产品是按等级分等论价，或对有效成分订有增减价格条款，检验证书所证明的项目和品质等级是对内、对外计算价格的依据，它直接关系到买卖双方的经济利益。

3.报关验收的有效证明

各国为了维护本国的利益，对某些进出口产品的品质、数量、包装、卫生、安全等制定了某些法律和行政法规，规定了限定性的标准进行检验管理，同时规定当事人提交符合规定的检验证书才准许进出口。如多数国家在进口食品时，规定当事人必须持有法令规定的出口国有关部门签署的检验证明才可办理进口；法律规定实行强制性检验的产品，当事人必须持有法规规定的检验机构签发的证书才能向海关申报放行。

4.办理索赔、作为仲裁或诉讼的证明文件

进口产品在合同中大多数都有原则规定，货到目的地后，经指定检验人检验，如发现品质或重（数）量等与合同规定不符时，凭检验证书向卖方提出退货或索赔，对属于保险、运输方面的责任，则根据责任的归属向有关方面索赔。所以，检验证书是索赔的证明文件。同时，在国际贸易中，买卖双方发生争议后，进行仲裁或诉讼时，检验证书又是向仲裁厅或法院举证的有效证件。

（二）检验机构

出具检验证的机构，应是独立于买卖双方的第三者，以便能从公正的立场给出客观的检验结果。一般国家都设有专业性的商品检验和鉴定机构，接受委托进行商品检验与公证鉴定工作。这些机构有的是国家设立的官方机构，如我国的出入境检验检疫局；有的是私人或同业公会等开设的民间公证机构，如英国的劳合社公证行（Lloyd's Surveyor），瑞士的日内瓦通用鉴定公司（Societe Generale de Surveillance S. A.，SGS）等。在信用证允许或要求时，还可由出口方自己或买方出具检验证。

检验证书的种类有许多，具体使用哪种，主要取决于商品性质和有关国家的商检规定。表4-12是进出口业务中常见的检验证书。

表4-12   进出口业务中常见的检验证书

序号	证书名称		作用
1	Inspection Certificate of Quality	品质检验证书	证明进出口商品的质量、规格、等级等是否符合合同或有关规定
2	Inspection Certificate of Quantity/Weight	数量/重量检验证书	证明进出口商品的重量或数量是否符合合同的规定
3	Veterinary Certificate	兽医检验证书（也称动物检疫证书）	证明出口动物产品或食品经过检疫合格的证件，适用于冻畜肉、冻禽、禽畜罐头、冻兔、皮张、毛类、绒类、猪鬃、肠衣等出口商品
4	Health Certificate，Sanitary Inspection Certificate	卫生/健康检验证书	证明可供人类食用的出口动物产品、食品等经过卫生检验或检疫合格（含有动物、蛋类产品、添加剂、可容许除害剂残渣等成分的食品，如肠衣、罐头、冻鱼、冻虾、食品、蛋品、乳制品、蜂蜜等在装运时状况良好）
5	Disinfection Inspection Certificate	消毒检验证书	证明出口动物产品经过消毒处理，保证安全卫生。适用于猪鬃、马尾、皮张、山羊毛、羽毛、人发等商品

序号	证书名称		作用
6	Fumigation Inspection Certificate	熏蒸证书	证明出口的新鲜园艺产品（粮谷、油籽、豆类、皮张等）或装运用的实木包装材料（木材与植物性填充物）已经过检疫处理，没有受活虫蛀蚀
7	Phytosanitary Certificate	植物检疫证书	证明付运的食品（水果、蔬菜）以及园艺产品（林木种子、苗木、乔木、灌木、竹类、木材、药材、盆景等）已经过查验，没有沾染害虫或植物疾病
8	Inspection Certificate of Temperature	温度检验证书	证明出口冷冻商品的温度
9	Inspection Certificate on Damaged Cargo	残损检验证书	证明进口商品残损情况，适用于进口商品发生残、短、渍、毁等情况，可作为受货人向发货人或承运人或保险人等有关责任方索赔的有效证件
10	Inspection Certificate on Tank/Hold；	船舱检验证书	证明承运出口商品的船舱清洁、冷藏效能及其他技术条件是否符合保护承载商品的质量和数量完整与安全的要求。可作为承运人履行适载义务，贸易方进行货物交接和处理货损事故的依据
11	Inspection Certificate on Cargo Weight & Measurement	货载衡量检验证书	证明进出口商品的重量、体积吨位，可作为计算运费和制订配载计划的依据
12	Certificate of Value	价值证明书	作为进口国管理外汇和征收关税的凭证，在发票上签盖商检机构的价值证明章与价值证明书具有同等效力

（三）检验证书种类

不同内容的检验检疫证书，其缮制要求和作用均不同。下面仅介绍"品质检验证书"的主要内容（参见表4-13）。

表4-13   **品质检验证书**

中华人民共和国出入境检验检疫（1）

ENTRY-EXIT INSPECTION AND QUARANTINE

OF THE PEOPLE'S REPUBLIC OF CHINA

编号No.：

QUALITY CERTIFICATE（2）

发货人

Consignor   (3)

收货人

Consignee   (4)

品名 Description of Goods (5) 报检数量/重量 Quantity/Weight Declared (6) 包装种类及数量 Number & Type of Packages (7) 运输工具 Means of Conveyance (8)	标记及号码 Marks & No. (9)

检验结果

Results of Inspection：

(10)

印章 Official Stamp   签证地点 Place of Issue (11)   签证日期 Date of Issue (12)

(13)   授权签字人 Authorized Officer   签 名 Signature (13)

我们已尽最大能力实施上述检验，不能因我们签发本证书而免除卖方或其他方面根据合同和法律所承担的产品质量责任和其他责任。All inspection are carried out conscientiously to the best of our knowledge and ability. This certificate does not in any respect absolve the seller and other related parties from his contractual and legal obligations especially when product quality is concerned.

（1）检验机构。

（2）单据名和编号（Title & No.）。其应根据信用证的要求显示具体单据名称。如"品质检验证书"（Quality Certificate）、"数量检验证书"（Quantity Certificate）等。由出证机构依据不同类别的商品进行编号。

（3）发货人（Consignor）。信用证支付方式下，发货人通常是信用证的受益人，除非信用证有"第三方单据可以接受"条款；托收项下，发货人是合同的卖方。

（4）收货人（Consignee）。信用证支付方式下，按信用证的规定填写，一般为开证申请人，除非信用证另有规定，该栏一般不必填写或用"—"表示。若出口商系中间商，收货人一栏可做成"To Whom It May Concern"或"To Order"。托收项下，收货人为合同买方。

（5）品名（Description of Goods）。商品品名系信用证及发票中所表明的货物，也可用与其他单据无矛盾的统称。

（6）报检数量/重量（Quantity/Weight Declared）。按发票相同内容填制，散装货物可用"IN BULK"注明，再加数量。

（7）包装数量及种类（Number & Type of Packages）。包装种类和数量应与商业发票和提单内容相一致。

（8）运输工具（Means of Conveyance）。填写运输方式和运输工具名称，要求同提单内容一致，如BY S.S.DA HE V.110。

（9）唛头及号码（Marks & No.）。按信用证或合同规定的唛头填制，如没有具体规定，出口商可自行编制，必须与其他单据的唛头一致。如果没有唛头，填制"N/M"。

（10）检验结果（Results of Inspection）。证明本批货物经检验后的实际品质。若信用证对检验结果有明确规定，则检验证书上显示的检验结果须符合信用证的检验要求；若信用证未对检验结果有明确规定，但信用证中具体规定了商品的质量、成分，则检验结果应与信用证规定相符。另外，不能接受含有对货物的规格、品质、包装等不利陈述的检验证书，除非信用证有特别授权。

（11）签证地点（Place of Issue）。一般在货物的装运港或装运地。

（12）签证日期（Date of Issue）。检验证书签发日期为实际检验检疫日期，一般不得晚于提单签发日。

（13）印章和签名（Official Stamp & Signature）。由检验检疫局盖章并由检验该批货物的主任检验员手签。如果信用证指定检验机构，则应由信用证指定的检验机构盖章并签字；如果信用证没有特别指定检验机构，任何检验机构均可出具，但须盖章和签署。

本章基本概念

商业发票　形式发票　联合发票　重量单　装箱单　尺码单　海运提单　备运提单　清洁提单　不清洁提单　直达提单　转船提单　联运提单　简式提单　预借提单　倒签提单　班轮提单　租船提单　集装箱提单　航空运单　铁路运单　公路运单　邮包收据　多式联运单据　保险单　全部损失　实际全损　推定全损　共同海损　单独海损　基本险　平安险　水渍险　一切险　一般附加险　特殊附加险　保险凭证　海关发票　领事发票　产地证　检验证

复习思考题

1. 如何对单据进行分类?

2. 什么是商业发票? 作用是什么?

3. 什么是海运提单? 如何理解它的作用?

4. 海运提单应如何签字?

5. 多式运输有什么特点?

6. 多式联运单据和联运提单有何区别?

7. 海运提单如何分类?

8. 海上货运产生风险的主要原因有哪些?

9. 海上货运保险的损失分哪几类?

10. 什么是险别? 有哪几种?

11. 什么是保险单? 有什么作用?

12. 检验证书的作用有哪些?

13. 官方单据包括哪些?

第三篇 国际结算方式

第五章

国际贸易结算方式——汇款和跟单托收

🐌 **本章提要**

汇款和跟单托收是建立在商业信用基础上的结算方式，是国际结算的基本方式之一，既可在贸易项下使用，也可应用于非贸易，其中汇款和跟单托收的含义、种类、业务流程、特点是本章的重点，应该熟记并学会应用；掌握结算中银行头寸划拨的方法；结合国际商会《托收统一规则》，理解跟单托收中对有关当事人基本义务的规定，分析两种结算方式的利弊。

本章及以下几章将介绍国际贸易结算的方式，即汇款、跟单托收、信用证、银行保函和保付代理等。前两种以商业信用为基础，收付双方仅仅是通过银行办理结算，无须银行提供信用担保；后三种是以银行信用为基础的支付方式，在通过银行办理结算的同时由银行给予信用上的保证。

另外，按资金的流向和结算工具的传送方向划分，国际结算方式可分为顺汇和逆汇两大类。顺汇是由债务人主动向债权人付款，资金和结算工具的运动方向是一致的，如汇款就属于顺汇；逆汇是由债权人向债务人收款，资金和结算工具的运动方向不一致，托收和信用证就属于逆汇。

第一节　汇款

一、汇款的定义

汇款也称国际汇兑（International Exchange）或国外汇兑，它是付款人或债务人通过本国银行运用各种结算工具将款项付给国外收款人的一种结算方式，属于顺汇。它是产生最早和最简单的结算方式，也是其他各种结算方式的基础。因为任何一笔结算都要发生资金的转移，即使像托收、信用证，最终也是通过汇款来了结。银行接受客户委托把资金汇出的业务称为汇出业务；银行接受联行或代理行的委托，办理解付汇款的业务称为汇入业务。从其发生的原因来说，汇款既包括私人间债权债务的结算，也包括政府或单位机构之间债权债务的结算；既有贸易方面的，也有非贸易方面的。汇款除通常意义上的汇款（可分为电汇、信汇、票汇）外，一般还包括旅行支票、旅行信用证以及外币兑换等广义的汇款。本节主要介绍贸易项下的汇款。

二、汇款业务的当事人

汇款的当事人有以下四个：

1.汇款人（Remitter）

汇款人是委托银行将款项汇付国外收款人的一方，在进出口业务中通常是买方。

2.收款人（Payee or Beneficiary）

收款人即汇款的接受者，在进出口业务中通常是卖方。

3.汇出行（Remitting Bank）

汇出行是指接受汇款人的委托，办理款项汇出的银行。汇出行要按汇款人的指示，向其国外联行或代理行发出付款委托书，委托它们向付款人解付汇款。汇出行对邮递中的延误、遗失、电信的失误等不负责任，对作为汇入行的联行或代理行在办理此项汇款业务中的失误也不负责。

4.汇入行（Paying Bank）

汇入行是受汇出行的委托，解付款项给收款人的银行，又叫付款行或解付行。汇入行通常是汇出行的联行或代理行。

上述的当事人中，有可能汇款人和收款人是同一个人。当汇款人要求汇出款项，而汇款人自己去取款时，即属于这种情况。汇款的当事人除上述四个外，可能还有一个第三家银行。如果汇入行和汇出行之间没有建立账户关系时，这个银行就要参与进来，代替汇出行向汇入行付款及汇入行入账。

在上述关系中，汇款人与收款人有可能是债权债务关系（贸易项下），也可能是因资金单方面转移而产生的资金收受关系（非贸易项下）；汇款人与汇出行、汇出行与汇入行之间是委托与受托关系，收款人与汇出行一般是账户往来关系（也可能无关系）。

三、汇款的种类及处理实务

根据汇出行向汇入行传递付款指令的方式不同，汇款分为三种，即电汇、信汇和票汇，目前常用的是电汇和票汇。

（一）电汇

1.电汇的定义

电汇（Telegraphic Transfer，T/T，Cable Transfer）是汇出行应汇款人的要求，用电报、电传或SWIFT委托付款行向收款人付款的方式。电汇速度快，一般在金额较大或急需用款时，采用此方式。一方面，因为在途款项不能产生利息，要到汇款收到后才能生息，当款项数额巨大时，在利率高的情况下，有可能是收款人要求用电汇以使资金早日入账。另一方面，汇款人为充分利用资金，要等到最后的时刻才使用电汇，使资金在账户上多停留一段时间。

电汇所使用的电信方式经历了"电报—电传—SWIFT"的逐步演进过程。电报是用电信信号传递文字、图表、相片、文件等信息的一种通信方式，一般以字数计价。电传（Teletypewriter Exchange）也称用户电报，是发报银行利用装设在本单位的专用电传机，直接上机操作与本地或国内外用户通信的一种电报通信方式。电传有专线电传和国际电传两种，前者是与有关的联行设立的专线，随时都可拍发，费用固定，不因多发而多付费用；后者不设专线，可发往世界任何有电传的银行，费用按分钟分地区计算，但比电报费用要低。而SWIFT比国际电传费用还要低，传输同样多的内容，SWIFT的费用只有电传费用的18%左右，只有电报费用的2.5%左右。

20世纪70年代以前，电汇多采用电报，由于加押电报是按字数计价的，不仅费用高，而且错漏难免，所以使用信汇方式比较多。而当前的汇款业务中大部分是电汇业务，与信汇及票汇相比，电汇的费用依然较高，但由于其速度快、资金在途时间缩短，节约的在途资金利息足以弥补所支付的电信费用。

2.电汇业务的流程

电汇业务的流程如图5-1所示。

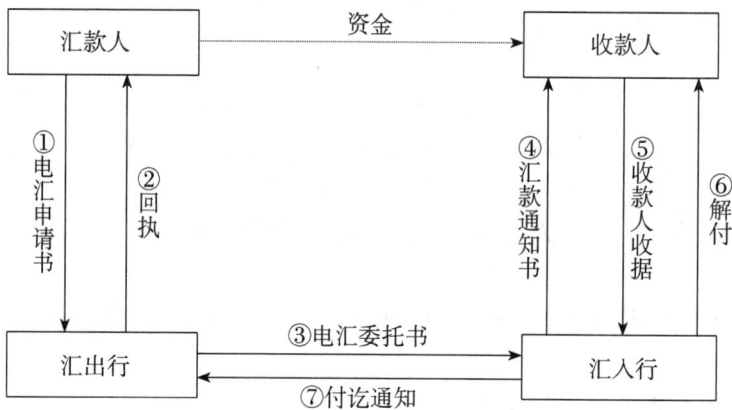

图5-1   电汇业务流程图

（1）汇款人申请并交款付费。当汇款人委托银行汇款时，要填具一式三联的汇款申请书（第一联为银行留存联，第二联为外管局留存联，第三联为汇款人留存联）[①]。申请书上列有汇款种类、收款人姓名、地址，汇款金额（货币名称、大小写）以及汇款的原因等项目，需要汇款人和银行共同填写。

表5-1是我国国家外汇管理局制定的统一格式的境外汇款申请书，国内各银行都使用此格式，具有汇款申请书、汇款回执、国际收支申报单、银行汇款及凭证等多重作用。

当用电汇方式汇款时，应在"汇款种类"栏中的"电汇"处标记"√"。由于汇出行和汇款人是一种委托关系，所以这个申请书实际就构成了汇出行和汇款人之间的合约。银行接受申请后，应按申请书上的指示执行，否则就是银行违约。

---

① 银行可根据需要，增加联数。

表5-1   汇款申请书格式（境外）

境 外 汇 款 申 请 书

APPLICATION FOR FUNDS TRANSFERS(OVERSEAS)

日期
Date _____

TO:		电汇 T/T □ 票汇 D/D □信汇 M/T	发电等级 Priority	□ 普通 Normal □ 加急 Urgent
申报号码 BOP Reporting No		□□□□□□ □□□□ □□ □□□□□□ □□□□		
20	银行业务编号 Bank Transac.Ref.No.		收电行/付款行 Receiver/Drawn on	
32A	汇款币种及金额 Currency & Interbank Settlement Amount		金额大写 Amount in Words	
其中	现汇金额 Amount in FX		账号 Account no. /Credit Card No.	
	购汇金额 Amount of Purchase		账号 Account no. /Credit Card No.	
	其他金额 Amount of Others		账号 Account no. /Credit Card No.	
50a	汇款人名称及地址 Remitter's Name & Address			
	□对公 组织机构代码 Unit code □□□□□□□□-□		□对私 个人身份证件号码 Individual ID NO. □中国居民个人 Resident Individual □中国非居民个人 Non-Resident Individual	
54/56A	收款银行之代理行 名称及地址 Correspondent of Beneficiary's Bank Name & Address			
5 a	收款人开户银行 名称及地址 Beneficiary's Bank Name & Address	收款人开户银行在其代理行账号 Bene's Bank A/C. No.		
59a	收款人名称及地址 Beneficiary's Name & Address	收款人账号 Bene's A/C.NO.		
70	汇款附言 Remittance Information	只限 140 个字位 Not Exceeding 140 Characters	71A 国内外费用承担 All Bank's Charges If Any Are to Be Borne By □ 汇款人 OUR □ 收款人 BEN □ 共同 SHA	□□□
收款人常驻国家（地区）名称及代码 Resident Country/Region Name & Code				
请选择： □ 预付货款 Advance Payment □ 货到付款 Payment against Delivery □ 退款 Refund □ 其他 Others			最迟装运日期	
交易编码 BOP Transac. Code	□□□□□ □□□□□	相应币种及金额 Currency &Amount	交易附言 Transac. Remark	
是否为进口核销项下付款		□是 □否 合同号	发票号	
外汇局批件/备案表号			报关单经营单位代码 □□□□□□□□□□	
报关单号		报关单币种及总金额	本次核注金额	
报关单号		报关单币种及总金额	本次核注金额	

银行专用栏 For Bank Use only		申请人签章 Applicant's Signature	银行签章 Bank's Signature
购汇汇率 Rate	@	请按照贵行背页所列条款代办以上 汇款并进行申报 Please Effect The Upwards Remittance, Subject To The Conditions Overleaf:	
等值人民币 RMB Equivalent			
手 续 费 Commission			
电 报 费 Cable Charges			
合 计 Total Charges			
支付费用方式 In Payment of the Remittance	□ 现金 By Cash □ 支票 By Check □ 账户 From Account	申请人姓名 Name of Applicant 电话 Phone No.	核准人签字 Authorized Person 日期 Date
核印 Sig Ver.		经办 Maker	复核 Checker

填写前请仔细阅读各联背面条款及填报说明
Please read the conditions and instructions overleaf before filling in this application

第一联 银行留存联

汇款的种类如为汇出地的本国货币，汇款人就按汇款额加上应付的银行手续费和电讯费交给银行（中国银行目前的手续费标准为汇款金额的 1‰，最低 50 元/笔，最高 1 000 元/笔，另加收电讯费）；汇款的种类如为汇入国货币或第三国货币，汇出行一般按银行当天这种货币的卖出汇率折算成本国货币加上手续费和电讯费后，向汇款人收取；汇款人也可以使用自有外汇直接办理。

在我国办理汇款需符合国家有关外汇管理的规定，提交外汇管理办法要求的有效凭证，如有关批汇文件、国际收支申报表（如需）、贸易进口付汇核销单（如需）等。

（2）汇出行若同意，则将申请书的第三联作为回执退还给汇款人。汇出行要审核汇款申请书的各个项目，查看需要填写的内容是否有遗漏，并根据申请书中的指示确定汇款种类和汇款路线。

（3）汇出行向汇入行发出电汇委托书。电汇委托书的内容应包括：①收款人姓名、地址或开户行名称、地址；②货币名称、金额的大小写；③汇款人的名称和地址；④附言（一般注明用途）；⑤头寸拨付的方法；⑥汇出行的密押；⑦发电日期及汇款编号。

如果使用 SWIFT，主要采用 MT103 格式发送付款指示（见表5-2），用 MT202 发出头寸划拨指示。

表5-2　　　　　　　MT 103 Single Customer Credit Transfer

M/O	Tag（项目编号）	Field Name（项目名称）	解　释
M	20	Sender's Reference	发报行注明的该汇款业务的参考号
O	13C	Time Indication	要求银行借记或贷记款项的时间指示
M	23B	Bank Operation Code	银行操作代码，通过5种代码表示5种处理类型
O	23E	Instruction Code	指示的通知方式，如电话、电报等。有13种代码表示不同方式，可多选，但必须按特定顺序
O	26T	Transaction Type Code	交易类型代码，通过代码表示交易目的或属性
M	32A	Value Date/Currency/Interbank Settled Amount	结算起息日/币种/银行间清算金额

续表

M/O	Tag （项目编号）	Field Name （项目名称）	解　释
	33B	Currency/Instructed Amount	指示币种/金额，在汇款金额没有包括对汇款人或收款人的收费，也不存在汇率转换时，此金额等同32A
O	36	Exchange Rate	汇率，以发送方币种金额为计算基数
M	50a	Ordering Customer	汇款人
O	51A	Sending Institution	发报行的BIC代码
O	52a	Ordering Institution	汇款人账户行
O	53a	Sender's Correspondent	发报行的代理行
O	54a	Receiver's Correspondent	收报行的代理行
O	55a	Third Reimbursement Institution	第三方偿付行，除汇出行的分行或代理行外的另一家银行，且是汇入行的分行
O	56a	Intermediary Institution	中间行（一般为收款行的账户行）
O	57a	Account with Institution	账户行
M	59a	Beneficiary Customer	收款人
O	70	Remittance Information	交易信息（付款理由或汇款人附言）
O	71A	Details of Charges	费用承担细则
O	71F	Sender's Charges	发报行费用
O	71G	Receiver's Charges	收报行费用，若费用由汇款人承担，这里显示的金额已结清
O	72	Sender to Receiver Information	附言（银行对银行附言，与收款人、汇款人无关）
O	77B	Regulatory Reporting	汇款人或收款人所在国家要求的法规信息代码
O	77T	Envelope Contents	其他汇款信息传达格式

选择汇入行应遵循拉直付汇路线、减少中转环节、减轻费用负担、提高汇款效率、缩短解付周期的原则，同时考虑收款人所在地的政治、经济状况。选择的顺序

是：①位于汇款货币清算中心的联行或账户代理行；②与汇出行有汇款货币账户关系的收款人开户行；③与收款人开户银行有汇款货币关系的代理行。

（4）汇入行发出电汇通知书。汇入行收到汇出行的电报、电传后，首先要核对密押，经核对无误后，加盖经办人的"押符"印章。如是SWIFT，具有自动解押功能。还要注意发电行名称、地点、发电日期及付款指示是否明确；收款人姓名和地址是否清楚；货币金额和名称有无不符。如无问题，以"汇入汇款通知书"，通知收款人。

（5）收款人取款并签收。收款人收到汇入汇款通知书后，应前往汇入行办理收汇、结汇手续，并在"收款人收据"（通知书其中一联）上签字。

（6）汇入行核对有关凭证后解付汇款。如果收款人在汇入行有账户，直接记入收款人原币账户或结汇入人民币账户；如没有账户，银行将根据收款人的意愿以合理的方式办理。通常不超过2个工作日完成。

（7）汇入行将付讫通知寄汇出行，并取得偿付。

（二）信汇

1.信汇的定义

信汇（Mail Transfer M/T，Letter Transfer）是汇出行应汇款人的要求，用航邮信函通知汇入行向收款人付款的方式。

2.信汇业务流程图

信汇业务的流程如图5-2所示。

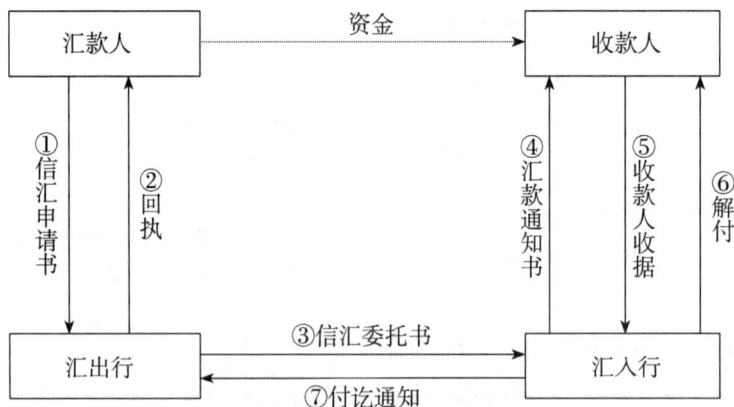

图5-2　信汇业务流程图

汇款人委托银行信汇时，同样要出具汇款申请书，只不过在"汇款种类"栏中要注明是信汇。汇出行此时向汇入行发出的付款委托称为"信汇委托书（M/T Advice）"或"支付通知书（Payment Order）"，委托书的内容与电汇中的电汇委托书内容基本相同。信汇委托书一般为一式多联，包括正副收条、通知书、传票等。

汇入行收到委托书后，首先要核对委托书上的签字，以证明所收到的指示的确是汇出行发出的，这可以通过同汇出行的授权签字样本上有权代表该行签字者的签字相核对来证实。若汇出行在汇入行开有账户，则账户上要有足够的资金，或在委托书上已注有合理的偿付指示。然后再通知收款人，或直接汇入其账户，或前来银行解款。

信汇无须发电，所以费用较电汇低廉，但收款时间较长，大额资金的利息损失较为明显。从汇出行收进汇款人的款项到汇入行解付的这段时间内，银行便可以利用这部分在途资金。

（三）票汇

1.票汇的定义

以银行的即期汇票作为汇款工具时，就是票汇（Demand Draft，D/D）。它是汇出行应汇款人的要求开立以其在付款地的联行或代理行为付款人的即期汇票交给汇款人，由汇款人自寄或自带到付款地去凭票取款，即汇款人可以将汇票带到国外亲自取款，也可由汇款人将汇票寄给国外收款人由收款人去取。由于汇票是可以转让的，所以凭票取款的很可能不是汇票上列明的收款人本人，而是其他的受让人。票汇的另一个特点是，收款人可将汇票交给自己的往来银行托收票款，汇票上的付款行不是持票人的开户行时，这种情况就会发生。

2.票汇的业务流程

票汇的业务流程如图5-3所示。

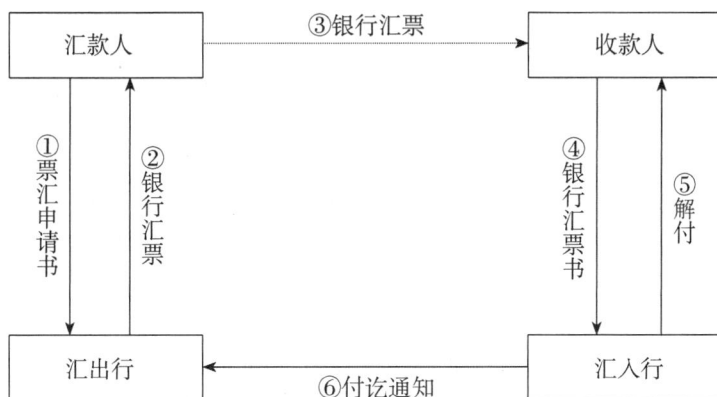

图5-3　票汇业务流程图

汇款人在交给银行的申请书中应表明是票汇以及收款人名称、地址、汇款金额、币别和申请人的名称、地址等。汇款人应按当天挂牌汇率缴付现款和手续费。银行收到申请书后，首先审核申请书的内容，待收妥款项及手续费后，再签发汇票。如汇票金额不是以收款人所在国家货币表示的，通常在汇票上加注"Payable at the current buying rate for demand draft on"等字样。汇出行在开出汇票的同时，向汇入行航邮寄送汇票通知书（即票根，Advice of Drawing，目前银行多已取消这一做法）。

　　汇入行收到汇出行发出的通知书或收款人持票前来兑现时，应查核下列各项内容：①若已收到通知书，应核对其上的内容是否与汇票上的相符；②印鉴是否相符；③汇票是否曾涂改或损坏；④汇票是否被止付；⑤是否在合理的时间内提示；⑥背书是否准确、连续。上述各项无误后，即可付现或入账。

　　如汇票的付款人是所用货币的清算中心的银行，那么这张汇票就叫中心汇票。如一张美元汇票的付款人是一家在纽约的银行，这张汇票就是中心汇票。一般银行多愿接受中心汇票，因为中心汇票的付款人是汇出行在那个地区的账户行，汇出行不必划拨资金，付款行见票即付，再将这张汇票寄给汇票所用货币的清算中心就可立即收款。

　　我国银行在为客户办理汇款解付时，一般电汇最多不超过2个工作日完成，信汇最多不超过5个工作日完成；汇款解付时坚持"随到随解、谁款谁收"的原则，对公司为收款人的，只能办理入账；收款人是个人的，须交验有效身份证件。在整个业务处理过程中，要坚持"为客户保密"原则。

四、三种汇款方式的比较

　　三种汇款方式各有特点，其各自的特点见表5-3。

表5-3　　　　　　　　　　　　三种汇款方式各自的特点

汇款方式	银行占用客户资金	成本	速度	灵活性	安全
T/T	不可	高	快	无体现	安全
M/T	汇出行可	较低	慢	无体现	有可能遗失或延误
D/D	汇出行可	低	慢	汇票可流通转让；不必由银行通知汇款	有可能遗失或延误

五、汇款头寸的调拨

　　所谓头寸调拨，即汇款资金的调拨或偿付（Reimbursement Remittance Cover）。汇款是汇出行委托汇入行付款，那么汇出行应将款项立即或在一定的时间内还给汇入行，这就涉及头寸的问题。其调拨方式一般按双方的合约办理，具体手续因开户情况有所不同，有的是付款前调拨，有的是付款后调拨。一般有以下几种：

　　1.双方有往来账户

　　（1）授权借记。若汇出行在汇入行开立了账户，则授权汇入行借记汇出行的账户。汇出行在电汇或信汇委托书中表明"偿付办法，授权你行借记我行在你行开立的账户。In cover, you are authorized to debit the face amount to my account with you."

汇入行借记后，向汇出行寄出借记报单（Debit Advice）。

（2）主动贷记。若汇入行在汇出行有账户，则汇出行在汇款时主动贷记汇入行的账户。电汇或信汇委托书中表明"偿付办法，我行已贷记你行在我行的账户。In cover，we have credited the face amount to your account with us."

2.共同账户行转账

向没有账户往来的银行汇款，应寻找一家与双方有关系的银行，即双方在这家银行均有账户，这家银行常称为共同账户行（实务中也称碰头行），这种资金调拨方式又称偿付行转账。如，给共同账户行的指示"请借记我账并贷记汇入行账。To the Reimbursing Bank：Please credit cover（Paying bank）account with you，debit our account."给汇入行的指示"我行已授权某偿付行贷记你行的账户。In cover，we have authorized（Reimbursing bank）to credit to your account with them."共同账户行借记和贷记后，分别发出借记报单和贷记报单。

3.各自账户行转账

如果汇出行和汇入行之间没有直接的账户关系，也没有共同账户行，但各自的账户行之间有往来关系，就可以通过各自的账户行转账。汇出行指示其账户行将款项拨付给汇入行的账户行。这样的资金调拨手续复杂、时间长、费用高，应尽量避免。

总之，汇出行应将头寸及时拨给汇入行，否则，可能引起汇入行的拒付，并且要支付汇入行垫款的利息，造成对汇出行的不良印象。汇入行若未被调入头寸而向收款人付款，等于买入汇款，自行垫款，这时费用及汇兑损失应由收款人负责，并在解付时扣除；若汇入行收到汇出行划来的头寸，实际是占用资金，应及时划入收款人账户；如发生退汇或收款人长期不来领款，应进行了解，看是否应退回头寸，不应无理长期积压。

六、退汇

退汇即汇款的退回，是指在汇入行付款以前对汇款的撤销。必须注意，是解付以前的撤销，而不是解付以后的汇回。一旦汇入行已解付汇款，则不能退汇，由汇款人和收款人之间去交涉。退汇既可由汇款人提出也可由收款人提出。

1.收款人退汇

收款人提出退汇，首先要向汇入行说明理由，然后由汇入行拒收，处理起来比较方便。使用电汇、信汇的话，就将汇款委托书退回；如果是票汇，就将汇票寄回。在寄回委托书和汇票的同时，也应将头寸退还给汇出行，然后由汇出行通知汇款人前来办理退汇手续。

2.汇款人退汇

汇款人提出退汇时，若是电汇或信汇，应由汇款人提出书面申请，交验汇款回单，汇出行进行审核。然后由汇出行通知汇入行停止向付款人解付。收款人有意见可与汇款人交涉，而不能强求汇入行付款。

如采用票汇，则比较复杂。当汇款人未寄出汇票时，由汇款人持汇票前往出票行办理并背书，出票行注销原汇票。当汇票已寄出时，汇出行一般情况下不予退汇。因为汇票是汇出行自己开出的，作为出票人对任何合法的持票人都要负责，退票不仅增加手续，而且还影响声誉。但若属于寄送时遗失、被窃或由船只飞机失事等天灾人祸造成的，银行在弄清原因之后，应由汇款人向汇出行提出书面申请，汇出行凭以向汇入行发出止付通知，待接到汇入行同意止付的回复，才能办理退汇。如汇款人要求立即另签发一张新的汇票，汇款人须出具担保，一旦重付由汇款人自己负责，即汇出行在保留追索权的前提下，方可办理。若汇票在挂失止付通知到达付款行前已解付，其损失由汇款人自己承担。

3.退汇的手续

不论是何种退汇，汇出行的办理手续均是：

（1）汇款人提出申请，详细说明退汇的缘由，必要时提供保证。

（2）汇出行审查。

（3）向汇入行发退汇通知，要求退回头寸。

（4）收到汇入行同意退汇的通知和头寸后，即注销。

汇入行的办理手续则是：

（1）核对退汇通知的印鉴，看汇款是否已付。

（2）若已付，将收款人签署的汇款收条寄去，表示汇款已解付。

（3）若未付，则退回头寸，寄回汇款委托书或汇票。

七、汇款在贸易项下的应用

在国际贸易中利用汇款结算买卖双方的债权债务时，根据货款支付和货物运送时间先后的不同，有预付货款（先款后货）和货到付款两种方式（先货后款）。

1.预付货款（Payment in Advance）

进口商将货款的一部分或全部支付给出口商，出口商收到货款后再发货，具体有以下三种情形：

（1）随订单付现（Cash with Order）。订单签订后，进口商就要将货款付给出口商。出口商收到后开始采购或加工生产。

（2）装运前××天付款（Payment to be effected at least ×× days before shipment）。出口商将出口货物打包并将发货清单和预计的装运日期通知进口商，待收到进口商的货款后再装运。

（3）装运后××天付款，但必须付款赎单（Payment within ×× days after shipment, the shipping documents will be released by the seller to the buyer on the basis of 100% payment received by the seller）。出口商将货物装运，在收到进口商的货款后再将全套单据交给进口商。

　　显然，预付货款是一种对出口商有利、对进口商不利的结算方式，尤其是随订单付现这类情形。因出口商在货物出口前就得到了货款，无须自己垫付，等于利用了他人的款项，有利于资金的周转。而进口商未收到货物却先行垫款，占压了资金，一旦出口商不发货或货物的品质有问题，就将遭受损失。因此，这种方式只适用于双方关系密切或货物畅销、货源有限的情况。这时，买方要确信出口方能按自己的要求发货，确信自己付款后卖方国家不会禁止该批货物出口，并且本国的外汇管制允许预付。

　　预付也用在进口商向出口商支付订金方面，出口商在出口大宗商品或成套设备时，根据惯例，往往要求进口商预付货款的一定比例作为订金。出口商在收到订金后才安排出口或制造、购买出口设备。

　　进口商采用预付时，为保障自身资金的安全，常提出一些条件，如进口商要求出口商的银行加担保，或在签合同时，商定出口商在价格上给予一定的优惠或折扣。

　　2.货到付款（Payment after Arrival of the Goods）

　　货到付款是出口商先发货，进口商在货到后再付款的结算方式，又称为赊销（Open Account Transaction，O/A）或延期付款（Deferred Payment）。显然，这种方式对进口商有利，而对出口商来说风险很大，出口商可要求国外进口商提供保函、备用证和购买出口信用保险以降低风险。

　　货到付款有售定和寄售两种形式：

　　（1）售定（Goods Sold）。货价已定，双方签订合同后，出口方先出运货物，进口方接到货物后，在一定期限内以汇款方式进行付款，即付款时间也是确定的。

　　在我国的出口业务中，对某些鲜活商品，因运途短，买方不能在货到前及时收到单据，影响到货物的交接，而这些货物的时间性较强，不能积压，且途中损耗大，货物的数量和品质难以确定，因此采用售定的方式，习惯称之为"先出后结"（Payment after delivery of goods or documents）。这种方法对买方有较大的好处，他可以先取得代表货物的装运单据或货物本身，然后付款，有利于资金周转，买方一般多愿意用此种方式做生意。对卖方来说，他能否收到货款，只能凭买方的信用，若买方不付款或拖延付款，卖方就会因货款落空或迟收而受到损失。

　　（2）寄售（Sold on Consignment）。出口商出运货物后，委托进口商代卖，价格未定，有时是规定了最低价，进口商出售后，扣除佣金，将款汇给出口商。由于价格的涨落、盈亏等风险都由卖方负担，所以这种方式对出口商不利。若产品属于新产品，初次打入进口地，为开拓市场，采用这种方式较为适宜。有时，少量的剩余货物或滞销产品也以寄售方式进行销售。寄售的有关单据可通过银行转给进口方，也可自寄。但无论如何，公司发货后都要将寄售发票副本或出口明细单，列明参考价及估计的收汇期限交给银行，以便银行掌握情况，设立专户，汇款后逐笔核销。

实务中，除货物进出口使用汇款结算方式外，贸易项下的从属费用一般也采用（运费、保险费、佣金、退款、赔款、广告费、包装费等）。例如，FOB项下出口货物时，出口商受进口商的委托代办装船和投保，后者在偿还出口商代垫的运费和保费时就使用汇款。

八、汇款的特点

综上所述，我们可以归纳出汇款这种结算方式的特点：

首先，汇款最大的优点是手续简便、费用最少。因此，在双方互相信任或跨国公司的不同子公司之间，使用汇款是最理想的选择。

其次，这种结算方式风险大，对预付货款的买方和货到付款的卖方来说，收货和收款的顺利与否完全取决于对方的信用，若对方信用不好，很可能钱货两空。

最后，资金负担不平衡，在整个交易过程中，要么是卖方（货到付款）要么是买方（预付货款）承担了所有的资金。

第二节　跟单托收

一、跟单托收的定义

根据URC522第二款的定义，

For the purposes of these Articles:

a. "Collection" means the handling by banks of documents as defined in sub-Article 2（b）, in accordance received, in order to:

Ⅰ. obtain payment and/or acceptance, or

Ⅱ. deliver documents against payment and/or against acceptance, or

Ⅲ. deliver documents on other terms and conditions.

b. "Documents" means financial documents and/or commercial documents:

Ⅰ. "Financial documents" means bills of exchange, promissory notes, cheques, or other similar instruments used for obtaining the payment of money;

Ⅱ. "Commercial documents" means invoice, transport documents, documents of title or other similar documents, or any other documents whatsoever, not being financial documents.

c. "Clean collection" means collection of financial documents not accompanied by commercial documents.

d. "Documentary collection" means collection of:

Ⅰ. Financial documents accompanied by commercial documents;

Ⅱ. Commercial documents not accompanied by financial documents.

翻译如下：

就本规则各项条款而言：

知识拓展

速汇公司的
汇款

a.托收是指银行依据所收到的指示，处理下述b款所界定的单据，以便

Ⅰ.取得付款及/或承兑；或

Ⅱ.付款交单及/或承兑交单；或

Ⅲ.按照其他条款和条件交付单据。

b.单据是指金融单据及/或商业单据。

Ⅰ.金融单据是指汇票、本票、支票或其他类似的可用于取得款项支付的凭证；

Ⅱ.商业单据是指发票、运输单据、所有权单据或其他类似的单据，或者不属于金融单据的任何其他单据。

c.光票托收是指不附有商业单据的金融单据项下的托收。

d.跟单托收是指：

Ⅰ.附有商业单据的金融单据项下的托收；

Ⅱ.不附有金融单据的商业单据项下的托收。

简单地说，跟单托收就是这样的一个过程：一个出口商为了向国外买方收取货款并贷记其在往来银行的账户上，可委托某银行代为处理这些业务。他将全套单据交给他委托的银行并给银行相应的托收指示，委托银行再委托其在进口商所在国的分行或代理行要求进口商付款。

银行受出口商的委托，通过其国外分行或代理行向进口商收取货款，这是银行的出口托收业务（即OC业务，Outward Collection）；银行受出口地银行的委托向进口商收取货款是银行的进口代收业务（即IC业务，Inward Collection）。

二、跟单托收的当事人及其关系

（一）托收业务涉及的当事人

托收业务中的出口商、进口商和对应的银行分别叫委托人、托收行、代收行和付款人。除这四个基本当事人外，有时还会有提示行和需要时的代理人。

1.委托人（Principal）

提交单据委托银行代收货款的出口商就是委托人，亦即债权人（Creditor）、受益人（Beneficiary）、出票人（Drawer）。

委托人要负两方面的责任：一是作为出口商，要履行与进口商签订的贸易合同的责任；二是作为委托人，要履行与托收行签订的委托代理合同的责任。

贸易合同下的责任是指按合同交货和按合同交单，这是出口商应承担的最基本的合同义务。

委托代理合同下的责任，首先是要向托收行正确发出指示：委托人一方面要在托收申请书上明确做出指示，另一方面在发生意外时（如进口商不付款或延迟付款）及时做出指示。其次是支付各项费用，包括手续费、电报费、邮费、拒绝证书费、仓租费、保险费等。即使委托书中列明费用由付款人负担，在付款人拒付时，已发生的费用仍由委托人负担，即委托人没有收到款项时，也要支付费用。有时，

付款人仅同意付货款本身的金额而拒付费用，按银行的惯例，代收银行有权同意这一要求而向委托人收取，即在货款中扣除，除非委托人在委托书中特别声明——如果付款人拒付费用，即无权得到单据。

2.托收行（Remitting Bank）

托收行又称委托行、寄单行。它一方面接受委托人的委托代收款项；另一方面又委托国外联行或代理行向进口商收款。托收行一般是委托人的开户行。

首先，托收行要执行委托人的指示。托收行是委托人的代理人，所以要按委托人的指示行事。托收行在将单据寄给代收行时，要缮制托收指示，此指示的内容要与委托人申请书内容严格一致。如果委托人的要求不合理或无法做到，应向委托人解释，要求其修改申请书。

其次，托收行按惯例处理业务。凡是委托人在申请书中没有加以指示的，托收行就按惯例来做。例如，委托人未指定代收行，托收行可选定一家与付款人在同一城市的银行作为代收行。如果这家银行倒闭，委托人收款受影响，银行并不为此承担责任。

最后，托收行要对过失负责。托收行从委托人那里收取了费用，因此必须谨慎地处理业务，否则对过失就要负责。那么，什么算过失呢？过失就是银行应该做而未做的。如代收行电告付款人拒付，而托收行未立即通知委托人，使代收行未能及时得到如何处理货物的指示而使货物遭受损失，这时银行就有过失责任。

3.代收行（Collecting Bank）

代收行又称受托行，是接受托收行的委托，向进口商收款的银行，一般是托收行的国外分行或代理行。

代收行也处于代理人的地位，和托收行担负的责任差不多，同样要执行托收行的指示、按常规处理业务和对过失负责，但有以下几个特殊之处：

（1）保管好单据。单据通过托收行寄给代收行，再由代收行交给进口商。交单的条件是不一样的，在付款交单时，必须是在进口商付了款之后才能交单；承兑交单时，进口商承兑了就可将单据交出。代收行不可在进口商未付款或未承兑之前就交出单据，因为单据中包括了作为物权凭证的提单，有了提单就可以提货。

（2）通知托收情况。只有代收行是直接与进口商接触的，因此代收行应把付款情况及时通知托收行，以便后者转告委托人。在进口商正常付款时，要发收妥货款通知书；当出现拒绝承兑、拒付等各种意外情况时，要通过托收行通知委托人，以便后者及时采取措施。

（3）没有义务处理货物。按照URC522第10条的规定，未经银行事先同意，货物不得直接发送给该银行，或者以该行作为收货人或者以该行为抬头人。如果这样

第五章 国际贸易结算方式——汇款和跟单托收 161

做了，银行没有提取货物的义务，其风险和责任由发货方承担。

银行也没有义务对货物的仓储和保险采取任何行动，只有在个案中银行同意这样做时才会采取类似行动。但即使银行采取了行动，对有关货物的结果或状况以及对受托保管货物的任何第三方的行为、疏漏等也概不承担责任。但是，代收行必须毫不延误地将其所采取的措施通知对其发出托收指示的银行，对货物采取保护措施所发生的可能费用也将由发出托收指示的一方承担。

4.付款人（Drawee/Payer）

付款人即进口商、买方，是代收行收款的对象。付款人的责任就是按合同规定付款，当然是以委托人提供合格的单据为前提。

5.提示行（Presenting Bank）

实际向付款人提示单据的银行就是提示行。有时，代收行与付款人不在一地，代收行要委托另一家银行代收，否则代收行与提示行就是一家银行。

6.需要时的代理人（Case for Need）

交易中一旦发生拒付等纠纷，为了处理存仓、保险、转售、运回等事项，委托人可在付款人所在地指定一个代理人，这个代理人就叫"需要时代理人"。其权限应由委托人通知托收行。

（二）基本当事人之间的关系

1.委托人和托收银行是委托代理关系

委托的内容、托收银行应负哪些责任和不负哪些责任是在托收申请书中说明的，也就是说托收申请书实际上是委托人和托收银行之间的合同。凡未加说明的，银行将按常规处理。

2.托收银行和代收银行也是委托代理关系

它们之间常有代理合同（即已建立代理行关系），规定双方代办的范围和一般的条款，如偿付办法等。但涉及具体业务，则要根据托收行发出的托收指示（Collection Instruction）来办理。

3.委托人和付款人之间是纯粹的买卖关系

按照买卖合同的规定，出口商在规定的时间发货交单，委托银行收款，进口商见单后付款。

4.代收行和付款人之间没有直接的契约关系

付款人没有必须对代收行付款的义务，之所以付款，是基于与委托人之间的合同。如果付款人拒付，代收行没有权利强迫其付款。一旦付款人承兑了汇票，就必须对持票人（一般为代收行）履行付款责任。

（三）托收业务中的银行

在托收业务中，不论是托收行还是代收行，其地位仅是代理人，对货物、能否收到货款等没有义务和责任，与汇款结算方式一样，它是以商业信用为基础的一种结算方式。根据 URC522，在托收业务中银行有许多免责：

（1）对单据是否合格不负责任，即无审单义务。托收业务中的银行一般只看单据的种类和份数是否与申请书中所列的一致，对单据内容之间是否有矛盾、遗漏、承兑是否正确等一概不管。当然，在实务中，对一些重要的方面也要检查一下，如提单是否是全套的，但这只属于银行提供的服务和协助，是道义上的而不是义务。

（2）对于单据及其他通知函件在邮递途中的遗失或延误或电报、电传在传递中的错误、遗漏、延误等不负责。

（3）对发生天灾、罢工、暴动等银行自身无法控制的情形，使银行营业中断而造成损失的，不承担义务和责任。

（4）对货物不负责，即对货物的损坏、霉烂、变质，以及被进口国没收等不负责。

（5）对付款人的拒付不负责。

（6）没有义务必须办理某一托收业务，不论什么原因，银行若不予办理，要"毫不延误地以电信方式，或者如果电信不可行则采用其他快捷的方式通知向其发出托收的一方"。

（7）为执行委托人的指示而使用其他银行的服务，由此产生的费用和风险由委托人承担。

三、跟单托收的种类

跟单托收中单据非常重要，根据代收行向进口商交单条件的不同，跟单托收分为付款交单和承兑交单两种。

1.付款交单（Documents against Payment，D/P）

付款交单指代收行在付款人付款后再向其交付单据，即交单以付款为前提条件。按付款时间的不同，付款交单分为两种情形：即期付款交单和远期付款交单。

（1）即期付款交单（D/P at sight）。采用这种方式时，可以有也可以没有汇票（在没有汇票时，发票上的金额即是托收的金额）。当代收行收到所有单据审核无误后，应立即向付款人提示，付款人见票后须马上付款，付清后方能赎单。

（2）远期付款交单（D/P after sight or D/P after date）。采用这种方式时，卖方须开具远期汇票，代收行收到汇票和货运单据后向付款人提示，付款人审核无误签字承兑，汇票到期时再付款赎单。

由于付款后才交出货运单据，若遭拒付，委托人对货物仍有所有权，所以风险较小，有利于委托人。

在付款交单中经常发生两个问题：

一是对"见票"的理解。国外商人往往认为托收是出口商给予进口商的一种商业信用，目的在于使进口商不必长期垫付资金，因此不论即期还是远期，见票应在货到以后，即货到见票。这种解释对出口商是非常不利的，也缺少理论上的根据。因为从票据法的角度看，"at sight""on demand""on presentation"是"即期"的同义语，分别含有"付款人见到汇票时"、"应持票人的要求后"和"一经提示"之意，所以什么时候提示，取决于持票人，付款人无权决定持票人提示汇票的时间。但有些国家强调要按他们的当地要求，货物到达目的地后再见票，银行在货到以前不能向付款人提示，以拖延付款时间。这个"习惯"甚至成为合同中的一个条款。如果经了解进口地确有货到见票的习惯，可以把途中的运输时间匡算在内，改为出票后若干天付款。

二是远期付款交单问题。远期付款交单是先承兑后付款，其目的是给付款人准备资金的时间，但由于承兑后进口商得不到单据（只能在到期付款后才能拿到），故欧洲大陆国家的不少银行一直声称不做远期付款交单，有的则按即期处理；而拉美国家的银行则把远期付款交单按承兑交单处理。因为出口商同意远期付款交单，本是给予进口商的资金融通，如果付款期限长，运输期限短，货到以后进口商因为没有付款不能提货，也没法出售（使用）货物，虽然期限长，但进口商并无实质性好处，尽管可以使用提货担保，但已失去了原来要求的期限较长的本意。所以，实务中很少使用。

国际商会在URC522中，对这种情况做了规定，即当托收为付款交单时，不应含远期付款的汇票。这样，就可避免远期付款交单时，受票人在货物抵港后无法提货而不得不支付保险费、仓储费，而用提货担保又会使代收行承担付款人不付款赎单、货物又被提走的风险。同时还规定："如托收包括一张远期付款的汇票，托收委托书上注明是付款交单，单据只能在付款后放行，而代收行将不对由于交单延误而产生的任何后果负责。"

2.承兑交单（Documents against Acceptance，D/A）

承兑交单指代收行在付款人承兑远期汇票以后，就向付款人交付货运单据，而无须同时付清票款，只有在汇票到期时才履行付款义务的一种方式。在承兑交单下，要使用远期汇票，付款期限通常为30～180天。这种方式对进口商是十分有利的，因为他只需承兑就能得到货权凭证去提货，不必先行垫款或筹资，如期限为180天，即可做无本生意，在货物销售后以货款来清偿汇票款。但出口商的风险相对大一些，进口商提货后若拒付，则钱货两空。虽然出口商可凭进口商的承兑汇票起诉，但在国外诉讼费时费钱，而且有时付款人已破产倒闭无力偿付，所以收效不大。因此，对资信不好或不甚了解的进口商一般不宜采用承兑交单。

四、跟单托收的业务流程

跟单托收的业务流程如图5-4所示。

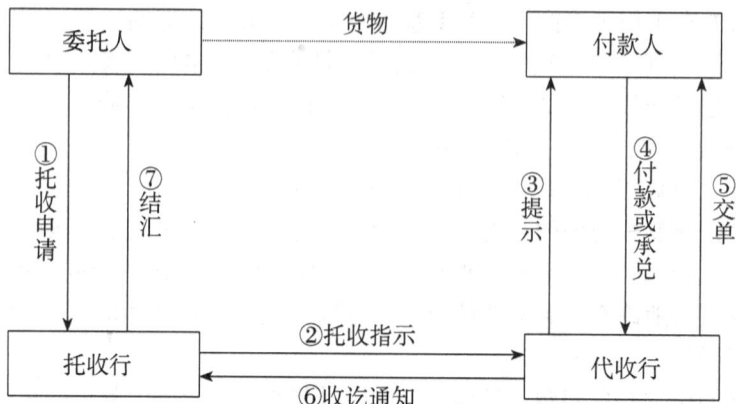

图5-4 跟单托收业务流程图

1.委托人向托收行提交托收申请书及单据

委托人即出口商在向银行申请跟单托收业务时，应给托收行完整明确的指示，以便托收行按出口商的指示提供准确的服务，具体的指示反映在出口商填具的申请书中。如果申请书被托收行接受，则该申请书即是委托人与托收行之间的合同，托收行完全根据申请书上的指示办理该项托收业务。因此，出口商按双方签订的合同发货并取得货运单据后，应将单据、托收申请书和汇票（如果有）一同提交给托收行。托收申请书的主要内容（参见表5-4）包括：

（1）明确交单的条件，即付款交单还是承兑交单。

（2）货款收妥后的处理方式。代收行从付款人处收到货款后，如何划拨给托收行（如贷记托收行账户）、怎样通知托收行（信函或电函）等。如果申请书中无明确的指示，如前所述，代收行将按惯例处理。

（3）付款人拒付时是否和应在何种情况下做成拒绝证书，或采取其他能代替拒绝证书的办法（如用航邮或电传通知托收行即可），如委托人无明确指示，则代收行不必做成拒绝证书。

（4）费用的负担。明确银行办理托收所收取的费用由委托人还是付款人支付，或者是由双方共同负担（即谁的地方发生的费用由谁来负担），是否可免除。

（5）需要代理人的权限。一旦发生违约和延期付款，需要明确代理人的全称和详细地址以及确切的权限。因代理人的权限有大有小，可以是仅仅关心情况的进展，也可以是有权提取和处理货物。

（6）拒付时货物的处理。代收行应采取何种措施来保护货物，特别是在发生拒付和拒绝承兑时，是否要求代收行把货物存仓，投保火险以及偷窃、雨淋损坏方面的险种。假如出口商在托收申请中要求银行在货物到达目的港时代为办理存仓，而目的港仓库拥挤，无法存入仓库，或者因货物性质特殊，仓库拒收，代收行可以不执行这一命令，但应及时通知托收行转告委托人另行指示。

表5-4　　　　　　　　　　　**托收申请书**
APPLICATION FOR DOCUMENTARY COLLECTION

TO: BANK OF**** 致：****银行	日期： / /

DRAWEE DETAILS 付款人资料

NAME 名称：_____

ADDRESS 地址：_____

_____

TEL:　　　　　　　　FAX:

COLLECTING BANK DETAILS 代收行资料

NAME 名称：_____

ADDRESS 地址：_____

_____

TEL:　　　　　　　　FAX:

DOCUMENT DETAILS 单据详情

① INSTRUCTIONS FOR BILLS UNDER DOCUMENTARY COLLECTION
跟单托收项下单据之处理指示（PLEASE "X" THE APPROPRIATE BOX 请在适当方格加上"X"号）
□ RELEASE DOCUMENTS AGAINST PAYMENT 付款后交单（D/P）
□ RELEASE DOCUMENTS AGAINST ACCEPTANCE 承兑后交单（D/A）
TENOR 期限：
□ AT SIGHT 即期 . □_____DAYS AFTER SIGHT. □_____DAYS AFTER B/L DATE.
□ OTHERS_____.
SPECIAL INSTRUCTION 特别指示 :_____
② INVOICE NO. 发票号 :_____ BILL AMOUNT 单据金额 :_____
③ PLEASE MARK NUMBER OF DOCUMENTS ATTACHED 请填上随附文件之份数：
　　□ DRAFT 汇票 正本（ ） 副本（ ）　□ COMMERCIAL INVOICE 商业发票 正本（ ） 副本（ ）
　　□ PACKING/WEIGHT LIST 装箱单 / 重量单 正本（ ） 副本（ ）
　　□ BILLS OF LADING 提单 正本（ ） 副本（ ）　□ AIR WAYBILL 航空运单 正本（ ） 副本（ ）
　　□ CERTIFICATE OF ORIGIN 原产地证 正本（ ） 副本（ ）
　　□ INSURANCE POLICY/CERTIFICATE 保险单 / 保险证　　正本（ ） 副本（ ）
　　□ BENEFICIARY'S CERTIFICATE 受益人证明　　　　　正本（ ） 副本（ ）
　　□ OTHER DOCUMENTS 其他文件 1._____　　正本（ ） 副本（ ）
　　　2. _____　正本（ ） 副本（ ） 3._____　正本（ ） 副本（ ）
④ NO. OF VERIFICATION CERTIFICATE OF EXPORT PROCEED 出口收汇核销单编号 :_____
⑤ CONTACT PERSON 联络人姓名 _____ TEL. 电话 _____
⑥ TYPE OF TRADE 贸易类型：
　　□ ORDINARY TRADE 一般贸易　　□ TRANSIT TRADE 转口贸易
　　□ PROCESSING WITH IMPORTED MATERIAL 进料加工　□ OTHERS 其他 _____

银行经办：	APPLICANT SIGNATURE 申请人签字盖章：

第一联　托收行联

（7）付款人付款事项。付款交单方式下是否准许付款人按比例分次付款、分次提货，以便利进口商的资金周转；逾期付款是否加收罚息；提前付款是否给予贴息。

托收申请书中还有一项是银行的免责条款。出票人在填写申请书时就表示了对该项条款的同意，这是URC522中明确规定的。

有的银行是将托收和信用证的申请合二为一，统一使用"出口收汇委托书"（见表5-5）。

2.托收行审查，制作托收指示寄给代收行

（1）审查托收申请书和单据。托收行接到委托人提交的托收申请书和单据后，首先应审查托收申请书中所记载的条款是否明确，项目是否齐全，然后要对所附的单据进行审核。根据URC522，托收行只是处于代理人的地位，对货物并无权益可言，只要核实所收到的单据与申请书上所列的相符即可。但银行具有道义上的义务提请客户注意单据上的差错及单据之间的矛盾之处，这是银行为客户提供良好服务所必需的，所以银行要对单据进行审核，指出能引起延误货物清关、发生滞期费或者造成付款长期延误的情况。但这与信用证业务项下的审单在程度上是不同的。托收行在审单时也应遵循单单一致的原则，并以商业发票为中心来进行。尤其是以下几点应重点审核：

① 汇票的开立是否正确。

② 有关单据的背书是否正确。

③ 是否提交了全套正本提单。

④ 当提单的收货人是代收行或代收行的指定人时，托收行应提醒委托人由于代收行不肯提货而有可能引起的损失。

银行同意办理后，应将托收申请书其中的一联作为回执退给委托人。

（2）选择合适的代收行。代收行可由委托人在托收申请书中指定，如不指定，托收行有权自行决定，一般都是托收行在付款地的联行、代理行或账户行。若委托人所指定的代收行资信不详，托收行可选择对方同城所在地的代理行、联行作为代收行。

（3）填制托收指示（Collection Instruction）并寄给代收行。托收行对托收申请书及所附单据审核无误后，按出口商托收申请书的内容，缮制对代收行的托收指示（见表5-6），也称面函（Cover Letter）。

托收指示是代收行办理托收业务的唯一依据，因此其内容应与托收申请书相符，否则托收行将承担责任。根据URC522的规定，所有的托收必须附有一项单独的托收指示，代收行仅按托收指示行事，而不会从别处寻找指示，包括托收所附的单据。托收指示应包括以下内容：

① 收到该项托收的银行详情，包括全称、邮政和SWIFT地址、电传、电话和传真号码和编号。

表5-5 **出口收汇委托书**

致：××银行 分/支行

兹将我司下列出口单据呈交贵行，请贵行办理出口收汇事宜为荷。

信用证业务请按国际商会现行《跟单信用证统一惯例》办理，跟单托收业务请按照国际商会现行《托收统一规则》办理。

对单据存在不符点及开证行/进口商拒绝付款或拒绝承兑的情况，我司承诺愿意承担由此产生的一切责任。

信用证	开证行：	托收	代收行：请标注于左下角或另附页说明
	信用证号：		□ 付款交单 D/P
			□ 承兑交单 D/A_____ DAYS AFTER

发票编号： 发票金额：

出口货物品名： 贸易方式：

我司组织机构代码：

单据种类	汇款	发票	装箱单\重量单	提单	空运单	货物收据	保险单	产地证	FORM A	质量证\数量证	检验证\分析证	出口许可证	受益人证明信	船公司证明信	装船通知	电抄	邮收	其他
份数																		

入账提示：

请将出口收汇原币（ ）人民币（ ）划入我司下列账户：

账号：_____ 开户行：_____

如选择人民币入账，请填写结汇用途：

特别提示：

1.贵行办理出口收汇事宜所产生的所有费用由我司承担（信用证另有规定除外），并请从我司出口收汇款中扣除，如因故未能收取，贵行也可从我司结算账户中直接扣收。

2.其他：

我司联系人： 联系电话： 传真：

代收行信息（名称、详址、SWIFT号等）： 委托公司（公章）：

_____ ___年___月___日

表5-6   托收指示
                                   COLLECTION INSTRUCTION

DATE: PLEASE ALWAYS QUOTE OUR REF. NO.
MAIL TO:
ATTN:

DRAWEE:	DRAWER:
TENOR:	AMOUNT:
	OUR BANK'S CHARGES:
MATURITY:	LESS:
DRAWER'S REF. NO.:	TOTAL AMOUNT:

DEAR SIRS:

WE ENCLOSE DRAFT（S）AND DOCUMENTS AS UNDERMENTIONED WHICH PLEASE COL-
LECT IN ACCORDANCE WITH THE INSTRUCTIONS INDICATED HEREIN.

DRAFT

COMMERCIAL INVOICE

CLEAN ON BOARD OCEAN BILLS OF LADING

INSURANCE POLICY

CERTIFICATE OF ORIGIN PACKING LIST

REIMBURSEMENT INSTRUCTIONS:

REMARKS:

（ ） deliver documents against_payment_acceptance

（ ） all your banking charges are for account of_drawer_drawee

（ ） waive banking charges AND/OR interest if refused by drawee

（ ） do not waive banking charges AND/OR interest

（ ） advise us acceptance of draft（s）and giving due date by teletransmission

（ ） hold draft（s）and documents pending further instructions from us in case of non-payment non-
acceptance

（ ） in case of dishonor, have the goods stored in bond and insured against usual risks when deemed
necessary, and advise us immediately to that effect

（ ） if payment is delayed collect interest at @ __% p. a. for the period of such delay

（ ） in case of need, refer to_____.

                                                                    （SIGNATURE）

②委托人的详情。

③付款人的详情。

④提示银行（如有的话）的详情。

⑤待托收的金额和货币。

⑥所附单据和每份单据的份数。

⑦凭以取得付款和/或承兑的条件和条款；凭以交付单据的条件。

⑧待收取的手续费，并指明是否可以放弃。

⑨待收取的利息，如有的话，指明是否可以放弃，包括利率、计息期、适用的计算期基数（如一年按360天还是365天）。

⑩付款方法和付款通知的形式。付款的方法一般是根据托收行与代收行开立账户情况以不同的方式办理：若双方有账户关系，可要求代收行贷记或授权借记代收行的账户，文句可这样表述："Upon collection，please authorize us to debit your account by airmail/cable quoting our Ref. No." 或 "Upon collection，please credit the proceeds to our account with you under airmail/cable advice to us quoting our Ref. No." 若双方没有账户关系，可请代收行将款汇交我海外联行或其他账户行收账，文句可这样表述："Upon collection，please remit the proceeds by airmail/cable to for credit our account with them under airmail/cable advice to us quoting our Ref. No."

最后由托收行的有权签字人签字。如果有汇票的话，托收行要在汇票背面做委托收款背书，即将收款的权利转让给代收行。

以上工作应在接受委托的一个工作日内，最多不超过两个工作日内办完。托收指示都是多联，其中两联附正副单据，一次或分次寄给代收行。

3.代收行审查托收指示并向付款人提示

代收行收到托收行寄来的托收指示后，应核对所附单据与委托指示上所列的名称和份数是否相符，所列项目和指示是否明确，能否办理，交款条件是D/A还是D/P。审核无误后，做成代收通知书向付款人提示。

4.付款人付款

（1）即期D/P。按国际惯例，银行将单据和汇票（如有）连同代收通知书交给付款人，即进行提示，要求立即付款，付款人付清货款及其他费用，代收行即可将全套单据及交给付款人凭以提货。若付款人不付或要求修改付款方式、延期、减价等时，代收行无权强行要求付款，但可要求进口商说明理由并及时告知托收行。

（2）远期D/A。代收行将包括汇票的单据连同通知书交给付款人，要求承兑。承兑时要在汇票的正面注明承兑日期及到期日并签字。付款人承兑后即可取得单据去提货。汇票退给代收行，以便到期日向付款人提示付款。代收行同时将承兑日期通知给托收行。付款人在承兑前可要求验看单据，若不符合要求可拒绝承兑，代收行在得到理由后告知托收行。委托人要求做拒绝证书的，应办理这方面的手续，其费用自己负担。

（3）远期D/P。若有汇票，先要求付款人承兑，但要在到期日付款后才能领单提货。

代收行在付款人付款时应注意：

①所收的货币必须是托收单据上的货币。

②除非托收行特别授权，否则不能接受部分付款，应在托收款全部收妥后才能交付单据。

③如托收指示中含有加收利息的指示，但汇票上未记载利息条款，代收行可不收利息而交单，除非托收指示中表明不能放弃利息；如汇票上载明了利息条款，则应视利息是托收款的组成部分。

④如托收指示中含有一切费用由付款人负担条款而付款人拒付时，代收行可免收费用，而把应收的费用在收妥的托收款内扣除，除非托收指示中明确了不能放弃。

5.代收行向付款人交出单据

6.代收行向托收行发收妥通知

代收行收讫货款及费用后，应按托收行的指示，扣除代收行的手续费交托收行。

7.结汇

托收行收到收妥通知后，应告知委托人，并将款项划入委托人的账户。至此，一笔托收业务就完成了。

五、跟单托收的利弊分析

托收是属于商业信用的结算方式，这一点和汇款是相同的，但由于通过银行交单，托收的手续略显繁杂，费用也要高一些。两者的区别是：托收项下进出口商都可获得融资（虽然资金负担不平衡没有得到解决），而汇款则没有这样的安排。

（一）对进出口商的利弊分析

1.对进口商的利弊分析

有利方面体现在：

（1）托收总体而言是对出口方不利而对进口方有利的结算方式。进口方通常希望在付款前得到货物，托收正是提供了这种便利。特别是在远期承兑交单方式下，进口方能在付款前提取并检查货物是否符合要求。

（2）比使用信用证方便，费用低，不必预付银行保证金。

（3）可获融资。在货到单未到时，可凭保函提货，以销货款偿还融资款，不积压资金；在资金紧张时，可凭信托收据提货。

不利方面体现在：

（1）进口商对远期承兑交单的托收履行承兑手续后，就要负法律责任，出口商可以完全不顾合同的情况仅凭已承兑的汇票对进口商提出诉讼。

（2）付款交单的托收是在提示时付款，因而付款可能在货物到达前，占压资金，也可能到达的货物与订购的不一样。因此，有时双方在订立合同时，进口商可能提出货到后再见票或抽查货样。

2.对出口商的利弊分析

有利方面体现在：

（1）若在付款以后交付货权凭证，出口商的权益较光票托收或承兑交单有保障。

（2）托收结算方式的费用比信用证低。

（3）作风良好的代收行可能很负责任地催收货款，收到付款人本想拖欠的货款。

（4）出口商如果指定代收行作为收款代理人而掌握全套单据，或者在代收行同意时将货物发运给代收行的指定人，就可以对货物加以保护。

（5）可获得资金融通。

不利方面体现在：

（1）出口商要等到托收行收到票款后才能取得货款，资金在途时间长，除非使用押汇、贷款等获得资金融通，但费用又较高。

（2）货款的安全不如预收货款、跟单信用证等方式，如进口商在倒闭、行市下跌时就可能发生拒付，或借口货物规格不符、包装不良等要求降价。有时，进口商没有得到当局的进口许可，货物运抵后不能报关，这些都是托收不能令人满意的地方。

（3）若买方不赎单提货，出口商就要承担滞期费、仓储费，有时货物还要被迫运返出口地，增加了运费，并有可能增加保险费和代理费的负担。

（二）出口商的风险防范

虽然进出口商在托收结算方式下存在一定的风险，但出口商的风险相对更大一些。既然托收对出口商来说风险大，为什么这种方式仍被采用呢？其原因是贸易保护主义以及市场竞争，出口商为了推销商品，不得已采用这种受进口商欢迎的方式。

【案例5-1】

某外商在广交会上向某进出口公司订购了3个集装箱的货物，支付方式为付款交单，声称先试做一笔，若合作愉快，则进一步扩大交易。该笔出口业务完全按照合同各项约定顺利进行，外商也因此取得了该进出口公司的信任。在此基础上，外商旋即又向该进出口公司订购12个集装箱的货物，支付方式仍为付款交单。该进出口公司如约按期备货出运后，外商的中国部经理则亲自飞抵中国,与经办该笔出口业务的外销员商洽,称出于商务原因,急需该笔业务提单,货款已汇出,但到账尚需一段时间,故请求融通。他以带来的境外汇出行的盖有"Received"(收讫)印鉴的汇款证明,换取了外销员手中的提单。外销员一来以为该外商信誉良好,二来想加强今后的合作,遂将提单轻易交付。到了付款期限,仍不见货款到账,正当该进出口公司疑虑之际,却收到外商自称破产的传真。经查实,外商未破产,但已不知下落,货物也已被提走,所谓"汇款证明",实乃境外银行人人可取的"汇款申请表",该行也从未有过"Received"(收讫)印鉴。直至此时,该进出口公司才如梦方醒,但已损失惨重。

从这个案例中我们吸取的教训是,托收是商业信用,在不熟悉对方情况的时候要避免使用,或加上银行的信用补充之。

为降低风险,出口商应采取以下措施:

1.不可将货物发给银行或进口商

除非事先征得有关银行的同意,否则不能直接把货物发给代收行或将代收行作为单据的抬头人,因为根据URC522,代收行不负提货的责任,如货到无人提,将由委托人自负风险。提单的收货人也不能是进口商,或以进口商为指示人,以防进口商不付款即提货。提单的收货人一栏应为空白抬头或托运人指示抬头。

2.自办保险

出口商以跟单托收方式向进口商发货,靠的是后者的商业信用,为保障自身的利益,应尽可能争取以CIF或CIP成交,自办保险。在这种情况下,若货物到达目的地,进口商不提货或途中发生损失,进口商不赎单时,出口商因持有保险单,即可向保险公司索赔,不致造成重大损失。如以FOB、CFR成交,当货物在途中出险,即使进口商已投保,但保险单在对方手中,出口商也势必陷于被动境地,因此,除非在不得已的情况下(如目前有的国家规定凡是进口商品,只能在其本国投保),出口商才自办保险。

出口商还可投保出口信用保险,这是一种政策性保险,可以防范收汇的政治风险和信用风险。

3.经常调查,布置代理人

这主要指对进口商的资信情况和经营作风进行调查,了解进口国的贸易管制和外汇管制情况,以免货到后不准进口或收不到外汇;还要了解进口国家的商业惯例,以免影响安全迅速收汇。有的出口商较有经验和资金实力,在推销对象国家派有常驻人员或特约了当地的代理人,这些人不仅可以作为拒付时的代理人,还代表出口商在进口地活动,如调查进口商的资信,了解当地的法令、习惯和市场情况等,这就使出口商推销商品或收取货款能较顺利地进行,减少了托收的风险。

4.灵活使用结算方式

在结算方式的使用上,可要求进口商预付一部分货款,或采用部分托收和部分信用证（或保函）相结合的方式来降低风险。在不得不使用托收时，争取使用D/P，避免或少使用D/A。

另外，在使用D/P时，尽量选择实力及信誉较好的代收行，同时，应指示托收行在托收指示中列明应凭付款交出单据；并且，在交单后要通过托收行与代收行保持密切联系，严防其擅自交单给客户，一旦出现这种情况，应在第一时间通过国内托收行向代收行主张相关权利，以防止错过时效而导致无力追溯。

代收行擅自放单的情况主要发生在远期托收的情况下（D/P After Sight），主要表现为部分资信较差的代收行违反URC522，或者某些国家或地区的银行根本就不认同D/P After Sight（如法国、西班牙、德国、意大利及一些前殖民国家或地区），直接按照D/A处理，在客户承兑后即将提单交出。

六、跟单托收项下的融资

托收项下的单据是通过银行传递和控制的，使银行有可能在跟单托收过程中，为进口商和出口商提供资金融通，传统的跟单托收项下的融资方式主要有以下几种：

（一）出口押汇

出口押汇是指出口商发货后，银行凭提交的托收项下的单据有追索权地向出口商提供短期资金融通，即托收行在寄单的同时买下出口商的单据，从而向出口商提供周转资金。由于对象是出口商，所以称为出口押汇。出口押汇时银行要扣除利息及费用，还款的来源是出口收汇款项。

由于托收时没有银行的信用保证，付款与否全凭进口商的信用，所以银行对申请押汇的出口商要求很高。

在我国，有的银行将向出口商提供的融资都叫作出口押汇，不论是托收项下的融资还是信用证项下的融资。

（二）凭银行保函提货

这是银行为进口商提供的融资。在货到单未到的情况下（近洋运输），代收行向船公司出具的书面担保，要求凭提货担保先行放货，保证日后补交提单。

（三）信托收据

信托收据（Trust Receipt，T/R）是进口商向银行提供的一种书面担保，说明物权归银行所有，进口商以受托人的身份代办提货。这是银行为进口商提供的融资便利，因为付款人是在款未付清时提了货。这种收据既是将货物抵押于银行的确认，也是进口商为取得单据而出具的一种保证。

以上融资方式将在第九章第二节中详细介绍。

本章基本概念

汇款　汇出行　汇入行　电汇　信汇　票汇　预付货款　货到付款　跟单托收　托收行　代收行　D/P　D/A

复习思考题

1. 什么是汇款？汇款的三种方式有什么特点或区别？

2. 汇出行和汇入行如何划拨头寸？

3. 汇款在国际贸易中如何应用？

4. 如何办理退汇？

5. 简述汇款和跟单托收结算方式的特点。

6. 什么是跟单托收？跟单托收有哪些当事人？其基本当事人的责任分别是什么？

7. 简述汇款和跟单托收的基本程序。

8. 分析跟单托收对进出口商的利弊。

9. 出口商在托收项下有哪些必须注意的事项？

第六章
国际贸易结算方式——跟单信用证

🐚 本章提要

信用证是建立在银行信用基础上的结算方式。与汇款和托收不同的是，在此种结算方式下，做出付款承诺的是开出信用证的银行，只要受益人提交了符合信用证条款的单据，开证行就应付款。虽然信用证的使用不如以前那样多，但仍不失为一种比较完善的结算方式。本章重点掌握信用证的含义、性质、流程及风险，一般掌握信用证的种类、关系人的责任和义务，并了解信用证的格式和内容。

作为国际贸易结算中最重要工具之一的跟单信用证，从19世纪中叶开始随着国际贸易的发展而迅速得到普及。在信用证中，除支付货款用的跟单信用证外，还有作为担保的备用信用证，以及供旅行用的旅行信用证。本章及下一章主要就跟单信用证的相关问题进行阐述。

第一节　跟单信用证概述

一、跟单信用证的定义

跟单信用证（Documentary Letter of Credit，L/C）是一种由银行保证付款的结算方式。根据UCP600："信用证是一项不可撤销的安排，是构成开证行对相符交单予以承付的确定承诺（Credit means any arrangement，however named or described，that is irrevocable and thereby constitutes a definite undertaking of the issuing bank to honour a complying presentation）。"

上述定义中的"相符交单"是指所提交的单据与信用证中的要求相符。"承付"是指承兑、付款（即期和远期）。简言之，信用证是开证行应申请人的申请和要求向受益人开立的，凭规定的单据在一定期限内支付一定金额的书面承诺。也就是说，只要受益人提交了符合信用证规定的单据，开证行就保证付款。

需要注意的是，在信用证业务中，是银行承诺付款，而在汇款和托收结算方式中，银行均未做出此种承诺，故信用证属于银行信用（银行兑现承诺的条件是由受益人提交符合信用证要求的单据）。还要注意的是，在信用证业务中，"一家银行在不同国家设立的分支机构均视为另一家银行"（UCP600第3条）。

二、跟单信用证的特点

1.开证行承担第一性的付款责任

在信用证结算方式下，不是由进口商，而是由开证行负第一性的付款责任。就买卖关系来看，承担付款责任的应是进口商，但使用了信用证后，银行就代进口商承担了付款责任。出口商只要按信用证的要求提交了相符的单据，开证行就必须付款，即使进口商倒闭破产，开证行的责任也不能免除，且这种付款责任是第一性的，不是进口商不能付款时才由开证行来付，而是直接由开证行先行付款，开证行安排付款后，再与进口商结算。

例如，某出口公司收到一份国外开来的信用证，出口公司按信用证规定将货物装出，但在将单据送交当地银行议付之前，突然接到开证行通知，称开证申请人已经倒闭，因此开证行不再承担付款责任。显然，由于信用证是银行信用，且银行承担第一性的付款责任，因此，开证申请人倒闭不可以作为开证行拒绝付款的理由。

2.信用证是独立于贸易合同的自足性文件

虽然信用证的开立是以合同为依据，但信用证开出并被受益人接受后便独立于合同，信用证的当事人只受信用证条款的约束，银行也只对信用证负责。合同条款与信用证条款是否一致，所交单据是否符合合同要求，银行一律不予过问。

UCP600第4条规定，就性质而言，信用证与可能作为其开立基础的销售合同或其他合同是相互独立的，即使信用证中含有对此类合同的任何援引，银行亦与该合同无关，且不受其约束。因此，银行关于承付、议付或履行信用证项下其他义务的承诺，并不受申请人与开证行之间或与受益人之间在已有关系下产生的任何请求或抗辩的影响。受益人在任何情况下不得利用与银行之间或申请人与开证行之间的合同关系。

这个独立性从议付行、开证行及受益人的立场看是非常重要的。如果信用证与合同挂钩，那么银行在办理结算和议付时，势必要对每一合同的内容进行审查，有时为确认货物是否符合合同或检查货物是否装运，要亲自到装运港去检查，这样做，银行在技术上、人力上都不能胜任。独立性对开证行也举足轻重，如果进口商可以以出口商违背合同为理由拒绝履行对开证行的偿付义务，开证行也会随时被卷入买卖双方的纠纷之中，这样的话，银行为保证自身的利益，一定不会轻易开出信用证。对受益人来说，信用证独立于合同，才使之能真正获得信用证提供的保障。如果开证行可以以买卖合同为依据向受益人抗辩，即使受益人完全履行了合同项下的义务，受益人的货款仍然没有保障。

【案例6-1】

上海A出口公司与香港B公司签订了一份买卖合同，成交商品价值为418 816美元。合同规定，商品均以三夹板箱盛放，每箱净重10千克，两箱一捆，外套麻包。香港B公司如期通过中国银行香港分行开出不可撤销跟单信用证，信用证中的包装条款为：商品均以三夹板箱盛放，每箱净重10千克，两箱一捆。"锦江"轮将该批货物5 000捆运抵香港，A公司持全套单据交中国银行上海银行办理收汇，该行对单据审核后未提出任何异议，因信用证付款期限为提单签发后

60天，不做押汇，中国银行上海分行将全套单据寄交开证行，开证行也未提出任何不同意见。但自货物运出之后的第一天起，B公司数次来函，称包装不符合要求，重新打包的费用和仓储费应由A公司负担，并进而表示了退货主张。A公司认为在信用证条件下应凭信用证来履行义务，在这种情况，B公司又通知开证行"单据不符"，A公司立即复电主张单据相符。

在本案中，双方争执的焦点是其成交合同与信用证的规定不相符，处理其争执的关键是依据合同还是依据信用证。根据UCP600，卖方上海A公司依据信用证行事是正当的。

3.信用证业务只处理单据，不涉及货物

UCP600第5条规定：银行处理的是单据，而不是单据所涉及的货物、服务或其他行为。第34条规定：银行对任何单据的形式、充分性、准确性、内容真实性、虚假性或法律效力，或对单据中规定或添加的一般或特殊条件，概不负责。

显然，银行在信用证业务中处理的是单据，而不是货物。买卖双方虽是以货物为交易对象，但在国际结算中，当事人只关心单据是否符合信用证条款，而不管货物是否和信用证条款一致，只要单据没问题，开证行不能以任何借口推卸付款责任。银行确认单据是否符合信用证要求时，只审查其表面，而不关心单据背后的货物，即决定是否接受单据时不能以单据外的事项为理由。同样，受益人要实现信用证项下的权利，必须提交符合信用证规定的单据，而不能以完全履行了买卖合同项下的义务为由要求开证行付款。

三、信用证的意义和作用

不论是国内贸易还是国际贸易，买卖双方出于自身的利益，经常会发生冲突。买方急于在预定的日期以前完好无损地收到货物，并希望在收到货物后再付款；而卖方希望所出售的货物能保证收回货款，最好在交出货物前就收到货款。我们在上一章介绍的两种结算方式，不论是汇款还是托收，都属于商业信用，银行仅仅是接受委托，作为代理人代进口商付款、代出口商收款，银行自身未做出任何关于货款方面的承诺或担保。这两种结算方式的风险负担也不均衡：在汇款方式下的预付货款，风险几乎都由进口商承担，一方面资金要被占用，另一方面卖方的信用可能不可靠；货到付款时卖方的风险大一些，与预付货款正好相反，买方的偿付能力及行情的下跌等都构成卖方的风险。在跟单托收项下，进口商的有利因素较多，出口商的风险则较大。这种由单方承担风险的支付方式，有时会妨碍贸易的开展。解决双方利益、风险等矛盾需要更多的结算方式，而信用证就是较好的一种。它凭物权凭证付款，不仅向进出口双方提供了担保，而且对双方都可给予资金融通。

1.对进口商的作用

对进口商来说，采用信用证作为结算方式，首先可以通过信用证条款来控制出口商的交货品质、数量和装船日期，使收到的货物符合合同的规定。需要注意的是，进口商要求出口商履行某项义务时，必须要求出口商提供相应的单据，否则就成为"非单据化条款",而根据UCP600,银行是"不理会非单据条款"的。其次,进口商无须先付货款,使得资金周转较为灵活,进口商申请开证时,开证行通常要收取一定比例的保证金,但保证金的数额视买方的资信和与银行的关系而定,无须支付信用证的全部金额,如果有授信额度,甚至不用交保证金,这也是开证行为进口商提供的资金融通和担保。当开证行对外履行了付款义务后,若进口商在资金方面仍有困难,可使用信托收据等要求开证行先行放单,获得资金融通以提取货物。

2.对出口商的作用

对出口商来说,首先,信用证可以降低信用风险,使收汇有保证。信用证属银行信用,在采用这种方式结算时,既有开证行的付款保证,也有进口商在合同中提供的支付承诺,因此收款安全性高。只要按信用证要求,单据无误,就可凭单取得货款。即使对方国家实行外汇管制,由于开证行应进口商的申请开立信用证时,会要求进口商提供相应的进口批件,所以出口商收款是有保障的。万一开证行出于某种原因不能付款或拒绝付款,它有责任把单据退给出口商,由于掌握了代表货物的单据,出口商可减少损失。其次,出口商还可获得资金融通。出口商将货装船出运以后,可向往来银行提供单据要求议付;在装船前,可凭信用证向出口地银行申请打包放款(Packing Credit),即出口商在缺乏资金购买货物或原材料、支付工资、对出口商品进行加工生产时,银行凭信用证给予短期放款。

总之,信用证对进出口双方起到了两个作用,一是银行的保证作用,二是融通资金的作用。但是,信用证这种结算方式也不是绝对安全,银行信用只是相对的,仍存在一定的风险。如进口商不开证或开出的信用证与合同不符、开证行倒闭等,均构成出口商的风险;出口商用假单据欺诈则构成进口商的最大风险。尽管如此,由于用银行信用代替了商业信用,对进出口商来说还是利大于弊的。

3.对银行的作用

对开证行来说,它开出信用证时只是贷出信用而不是资金,在无须占用自己资金的情况下可获得手续费收入,并且贷出的信用也不是无条件的,通常要求进口商交保证金。当开证行履行付款义务后,即拥有了代表货权的单据,若进口商不偿付,开证行有权处理货物,以抵补欠款;若不足,有权向进口商追索不足的部分。开证行只关心单据,不受买卖合同的约束,不必担心卷入贸易合同纠纷中。

对参与信用证交易的出口地银行来说,由于是受开证行的邀请或得到开证行的授权而参与议付或付款的,有开证行的信用作为保障,一般风险不大,只要单据符合信用证的规定,开证行就将保证予以偿付。

同样,开证行和出口地银行也有风险,分别来自进口商和开证行的倒闭和无理拒付。

四、信用证的产生和发展

信用证是随商品经济的不断发展、国际贸易规模的扩大及银行逐步参与结算而形成的。

最早的信用证并不是用于商业，没有合同作依附。12世纪欧洲的教皇、王公和其他统治者在其使臣出国执行任务时就用由教皇等承诺和签署，对任何愿意给使臣垫款的人，他将无条件付款的一种"信用证"，后来发展到要求指定的外地的代理人或同业垫款。这种信用证后来开始应用于商业，13世纪，伦敦的一些富商派人到欧洲采购货物时，向与购货地有往来关系的商人签发信函，由购货人携带，要求该商人在某一金额内，准予购货人凭收据领取现款，并约定所欠款项的偿还办法。这种旧式信用证的受益人就是申请人即买方本人，并由受益人亲自携带以便在购货地筹措资金，其目的和内容与旅行信用证很相似。这种信用证一直使用到19世纪初，才逐渐被具有现代意义的信用证所取代。

19世纪初，英国开始了工业革命，国际贸易得到进一步的发展。随着定期航线的开辟，提单条款的定型化，凭单付款逐步形成。但银行方面仍存在一定的障碍，由于银行不熟悉商业行情，对要求贴现或押汇的汇票和货运单据仍顾虑重重。基于这种情况，人们开始在旧式信用证基础上加入银行信用，于是现代意义的跟单信用证便产生了。有关资料显示，最早涉及跟单信用证的诉讼案发生于1804年。19世纪中期以后，信用证开始获得真正的发展，而信用证的原则和做法逐渐趋于统一则是20世纪的事情了。信用证的统一运动始于1920年的美国，美国在国内制定了信用证的统一格式。考虑到信用证的国际性，国际商会于1933年公布了"统一惯例"，推荐各国银行采用。为适应国际贸易发展的需要，信用证的种类不断增加。第一次世界大战后取代英国成为世界贸易中心的美国，其出口商为确保交易的安全，要求本国银行对信用证保兑，于是出现了保兑信用证；随着第二次世界大战后卖方市场的形成，又产生了对背信用证；日本在第二次世界大战后为解决进出口失衡问题采用了伊士克罗（Escrow）信用证。

作为完善的结算方式，一般要具备安全迅速清偿债权债务、保证兼顾买卖双方的利益、便于融通资金的功能。信用证基本上具备了这几个条件，所以在国际贸易中被广泛使用，这也在一定程度上说明了信用证制度的合理性。

第二节　跟单信用证的内容及关系人

一、信用证的格式和内容

（一）信用证的标准格式

信用证上所记载的事项必须明确、正确、完整，否则将导致当事人之间的纠纷。但世界上并无具有法律约束力的标准格式，因此信用证的格式多种多样，因开证行而异，也因信用证的种类和目的而不同。

　　国际商会在制定、修改《跟单信用证统一惯例》的同时，也致力于信用证标准格式的制定和推广。1951年国际商会第13次会议除了修订统一惯例外，还通过了银行委员会草拟的"开发信用证标准格式"，并以第159号出版物公布，该标准格式着重统一银行间往来函电的用语款式，对信用证本身的格式没有具体规定，但为国际银行间统一信用证格式奠定了基础。

　　1962年国际商会修订了统一惯例，得到多数国家银行的承认并采纳，银行委员会又开始重新研究信用证标准格式问题，并于1970年以第268号出版物公布，该格式共有6种。为配合1983年统一惯例的修订，国际商会于1986年以第416号出版物公布了新的标准格式。UCP500取代UCP400后，国际商会以第516号出版物公布的标准格式共包括：不可撤销的跟单信用证申请书、致受益人的通知书、致通知行的通知书，跟单信用证连续格式、修改格式、通知格式等。由于这几种标准格式是为信开信用证设计的，而实务中信开信用证几乎不使用，故UCP600颁布实施后，国际商会没有再推出新的标准格式。鉴于516号出版物的标准格式比较直观，尤其是对于没有任何实际工作经验的学生来说，通过标准格式掌握信用证的内容更方便。下面简要介绍一下ICC516格式。

　　（二）ICC516格式（内容）介绍

　　表6-1和表6-2分别是ICC516格式中的致受益人信用证通知书和致通知行信用证通知书。具体内容如下：

　　（1）信用证的性质。标明信用证性质为"不可撤销的跟单信用证"。该标准格式是为不可撤销的信用证而设计的，因此，已印就了"Irrevocable Documentary Credit"字样。如个别情况下需开立可撤销的信用证，要将"不可撤销"划去，换成"可撤销"。

　　（2）信用证号码。这是开证行编排的，这一号码将出现在受益人的单据之中，以表明单据同该信用证的联系。

　　（3）开证地点和日期。开证地点即开证行所在地，开证日期即开出信用证的日期。如是信开，填入的开证日期与信用证的寄发日期相同；若以简电作为预先通知，以本标准格式作为信用证的有效文件，则填入的日期应是简电中表明的开证日期，若简电中未表明，则应填入发出简电的日期。

　　（4）有效日期和地点。有效日是指信用证交单的最后日期，过了这一日期再交单，银行将拒受；地点是单据必须在到期日或之前进行提示的地点，可填入国家或城市名称，该地点与信用证使用方式是直接联系的，必须与信用证中指定的交单银行的所在地一致。

　　（5）开证申请人名称及地址。

　　（6）受益人的名称及地址。

　　（7）通知行的名称及地址，其中的"Ref. No."是供通知行使用的。

表 6-1
Noted Irrevocable Documentary Credit Form
(Advice for the Beneficiary)

Name of Issuing Bank:	Irrevocable Documentary Credit ①	Number ②
Place and Date of Issue: ③	Expiry Date and Place for Presentation of Documents	
Applicant: ⑤	Expiry Date: Place for Presentation: ④	
Advising Bank: ⑦ Reference No.	Beneficiary: ⑥	
Partial shipments ☐allowed ☐not allowed ⑩	Amount: ⑧	
Transshipment ☐allowed ☐not allowed ⑪	Credit available with Nominated Bank: ☐by payment at sight	
☐insurance covered by buyers ⑫	☐by deferred payment at: ☐by acceptance of drafts at:	
Shipment as defined in UCP 500 Article 46 From: For transportation to: ⑬ Not later than:	☐by negotiation ⑨ Against the documents detailed herein ☐and Beneficiary's draft (s) drawn on:	

⑭ ~ ⑳

Documents to be presented within ☐ days after the date of shipment but within the validity of the Credit.   ㉑

We hereby issue the Irrevocable Documentary Credit in your favour. It is subject to the Uniform Customs and Practice for Documentary Credits (1993 Revision, International Chamber of Commerce Paris, France Publication No. 500) and engages us in accordance with the terms thereof. The number and the date of the Credit and the name of our bank must be quoted on all drafts required if the Credit is available by negotiation, each presentation must be noted on the reverse side of this advice by the bank where the Credit is available.

㉔

This document consists of ☐signed page (s)   ㉕Name and signature of the Issuing Bank

表 6-2　　　　　Noted Irrevocable Documentary Credit Form
(Advice for the Advising Bank)

Name of Issuing Bank:	Irrevocable Documentary Credit	Number
Place and Date of Issue:	Expiry Date and Place for Presentation of Documents Expiry Date: Place for Presentation:	
Applicant:		
Advising Bank:　　　　　Reference No.	Beneficiary:	
Partial shipments　☐allowed　☐not allowed	Amount:	
Transshipment　☐allowed　☐not allowed	Credit available with Nominated Bank: ☐by payment at sight	
☐insurance covered by buyers	☐by deferred payment at: ☐by acceptance of drafts at:	
Shipment as defined in UCP 500 Article 46 From: For transportation to: Not later than:	☐by negotiation Against the documents detailed herein: ☐and Beneficiary's draft(s) drawn on:	

Documents to be presented within ☐ days after the date of shipment but within the validity of the Credit.

We have issued the irrevocable Documentary Credit as detailed above it is subject to the Uniform Customs and Practice for Documentary Credits (1993 Revision, International Chamber of Commerce Paris, France Publication No.500). We request you advise the Beneficiary
☐without adding your confirmation　☐adding your confirmation　☐adding your confirmation if requested by the Beneficiary ㉒
Bank-to-Bank Instructions: ㉓
This document consists of ☐signed page(s)　　　㉕Name and signature of the Issuing Bank

（8）信用证金额。金额要用大小两种写法，以防涂改，要有货币名称（国际通用标准编写符号）。视情况可在金额前用"about"或"approximately"字样，依惯例该金额可允许有10%的伸缩。

（9）指定银行及适用。在"credit available with"的后面填写指定银行的名称和所在地。如信用证是自由议付的，则只填"any bank in（城市或国家名）"或填"any bank"即可。信用证的使用方式有四种，即：by sight payment——即期付款信用证；by acceptance——承兑信用证；by negotiation——议付信用证；by deferred payment——延期付款信用证。一张信用证必须在这四种方式中选一种，在选中的方式前的方框中标上"×"。但如果选择了延期付款，则必须加注具体日期，如"10 days after presentation of documents"。

在使用承兑方式时，要使用汇票（即期和议付信用证是有时使用），"and beneficiary's at on"即是对汇票的规定，要求填上汇票的到期日和付款人。

（10）分批装运。在"允许"或"不允许"的方框中标上"×"。

（11）转运。处理方法同上。

（12）买方投保。信用证不要求提交保险单据时，而且申请人表示它已经或将要为货物投保时，便可在此方格内标上"×"。

（13）装运港、目的港和装效期。

（14）~（20）是格式中间的空白处，包括以下内容：（14）货物描述；（15）单据的规定；（16）商业发票；（17）运输单据（普遍的）；（18）运输单据（特定的）；（19）保险单据；（20）其他单据。

（21）交单期限。信用证除规定有效日期外，每个要求提交运输单据的信用证还要规定一个运输单据出单日后必须交单付款、承兑或议付的特定期限。如果未规定，则这个期限为运输单据出单日期后21天，但不得晚于信用证的有效期。

（22）对通知行的指示（仅用于"致通知行的通知书"，即表6-2）。有三项选择，要求通知行加保兑或不加保兑及授权通知行在受益人要求的情况下加保兑。

（23）偿付指示（仅用于"致通知行的通知书"，即表6-2），说明指定银行如何获得偿付。

（24）信用证开立的总页数。

（25）签字。给受益人和给通知行的格式都要求开证行签字。

格式中有一些印就的文句，其意思共有三层：开证行开立的信用证按现行的统一规则办理；如信用证要求汇票，则开证行名称、信用证号码、开证日期必须写在汇票中；如是议付信用证，则在议付时要背批。

二、信用证的主要当事人及其权责

信用证涉及的当事人有许多，每一笔信用证业务的参与者也不同，有的当事人可能具备多种身份。因此，搞清这些当事人的地位、责任、权利和义务是处理好信用证业务的基本条件之一。

（一）申请人（Applicant）

申请人又称"开证人"，通常是进口商。申请人根据买卖合同向往来银行申请开立信用证。有时在一些特殊情况下，可能是进口商的委托人或中间商。

1.申请人的主要责任

申请人要受到和卖方签订的贸易合同及与开证行签订的业务代理合同两个合同的约束。

（1）贸易合同项下的责任。首先，申请人及时申请开证。在买卖双方签订的合同中，如支付条款中规定由买方开立信用证，那么申请人就有在规定的期限内开出信用证并交给出口商的义务。若合同中并未明确规定信用证的开出时间，申请人应在此交易的合理时间内办理信用证，使信用证能在装运期限以前到达出口地，以便出口商有充分的时间备货和装运。如果申请人拒绝开证或未能按期开证，则被认为是违约，受益人有权要求赔偿或撤销合同。

除按期申请外，还要求所申请的信用证在内容上符合合同的要求，买卖双方之所以使用信用证，是因为这是履行合同的先决条件，是为了完成合同中规定的支付条款。买卖双方最终的义务还是合同义务，所以信用证的内容必须和合同一致。

（2）代理合同项下的责任。所谓的代理合同，是指申请人在业务最初向开证行提交的开证申请书。在代理合同项下申请人的主要责任有：

首先，合理指示开证。对开证行的指示是列在申请书上的，因此申请人要合理地做出各项指示。为使信用证完整和准确，有的申请人在给开证行的指示中，几乎将合同的全部细节都写上，想以此制约受益人。但完整和准确并不等于复杂，复杂烦琐的条款非但不能起到制约受益人的作用，反而是信用证内容越复杂，越不容易做到单证一致，使涉及的当事人都耗费精力，有的银行甚至不愿议付这样的信用证。因为银行只管单据，受益人完全可以不按事实而制作与信用证表面相符的单据。所以，申请人在给开证行做指示时，不仅要全面（不能有疏漏）、准确（不能用模棱两可的措辞使人产生误解，前后内容不得出现矛盾），还要做到简单明了，避免面面俱到。这是申请人在代理合同项下必须履行的第一个责任。

其次，交保证金。开证行为申请人开证，向出口商做出了第一性的付款保证，实际上是提供了信用，为确保能从申请人那里得到偿付，最简单的办法就是要求申请人有抵押或质押。传统的做法是签订总质押书，除保证一切损失由申请人赔偿外，还要求申请人在开证行设立一个专门的账户，按信用证的金额交一定比例或全部的保证金，该保证金是被冻结的，不计利息。由于交保证金占用了申请人的资金，所以一些进口商不愿使用信用证，这也是使用信用证不尽如人意的地方。为了克服这个缺点，一些银行对在授信额度内的开证已不收取保证金，以利于开证申请人的资金周转。

再次，付款赎单。在开证行履行了付款责任后，申请人应向开证行付款赎单。开证行是为申请人垫付，所以申请人要偿还。在申请人付款前，作为物权凭证的单据属于开证行。

最后，支付各项费用，如开证费、电报费、邮费和修改费等。

2.申请人的主要权利

（1）有权在付款前对受益人提交的单据进行审核。若发现单据与信用证条款不符或单据之间有矛盾，申请人有权拒绝付款，因为信用证项下的付款是以受益人提交相符的单据为前提条件的。

（2）有权验货。申请人在履行付款义务后，对到港的货物有权进行品质和数量检查，若不符，有权根据过失责任向有关方面进行追赔。如属于运输公司的责任，则向运输公司和保险公司交涉；如属于出口商的责任，则退货索回货款。但是，不能要求开证行赔偿，因为这与信用证的单证一致无关，属于贸易合同项下的权利。

（3）属于开证行的过失，有权要求赔偿。如果单据合格但被开证行错误地拒付，申请人就可要求银行赔偿相应的损失。

（4）如果有证据表明受益人存在欺诈行为，在未影响第三者利益的前提下，申请人有权向法院申请禁付令，禁止开证行对外付款。

（二）开证行（Issuing Bank or Opening Bank）

应申请人的要求，代表申请人向受益人开出信用证的银行称开证行，一般是进口商所在地的银行。根据UCP600，开证行也可"代表自己开出信用证"。

1.开证行的主要义务

（1）及时开证。开证行应按申请人提交的申请书上的指示以及UCP600的要求正确及时地开出信用证。在这里，开证行的地位与托收方式下的托收行地位相同，它要严格按照申请人的指示行事，如果背离，势必产生一定的风险。

（2）负第一性的付款责任。开证行通过开证承担了对受益人提交的表面上相符单据付款的全部责任。在这里，银行的担保代替了申请人担保，开证行不能以申请人没有付款能力、没交保证金或有欺诈行为等为借口而推卸付款责任，即使申请人倒闭，付款责任也不能解除。只要单证相符，开证行承担的是第一性的、独立的、绝对的付款责任。

（3）无追索权。开证行在验单付款后，不能对受益人或议付行行使追索权，即开证行的付款是终局性的付款。

（4）对指定行进行偿付。在信用证业务中，开证行会委托其他银行作为保兑行、议付行、偿付行、通知行进行保兑、议付、划款或通知等，如果这些银行为开证行垫付了资金，开证行必须偿还；如果这些银行提供了授权范围内的服务，开证行要承担有可能发生的风险并支付相应的费用。

2.开证行的主要权利

（1）有权向开证申请人收取保证金和手续费。

（2）有权审单。开证行对受益人提交的单据有权审查，以确定单据表面上是否符合信用证条款。对不符合信用证条款的，有权向议付行退单，并追索款项（当开证行仅凭议付行的索汇电报付款时）。

（3）控制单据。一旦进口商无力偿付，开证行有权处理单据或货物，如出售货物的价款不足以抵补垫款时，有权向申请人追讨不足的部分。

（三）受益人（Beneficiary）

受益人是指信用证上所指定的有权使用该信用证并享受其利益的人，即出口商，也是汇票的出票人（如有汇票）。

1.受益人的主要义务

（1）在收到信用证后，应在规定的装运期内装运货物，并在有效期内向交单行提交单据，对单据的合格与否负责。

（2）发运货物的品质等应严格遵守合同的规定，有保证货物合格的义务（这是贸易合同的自然延伸，而非信用证项下的责任）。

2.受益人的主要权利

（1）审核信用证。受益人在接到信用证后，应与合同核对，若信用证条款和合同不符，或无法履行，有权要求开证行修改或拒绝接受。

（2）受益人有凭相符单据取得货款的权利。

（3）开证行倒闭时，有权要求申请人付款。若信用证是保兑的，则有权要求保兑行付款。如果开证行和申请人同时破产，如货已备好，但未交货或未装船，有扣留权；如货已发出，即使单据已交，仍可要求承运人中途停运，即行使停运权，并将货物出售给他人。

（四）通知行（Advising Bank）

通知行是应开证行的指示向出口商转交信用证的银行，是开证行指定的银行之一，多由开证行在出口地的联行或代理行来担任。

1.通知行的主要义务

（1）验证信用证的真实性。通知行如决定通知信用证，就有义务证明信用证表面的真实性。通知行收到信用证后，首先要核对印鉴或密押，以防止信用证是伪造的。因银行拥有识别真伪的技术和手段，这也是大多数信用证要通过出口地银行来通知的原因。如果通知行不能确定信用证表面的真实性，应向开证行说明；如果此时它依然予以通知，则须告知受益人它不能确定信用证的真实性。

（2）及时转交信用证。印鉴或密押核对相符后，通知行要缮制通知书，将信用证及时转交给受益人。

2.通知行的主要权利

（1）有权不通知。如通知行决定不通知，要不延误地告知开证行，但一旦决定通知，就有义务及时、准确地加以通知。如错误地通知了信用证的有关条款，给受益人造成损失，则要承担责任。

（2）有权收取费用。作为通知行，有权向开证行收取通知信用证和通知信用证修改的费用，但对受益人没有承付的义务。

（五）议付行（Negotiating Bank）

跟单信用证统一惯例对议付行没有明确的定义，但对"议付"却有详细的解释。根据UCP600第2条，"Negotiation means the purchase by the nominated bank of drafts（drawn on a bank other than the nominated bank）and/or documents under a complying presentation，by advancing or agreeing to advance funds to the beneficiary on or before the banking day on which reimbursement is due to be paid the nominated bank."（议付是指定银行在相符交单下，在应获得偿付的银行工作日当天或之前向受益人预付或同意预付款项，从而购买汇票及/或单据的行为。）

理解了"议付"，自然就理解了做出这个行为的议付行。简单地说，在使用议付信用证时，开证行在信用证中指定一家银行并授权其在单据相符时议付买单，将款项垫付给受益人，这家被指定的银行就是议付行。有时，信用证中不指定议付行，而是允许任何银行自由议付，这时受益人可以选择任一家银行将单据交给其要求议付。

议付行可能是通知行或保兑行，也可能是出口地的其他银行。议付行在处理信用证业务时有以下权利和义务：

1.议付行的主要权利

（1）有权议付或不议付。在信用证中做出付款承诺的是开证行。因此，议付行没有必须议付的义务，它可以自由选择是否购买受益人的单据。如开证行信誉不佳，或者信用证过于复杂，就可不议付。

（2）有权审单。议付行之所以议付，是建立在开证行保证偿付的基础上，但开证行偿付的前提是相符交单，只有议付了与信用证相符的单据，才能得到偿付，所以议付行要对单据进行严格的审核。

（3）有权索偿。议付后，议付行有权向信用证的开证行或偿付行收回垫款。

（4）有追索权。开证行拒付时，除非议付行同时又是保兑行，否则议付行有向受益人追索的权利。

（5）在向偿付行索偿时，无证明单据相符的义务。

2.议付行的主要义务

议付后，议付行应进行"背批"，即把议付金额、日期、发票号码等签注在信用证的背面，以便受益人了解信用证的使用情况，防止超额或重复使用。信用证上一般会订有背批条款，要求议付行必须如此。

（六）付款行（Paying Bank）

付款行是付款信用证项下执行付款的银行，是开证行的代理付款人。付款行可能是开证行自己，也可能是与开证行有委托代理关系的银行。如受益人开出的汇票是以本国货币表示的，通知行通常就是付款行；若以进口国的货币表示，则开证行为付款行；若以第三国的货币为支付货币，则付款行是第三国的某家银行。

（1）付款行是作为开证行的付款代理人出现的，由开证行在信用证中指定。和议付行一样，由于其本身并未在信用证中做出承诺，所以有权不按开证行指示行事。其之所以付款，是因为与开证行之间有代理合同。如果付款行和开证行无代理合同，付款行当然可以不执行付款。

（2）付款行有权根据代理合同从开证行取得偿付以及所发生的费用。

（3）付款行验单付款后无追索权。从法律上看，付款行是开证行的代理，它是代表开证行验单的，一经付款，则是最终付款。如付款行是通知行，一经付款，不能再向受益人追索；付款行是第三国银行时，一经向持票人付款，也不能追索，即付款行除非误付，否则不能向前手行使追索权。

（七）偿付行（Reimbursing Bank）

偿付行是开证行指定的对议付行或付款行偿还垫款的银行。当开证行与议付行或付款行之间无账户关系时，特别是信用证以第三国货币开出时，为方便结算，开证行便委托另一家与之有账户关系的银行，即偿付行代向议付行或付款行偿付。偿付行的主要权利义务是：

1.在授权范围内偿付

只要索偿行提供的信用证号码、开证行名称和账户，以及索偿金额等事项符合开证行的偿付授权，偿付行就应向其索偿的议付行或付款行偿付。偿付行也有权拒绝执行开证行的偿付指示（除非已开具了偿付保证），此时应由开证行承担偿付之责。

2.无权要求议付行或付款行证明单证相符

偿付行只是接受开证行的委托，充当出纳机构，与受益人无关，它既不接受也不审核单据，所以没有必要要求议付行或付款行证明单证相符。开证行在收到单据之后，若发现不符点，不能向偿付行追索，而应直接向议付行追回已付款项，即偿付行只负责偿付，不管退款。

（八）保兑行（Confirming Bank）

开证行以外的银行接受开证行的要求以本身名义对信用证的付款加具保证的银行称为保兑行。有时因开证行的信誉不佳，或受益人对开证行的信用情况不了解，或者开证国家经济状况恶化，出现政治事件或外汇管制较严等情况时，往往由开证行请另一家为受益人所熟悉的银行（通常是出口地的通知行或其他信用卓越的银行）对其所开的信用证担负兑付的责任。信用证经过保兑，其可接受性将大大增强。

1.保兑行的主要权利

（1）有权保兑或不保兑。如被邀请的银行不准备加保兑时，必须及时向开证行发出通知，但可以将这个未加保兑的信用证通知给受益人，并如实通知开证行。

（2）有权收取保兑费。保兑行以其自身信用提供保兑并承担风险，故有权收取保兑费，费用的多少，依据信用证有效期限的长短而定，保兑费通常有三种负担方式：由进口商负担；由出口商负担；由进出口商双方负担。

（3）有权决定对信用证的修改是否加保。信用证保兑后，如果需要修改，必须征得保兑行的同意，但即使保兑行同意修改信用证，它也有权选择是否对修改部分加保兑。但是对同一修改通知中的修改内容不允许部分接受，因而，部分接受修改内容当属无效。

（4）有权向开证行索偿。当保兑行向受益人付款后，即取得向开证行索偿的权利，但保兑行不得对受益人进行追索。

（5）有权拒绝接受单据。如受益人提交的单据与信用证条款不符，保兑行可以拒绝接单、拒绝付款。

2.保兑行的主要义务

（1）保兑后，无权擅自取消。拒绝加保时，应及时通知开证行。

（2）第一性付款义务。保兑行接受开证行的邀请在信用证上加注保兑注记后，就承担了必须付款的义务。这一责任与开证行的第一性付款责任相同，并且与开证行的承诺是分离的、独立的。

（3）审核单据。在付款前，保兑行有权审核单据，若单证不符，有权不付款，但必须通知受益人。

（4）无追索权的议付。如果信用证规定由保兑行议付，其议付无追索权。

（九）索偿行（Claiming Bank）

根据 URR725，"Claiming Bank" shall mean a bank that pays，incurs a deferred payment undertaking，accepts draft（s），or negotiates under a Credit and presents a Reimbursement Claim to the Reimbursing Bank. "Claiming Bank" shall include a bank authorised to present a Reimbursement Claim to the Reimbursing Bank on behalf of the bank that pays，incurs a deferred payment undertaking，accepts draft（s），or negotiates.（索偿行是指在信用证项下做出付款、迟期付款承诺，承兑汇票或议付并向偿付行提示索偿要求的银行。索偿行还应包括被授权代表做出付款、迟期付款承诺，承兑汇票或议付的银行向偿付行提示索偿要求的银行。）

简单来说，索偿行是信用证中代开证行先行付款、议付和保兑的银行，包括议付行、付款行、保兑行，这些被指定的银行根据开证行的邀请或授权在付款或议付之后，要向偿付行或者开证行索偿垫款。

（十）被指定银行（Nominated Bank）

按UCP600的定义，被指定银行"是信用证可在其处兑用的银行，如信用证可在任一银行兑用，则任何银行均为被指定银行"。可见，上述的议付行、付款行、保兑行都是被指定银行，它们都是接受开证行的委托或指示，对受益人提交的相符单据予以承付（Honour）。

在一些交易中，一家银行往往充当着不同角色。例如，通知行议付了信用证项下的单据，就同时是议付行；如果开证行直接进行了支付，则它同时又是付款行；如果通知行对信用证加了保兑，则它又变成了保兑行。但绝大多数情况下，跟单信用证交易只有两个基本银行——开证行和通知行，分别在进口商和出口商的所在地。如果信用证中出现了其他的银行，则其权利和义务不是由信用证决定的，而是由另外独立的合同关系决定的。

在一份信用证中，并非所有以上当事人都会出现，除开证行、申请人和受益人外，其他当事人是否存在，取决于具体的交易情况。

三、银行的免责事项

银行在信用证业务中的地位是申请人的代理人，而接受开证行的邀请提供服务的通知行等则是开证行的代理人，因此，信用证业务中发生的一切风险应由申请人负责。在UCP600中，对银行的免责事项有专门的规定，主要包括：

（一）对单据有效性的免责

银行对于任何单据的形式、完整性、准确性、真伪性或法律效力，或对于单据上规定的或附加的一般性及/或特殊性条件概不负责；银行对于任何单据中有关的货物描述、数量、重量、质量、状况、包装、交货、价值或存在与否，对于货物的发货人、承运人、运输行、收货人或保险人或其他任何人的诚信、行为及/或疏忽、清偿能力、执行能力或信誉也概不负责。

（二）对信息传递和翻译的免责

银行对由于任何报文、信函或单据在传递中发生延误、遗失所造成的后果，或对于任何电讯在传递过程中发生的延误、残缺或其他差错概不负责。银行对专门性术语的翻译或解释上的差错也不负责，银行保留将信用证条款原文照转而不翻译的权利。

（三）不可抗力免责

银行对于因天灾、暴动、骚乱、叛乱、战争或银行本身无法控制的任何其他原因而营业中断，或对于因任何罢工或停工而造成的营业中断所引起的一切后果概不负责。除非经特别授权，银行在恢复营业后，对于在营业中断期间已逾期的信用证，将不再进行付款、承担延期付款责任、承兑汇票或议付。

（四）对被指示方行为的免责条款

银行为执行申请人的指示，而利用另一家银行或另几家银行的服务，是代申请人办理的，费用由申请人承付，风险由申请人承担。即使是银行主动选择其他银行办理业务，它发出的指示未被执行，对此银行亦不负责。

第三节　跟单信用证的种类

信用证可按照不同的标准进行分类，这些分类有的在UCP600中有规定，有的则是实务中的惯例。以下介绍的是几种常用的信用证。

一、不可撤销信用证和可撤销信用证

这是根据开证行所负的责任来划分的。

1.不可撤销信用证（Irrevocable Credit）

不可撤销信用证是指信用证一经开出，在有效期内，非经受益人、保兑行（如有）等有关各方面的同意，开证行不能将信用证单方取消或修改。现在使用的信用证，都在明显的地方写有"irrevocable"字样（使用SWIFT时，MT700格式中的40A项）；即使未注明，也视为是不可撤销的（UCP600第3条规定）。

不可撤销的信用证具有两大特征：一是上面所说的"不可撤销性"，即在有效期内，非经有关当事人的同意，不能进行修改或撤销；二是开证行对受益人所负的第一性的付款保证责任，即只要受益人相符交单，开证行就必须付款。

不可撤销的信用证为受益人提供了较大程度的保障，因为不经其同意，信用证不会被修改或撤销，受益人可放心地备货发运，不必担心开证行会撤销付款承诺。但对进口商来说，在商品价格下跌的情况下，仍必须按信用证上的价格支付，没有什么灵活的余地。国际贸易中使用的信用证大多是不可撤销的。原则上，我国的银行和出口公司不开立也不接受可撤销的信用证。

2.可撤销信用证（Revocable Credit）

可撤销信用证是指开证行在开出信用证后，可不必经受益人等有关当事人的同意，随时可修改或撤销的信用证。这种信用证通常写有这样的字句："This credit is subject to revocable or modification at any time，either before or after presentation of documents and without notice to you."

当可撤销的信用证经一家银行通知并授权该行付款、承兑、议付或延期付款时，若在未收到修改或撤销通知之前，已经对表面上符合信用证条款要求的单据做了付款、承兑、议付或在延期付款信用证下接受了单据，这些行为将是有效的，开证行将给予偿付。但这种保障是有限的，开证行承担的义务是针对办理付款、承兑、议付、延期付款的指定的银行，若办理议付的不是信用证上的指定行，开证行将不承担偿付义务。需要注意的是，开证行可以不将信用证已撤销的事实通知受益人，但必须通知给通知行，否则，信用证的修改或撤销将没有效力。

由于这种信用证对受益人的保证不充分，一般不会被受益人接受。因为受益人不论是在装船前还是在装船后，都要承受开证行撤销或修改信用证的风险，特别是在货物装上船后，潜在的损失较大。在这种情况下，可以说信用证的主要特征——银行信用代替商业信用已经丧失。由于对受益人缺少安全性，可撤销信用证已经很少使用。

可撤销信用证为进口商提供了最大的灵活性，因它可以在任何时候修改或取消，除非已经付款、承兑或议付。

尽管如此，可撤销信用证有时还会出现，据粗略估计，可撤销信用证的使用率为1‰左右，原因是：

（1）进口商有时没有得到进口许可证，但又急需货物，便可以预先开出可撤销的信用证，同时声明须待取得进口许可证时才能生效。

（2）进口商为减轻开证费用或少交保证金，有时也会开出可撤销的信用证。因为按照国外银行的习惯，凡开出可撤销的信用证，银行的责任较轻、收费较低，有时甚至不收取任何保证金。

（3）进出口双方关系密切，开证申请人资信良好，有可能是联号或总分支公司的关系，可以相互信赖，故使用可撤销的信用证。

（4）出口商对某些滞销货物有时亦同意用这种信用证，一般是有现成的库存，接到信用证马上发货交单议付。只要在装船前没有收到撤销通知，其承担风险的时间就是有限的。

总之，可撤销信用证可以随时撤销，风险较大。要避免风险，除了由受益人向开证行提出修改，要求不使用可撤销的信用证外，在议付行方面，要建议受益人不接受或由对方某银行加保兑，但在这种情况下，一般的银行不会加保，因保兑信用证必须同时是不可撤销的。对这种可撤销的信用证，在议付时应由通知行办理较妥，或要求信用证指定议付行。在实际业务中，议付行在议付时，一般要向开证行查询是否已撤销。

可撤销的信用证有时可以通过信用证上"revocable"的字样明白无误地观察到，但有时也须经分析才能判断出来。例如：

（1）来证虽然是不可撤销的，但有特别条款，如必须取得进口许可证或领到进口额度才能生效，或对开信用证规定了"须收到对方有对开证开来方有效"，这类信用证严格来说都属于可撤销的。

（2）来证是不可撤销的，但开证行声明，只对信用证部分负责，而对没有负责的那部分，实际就是部分可撤销的。如开证行规定，凭相符单据付信用证金额的60%，至于其余40%，要在开证申请人见票后90天支付，且开证行不承担责任。

（3）不可撤销的但又不负责任的信用证。这类信用证主要指开出的信用证是不可撤销的，公开表明依据UCP600开出，但开证行在信用证内又加上了"货款将在收到付款人付款后交付，我行恕不负责"的条款。

二、保兑信用证和不保兑信用证

这是根据信用证有无第三方提供保证兑付来划分的。

1.保兑信用证（Confirmed Credit）

由开证行以外的另一家银行加具保证兑付的信用证称保兑信用证，即委托第三家银行加保。保兑行通常由通知行充任，通知行接受委托后，在信用证上打印加保的文字，如"This credit is confirmed by us"或"We hereby added our confirmation"。保兑的做法起源于英国，所以英国以前开出的信用证都加"保兑"字样，confirm与irrevocable的意义是一样的，因此若出现"confirm credit"或"irrevocable confirm credit"，一般不是委托通知行加保，而是开证行本身加保的意思，这种保兑是没有意义的。看一个信用证是否是保兑的，不能光看名称，而要看是否有另外一家银行承担了与开证行一样的"第一性的付款责任"。

保兑银行所负的责任，不论是其形式还是范围，完全与开证行所负的责任相同，且担保责任是绝对的，不论发生什么情况，都不得单方面撤销其保兑，这在UCP600中有详细的规定，只要规定的单据被提交至保兑行，或者提交给其他任何指定银行，并且构成相符交单，保兑行必须：

（1）承付，如果信用证为以下情形之一：

①信用证规定由保兑行即期付款、延期付款或者承兑；

②信用证规定由另一指定银行即期付款，但其未付款；

③信用证规定由另一指定银行延期付款，而该指定银行未承诺延期付款，或虽已承诺但到期未予付款；

④信用证规定由另一家指定银行承兑，而该被指定银行未予承兑以其为付款人的汇票，或者虽已承诺但到期未予付款；

⑤信用证规定由另一指定银行议付，但到期未议付。

（2）无追索权的议付。如果信用证规定由保兑行议付，保兑行自对信用证加具保兑之时起即不可撤销地承担承付或议付的责任。如果信用证规定由保兑行议付，其议付是无追索权的。

保兑，通常是由受益人提出后，通过申请人转请开证行考虑办理，也可由受益人通过信用证的通知行转告开证行办理，然后由开证行委请其他银行加保兑。受益人并不是在任何时候都要求加保兑，在大多数受益人看来，只要开证行资信良好，能承担付款责任，就没必要加保兑了。是否保兑，与进口商无关，但因保兑行收取的费用较高，增加了进口商的负担，一般进口商会将这些费用加在货价内或要求出口商降价，以转嫁给出口商。若不能转嫁，则该信用证将是进口商花费最大的信用证。在下面几种情况下，受益人可能会考虑使用保兑信用证：

①对国外开证行的资信不了解。

② 进口国政局动荡或正处于战争中或政府对进出口实行强硬的外汇管制政策。

③ 开证行信誉不佳，资金能力有限或者与出口地银行未建立代理行关系。

对出口商来说，保兑信用证是最有利的信用证，因为信用证加保后，受益人就有了双重的付款保证，只要单据符合要求，它就保证能得到付款，而且它可以要求保兑行和开证行中的任何一个银行履行付款责任。并不是在开证行不对受益人负责时保兑行才负责，它可以要求保兑行和开证行中任何一个履行付款责任，没有先后顺序的限制（具体兑付时，受益人会根据信用证条款的安排，向保兑行或开证行提出支款要求。如果信用证中指定付款人为保兑行，受益人就应先向保兑行提出要求；如果以开证行为付款人，则先向开证行要求付款，开证行不付时再要求保兑行付款）。

开证行一般不愿请别的银行给自己开出的信用证加保兑，因为这个行为有损开证行的声誉。但有时，有的银行知名度不高或者对自身的资信有"自知之明"，唯恐所开出的信用证不被受益人接受或在出口地不易被其他银行议付，便主动在开证时声明"如受益人要求时，请加保兑"。

国际商会曾对应由开证行还是开证申请人选择保兑行进行过讨论，认为开证申请人有权在开证时选定保兑行，但考虑到保兑行往往是开证行的代理行，故一般由开证行选定，且这种保兑是针对开证行的信用，与申请人无关。我国对外开证时，一律不要求加保兑，除非信用证有要求；对国外开来的信用证，如要求我方加保，应根据开证行的资信、业务往来情况以及开证行所在国的政治、经济等因素决定是否加保。对于风险较高的代理行来证，原则上不予保兑并及时通知开证行。

如果在信用证中没有授权或要求指定银行加保，而指定银行在受益人的要求下加上了自己的保兑，则这样的保兑称为沉默保兑（Silent Confirmation）。显然，这是保兑行与受益人之间的关系，与开证行无关。

2.不保兑信用证（Unconfirmed Credit）

未委托第三方加保的信用证就是不保兑信用证，它由开证行单独承担不可撤销的保证付款的责任。通常，不保兑的信用证使用得更多一些。

根据信用证是否加了保兑，会出现三种情况：

① Irrevocable and Confirmed Credit

② Irrevocable and Unconfirmed Credit

③ Revocable and Unconfirmed Credit

从受益人的立场看：①最有保障；②只要开证行可靠，也有保障；③最没有保障。

三、即期付款信用证、延期付款信用证、承兑信用证和议付信用证

这是按信用证的使用方法或付款方式来分类的。UCP600规定，每一个信用证都必须明确是这几种信用证中的哪一种。

1. 即期付款信用证（Sight Payment Credit）

即期付款信用证是受益人向信用证指定的付款行提交符合信用证条款的单据时，付款行立即履行付款义务的信用证。

这种信用证可要求也可不要求开出汇票，实务中以后者居多。如果要汇票，则汇票上的付款人应是信用证上指定的付款行，可能是开证行，也可能是指定的第三国银行，但不能是开证申请人。按付款行来划分，即期付款信用证有三种情形：

（1）开证行即期付款（Available with issuing bank by sight payment）。这种信用证交单的有效期和交单地点在开证行，偿付路线通常为寄到付款。由于信用证没有指定银行，受益人因很难得到所在地银行的融资，有时不太愿意接受，故银行较少开立这种信用证。

（2）指定银行即期付款（Available with nominated bank by sight payment）。这种信用证指定了一家银行作为付款行，交单的有效期和交单地点在指定银行。通常开证行还会指定一家偿付行，允许电索和承担电传费。如果开证行在指定银行有账户，信用证会授权指定银行主动借记开证行的账户。通常由通知行充当付款行。

（3）任何银行即期付款（Available with any bank by sight payment）。这种信用证指定任何银行为付款行，交单的有效期和交单地点在受益人或其他交单人交单的银行，由于具有较好的流通性，方便了受益人。

至于使用哪种即期付款方式，则取决于进口商和出口商在谈判中的地位。如果出口方强势，就会要求开出由自己当地银行作为被指定银行的即期付款信用证；反之，作为申请人的进口商就可以开立仅由开证行付款的即期付款信用证。付款银行的不同，将会影响到受益人取得款项的早晚。

2. 延期付款信用证（Deferred Payment Credit）

延期付款信用证是受益人提示相符的单据后，由信用证指定的付款行在规定的将来某一时间付款的信用证。这种信用证不要求开立远期汇票，其期限一般是从提单日期算起，即运输单据开出后若干天或从开证行或付款行收到单据的日期算起。既无汇票，又是远期付款，所以不要汇票的远期付款信用证就是延期付款信用证。与上述即期付款信用证一样，延期付款信用证的付款行可以是开证行、指定银行或任何银行。

延期付款信用证由于不存在汇票，既不像即期付款信用证那样，受益人可以在向银行提交单据后请求立即付款，也不像承兑信用证那样，通过对汇票的承兑，得到到期付款的保证，并可将已承兑的汇票贴现得到资金融通。使用这种信用证，等于出口商向进口商提供资金融通，进口商可以通过单据的提交与付款之间的时间差获得融资。因此，如果使用该种信用证，货价可能要高一些；为安全收回货款，受益人可能还会向开证行提出第三方加保的要求。

这种信用证大多用于价值高的资本性货物，如大型成套设备等，使进口商在付款前先凭单提货，并在安装、调试甚至投产后，再支付设备价款；如果收到货物后发现有欺诈，申请人有充足的时间采取措施来保护自己。显然，这种信用证对进口商有利。

3.承兑信用证（Acceptance Credit）

当信用证指定的付款人（即汇票付款人）接受受益人提交的包括远期汇票在内的相符单据时，承兑该汇票，并在到期日付款的信用证称为承兑信用证。它与延期付款信用证一样，都属于远期信用证，但不同的是，承兑信用证必须要求有一张远期汇票，所以承兑信用证又可以理解为是要汇票的远期信用证。

若开证行是汇票的付款人，则由开证行承兑，并承担汇票到期付款的责任；若付款人是其他指定的银行，则由被指定的银行承兑，由于被指定的银行没有必须承兑的义务，除非该行保兑了信用证，所以一旦被指定的银行拒绝承兑，则由开证行来承担这一义务。也就是说，不管是谁承兑，开证行都要对到期付款承担负责。

付款行承兑汇票后，汇票便与其他单据分离而成为一张光票，付款行作为汇票的承兑人，按票据法的规定必须对持票人承担到期付款的责任。承兑后汇票可退还给受益人，以备到期提示取款。但大多数情况下，承兑行只发出一个已承兑通知，通知到期日，而不将汇票退还。如果承兑行不是开证行，承兑行付款后则单寄开证行索偿。开证行在收到单据后，一般以付款交单的方式向申请人放单。如果受益人需要融通资金，也可以将承兑汇票在承兑行或其他银行贴现，扣除贴息后提前获得货款。

由于是远期，有利于申请人，这是与延期付款信用证相同之处；由于有汇票便利贴现或转让，有利于受益人，这是承兑信用证与延期付款信用证的区别所在。

4.议付信用证（Negotiation Credit）

如前所述，议付是指定银行在相符交单下，在应获得偿付的银行工作日当天或之前向受益人预付或同意预付款项，从而购买汇票及/或单据的行为。议付要满足三个条件：一是办理议付的银行必须是被授权议付的银行；二是被授权议付的银行必须向受益人预付或同意预付款项；三是议付所买入的必须是信用证项下的相符单据。

（1）公开议付和限制议付。信用证可指定一家银行议付，也可允许任何银行议付。前者称限制议付信用证（Restricted Credit or Special Credit），后者称公开议付信用证（Freely Negotiable Credit or Open Credit）。限制议付在信用证上注明"negotiation restricted to ×× bank"或"available with ×× bank by negotiation"；公开议付信用证上注明的是"available with any bank by negotiation"。

对于限制议付信用证，汇票必须在开证行指定的那个银行议付，单据也必须向该行提示。此种信用证常有这样的条款："Drafts under this credit are negotiable only through the bank whom this credit is advised and who holds special reimbursement instruction." 即 "本信用证项下的汇票只能由本证的通知行议付，该行持有特别的偿付指令"。对于公开议付的信用证，卖方可以自由选择银行议付，非常方便，只要其选定的银行愿意。

信用证以公开议付为多见，特别是一些大银行开出的信用证，自信谁都愿提供议付，所以很少限制议付行。限制议付可能会在下面几种情况下使用：

① 开证行为了将业务控制在本系统之内，或者是照顾联行和代理行的关系。

② 有的开证行考虑到自己的资信，指明邀请某银行议付。

③ 除开证行外，通知行为了招揽生意，有时也自己在来证的面函上写上限制条款，如 "我行愿意议付此证，保证提供满意服务" 等。

如信用证限制了议付行，其他银行能不能议付呢？从理论上分析，信用证的责任条款上有一条 "我行保证对所有根据本信用证开出的，并与信用证规定相符的单据及汇票负责付款"。所以，只要单据相符，作为受益人有权请任何银行代向开证行交单，要求付款。但对局外的议付行，议付该信用证是有风险的，首先是难以鉴别信用证的真伪。印鉴、密押在开证行与通知行之间是有约定的，而其他的银行不可能知道约定的内容。其次是没法确知信用证有无修改及修改的次数。最后是信用证的偿付办法及寄单办法也无法掌握。

从受益人来看，有了限制条款，就等于堵塞了他从别的银行融资的渠道，特别是与受益人有关系的银行，当指定的议付行不是受益人的开户行时，单据要议付两次，先由开户行议付，再交限制的议付行议付，不仅受益人的费用增加了，还延长了交单期限和推迟了收款；但反过来，开证行已安排好了议付行，受益人不必为了选择议付行而四处奔走。

（2）预付或同意预付。议付有两种形式，在受益人交单要求银行议付时，应明确表示希望银行预付还是希望银行同意预付。如选择前者，银行确认单证相符后就应给受益人融通资金；如选择后者，议付行则应在受益人需要资金时再支付融资款项。

（3）议付的操作。当受益人交单时，银行审单无误后，扣除议付利息及费用，将净款支付给受益人，然后由议付行向开证行寄单索偿。若开证行拒绝偿付，除非议付行就是保兑行，否则可以向受益人追索。议付信用证可以要求也可以不要求提供汇票，若要求提供汇票，一般要求受益人提供除议付行以外的指定银行（也可能是开证行）为付款人的汇票，汇票可以是即期的，也可是远期的（议付也有远期和即期之分）。

议付信用证和付款信用证的最大区别在于，就前者而言，如果议付行不能从开证行得到偿付，它有权向受益人追索；而在后一种情况下，一旦付了款便无权追索。

四、可转让信用证和不可转让信用证

这是根据信用证的权利能否转让来划分的。根据UCP600，只有开证行在信用证中明确注明"可转让（transferable or can be transferred）"字样的信用证才能转让，否则就视为不可转让信用证。

1.可转让信用证（Transferable Credit）

（1）可转让信用证的概念。可转让信用证是指开证行授权出口地银行在受益人的要求下，将信用证的权利（即出运货物、交单取款的权利）全部或部分地转让给第三方的一种信用证。在这里，原证的受益人为第一受益人，受让人为第二受益人，即这种信用证的第一受益人将信用证的权利转让给第二受益人。可不可转让对开证行来说没有什么影响，它只凭符合信用证条款的单据付款，不必在意单据是由谁提示的。但对进口商来说，货物是否由原签约的出口商装运却是很重要的，因为进口商对签约的出口商比较了解，而对其他人由于不了解而要承担一定的风险。但在国际贸易中，买卖双方往往有中间人介入，这个中间人为买卖双方牵线搭桥，它先从供货人那里买进货物，然后向最终的买主交货，为了保护商业上的秘密，通常并不将信用证直接开给第二受益人即实际的供货者，而是要求在开出的信用证上加上可转让的条款，使之可将信用证转让给实际的供货人。在这种情况下，买卖双方和中间人的关系是：

第一受益人：中间商。

第二受益人：实际的供货人、出口商，是第一受益人权利转让的接受者。

开证申请人：最终的进口商，向银行申请开立可转让信用证的当事人。

还有一种情况也需要使用可转让信用证。当公司收到巨额的国外订单时，货物需要由分散在各口岸的分公司分头交货，并分别在不同的口岸出运，信用证经总公司转让后，由各分公司以第二受益人的身份办理装货并向所在地银行交单以取得货款。

（2）可转让信用证的流程。该流程可用图6-1表示。

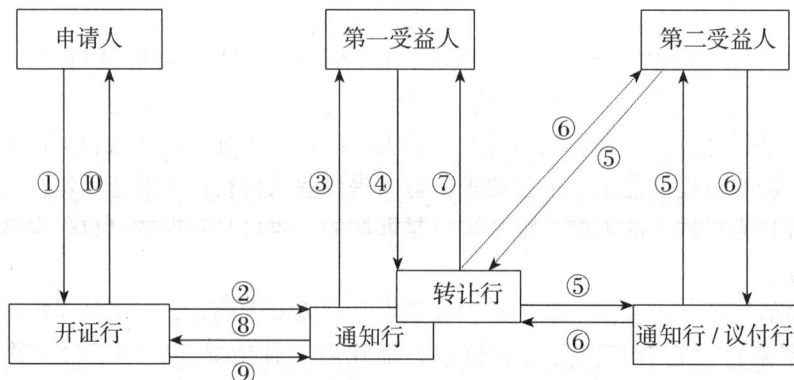

图6-1　可转让信用证流程图

图6-1中：①开证申请人申请开出可转让信用证；②开证行开出可转让信用证；③通知行向第一受益人通知可转让信用证；④第一受益人向信用证指定的转让行（可能就是通知行）提出转让申请；⑤转让行将信用证通知给第二受益人，或通过第二受益人所在地的银行通知；⑥第二受益人出运货物交单议付；⑦转让行议付或付款后通知第一受益人更换单据；⑧转让行将已更换的单据寄给开证行以索汇；⑨开证行审单无误后对转让行作偿付；⑩开证行通知申请人付款赎单。

（3）UCP600对可转让信用证的规定。在UCP600中，对可转让信用证有详细的规定，主要包括：

①对转让次数和受让人的规定。可转让信用证只能转让一次，即只能由第一受益人转让给第二受益人，第二受益人不可再将信用证转让给第三受益人，但允许第二受益人再转让给第一受益人。

在允许分批装运时，第一受益人可以把信用证分成几部分转让出去，即转让给数个第二受益人。这种转让被认为只构成信用证的一次转让，但其转让金额的总和不能超过信用证上的金额。

②对转让行的规定。不是任何一家银行都能办理信用证的转让，只有被指定的银行才可以作为转让行。当信用证规定任一银行承付或议付时，在得到开证行特别授权后才可以作为转让行办理转让业务。

③只能按原信用证条款办理转让，但以下可例外：

A.信用证的金额和单价可以降低，差额为第一受益人的利润。举例来说：原信用证货物的单价为10美元，数量为1万个，总金额为10万美元。第一受益人可以要求转让行将单价降低为9美元，总金额为9万美元。待第二受益人交单后，第一受益人用自己单价为10美元的发票及汇票（若有）换掉第二受益人单价为9美元、总金额为9万美元的发票和汇票，向开证行索汇，从而赚取1万美元的差价。

B.信用证的有效期、货物装运期和最后交单日可以缩短或提前，使第一受益人有充分的时间以自己的发票替换第二受益人的发票。

C.投保的比例可以增加，以便提供全额保险。

D.用第一受益人的名称替换申请人名称，除非原信用证要求申请人的名称出现在发票以外的任何单据中。

转让行一般要开出新的信用证通知第二受益人，但开证行仍为原开证行，即整个过程只有一个开证行。

④第一受益人有权以自己的发票和汇票（如果有）取代第二受益人的发票和汇票。通知行一般在第二受益人交单时通知第一受益人换发票，以取得差额。第一受益人所签发的发票金额，通常比第二受益人所签发的金额大。有时，转让是在总公司与分公司之间进行的，若不存在赚取差价问题，可不换发票，这种转让称为直接转让或不替换发票的转让，即以第二受益人的发票和单据交开证行，索

偿货款。

当转让行于首次告知第一受益人替换单据，而第一受益人未能照办时，转让行可将第二受益人包括发票和汇票在内的全套单据寄给开证行，不再对第一受益人负责。

第二受益人必须向转让行交单，不能直接将单据寄给开证行。

⑤"在要求转让时，第一受益人可以要求在信用证转让后的兑用地点，在原信用证的截止日之前（包括截止日），对第二受益人承付或议付"（UCP600第38条J款）。即当转让行与第二受益人在不同的地点尤其是不同的国家时，信用证的有效地点、有效时间及适用银行可与信用证条款一起转让到第二受益人所在地的银行，以方便第二受益人在本地收汇。

⑥第一受益人在提出转让信用证的要求和转让信用证之前，必须不可撤销地指示转让行，说明第一受益人是否允许转让行将随后收到的对原证的修改通知给第二受益人。如果允许，转让行必须将第一受益人关于修改的指示通知给第二受益人。

虽然第一受益人有权将信用证的全部或部分转让给第二受益人，但信用证的转让不等于合同的转让，在第二受益人未履行规定的义务时，如不能交货，或者货与合同不符，或者单据有问题等，第一受益人仍旧要负合同上卖方的责任，因此对第一受益人来说，选择有履约能力及单据处理能力强的第二受益人是非常重要的。

2.不可转让信用证（Untransferable Credit）

凡信用证上未表明可转让的，都是不可转让的信用证，即信用证的权利不得转让给第二个受益人。

五、循环信用证

按照信用证能使用的次数将信用证分为循环信用证和非循环信用证。如果信用证金额被支用后仍可恢复到原金额继续使用，直到规定的次数或总金额用完为止，这种信用证称为循环信用证（Revolving Credit）。

买卖双方就同一种商品进行长期交易、分批交货时，为减少开证手续费用和保证金，经常商定使用循环信用证，使之使用了一次后还可再用。由于UCP600中对循环信用证未做出任何规定，因此有关信用证的循环方法等在信用证上必须交代清楚，不能模棱两可，以免引起误解。

1.按时间循环

这种信用证规定受益人在一定的时间间隔内，如一个月或一个季度，可循环使用信用证上规定的金额。

若信用证的金额为5 000美元，有效期为6个月，规定每月初信用证自动恢复到证中的金额。如果上月未用的部分可加在本月5 000美元之上继续使用，则为积累循环信用证（Cumulative Credit）。若上月 5 000 美元中的未用部分注销了，不可顺延到本月使用，则为非积累循环信用证（Non-cumulative Credit）。

2.按金额循环

这种信用证是在信用证的金额被支用后，自动地或在收到开证行的通知后可恢复到原金额。以信用证每次重复使用是否须经开证行认可为标准，分为以下几种：

（1）自动循环信用证，是指无须开证行的同意，受益人提示所规定的单据获得议付或付款后，信用证便可恢复到原金额继续使用。

（2）半自动循环信用证，是指受益人交单议付后如果在若干天内（如 5 天）没有收到银行发出的停止恢复的通知，金额就恢复到原数的信用证。

（3）非自动循环信用证，是指受益人每次交单议付后，要等到开证行发出恢复通知后，才有权使用下一笔金额的信用证。在这种循环方式下，开证行可定期地对申请人的资信状况进行评估，在进口商可能破产时，及时地终止信用证的循环，最大限度地减少损失。

从理论上来说，信用证可按金额和时间来循环，但实践中根据金额循环的不多见，因这种循环方式对用款的次数无法控制，特别是对自动恢复到原证金额的情形，例如有效期为半年，那么在这半年之内任何时候都能使用信用证的金额，双方的责任将无法估计，因此开证行和申请人都不愿开立这样的信用证。相反，按时间循环的信用证却是经常使用的。

六、红条款信用证

通常情况下，受益人须在出运货物取得提单并提交符合信用证规定的全部单据后，才能向银行申请议付，从采购或制造到银行给予议付这一段期间，不能从信用证本身得到资金融通。为了使受益人能在采购、制造直至装运前从通知行或保兑行获得资金融通，信用证特别加列了条款，规定受益人提交单据以前，议付行即向受益人预支一部分或全部货款，在议付时扣除。这种开证行在信用证上加列条款，授权出口地的银行（一般为通知行或议付行或保兑行）提前向受益人支付货款的信用证称为红条款信用证（Red Clause Credit）。由于银行预支了货款，这种信用证又称为预支信用证（Anticipatory Credit）。

信用证上允许出口之前获得款项的条款，当时是用红字印刷或红字注明，以引人注意，所以称"红条款"。现今电开的信用证上的条款不可能是红色，但只要有表明预支货款的内容，即可称为红条款信用证。

红条款信用证早期的使用与中国的皮货交易有关。当时国外进口商的代理人在中国内地采购时，要付现金才能提货，为解决收购所需要的资金，进口商要求银行开证时加注条款，授权通知行对其代理人预先支取所需资金，然后打包装运至国外。现在，这种信用证在远东、南非、新西兰、澳大利亚及印度尼西亚有时用于羊毛、米、皮张等类似货物的买卖。这实际上是进口商为出口商提供了融资。进口商之所以做出这样的让步，一般是由于货物供不应求，不得不接受出口商的融资要求。

UCP600中对红条款信用证未做出相应的规定，以下几点是实际运用中应加以注意的：

（1）在有红条款的情况下，允许出口商在装货交单前支取部分或全部货款。受益人应交出正本信用证，以控制其向预支行交单。

（2）通知行或议付行在预支后，应将预支的金额、日期、利率通知开证行。

（3）出口商交单议付时，银行将从议付金额中扣还预付款的本金及利息。

（4）在信用证的有效期内，受益人若不能归还预付的本息，即在到期时未按规定提交有关单据，预支款项的出口地银行可向开证行索偿。因为是根据开证行的承诺出口地银行才向受益人预支的，所以开证行有义务偿付预支的金额及利息，然后开证行再要求申请人赔偿，申请人将对还款、付息和在开证行、通知行处所发生的所有费用负责。

（5）受益人一般都是以当地货币获得红条款项下的垫款，如果信用证使用的是另一种货币，那么预支日与还款日的汇率可能有变动，通常这个差额由受益人负担，由通知行在收到单据后从议付货款内扣除。但当信用证内特别写明由开证申请人负担时，则差额由申请人支付。

使用这种信用证的最大风险是，受益人在预支了货款后不发货和交单，因此进口商应充分了解出口商的信用，否则应拒绝在信用证上加列红条款。

除红条款信用证外，还有一种与其相似但内容和做法更为严格的绿条款信用证（Green Clause Credit）。此时，出口商须将预支资金所采购的货物，以银行的名义存放仓库，并将仓单交银行持有，以保证该预支金额按信用证规定使用。

七、背对背信用证和对开信用证

背对背信用证和对开信用证是从信用证之间的关系来划分的。

1.背对背信用证（Back to Back Credit）

背对背信用证多为中间商所用。一个中间商向国外进口商出售某种商品，请该进口商开立以他为受益人的信用证，然后向实际供货人购进货物，并以国外进口商开来的信用证做担保，请求通知行或其他银行对供货人另开新证。因为交易中进口商与实际供货人是互相隔绝的，所以用"背对背"这个词。

在使用背对背信用证时要注意以下几个问题：

（1）第二开证行提供的单据若不符合第一张信用证的要求，第二开证行的议付就不能得到偿付，所以要求第二张信用证的条款和第一张信用证的条款除几点改动外基本一致。原始信用证应该是不可撤销的，最好加具保兑。因为保兑使第二开证行的安全性增强，信用证不经其同意就不能修改或撤销，且能多收费用——开证费和保兑费。

（2）由于第二张信用证下的受益人才是实际供货者，原始信用证的受益人是中间商，所以在向第一通知行交单时，中间商要用自己的发票替换实际供货人的发票。

（3）中间商之所以与买卖双方进行交易，主要是为了获得收益。因此，对实际供货者开立的信用证金额可小于原始信用证上的金额，以便得到两者的差额；有效期也应早于原始信用证的有效期，使第二开证行有充足的时间进行审单、换发票等，保证在原始信用证到期前及早交单结算。但第二开证行不能在开证时照搬原证的保险条款，否则将导致第一信用证项下的保险额不足，应在第二张信用证中增加保险金额或更换保险凭证。

（4）若两张信用证上的货币不同，第二开证行应要求中间商进行远期外汇买卖来防范风险。这样做，一方面可减少损失，另一方面使之能有足够的资金履行第二信用证的偿付义务。

在背对背信用证项下，即使实际供货商所提交的单据是合格的，对第二开证行来说仍有风险，如第二开证行在供货商交单时便支付了货款，但中间商由于其不能控制的原因未能在信用证规定的时间把货物运给进口商，则第二开证行就不能得到原信用证项下的货款，以补偿其已向供货商支付的货款。

这种信用证与前面介绍的可转让信用证都是为中间商提供了方便，且在业务处理上也有许多相似之处，如均是中间商使用的，都存在第二受益人；费用由第一受益人支付；中间商可以换发票，改变信用证的金额、单价、装货期和有效期。但二者也有明显的不同：

首先，可转让信用证必须在信用证有明确的表示时才能转让；而背对背信用证在信用证上并无表示，只有中间商和第二开证行了解这一事实，其他的当事人并不知此证是背对背信用证。

其次，可转让信用证在UCP600中有规定，而背对背信用证没有。

再次，背对背信用证和原始信用证分别是独立的两个信用证，分别由不同的两个银行保证付款，而可转让信用证是一个信用证，是由同一开证银行保证付款。

最后，背对背信用证有两次独立的交单议付，而可转让信用证在一次装运时，只能有一次交单。

可见，背对背信用证业务要比可转让信用证业务复杂得多，相应的费用也高。中间商一般都争取使用可转让信用证，在无法争取到时才愿接受背对背信用证。

2.对开信用证（Reciprocal Credit）

对开信用证是指采用补偿贸易方式时，为防止交易对手不履行合同义务，同时解决进出口平衡问题，由两国不同的开证行互相以对方为受益人开立的信用证。第一张信用证的受益人和开证申请人就是第二张信用证的开证申请人和受益人，第一张信用证的通知行就是第二张信用证的开证行。两个证可同时开立，也可先后开立。两证可同时生效，即先开的一方要等到对方也开出信用证时一起生效；也可分别生效，谁先谁先生效，但后开出的一方往往要提供担保。

我国的补偿贸易、来料来件加工装配业务常用对开信用证，进口时要求开立远期付款信用证，出口时用即期付款信用证，届时可用出口所得的款项归还远期的进口合同的货款。

八、Escrow信用证

Escrow信用证（Escrow Credit）是第二次世界大战后一些外汇短缺的国家为使外汇收支平衡而设计出来的，最早由日本使用，我国译为"条件支付信用证"。

在使用这种信用证时，出口商要签发以进口方银行为付款人的汇票，所得款项不能汇回，必须存在在进口方银行开立的专户（Private Import Escrow Account）。当该出口商从进口商所在国购买货物支付货款时才能动用。实际操作中，收支差额由买卖双方视具体情形商定。

第四节　跟单信用证的业务流程

一笔信用证业务分为进口和出口两个环节，从申请开出信用证到最后结汇，环节颇多。以议付信用证为例，图6-2演示了其业务流程。

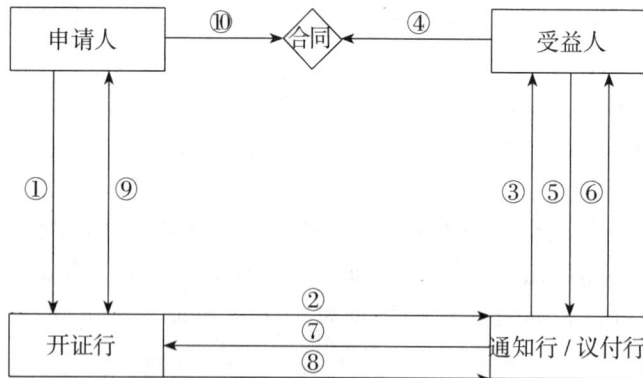

图6-2　议付信用证流程图

图中：①申请开证；②开证；③通知信用证；④审证、装船；⑤交单；⑥议付；⑦寄单索汇；⑧偿付；⑨付款赎单；⑩申请人提货。

一、申请开证

申请人在向其往来银行申请开出信用证之前，已与受益人签订了合同，合同是信用证开立的基础。若合同中规定了以信用证作为支付方式，申请人就应向往来银行申请开证。有时，双方并无合同，有的只是买方签回卖方的形式发票或买方寄去订单，此时可以凭订单向银行申请开证。

申请开证的一般手续为：①申请人向往来银行申请；②银行审查后同意或不同意；③若同意，申请人交保证金和各项费用；④银行开证。

申请人在向银行提出申请之前，为使结算顺利进行，并减少双方的纠纷，以下几点必须予以注意：

（1）在跟单信用证业务中，有关各方面处理的是单据而不是货物，因此在签订合同时，应清楚受益人的资信情况，确保是一家能提供所需货物的信誉不错的公司。

（2）合同或订单要充分反映双方关于货物和结算的意图。有时可要求受益人提供履约保函，在其不履行合同时支付一定的赔偿金额给申请人。

（3）在按 FOB 或 CFR 方式成交时，申请人应负责对货物进行保险，以防在运输途中可能发生的灭失或损坏。

（4）申请人应明确要求受益人必须提交的单据的种类、份数及抬头等。如货运单据应保证申请人能在目的地提到货物，不得有任何货物或包装有缺陷的记载，要提供全套提单，使未经授权的人不能提货。

（5）应注意日期，如合理规定出运日、交单日及信用证的到期日等。

（一）申请人填具开证申请书

申请信用证时，申请人要填具开证申请书，其内容、格式均是银行印就的，包括两部分内容：一是对开证行所开信用证内容的具体指示；二是申请人和开证行之间权利义务的申明。它实际上是申请人与开证行之间的书面契约。但申请书都只记载申请人的主要义务和开证行的主要责任，其余的均按 UCP 中的规定来办理。

申请人在填写申请书时，应注意以下几点：

（1）必要事项应完整正确且内容不能相互矛盾，因为银行是根据申请书的内容开出信用证的。

（2）申请书内容不能违背买卖合同上的有关条件，重要的条款须按合同的内容填写。

（3）所要求的单证种类及格式、递送方法等应能确保开证行的债权。

（4）须合乎国家的法律和规章。

（5）不宜将买卖合同上的详细内容都填列上，要简单明了。

（6）所开出的信用证在技术上和国际惯例上不应有困难。

（7）网上申请开证的必须注册企业网上银行证书后才能办理相应业务。

表 6-3 为国内某银行的开证申请书及承诺书，两种文本应一并提交给开证行。

表6-3   开证申请书及承诺书
                                        开立国际信用证申请书

编号：

致：××银行股份有限公司_____分支行

现我司因业务需要，依据我司与贵行签署的编号为_____的□《受信额度协议》/□《受信额度总协议》及"附件1：用于开立国际信用证业务"，向贵行申请开立信用证。由于此产生的权利义务，均按照前述协议及其附件/合同和本申请书的约定办理。

第一条　信用证的内容

信用证的内容见编号为_____的《开立信用证申请书》（英文格式）。

第二条　备付款项

我司将于信用证约定的付款日或贵行要求的其他日期（以日期较前者为准）前_____个银行工作日内将备付款项足额存入其在贵行开立的账户（账号：_____），以用于信用证项下对外付款，贵行亦有权主动借记我司在贵行的外币或人民币账户作为备付款对外付款。

第三条　垫款利率和计息

对人民币垫款，从垫款之日起，以日息_____收利息并按月计收复利。

对外币垫款，从垫款之日起，以日息万分之_____计收利息并按月计收复利。

第四条　费用

我司将根据实际发生情况按时向贵行支付因叙做本申请书项下业务而产生的相关费用，该费用的计收依据、标准和方式等按《××银行服务价目表》执行。

根据《××银行服务价目表》及与贵行约定，本笔国际信用证项下开证及相关费用如下：

1.开证费率：为_____/开证费用：为_____

2.电讯费：

3.

4.

我司将通过以下第____种方式支付上述费用：

1.授权贵行直接从我司账户（账号_____）中扣收。

2.在贵行通知后____个银行工作日内通过_____支付。

3.其他方式：_____。

对于提交此申请书时不能预见、在信用证开出后发生的应由我司承担的费用（包括受益人拒绝承担的银行费用），我司将以与上述相同的方式向贵行支付。

第五条　担保（备注：据实作选择性填写，不适用条款需删除）

1.本申请书项下债务的担保方式为：

□ 本申请书属于_____与贵行签订的编号为_____的□《最高额保证合同》/□《最高额抵押合同》/□《最高额质押合同》项下的主合同，由其提供最高额担保。

□ 本申请书属于_____与贵行签订的编号为_____的□《最高额保证合同》/□《最高额抵押合同》/□《最高额质押合同》项下的主合同；此外，由_____提供_____担保，并签订相应的担保合同，若提供保证金质押则按本条第2款的约定办理。其中：由该_____担保合同所对应的债务金额不在前述最高额担保合同之主债务范围内，其余债务金额在其主债务范围内。

由_____提供_____担保，并签订相应的担保合同。若提供保证金质押，则按本条第2款的约定办理。

□（其他担保方式）_____。

2.依前款约定提供保证金质押的，按下列方式办理：

□出质人为第三人，由贵行与该出质人另行签订保证金质押合同。

□本申请书属于我司与贵行签署的编号为_____的《保证金质押总协议》项下的主合同，由该协议提供保证金质押，并提交相应的《保证金质押确认书》或不再提交《保证金质押确认书》而直接按下述约定办理：

1）保证金金额为：（币种）_____；（大写）_____；（小写）_____。

2）我司通过以下方式交付上述保证金：

□在本申请书生效之日起__个银行工作日内，通过_____将保证金划入/存入我司在贵行开立的保证金账户（账号：_____）。

□授权贵行从我司在贵行开立的人民币账户（账号：_____）/外币账户（账号：_____）直接将保证金划入我司在贵行开立的保证金账户（账号：_____）。

□我司在贵行办理的业务编号为_____的业务项下存入的保证金的担保责任经贵行确认已经解除，授权贵行直接从账号为_____的账户向我司在贵行开立的保证金账户（账号为：_____）中划入保证金。

□（其他方式）_____。

3）如上述保证金的担保责任经贵行确认已解除，请贵行按以下方式返还：

□退入我司在_____开立的账户（账号为：_____）。

□按其存入的路径返还。

□届时按我司的书面指示返还。

□（其他方式）_____。

3.若我司或担保人发生贵行认为可能影响其履约能力的事件，或担保合同变为无效、被撤销或解除，或我司、担保人财务状况恶化或涉及重大诉讼或仲裁案件，或因其他原因而可能影响其履约能力，或担保人在担保合同或与贵行之间的其他合同项下发生违约，或担保物贬值、毁损、灭失、被查封，致使担保价值减弱或丧失时，贵行有权要求，且我司有义务提供新的担保、更换保证人等以担保本申请书项下债务。

银行意见：_____　　　　　申请人：_____

有权签字人/经办人：_____　　有权签字人：_____

_____年___月___日　　　　　　　　_____年___月___日

IRREVOCABLE DOCUMENTARY CREDIT APPLICATION

TO： *** CHINA   Date：

( ) issue by airmail ( ) with brief advice by teletransmission ( ) issue by express delivery ( ) issue by teletransmission （which shall be the operative instrument）	Irrevocable Documentary Credit	Number
	Date and place of expiry	
Applicant	Beneficiary	
Advising Bank	Amount	

Partial shipments ( ) allowed ( ) prohibited	Transhipment ( ) allowed ( ) prohibited	Credit available with ( ) by sight payment ( ) by deferred payment
Loading on board/dispatch/taking in charge at/from		( ) by negotiation ( ) by acceptance Against the documents detailed herein
Not later than For transportation to ( ) FOB ( ) C&F ( ) CIF ( ) or other terms		( ) and beneficiary's draft for＿% of the INVOICE VALUE At On

Documents required：（marked with   ）

1. （   ） Manually signed commercial invoice in＿copies indicating this L/C No. and Contract No. （Photo copy and carbon copy not acceptable as original）.

2. （   ） FULL set （included 3 original and 3 non-negotiable copies） of Clean on Board Ocean Bills of Lading.

MADE OUT TO ORDER AND BLANK ENDORSED，marked 'Freight＿'，notifying＿

3. （   ） Air Waybills showing 'Freight＿'，and consigned to ＿＿＿＿＿＿＿.

4. （   ） Railway bills showing 'Freight＿'，and consigned to ＿＿＿＿＿＿＿.

5. （   ） Full set （including＿originals and＿copies） of Insurance Policy/Certificate for 110% OF INVOICE VALUE，showing claims payable in China，in currency of the DRAFT，blank endorsed，covering （   ） ocean marine transportation \ （   ） air transportation \ （   ） overland transportation） all risks and war risks.

6. （   ） Packing List in ＿ folds issued by ＿＿＿＿＿＿＿.

indicating quantity/gross and net weights （   ） of each package，（   ） and packing conditions as called for by the L/C.

7. （   ） Certificate of Quantity / Weight in ＿folds issued by ＿＿＿＿.

indicating the actual surveyed quantity/weight of shipped goods.

8. （   ） Certificate of Quality in＿copies issued by ＿＿＿＿.

9. (　　) Beneficiary's certified copy of fax dispatched to the applicant within __ hours after shipment advising (　　) name of vessel，B/L No. / (　　) wagon no.，date，quantity，weight and value of shipment.
10. (　　) Beneficiary's Certificate certifying that extra copies of documents including (　　) 1/3 original B/L has been sent to applicant. Within ___ hours by courier after shipment.
11. (　　) Other documents，if any:
Covering / goods description
Additional instructions:
1. (　　) All banking charges outside the opening bank are for beneficiary's account.
2. (　　) Documents must be presented within ____ days after shipment date but within the validity of this credit.
3. (　　) Third party as shipper is not acceptable. Short Form/Blank Back B/L is not acceptable.
4. (　　) Both quantity and amount _% more or less are allowed.
5. (　　) All documents to be forwarded in one cover，unless otherwise stated above.
6. (　　) Other terms，if any:

Account：No.　　　　　　with　　　　　　　　（name of bank）

公司联系人：（Applicant：name，signature of authorized person）

联系电话：

开证前是否需要确认信用证文本：（　　）是 / （　　）否（不选择视为否）

（二）开证行审核

申请人提交申请书后，银行要对申请书进行认真审核。因为开证行开出信用证就承担了付款责任，存在风险，而申请书不仅是开证行对外开证的依据，也是开证行与申请人之间明确各自权责的契约性文件，银行审核的主要内容有：

1.资格审核

申请人应具有进出口经营权，如属代理进口，应审查是否具有代理权；是否是外管局公布的"对外付汇进口名单名录"中的企业。

2.贸易背景审核

应审查交易的真实性，不得为虚假贸易开具信用证，应注意贸易品是否为国家禁止进口的商品。

3.资信审核

资信审核包括但不限于申请人的信誉、经营能力、财务状况、偿债能力及生产经营状况等。

4.有效凭证审核

有效凭证包括进口付汇核销单、购汇申请书等，对实行配额许可控制进口的商品应提供配额许可证或进口证明，对来料加工业务应有海关进料加工手册正本。

5.申请书审核

申请书应为银行提供的统一格式；在条款上应注意要与买卖合同一致，各条款之间不应有矛盾。

（三）开证行收取保证金

如果以上审查通过，开证行就会要求申请人提供保证金。从理论上讲，申请人提供不动产作抵押，或以动产及财产权利设质，以及提供其他银行的保函都是可以的，但实务中多是要求以现金作抵押。保证金可用现汇，也可从申请人的存款账户中扣除，拨入保证金账户。具体交纳保证金的数额与申请人的资信、货物的市场销售等情况有关。

大多数要求开立跟单信用证的客户都需要在一段时间内多次开立，而不仅仅是一笔交易。若每进行一笔业务都进行一次资信调查，手续就比较繁杂，因此银行往往根据申请人资信调查情况规定一个授信额度，此额度是减免保证金开证的最高限额，有了额度之后，若开证金额未超过额度，不收保证金，超过额度的才收取。国外银行对保证金通常不计利息。

（四）选择通知行

开证行根据联行和代理行的情况选择合适的通知行。实际业务中受益人通常会指定自己的账户行为通知行并告知申请人，这样开证行就按申请人的要求在开出的信用证中列明该行为通知行。但是，如果开证行与受益人的账户行没有代理关系，开证行就只能选择自己的联行或代理行为通知行，再通过这家通知行与受益人的账户行联系通知信用证，这就是所谓的"第二通知行"。

二、开证行开出信用证

（一）信用证开立的形式

信用证的开立有两种形式，即信开（Open by Airmail）和电开（Open by Cable）。

1.信开

信开是以信函方式将信用证的内容打在信用证的格式上，经有权签字人签字后，以邮递方式将信用证寄给国外的通知行通知给受益人。信开本的信用证一般一式二份。最初的信用证都是信开的，所以信用证的英文是"Letter of Credit"。由于科技的发展，现在已经很少开出信开本的信用证了。

2.电开

以电报、电传、SWIFT等电讯方式开出信用证并传递给国外通知行的叫电开，分为简电和全电两种。

（1）简电开证。如果电文中说明"详情后告（full details to follow）"或有类似意义的词语，或说明须邮寄证实书为有效信用证的，则此电文不是有效的信用证文件，须以后来邮寄的证实书为有效信用证文件，这种方法称"简电开证"（也称为"预先通知"）。简电的内容有：信用证的号码、受益人、申请人、金额、货物描述等。它起预先通知的作用，告诉通知行已开出信用证。发简电后，开证行必须及时寄送有效的信用证文件，且内容应与简电一致。

UCP600规定，只有当开证行准备开出有效信用证文件的情况下，才应做出这种预先通知。除非开证行在该通知中另有规定，做了此种预先通知的银行负有不迟延地开立与该通知并无不一致的信用证的义务，这种预先通知也包括信用证修改的通知。

（2）全电开证。如果电文中没有注明"详情后告"或类似词语，也没有说明须以邮寄证实书作为有效信用证文件，则此电文就是有效的信用证，这种方法称"全电开证"。开证行要将信用证的全部内容都反映在电文中，此时，开证行无须再邮寄证实书，即使邮寄，这个证实书也是无效的，通知行没有义务将证实书与全电开出的有效信用证文件进行核对。

如果采用SWIFT开证，必须使用SWIFT手册规定的代号（Tag）。在信用证中可省去开证银行的承诺条款（undertaking clause），但不能免除银行所应承担的义务。信用证采用的电文系标准化格式，并在电文的末尾附有密码，若来往密码不相符，会被自动予以拒绝。

SWIFT报文（text）由一些项目（field）组成，每一种报文格式（message type，MT）规定了由哪些项目组成，每一个项目又严格规定了由多少字母、多少数字或字符。在SWIFT系统中传送关于信用证的信息都用MT7开头的报文类型，开立跟单信用证使用的是MT700报文（见表6-4）。

表6-4　　　　　　　　MT 700 ISSUE OF A DOCUMENTARY CREDIT

M/O	Tag 代号	容量	Field Name 栏目名称	说明和要求
M	27	1n/1n	Sequence of Total	合计次序。如果L/C条款能够容纳在该MT700报文中，则该栏内填1/1；如该L/C由一份MT700报文和一份MT701报文组成，那么在MT700报文的项目"27"中填入"1/2"，在MT701报文的项目"27"中填入"2/2"……依此类推
M	40A	24x	Form of Documentary Credit	L/C类别。由于UCP600中规定L/C是不可撤销的，因此该项目有以下几种填法：IRREVOCABLE（不可撤销跟单信用证）；IRREVOCABLE TRANSFERABLE（不可撤销可转让跟单信用证）；IRREVOCABLE STANDBY（不可撤销备用信用证）

M/O	Tag 代号	容量	Field Name 栏目名称	说明和要求
M	20	16x	Documentary Credit Number	L/C 号码。实际上为开证行的业务编号,进出口双方和银行在相互业务联系中必须引用该编号。L/C 号码必须清楚,如果信用证的证号在信用证中前后出现多次,应注意其相互之间是否一致,否则应电洽其修改
O	23	16x	Reference to Pre-advice	预告的编号
O	31C	6n	Date of Issue	开证日期。如电文中没有此项目,那么开证日期就是开证行的发电日期。L/C 的开证日期应明晰、完整。开证日期表明进口商是否根据商务合同规定的开证期限开立信用证。同时,在需要使用开证日期计算其他时间或根据开证日期来判断所提示单据的出单日期是否在开证日之后等情况时尤为重要
O	40	4*35x	Applicable Rules	适用的惯例。"UCP LATEST VERSION""UCP URR LATEST VERSION"表示适用最新版本,也就是 UCP600
M	31D	6n29x	Date and Place of Expiry	到期日及地点。L/C 的有效期是受益人向银行提交单据的最后日期,受益人必须在有效日期到期前或当天向银行提交单据,办理付款、承兑或议付手续。逾期交单,银行可以信用证过期为由,解除所承担的义务。L/C 的到期地点是受益人在有效期内向银行提交单据的地点,到期地点一般在出口国家,以便受益人办理交单
O	51a	A or D	Applicant Bank	申请人的银行,一般指开证行
M	50	4*35x	Applicant	申请人
M	59	[/34]	Beneficiary	受益人
M	32B	3a15n	Currency Code, Amount	币别代号、金额
O	39A	2n/2n	Percentage Credit Amount Tolerance	信用证金额加减百分率,金额允许有 10% 的溢短装就用 10/10 表示。斜杠前数字表示溢装比例,斜杠后数字表示短装比例

续表

M/O	Tag 代号	容量	Field Name 栏目名称	说明和要求	
O	39B	13x	Maximum Credit Covered	最高信用证金额	
O	39C	4*35x	Additional Amounts Covered	可附加金额	
M	41a	A or D	Available with...by...	在××银行使用有效，使用方式为××。当项目代号为41a时，银行用SWIFT代码表示。当项目代号为41D时，银行用行名地址表示。如果信用证为自由议付信用证时，该项目代号为41D，银行用ANY BANK IN...（地点／国名）表示；如果对议付地点也无限制时，银行用ANY BANK表示	
O	42C	3*35x	Drafts at...	汇票期限	若信用证下需要开立汇票，则需要填写
O	42a	A or D	Drawee	付款人	
O	42M	4*35x	Mixed Payment Details	混合付款指示	
O	42P	4*35x	Deferred Payment Details	延迟付款指示	
O	43P	1*35x	Partial Shipments	分批装船	
O	43T	1*35x	Transhipment	转船	
O	44A	1*65x	Place of Taking in Charge of Receipt	接管地／接收地	44A填写非海运和空运方式下的装运地；44E则仅填写海运和空运下的装运地；44B填写非海运和空运方式下的目的地；44F则仅填写海运和空运下的卸货／目的港
O	44E		Port of Loading/Airport of Departure	装运港／始发港	

续表

M/O	Tag 代号	容量	Field Name 栏目名称		说明和要求
O	44F		Port of Discharge/Airport of Destination	卸货港/目的港	
O	44B	1*65x	Place of Final Destination / Place of Delivery	最终目的地 /交货地	
O	44C	6n	Latest Date of Shipment	最后装船日	
O	44D	6*65x	Shipment Period	装运期间	
O	45A	50*65x	Description of Goods and/or Service	货物描述和 /或各种服务	当一份信用证由一份MT700报文和一至三份MT701报文组成时,项目45A、46A和47A的内容只能完整地出现在某一份报文中（即在MT700或某一份MT701中）,不能被分割成几部分,分别出现在几个报文中。在MT700报文中,45a、46a、47a三个项目代号应分别为45A、46A和47A,在MT701中,这三个项目的代号应分别为45B、46B和47B
O	46A	50*65x	Documents Required	应提示单据	
O	47A	50*65x	Additional Conditions	附加条件	
O	71B	6*35x	Charges		费用。该项目的出现只表示费用由受益人负担。若报文无此项目,则表示除议付费、转让费外,其他费用均由申请人负担
O	48	4*35x	Period for Presentation	提示期间	

续表

M/O	Tag 代号	容量	Field Name 栏目名称	说明和要求
M	49	7x	Confirmation Instruction	保兑指示。该项目内容可能出现下列某一代码： CONFIRM：要求收报行保兑该信用证； MAY ADD：收报行可以对该信用证加具保兑； WITHOUT：不要求收报行保兑该信用证。 要注意的是：即使这里显示CONFIRM，也还需要有收报行的确认，即明确表示对该信用证保兑，保兑才生效
O	53a	A or D	Reimbursement Bank	偿付行
O	78	12*65x	Instruction to the Paying/Accepting /Negotiation Bank	对付款／承兑／议付行之指示
O	57a	A，B or D	"Advice through" ×× Bank	通过××银行通知
O	72	6*35x	Sender to Receiver Information	银行间的备注

当L/C的内容超过MT700报文格式的容量时，可以使用1个或几个（最多3个）MT701报文格式传送信用证条款（见表6-5）。

表6-5　　　　MT 701 ISSUE OF A DOCUMENTARY CREDIT

M/O	Tag	Field Name	Content/Options
M	27	Sequence of Total	1n/1n
M	20	Documentary Credit Number	16x
O	45B	Description of Goods and/or Service	50*65x
O	46B	Documents Required	50*65x
O	47B	Additions Conditional	50*65x

（二）信用证的递送

关于信用证的递送，主要有以下三种情形：

第一，通常是由开证行通过国外出口地的联行或代理行通知受益人，这是一种较正常和安全的做法，通知行可核对印鉴或密押以证实信用证的真伪，有的还规定信用证可在该银行议付或保兑。

第二，少数信用证由开证行直接寄给出口商。有时开证申请人根据出口商的要求，为使出口商尽快收到信用证而这样做。但出口商收到后，仍须到议付行或开证行的代理行、联行等核对印鉴和密押。

第三，偶尔也有由开证行交给进口商，由进口商寄给出口商或自带到出口地的，前一种情况同样是为使信用证早日到达受益人手中；后一种情况可能是进口商要亲自到出口地看货并就未谈妥的有关货物的种类、数量等进行洽谈后，再交出信用证。

（三）开证费用

开证行向开证申请人收取的手续费通称 "opening charge or commission"，期限从开证日起算，在开证时收取。各银行都有自己的收费标准。

三、通知行通知信用证

通知行根据开证行的委托，将信用证交给受益人称为信用证的通知。通知行应遵照"通知"这一业务的宗旨，迅速准确地把信用证通知给受益人。

（一）核对印鉴或密押

核对印鉴或密押是出口地通知行最先要做的事情，以确认此证确实是本行应通知的，并从形式上辨别其真伪，这是 UCP 中规定的通知行应负的责任。

对电开证，应立即核对密押，核对相符的，加盖"押符"章及经办人私章；核对不符的，应立即向开证行查询（电传寄来的修改书也要核对）。若本行与开证行无密押关系，可经第三家有密押关系的代理行加押证实。

对信开证、修改通知书以及授权书等，通知行要核对印鉴，随到随核，已核妥的盖章表示核符。若不符或无法核对，应在一个工作日内向开证行查询。

对于密押、印鉴不符的信用证或修改，可一边向开证行核实，一边通知受益人，注明"印鉴或密押不符，仅供参考（As we are unable to verify the signature /test keys appearing on this credit, we hereby pass it on to you without any responsibility or engagement）"。

（二）通知受益人

开证行若以信函方式开出信用证，且为一式两份，通知行一般先缮制信用证通知书，将通知书和正本信用证通知给受益人，副本由通知行存档。如因邮递原因先收到副本，应复印副本并注明"正本未到，供受益人参考"。若在合理时间内还未收到正本，则应向开证行查询。正本信用证到达后，按正常手续通知受益人。

如按国际商会的标准格式开出信用证，通知行收到信用证后，将标有"advice for the Beneficiary"的那一份交给受益人；将标有"advice for the Advising Bank"的一份自己留存。表6-6为信用证通知书样本。

表6-6　　　　　　　　　　　　　　信用证通知书

致：　　　　　　通知编号：	

日期：

迳启者：

我行收到如下信用证一份：

开证行：

开证日：　　　　　信用证号：　　　　　　　　金额：

现随附通知。贵司交单时，请将本通知书及正本信用证一并提示。其他注意事项如下：

本信用证之通知系遵循国际商会《跟单信用证统一惯例》第600号出版物。

如有任何问题及疑虑，请与××银行股份有限公司联络。

电话：　　　　　　　　　　　　　　　　　　　　传真：

附言：

××银行股份有限公司

若开证行以电报、电传开来的只是简电，通知行收到后，应制作信用证简电通知书照录全文并通知受益人，注明"此系简电通知，不凭以议付"，简电信用证不能生效，只供受益人备货订舱时参考，全证开来后，核对印鉴相符才可装运交单和议付。

【案例6-2】①

2007年6月7日，中国银行北京分行收到经由乌克兰第聂伯罗信贷银行以SWIF格式转递的可转让信用证，显示开证行是位于斯洛伐克的劳埃德贸易储蓄委员会，开证申请人是塞浦路斯塔塔卢卡有限公司，受益人为倍恩公司，转让行和通知行为中国银行北京分行。同日，中国银行北京分行向受益人倍恩公司通知了该信用证，倍恩公司向中国银行北京分行申请以绿源公司为第二受益人转让该信用证，并指定中国银行山东省栖霞支行为通知行。2007年6月14日，中国银行北京分行按照倍恩公司的指示转让了该信用证，并以SWIFT格式发送转让信用证电文。绿源公司从中国银行山东省栖霞支行接收的转让信用证通知书所标明的开证行为乌克兰第聂伯罗银行。绿源公司交单后未收到信用证项下款项，经联系与查询，发现开证行是位于斯洛伐克境内的劳埃德贸易储蓄委员会，并非一家银行，遂以信用证通知信息错误使绿源公司信赖涉案信用证为银行开立并导致损失为由，向北京市第二中级人民法院提起本案诉讼，请求判令中国银行北京分行赔偿绿源公司损失人民币6 790 344元及利息损失、退税损失人民币246 606.06元。

① 2017年9月15日，最高人民法院发布第二批共10个涉共建"一带一路"的典型案例，此为其中的第四个。原标题为"明确中介行过错赔偿责任 维护信用证交易安全——栖霞市绿源果蔬有限公司与中国银行股份有限公司北京市分行信用证转让纠纷再审审查案"。

　　北京市第二中级人民法院一审认为，中国银行北京分行对开证行名称通知错误，存在过失，这是导致绿源公司产生损失的原因之一，但并非造成绿源公司损失的唯一原因，据此判决中国银行北京分行对绿源公司人民币340万元损失及按银行同期存款利率计算的利息损失承担赔偿责任，驳回绿源公司其他诉讼请求。绿源公司和中国银行北京分行均不服一审判决，向北京市高级人民法院提出上诉。北京市高级人民法院二审认为，中国银行北京分行对开证行名称出现的通知错误存在重大过失，本案没有依据证明绿源公司在接到转让信用证通知前已明确知晓开证行名称，绿源公司的损失与中国银行北京分行在转递信用证中的通知错误存在因果关系，中国银行北京分行应依法承担赔偿责任，改判中国银行北京分行给付绿源公司人民币6 749 265.85元及按银行同期存款利率计算的利息损失，并驳回绿源公司的其他诉讼请求。绿源公司不服二审判决，向最高人民法院申请再审，主张因其未收到货款，只好向银行贷款，故产生贷款利息损失，同时还有出口退税款损失，二审判决未支持上述两项损失赔偿请求属认定事实缺乏证据证明及适用法律确有错误。

　　最高人民法院经审查认为，本案所涉信用证约定适用的国际商会第500号出版物《跟单信用证统一惯例》对中介银行就其错误通知行为应当承担何种责任没有作出具体规定。原判决适用《中华人民共和国民法通则》[①]第一百零六条第二款过错侵权的规定，并无不当。中国银行北京分行的过错行为，导致绿源公司错误信赖开证人是一家信用良好的银行而接受信用证并遭受损失，中国银行北京分行应当根据过错程度承担相应的赔偿责任。信用证是独立于基础合同的单据交易，因此信用证当事人违反义务所应承担的责任范围应当仅限于信用证项下的直接损失。绿源公司主张的贷款利息损失和出口退税损失，是基础合同如能履行可以避免的支出以及可以获得的利益，不属于信用证项下的直接损失，不是信用证当事人应当预见的损失范围，与信用证当事人违反义务的过错行为之间不具有相当因果关系，故不应在信用证关系中得到赔偿。据此，最高人民法院裁定驳回绿源公司的再审申请。

　　该案系涉共建"一带一路"国家的信用证转让纠纷，在中国法律以及国际惯例对中介行错误通知的责任范围均没有明确规定，中介行与受益人之间又没有合同关系的情况下，依据侵权损害赔偿原则，确定中介行负有准确通知信息的义务以及违反义务需承担相应损害赔偿责任，对于保障信用证交易秩序安全无疑具有重要意义。首先，该案裁定指出信用证关系中的各有关当事人处理的仅是单据，不是与单据有关的货物、服务或其他行为，因此判断中介行过错行为所致损失的唯一法律依据必须是信用证本身，而不能根据基础合同计算损失，清晰地揭示了信用证独立性原则的内涵。其次，该案裁定在明确银行义务的同时，运用可预见性原则，确定赔偿损失范围不超过信用证项下未付款金额及利息，保证了赔偿责任范围的可预期性，具有统一裁判规则、填补法律空白的重要作用，对今后共建"一带一路"中发生的类似信用证纠纷案件有很强的借鉴意义。

四、审核信用证

　　根据国际惯例，通知行只负责通知信用证，除核对印鉴或密押以便确定来证表面的真伪外，并无审核信用证的义务。但在实务中，根据银贸双方的特点和工作范

---

①　2020年5月28日，第十三届全国人民代表大会第三次会议表决通过了《中华人民共和国民法典》，自2021年1月1日起施行，《中华人民共和国民法通则》同时废止。

围，审证工作可以由两家共同进行：出口商将信用证与合同核对，审查来证条款、单据种类、价格条款等；而银行则从信用证的可靠性和有效性来审查。审核信用证的目的是确定信用证是否可以接受或是否需要修改，以便能安全收汇。

（一）受益人的审证

受益人之所以要审核信用证，是因为信用证上所记载的有关事项关系到其能否安全收汇。受益人在审证时，一要将信用证与合同相核对，二要仔细阅读信用证中的各条款，如果发现有问题，应立即联系申请人要求修改。

1.信用证与买卖合同相核对

信用证虽是依据买卖合同开具的，其内容理应与合同相符，但在实务中信用证条款经常与合同不一致，因此受益人收到信用证时，首先要做的工作就是审查信用证条款是否与买卖合同相符，如发现有疑问，应立即要求解释或修改。

2.审核信用证的条款

受益人要逐字逐句阅读信用证，尤其要注意以下几点：

（1）是否为"可撤销"信用证。若信用证未表明是否为不可撤销，则视为不可撤销。

（2）是否为保兑信用证。如在合同中要求由其他银行保兑，接到信用证后，应检查是否已经他行保兑。

（3）受益人、开证申请人名称是否与实际情况相符。

（4）信用证的有效期和最后装运日是否合理，即受益人能否有充足的时间交货和备运。如果装运期展延，有效期也相应展延（反之不可）。

（5）信用证的到期地点应与信用证的指定银行及使用方式相匹配，最好在我方境内。

（6）信用证的金额是否开足，是否足以支付货款。

（7）信用证上的货币必须与合同上规定的货币相同，但是，如果信用证用自由外汇而不用合同规定的货币开立，并且这种自由外汇对我方有利，就可以接受。

（8）出口货物的名称、数量、规格及品质与所签订的合同是否相符。

（9）关于运输，应重点关注：

第一，如信用证不准转运，而又无直达货轮，或不准分批装运，但出口货物的生产、采购无法一次装运时，应申请修改。

第二，货物由租船运输时，信用证是否允许使用租船提单。

第三，目的港是否是海港。若信用证规定了一些内陆国家作为目的港，应要求改正；除非运输条件许可或买卖双方另外约定，一般不应同意在11月份至下年4月份之间去封冻的港口。

（10）保险。如在FOB条件下，保险应由买方办理，投保何种险别，投保金额是多少合同上应有记载，信用证上也应载明。

（11）信用证是否要求特殊单据，如产地证书、海关发票、领事发票等。如果需要，能否按信用证条款制备。

（12）责任条款是否明确。开证行明确其责任的条款一般在信用证的最后部分，其内容为"我们保证及时对所有根据本信用证开立的，并与信用证规定相符的汇票负责兑付（We hereby engage with you that all drafts drawn under and in compliance with the terms of this Credit will be duly honoured"或"Provided such are drawn and represented in accordance with the terms of this credit，we hereby engage with the drawers，endorsers and bonafide holders that the said drafts shall be duly accepted on presentation and duly honoured at maturity）"或者表明是按UCP600开立（使用SWIFT除外）。

（13）是否有软条款。所谓的软条款，是指申请人在申请开立信用证时，故意设置若干隐蔽性的"陷阱"条款，使受益人无法控制或实现合同中的要求，或使开证行可随时和单方面解除其付款责任的条款。如限制信用证的生效，规定运输船只的船龄、航线，或要求出口商提供特殊的不易得到的单据或规定单据上的特别条款，有的软条款甚至使受益人不能控制货权等，受益人对此要高度警惕（案例参见第十二章第一节）。

（二）银行的审证

银行的审证工作主要从以下几个方面着手：

1.开证行资信的审查

这是能否安全收汇的基础，是银行审证工作中最主要的一个环节。开证行的资信取决于：

（1）资产规模的大小。国际上对银行的排名一般是以资产总额为依据的。由于资产是由资本加负债构成的，因此，有时也可以把资本的大小或者以资产与资本的比例高低作为依据。

（2）银行分支机构的多寡。大银行往往分支机构较多、规模大，实力雄厚。

（3）历史的长短。历史悠久的银行一般实力雄厚，抗风险能力强。

（4）往来关系的好坏，业务的多少，过去是否发生过不愉快的事情，作风如何。

（5）所在国家的政治、经济形势是否稳定。

银行要做好资信的调查，主要靠平时资料的积累，搜集银行的各种财务数据及消息、评论等，并应做好记录、分类、整理，以便在需要时能做出正确的判断。

2.偿付条款的审查

开证行在信用证中规定的对被指定银行的偿付办法，通常称为索汇路线。索汇路线必须正常、合理，对索汇路线迂回、环节过多的，应与开证行联系进行修改，且偿付条款不得前后矛盾。

（三）采取的措施

信用证经受益人和通知行审核后，对信用证的处理主要有三种方式：可以接受；经过修改后才能接受；不能接受。

对于可以接受的，受益人应当按合同和信用证的规定，抓紧时间备货、出运、制单和交单。

对于要经修改才能接受的，可以按规定程序先行修改，再出运货物（本章第五节）。

对于不能接受的，诸如开证行的资信有问题，付款责任不明确，来证条款不全、前后矛盾，单证要求苛刻，或有关条款不符合我国的政策等，受益人应在收到信用证后的三天内告知开证行，并说明拒绝接受的理由。

凡认为接受信用证可能有风险的，尚不至于拒受的，可采取以下几项措施：

（1）要求开证行加列电索条款（T/T Reimbursement）。这样可以尽早收汇，减小风险，与后几种措施相比较，开证行更愿意接受。

（2）要求其他大银行保兑。由第三家银行保兑时，一方面增加了保兑费支出，另一方面对开证行的信誉有不利影响。

（3）要求偿付行确认偿付。由偿付行来电或来函表示已经获得开证行的授权，届时会承担偿付责任。

（4）要求缴纳押金（Remitting Cover）。这一措施一般不轻易采用，除非对一些资信状况不了解的小银行，以免影响彼此的关系。

（5）在信用证允许分批装运的条件下，可分批装运、分批收汇，以分散风险。

通知行与开证行交涉的事宜，比如修改或解释，均应备案以方便日后查询。如在合理的时间内没有回音应及时催询，已有回音的应及时通知受益人。

五、受益人交单

受益人若接受了信用证，就可将货物装运，在装运货物期间，受益人要签发汇票（若有）和发票，从协作单位取得信用证中要求的各种单据（如提单、保险单、商检证等），然后在信用证规定的期间内和地点连同信用证及有关修改书（若有），提交给信用证指定的银行（如议付行）。

（一）交单期限的规定

1.在信用证规定的到期日以前交单

如前所述，到期日即信用证中规定的有效期（31D：the expiry date），受益人必须注意这个时限，如果晚于此日期提交单据，银行将拒绝接受。或者说，超过这一期限信用证就失效了，受益人不能再装运货物及缮制、提交单据。

2.最晚不得迟于装运日后21天交单（最迟交单日）

根据UCP600第14条的规定，要求提供运输单据的信用证要规定一个装运日后按照信用证条款提交单据的特定期限，即开立信用证时，应明确规定签发运输单据日后多少天内提交单据。如果信用证中没有做规定，银行将拒绝接受迟于装运日后21天提交的单据，但无论如何，单据不得迟于信用证的有效期提交。

3.交单期在一定条件下可顺延

当信用证到期日和最后交单日为非银行营业日时，根据UCP600第29条规定，信用证的有效期和交单日期均可顺延到该银行的第一个银行工作日。但银行要在向开证行或保兑行的交单面函中声明单据是根据UCP600第29条按有关顺延的规定接受的。因为各国的假日不同，如此说明，开证行才不会误认为是受益人迟交单。

同时，这个非营业日必须是不可抗力之外的原因造成的，如果银行的停业系罢工所致，受益人不得晚交单。

但最迟装运日不适用顺延的规定。如果信用证上规定了最迟装运日期，则该日期不能因单据的顺延而顺延。在这种情况下，如信用证或有关修改书未规定最迟装运日，银行将拒受表明出单日期迟于信用证或修改书或规定的到期日的运输单据。

4.顺延的规定不适用于非被指定银行

需要注意的是，顺延的规定不适用于非被指定银行，受益人只有向指定的银行交单才能顺延。

可见，信用证上一般会有三个日期：到期日（the expiry date）、最迟交单日（×× days after the date of shipment）、最迟装运日（latest date of shipment），到期日应该与最迟交单日相同。如果最迟交单日在到期日之前，则以最迟交单日为准；反之，如果最迟交单日在到期日之后，则以到期日为准。例如：

Expiry date：30 June

Documents to be presented within 15 days after the date of shipment

Latest date of shipment：3 June

那交单日期就应该是18 June，而不是30 June。

（二）交单地点的规定

交单日期和交单地点密不可分，只有确定了交单地点，交单期限才能最终确定。按UCP600的规定，"指定银行（承付或议付）的所在地即为信用证规定的交单地点；可在任何银行兑用（available with any bank），任何银行所在地均为交单地点；不管是什么类型的信用证，是否有指定银行，开证行所在地都是规定的交单地点，因为所有的信用证可以在开证行兑用"（见表6-7）。可见，受益人可以交单给议付行等被指定银行，也可以直接交给开证行。因为除非开证行指定的银行是保兑行，该银行并无必须承担承付或议付的义务，若被指定银行拒绝承付或议付，受益人只能向开证行交单。

受益人一般都会向被指定银行交单，其好处在于：因有效地点在被指定银行，不必提早寄单；如果寄单途中遗失，开证行仍需承担责任；受益人修改单据比较方便；如是相符交单，受益人会较快地收到款项。而如果向开证行交单，受益人必

表6-7 信用证交单地点的确定

兑用方式	有效地点	兑用银行	交单银行
即期付款	开证行所在地	开证行	开证行
	受益人所在国或地	开证行	受益人所在国或地银行
	指定银行和受益人所在国或地	指定银行	指定银行
	受益人所在国或地	任何银行	任何银行
延期付款	开证行所在地	开证行	开证行
	受益人所在国或地	开证行	受益人所在国或地银行
	指定银行和受益人所在国或地	指定银行	指定银行
	受益人所在国或地	任何银行	任何银行
承兑	开证行所在地	开证行	开证行
	受益人所在地	开证行	受益人所在地银行
	指定银行和受益人所在国或地	指定银行	指定银行
	受益人所在国或地	任何银行	任何银行
议付	指定银行和受益人所在国或地	指定银行	指定银行
	受益人所在国或地	任何银行	任何银行

须尽早寄单，以便在规定的日期使单据到达开证行手中，若开证行在交单日前没有收到单据，或者单据在途中遗失，受益人将自行承担责任和损失；同时，受益人修改单据也不是很方便。

六、审单议付或承付

（一）审单

审单即银行对受益人提交的凭以议付、付款的单据的审查（Documents Examination）。

信用证项下的审单可以指议付行等指定银行的审单，也可以指开证行的审单。前者称议付审单，后者为付款审单。议付审单在出口地议付行进行，付款审单则在进口地开证行处理。不论是议付审单还是付款审单，原理和方法都是一样的。以议付审单为例，介绍如下：

1.审单的目的

之所以审单，是因为单据的质量关系到能否安全及时收汇。信用证的付款承诺是有条件的，即受益人提交相符单据，唯有此才能使开证行接受单据，履行其付款义务，所以议付行要严格审单。

2.审单的原则

审单的原则是单证相符，UCP600第14条规定"基于单据本身确定其是否在表面上构成相符交单"，即不涉及单据的真实性和所代表的货物。归纳起来，单证相符指下列几种情况：

（1）单据与信用证条款相符。单证一致是以信用证为依据，而非合同或货物。所以，受益人提交的各种单据必须与信用证一致。信用证的条款、具体要求，甚至文字措辞都要在所缮制的单据上体现出来。例如，信用证规定的最迟装运日是7月31日，而提交的提单的装船批注日期却是8月3日，此即明显不符；信用证规定货物"packed in wooden cases（装于木箱中）"，而单据显示"goods packed in cartons（装于纸箱中）"也是不符。

（2）单据与跟单信用证统一惯例及国际标准银行实务（ISBP）相符。比如，信用证规定CIF价，保险单显示保险比例低于发票金额的110%，即构成不符；信用证未规定最迟交单日，迟于装运日后21天交单也是不符；ISBP规定"汇票、保险单据及运输单据必须注明日期"，如果因信用证中没有要求而提交了没有注明出具日期的上述单据，也构成不符。

（3）单据之间相符。各种单据中所显示的货物、数量、金额、信用证号码等要一致或不矛盾，否则，也可定性为单证不符。所有单据之间必须明显地看出是同一笔交易，即每一单据从表面上与其他单据有一种联系，且不得矛盾。

例如，某议付行收到受益人提交的单据，提单上标有集装箱号码而发票上未显示（信用证未规定必须显示）。议付行认为这是一个不符点，因为从单据表面上不能确定发票上的货物就是集装箱所装运的货物。但是发票和提单显示了相同的信用证号码、货物描述及相同的集装箱数量和重量。这些细节便是两个单据间与同一笔交易有联系的证明，而集装箱号码并不是建立这种联系的唯一方法，发票中的上述细节已满足了"联系"这一要求。

（4）单据本身的内容之间相符。比如海运提单上方印就了一公司名称，并标明为承运人，但在下方签字处却显示了另一公司的名称，这就是单据本身内容不符。

（5）与情理相符。比如，信用证规定"Shipment from Shanghai or Qingdao"，提单显示的装运港照抄"Shanghai or Qingdao"便是不符；信用证规定"Shipment from any Japanese port"，提单就应显示一具体的港口，如显示的是内陆城市或照样显示"Shipment from any Japanese port"还是不符。

通常将不符点分为实质性不符点和非实质性不符点。实质性不符点是指会对申请人的利益产生不利影响或损失的不符点。例如，超过装运期将影响买方的销售，缺少产地证将影响买方享受关税优惠等。非实质性不符点是指对申请人的利益不会产生影响或损失的不符点。例如，少一份发票副本，包装单的毛重错误等。由于银行无法也没有责任判断不符点对申请人是否有影响，所以不管是对于实质性不符点还是非实质性不符点都可以拒付，但以非实质性不符点拒付为主。

3.审单的依据

信用证是审单的唯一依据，其他诸如合同、往来函电、货物情况等只能作为参考，不是审单的依据。所以，信用证的条款必须明确，这也体现出审证工作的重要性。

4.审单的主要要求

（1）表面审核。如果表面上不一致，将被视为与信用证条款不相符。这里强调的是表面的内容，不是指单据的正反面，而是指单据的内容。"表面"可以理解为，银行无须亲自询问单据的真伪，已装运的货物是否真正装运，以及单据签发后是否已失效。除非银行知道所进行的是欺诈行为，否则这些实际发生的情况与银行无关。所以，受益人如果制作与事实完全不符的单据，而此单据和信用证的要求一致，受益人就能得到货款；相反，如受益人已按合同出运了货物，但所提交的单据忽略了信用证的某个条件，银行则拒绝接受单据，受益人也就不能得到货款。

（2）审单时间。开证行、保兑行（如有的话）和被指定银行审单的时间是5天，银行要在收到单据后的第2天起计的5个银行工作日内审核完单据，并决定接受或拒受单据，相应通知交单的当事人。若超过5个银行营业日仍未决定是否接受单据，银行将失去拒受单据的权利，即使单据存在不符点，银行也只能接受单据。例如，银行于4月14日（周一）收到单据，则审单时间从4月15日（周二）开始计算，截止日为4月21日（下周一）。

（3）不理会非规定单据和非单据化条件。非规定单据是指受益人提交了信用证没有要求的单据，对这样的单据，银行可不予理会，既可退还给交单人，也可把单据继续传递下去，开证行不能因为未要求的单据有不符点而拒付。

信用证规定的条件应该体现在提交的单据中，如果信用证含有一项条件，但未规定用以表明该条件得到满足的单据，则该条件被称为非单据化条件。对于这种非单据化的条件，银行将视为未做规定而不予理会。因为银行仅根据单据本身来确定是否构成相符交单，如果没有对应的单据，只有事实上的要求，银行审单时会很困惑。例如，信用证规定货物的产地是英国，但并没有要求受益人同时提交产地证明，因此，"产地是英国"就是一个典型的非单据条件。信用证必须同时要求受益人提交货物的产地证明，这时"产地是英国"就不是非单据条件。

再如，信用证规定"BENEFICIARY IS TO ADVISE APPLICANT OF NAME OF VESSEL, B/L NO., DATE, QUANTITY, WEIGHT AND VALUE OF SHIPMENT WITHIN 72 HOURS AFTER SHIPMENT"就是非单据化条件。在实务中，通常将非单据化条件变成单据化条件。如果将上述条款改成"BENEFICIARY'S CERTI-FIED COPY OF FAX DISPATCHED TO APPLICANT ADVISING NAME OF VESSEL,

B/L NO., DATE, QUANTITY, WEIGHT AND VALUE OF SHIPMENT WITHIN 72 HOURS AFTER SHIPMENT", 即受益人提交证明的传真副本, 传真副本表示以上的内容, 这样就满足了信用证的要求。

5.审单的程序

审单是一项较为烦琐的工作, 但并非随机无章, 而是有一定方法和规律的。从程序上看, 主要包括:

(1) 接单, 即银行收到受益人交来信用证项下的单据, 在未正式审单时做的初步整理、验收及记录。这是正式对单据审核前的准备工作。

当银行收到单据时, 应注意单据的种类、份数是否齐全, 有无信用证及修改书; 在审单记录表上注明收到单据的日期; 并按到期日的先后排列单据。

(2) 审单, 是对单证有序地进行审核, 即各项单据均有一个审核的次序, 不是随机地相互核对。一般情况下, 审核次序如图6-3所示。这样有序地排列起来, 既可以节省审单时间, 又能保证不漏审。第二项工作即填写记录表。此时, 由于还未正式审核, 应先将记录表中与审单结果无关的内容填好, 如信用证号码、编号 (议付行)、装船期、有效期等, 然后开始审单。

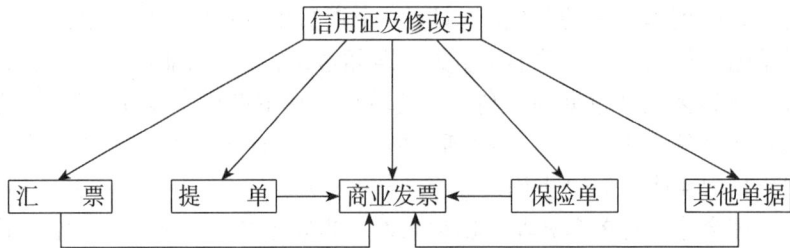

图6-3　单据审核次序

审单的方法是先"纵"后"横"。"纵"是指以信用证为核心, 所有单据都与信用证核对, 做法是先阅读信用证的各项内容, 再阅读单据, 从中发现单证之间各项目的内在联系, 以及哪些单据未交来, 哪些内容不符合规定。"横"是指以单据中的发票为中心, 其他单据与之核对。在"纵""横"审查的同时, 将不符点一一列出, 填入记录表中的"不符点与处理意见"(discrepancies and action taken), 并做出相应的处理。审单均需经初审和复审两个环节, 对一些简易的信用证也可视情况进行快审, 即根据经常出现的不符点, 选出若干的"快审项目"。

6.UCP600中的有关规定

(1) "约"(About) 或"大约"(Approximately) 用于信用证金额或信用证规定的数量或单价时, 应解释为允许有关金额或数量或单价有不超过10%的增减幅度 (UCP600第30条)。比如, 信用证规定货物数量为"about 100千克", 则受益人可以在90千克和110千克之间装运。但只限于被特别指明的那一项, 并非同时都适用。如上述的"约"只在数量前有，那只适用于数量，金额和单价不可以有增减，除非金额和单价之前也有"约"。

（2）在信用证未以包装单位件数（箱、盒、桶等）或货物自身件数的方式（如件、个）规定货物数量时，除非信用证规定货物数量不得增减，货物数量允许有5%的增减幅度，只要总支取金额不超过信用证金额。因为货物数量在以度量衡计量时，是很难准确掌握的。例如，信用证规定散装铁矿砂10 000吨，只要支取金额不超过信用证金额，货物数量可以有5%的增减幅度。但如果信用证规定50辆汽车或50箱啤酒，不允许分批装运，货物数量就不可以有任何增减，且支取金额不能超过信用证金额。

（3）如果信用证规定了货物数量，而该数量已全部发运，规定了单价，而该单价又未降低，或当（2）款不适用时，则即使不允许部分装运，也允许支取的金额有5%的减幅。若信用证规定有特定的增减幅度或使用（1）款提到的用语限定数量，则该减幅不适用。比如，信用证规定装运100台电视，信用证金额USD10 000.00，发票表示100台电视，金额USD9 500.00是可以的。

（4）分批装运（Partial Shipment），或称部分装运，是指一个合同项下的货物先后分若干期或若干次装运。分批装运主要有两种方式：一是只原则性规定允许分批装运，对于分批的时间、批次和数量不做规定，这样的话，货物可以分批出运，也可以合并发运；二是在规定分批装运条款时具体列明分批的期限和数量，这就是下面（5）所说的分期装运。

判断是否构成分批装运并不是看有几套运输单据，根据UCP600，表明使用同一运输工具并经由同次航程运输的数套运输单据在同一次提交时，只要显示相同目的地，将不视为部分发运，即使运输单据上表明的发运日期不同或装货港、接管地或发运地点不同。如果交单由数套运输单据构成，其中最晚的一个发运日将被视为发运日。例如，某出口商向欧洲出口货物，货源分散在山东、江苏和广州等地，该出口商在青岛装上一部分货物，船经过上海时再装上另一部分，最后在广州装上信用证规定的全部货物。尽管装货的港口不同、提单也不是一套，签发日期有先有后，但由于装运于同一个航程的同一个运输工具上，不算部分装运。

含有一套或数套运输单据的交单，如果表明在同一种运输方式下经由数件运输工具运输，即使运输工具在同一天出发运往同一目的地，仍将被视为部分装运。例如，信用证禁止转运，现提交了一套或数套表明发送在两辆或更多汽车上的运输单据，虽在同一天出发运往同一目的地，但仍视作部分装运。

含有一份以上快递收据、邮政收据或投邮证明的交单，如果单据看似由同一快递或邮政机构在同一地点和日期加盖印戳或签字并且表明同一目的地，将不视为部分装运。例如，三批珠宝分别由一家快递公司在上海的不同网点在同一天发往同一目的地，快递收据注明了以上内容并加盖印戳，这将不视为部分装运。

（5）分期装运。如信用证规定在指定的时间段内分期支款或分期装运，任何一期未按信用证规定期限支取或装运时，信用证对该期及以后各期均告失效。

例如，信用证规定：

SHIPMENT OF 50 CASES IN MAY 2025.

SHIPMENT OF 50 CASES IN JUNE 2025.

SHIPMENT OF 50 CASES IN JULY 2025.

SHIPMENT OF 50 CASES IN AUGUST 2025.

5月份装运了50箱。如果6月份未能装运50箱，6、7、8月三期均失效。如果想继续装运应联系开证申请人修改。

（6）关于日期：

① "在或大概在（on or about）"或类似用语将被视为规定事件发生在指定日期的前后5个日历日之间，起讫日期计算在内。

② "至（to）""直至（until/till）""从……开始（from）""在……之间（between）"等词用于确定发运日期时包含提及的日期，使用"在……之前（before）"及"在……之后（after）"时则不包含提及的日期。

③ "从……开始（from）"及"在……之后（after）"等词用于确定到期日时不包含提及的日期。

④ "前半月"及"后半月"分别指一个月的第一日到第十五日及第十六日到该月的最后一日，起讫日期计算在内。

⑤ 一个月的"开始（beginning）"、"中间（middle）"及"末尾（end）"分别指第一到第十日、第十一日到第二十日及第二十一日到该月的最后一日，起讫日期计算在内。

（二）议付或承付

信用证下的支付除议付外，还可能是付款或承兑。如果是议付信用证，议付行审单结束，如决定议付，即扣除预付利息和手续费后，买入受益人出具的全套单据和汇票（如果有），并对出口商办理结汇。

议付行议付时要在信用证的背面对议付的日期和金额等进行批注，国外也称这种批注为"背书"，以防止有人再另造单据向其他的银行议付。若信用证的金额全部用完，则在信用证的背面注明"exhausted"或"cancelled"，若是部分议付，则应将议付金额与出口数量以及余额、日期等写上去。

如果是付款信用证，则受益人向指定的付款行或保兑行交单，付款行或保兑行审单后，如确认为相符交单，即对受益人付款。

如果是承兑信用证，则受益人向指定的承兑银行交单，后者审单后承兑，并将承兑后的汇票退还给受益人，到期时无追索权地付款。

（三）单证不符的处理

若单据与信用证条款不一致或单据之间彼此矛盾，即被认为是单证不符，称为"discrepancy"，开证行对单证不符的单据有权拒绝付款，所以为保证安全及时收汇，应尽量避免单证不符。但要做到完全不出差错又不可能，并且客观情况也在不断变化。因此，遇到单证不符的情况时，应及时做相应的处理，使最终的收汇不受影响。作为议付行，对单据不符的处理方式有以下几种：

1.将单据退回受益人修改

若不符点是由于受益人在制单时的疏忽所致，通常由议付行退还让其修改，再交银行议付。可以全部退还，也可以仅仅退还有不符点的单据。受不符点的性质和提示单据日期的限制，退给受益人修改的方法只适合制单疏忽和所交单据不全的情形，不是在任何时候都能用，因为单据必须在规定的期限内提示。

2.凭保议付

要求受益人或其往来银行提供一份保函，银行据此议付。保函要注明：①单据不符的具体内容；②为有不符点的单据议付，银行一旦遭受损失及发生的费用由受益人负担。议付行可将此在寄单通知书中声明，以示议付的保留性质。若开证行接受不符点付款，保函即随之失效。如开证行拒绝接受不符点，则受益人应当赔偿。当然，议付行也可以拒绝接受，还可以根据保函申请人的资信情况及单证不符的具体内容仅做部分议付。保函对开证行来说没有什么效力，它只是受益人和议付行之间的一种协议，一般不必向开证行提示。

3.致电开证行要求授权议付

议付行通过电传将不符点告知开证行，征询可否议付，得到开证行的授权后再行议付或者承兑。这里有个前提，即受益人同意或要求这样做并承担有关的费用。这就是通常所说的"电提"。电提的特点是解决问题快，对临近提示期的单据较适用。若开证行回电同意，电文上的措辞一般是"如果无其他不符点，你们可以议付（You may accept, negotiate if otherwise in order）"。如开证行不同意，受益人要采取补救措施。由于用了电提，能最快得到开证行的回复，所以也有可能及时采取措施，如将货物改卸其他港口，然后再行交涉或出售给其他的买主。一般来说，这种方法可在金额较大、不符点较明显时使用。具体使用时还应注意：

（1）单证不符点若很复杂，很难在电文中详细说明，陈述不清的话易引起纠纷并遭拒付。

（2）不符点如被进口商接受，并不表示开证行已同意付款，等到单据送达开证行，进口商赎单后，议付行收到正式贷记通知时，才能确定其最后的付款。

因开证行是按开证申请人的指示行事，所以在请求开证行授权的同时，受益人也应同时与申请人联系。一般来说，若申请人同意，开证行也会同意，特别是在买方想得到货物时，即使单据存在一些不符点也会接受。除非买方认为这笔交易已无利可图。

（3）开证行的回电若含糊不清，易引起误会，应改为托收作为结算方式。

4.托收

若不符点较多或有实质性的不符点，拒付的可能性较大，如货物装船过期、信用证超过有效期等，可考虑改用托收方式，单寄开证行，这种做法已由银行信用改为商业信用，风险较大，此时进口商往往趁机压价或争得大幅度折扣。这一般是受益人在征求申请人意见未果的情况下而采取的办法，议付行大多在收妥货款后再转给受益人。

5.正常议付

尽管有不符点，从实践经验中得知属于微不足道的不符点，开证行仍能照旧付款。有时在寄单面函上列示不符点，以征求开证行的意见，接到肯定的答复后再议付，这就是所谓的"表提"。与"授权议付"一样，此法需得到受益人的应允。但这不是可推行的办法，在市场行情变化或其他情形下，往往会授进口商以口实，从而承担很大的风险。

6.不予受理

将单据退回受益人，由受益人自己联系开证行。

以上2~5的做法适用于不能更正的不符点，如货物迟装，品质、包装条件与来证规定不符等。这种不符往往是在受益人已经征得进口商的同意，但来证未经开证行做出相应修改的情况下发生的。由于开证行可以拒付，而进口商可能不遵守其诺言，容易给受益人造成经济损失，因此应尽量避免这种被动局面的出现。

七、寄单索汇

一般情况下，信用证中都规定了一家"被指定银行"。依信用证的使用方式不同，由该行充当付款行、承兑行或议付行，受益人向该指定银行交单。该行在议付或付款后，要将单据寄给开证行，随附"BP通知书（Bill Purchased）"或称"议付通知书（Covering Letter/Documentary Remittance）"，要求开证行偿付或向偿付行索汇，该行也叫索偿行（Claiming Bank）。总之，寄单索汇（Dispatching/Forwarding & Reimbursement Claim）是索偿行凭单向开证行或偿付行索取垫款的过程。

（一）寄单

如何寄单由开证行在信用证中予以指示，索偿行按信用证的要求处理即可。一般有以下几种情况：

1.一次或两次寄单

有的信用证规定单据一次寄送，则索偿行寄单时不得分寄；如果没有明确寄单的方式，则分两次寄送。

2.单寄开证行或付款行

有时单据全部寄送给开证行；有时分别寄送给开证行和付款行，索偿行必须弄清信用证中对此的要求。如果有偿付行，在单寄开证行的同时，要向偿付行发出索汇函。

（二）索汇

1.索汇的路线

对于如何寄单及向谁索汇，在信用证的偿付条款中均有明确的规定，因此索偿行一定要仔细阅读信用证中的有关条款。同时，要熟悉账户的设立情况。这是尽快收汇的基本条件。因为它能促使合理使用账户，减少不必要的中间环节。

作为议付行以及其他索偿行，按信用证规定，可能在单据到达开证行并被接受后才得到偿付，也可能在单据寄出时即可获得事先的偿付。在后一种情况下，若开证行收到单据后发现单证不符，则有权要求索偿行退款。

议付行索汇的路线可分为以下两类：

（1）向开证行索汇。如果开证行未在信用证中指定其他银行，则议付行议付后直接向开证行索汇。议付行一般以快邮方式寄送单据，开证行收到后凭单付款；也可能按约定，议付行在寄单后即可获得偿付，议付行在快邮单据的同时，以电讯方式向开证行索汇。

（2）向偿付行索汇。如果开证行有指定，则议付行议付后即向偿付行索汇。此时，议付行无须向偿付行寄送单据，即单据的处理与向开证行索汇时是一样的，两套单据都是寄给开证行。偿付行不与单据打交道，也不要求索偿行声明单证相符。议付行在寄单给开证行的同时，可向偿付行电索。

2.索汇的方式

（1）电索（T/T Reimbursement）。如果信用证中没有注明"不允许电索"（T/T reimbursement is not allowed），则可以电索。议付行以 SWIFT 或电传方式向开证行或指定的偿付行索汇。索汇电文要简明扼要，如使用电传，须加密押。

（2）信索。如果信用证中的偿付条款不允许使用电索，议付行则用信函方式索汇。索汇信函内容主要包括信用证号码、开证行名称、索汇金额及索汇路线等。索汇信函须经有权签字人签字。

3.索汇的要求

索汇是银行间的一种偿付安排。URR725 要求开证行应在信用证及偿付授权中注明适用本规则。在 URR725 第 10 条及第 11 条中，对索偿行的要求如下：

（1）缮制标准的索汇函。索汇函必须以电讯的形式发出，但如果开证行禁止，则以信函方式发出。电函应包括开证行名称、信用证号码、索汇金额、费用、有关业务编号（包括已知的偿付行编号）等。若开立以偿付行为付款人的远期汇票，该汇票应与索汇函一起寄给偿付行。若信用证有要求，还必须提供货物描述、原产地、货物装运日期、起运地和目的地等。

（2）时间要求。索汇电函应在到期日前 10 日内发送给偿付行，超过 10 天，偿付行可拒绝处理（应及时通知索偿行）。

（3）不得在一份电索或信索中加列多项索偿，即不允许并笔索汇。

（4）不得要求偿付行倒起息（起息日早于索偿日）。

如果索偿行未遵守上述规定，偿付行对拒绝接受或处理延误而引起的任何后果不承担责任。

八、开证行或偿付行偿付

（一）开证行偿付

1.审核议付通知书或索汇通知书

当议付行电索时，开证行通常是先收到索汇电函，此时应根据电文中提供的信用证号码核对以下内容：议付行议付的金额是否超出信用证的金额、单据的提交是否符合信用证的交单期限、发出索汇指示的银行是否为信用证的指定银行、是否注有不符点或凭保议付等，核对无误后在信用证上批注有关内容。

2.审核单据

虽然议付行已经审核过单据，开证行还是要亲自审核，以确定是否符合信用证条款。另外，开证行重新审单时还可能发现其他的不符点，也可能议付行提出的不符点对开证行来说并不构成不符，这主要是各方对信用证的理解不一致所致。因此，收到议付单据后，开证行应全面核对单据的种类、份数是否与所附的相符；单据是否由指定的银行提交。如提交的单据没有体现某次修改的内容，应视同受益人尚未接受该次修改，不能认定单证不符。如发现不符点，一般先接洽申请人，若申请人提出拒付，则开证行不予偿付。需注意的是，有时申请人以不符点为由拒付的真正原因是货物市场价格下降、对货物品质有异议等，以拒付达到不要货物、降价等目的。

3.偿付

如前所述，开证行如何对议付行或其他索偿行进行偿付，是在信用证中规定的，通常根据双方账户的设立情况来确定。一般有以下几种：

（1）单到付款，即开证行收到议付行寄来的单据，经审核认为相符即将款项偿付给议付行。具体做法可能是贷记议付行在开证行的账户，或通过双方共有的账户行办理，如"Upon receipt of the documents in compliance with this L/C, we shall credit your account with us or remit the proceeds to the bank named by you"。

（2）授权借记。这实际上是单到付款的另外一种安排。当开证行收到单据确认单证相符后，向议付行发出授权，授权议付行借记开证行的账户。显然，开证行在议付行开有账户。如"Upon receipt of the documents in compliance the terms of this L/C, we shall authorize you to debit our account with you"。

（3）主动借记。当开证行在议付行开有账户时，其开出的信用证可能规定议付行在议付后，可立即借记开证行的账户。议付行议付的当日即可获得开证行的偿付，如"Please debit our account with you under advice to us"。

若开证行在开证时已向申请人收取了现汇保证金，则对外偿付的款项从保证金账户中支付；若收取的是人民币保证金，应由申请人申请购汇，按付汇日开证行挂牌汇率售汇支付；若使用信用额度开证，在申请人自备资金付款赎单后，才能恢复其相应的授信额度。

（二）偿付行偿付

指定偿付行偿付时，开证行需明确授权。例如，"We hereby authorize you（reimbursing bank）to reimburse the ×× negotiating bank"。偿付行收到索偿书后，即应依索偿书中的指示向索偿行偿付。偿付行处理索偿时，要注意以下几点：

（1）偿付行收到索汇函后，应在3个工作日内进行处理（从收到的次日算起）。若收到索汇电函是在非营业时间，则被视为是在下一个营业日收到的。

（2）偿付行对索偿行提出的倒起息的要求不予处理。

（3）偿付行无义务对索偿行以外的其他任何银行付款。

（4）如果偿付行未开具偿付承诺，并且偿付到期日是远期的，索偿时必须表明偿付的具体日期。

（5）偿付行的银行费用一般由开证行承担，若由其他方承担，应明确声明，并在偿付时扣除。

（三）开证行对单证不符的处理

开证行在收到议付行等索偿行寄来的单据后应立即审单，如果发现不符点，要么拒付，要么接受。

1.拒付

如果决定拒绝接受单据，开证行应发出拒付通知，该过程要注意以下几点：

（1）拒付通知要以电讯方式发出，如不能用电讯，应以其他快捷的方式通知议付行等单据提出者。

（2）拒付通知要注明凭以拒付的不符点的具体内容，并说明是退回单据还是暂为代管听候处理。

（3）拒付通知中要将不符点一次提完，未提的不符点，不能在下一次提出。

（4）要在自收到单据的第2天起5个银行工作日内提出不符点。

开证行若忽略了上述这几点，就会丧失拒付的权利，使拒付失效。

2.接受

开证行审单发现单据同信用证条款不符时，习惯的做法不是马上退单拒付，而是列举各项不符点，在给进口商的通知书中注明，询问申请人是否接受（有时，索偿行在发给开证行的通知书中已列明了单据的不符点及不符点的具体内容）。如申请人接受，加上申请人的资信也没问题，开证行则不必退回单据，按正常情况进行结算处理即可。申请人之所以接受不符的单据常常出于实际业务的需要，或已与受益人之间有事先的联系或达成了某种协议。当某种商品畅销且价格有利时，申请人往往不计较单据的不符之处。

在同议付行的关系上，从理论上来讲开证行本身是信用证的主债务人，是否接受有不符点的单据，开证行有权做出决定。

（四）索偿行对拒付采取的措施

索偿行收到开证行的拒付通知后，如果认为拒付理由成立，应迅速通知受益人联系申请人采取措施。如果认为开证行拒付理由不成立，应与之交涉，协商解决。在双方意见分歧过大，不能取得一致时，可将争议提交国际商会仲裁。

九、申请人付款赎单

开证行对外偿付后通知申请人，申请人向开证行付款后得到单据，这一过程称付款赎单。申请人在付款前也有权对单据进行审核，由于申请人是进出口合同的当事人，更容易发现单据中的不符之处。如果单据相符，应尽快付款以便赎回全套单据。一旦发现有不符点，申请人有权拒付，并向开证行说明理由。

十、提货、收汇考核及结汇

（一）提货

付款赎单后，申请人即可提货。提货后，不能因货物问题向开证行提出索赔，因为开证行是凭单付款，而非凭货物或合同付款。

（二）收汇考核

议付行议付后将单据寄出，为保证安全、及时地收进货款，必须进行催收和考核两项工作。

1.催收

议付行应根据不同地区、不同货币及不同的收汇方式和寄单方式确定一个合理的收汇天数。在寄出单据和索汇电函后，超过合理的天数仍未收妥货款的，应发出催收函/电。对开证行无理迟付的货款，除及时催收外，还应向其追收迟付期间的利息及费用；对开证行的无理拒付，应据理力争，并追索造成的利息损失及费用。

2.考核

议付行收到贷记报单后，逐笔审核开证行或偿付行的付款情况，进行事后考核。通过考核，检查付款是否超过合理的时间，若超过，则要追收迟付的利息。同时，要定期出具考核报告，总结经验，并对差错及失误做出具体分析，以提高今后的工作质量。

（三）结汇

银行对受益人的结汇主要采取以下几种方式：

1.收妥结汇

收妥结汇即由出口地银行将单据寄出，不论是即期还是远期，于货款收回后，也就是收到国外银行的贷记通知，证明货款已收入出口地银行账户时，按当日外汇牌价折成人民币收入受益人账户①。

2.定期结汇

定期结汇适用于对港澳地区联行来证项下的出口结汇。出口地银行从寄单之日起，预计一个邮程加合理的审单工作日后，即主动借记该联行的往来账户，同时结汇给出口公司，对方即联行收到单据后，只要单证相符，也不必发出贷记报单，只作相应的账务处理，这就是"定期结汇"。定期结汇取消了报单的往返寄送，简化了手续，但也存在局限性。一旦开证行不付款，议付行虽然定期结汇给受益人，但实际上未收到外汇，因此这种方法只对联行等有限地使用。

3.出口押汇

出口押汇也称买单结汇，是在出口地银行审单无误、单证相符、开证行资信可靠的情况下，不待开证行付款，先行买入全套单据而向受益人垫款，按票面金额扣除从垫款之日到估计货款入账日的利息，将其净额对受益人结汇。银行叙做出口押汇是为出口商提供了资金融通，有利于受益人的资金周转。但由于对信用证的安全程度不能完全保证，这种结汇方式对议付行来说有一定的风险。

第五节　跟单信用证的修改和撤销

信用证开出后，由于情况的变化，或经受益人审核后认为信用证存在问题，就需要进行修改。对于可撤销的信用证，无须事先通知即可随时修改。下面介绍的是针对不可撤销信用证的修改。

一、修改的提出

从形式上看，由申请人向开证行提出修改请求，然后由开证行发出修改通知书（MT707）。实际上，提出修改申请的可能是申请人也可能是受益人，不论修改请求出自何方，一般都按信用证原来的寄送途径。例如，由受益人提出的，应请申请人转向开证银行申请修改，再由开证行转通知行通知受益人。当前，对信用证提出修改请求的大多是申请人。

受益人提出修改，通常是由于信用证与合同不符，或某些条款无法兑现。例如，信用证规定不准转运，但并无直接的船只到达目的地，这时就需要提出修改要求。也有可能是受益人所在地发生不可抗力，如地震，就有可能要求延长装运期限及信用证的有效期限。

申请人提出修改要求通常是因为本国或国际形势的变化，如进口国要求进口商品必须提交新的某种单据、战争爆发需要加保战争险、改变目的港等。

---

① 结汇主要有强制结汇、意愿结汇和限额结汇三种形式。强制结汇是指所有外汇收入必须卖给外汇指定银行，不允许保留外汇；意愿结汇是指外汇收入可以卖给外汇指定银行，也可以开立外汇账户保留，结汇与否由外汇收入所有者自己决定；限额结汇是指外汇收入在国家核定的数额内可不结汇，超过限额的必须卖给外汇指定银行。我国过去是实行强制结汇制的，2008年8月1日新《外汇管理条例》出台之后，正式实行意愿结汇制。2016年6月15日，国家外汇管理局发布了《国家外汇管理局关于改革和规范资本项目结汇管理政策的通知》，在全国范围内统一境内企业资本项目外汇收入意愿结汇管理。

　　银行在开证时有时也会出现偏差，如字母打错、地名打错或遗漏某个项目，发现后也需要修改。

　　总体来说，信用证的每一条款都有被修改的可能，但以下列各项为多：

　　（1）延长装运期限及信用证的有效期限（受益人提出）。

　　（2）更换出口商名称及地址或允许转运（受益人提出）。

　　（3）金额与货物增减（申请人提出）。

　　（4）保险种类的变动（申请人提出）。

　　（5）允许接受过期提单（申请人提出）。

二、修改信用证的注意事项

　　第一，对提出的修改，要注意其是否与其他条款相抵触，是否遵守了外汇管理的有关规定。

　　第二，对不可撤销信用证，非经当事人的同意不得修改，因此开证行在办理修改时，必须经开证行、保兑行（若有）及受益人同意。

　　第三，当同一信用证修改书上涉及两个或两个以上条款时，必须全部接受，不得同意一部分拒绝另一部分。这主要是出于平衡申请人和受益人之间的利益的考虑。如现有修改如下：一是增加货物数量20%；二是交货期延长半个月。如果允许部分接受，受益人有可能仅接受第二条而拒绝第一条，这显然对申请人是不利的。因此，UCP600规定，部分接受修改视为拒绝修改。

　　第四，如果开证行选择一家银行将信用证通知给受益人，其修改的通知也要通过这家银行。

　　第五，开证行自发生修改之日起，就受这个修改的约束。保兑行可以对修改加保兑，并在通知这个修改时就受其约束；也可不对修改加保兑，即仅将修改通知受益人，但要及时将此情况通知给开证行及受益人。由于保兑行未对修改承担义务，因此仅对原信用证承担义务。

　　第六，受益人应发出一个通知，表示其接受还是拒绝修改，但也可不表态，通过其提交的单据来判断是否接受了修改。如果提交的单据与修改后的信用证相符，则表明受益人接受了修改；如果提交的单据与原信用证相符，即未接受修改。

　　第七，修改通知书中要注明本次修改的次数。

三、修改信用证的实务处理

1.申请人提交修改申请书

　　当申请人要求修改信用证，或受益人接洽申请人要求修改时，申请人要向开证行提交修改申请书。申请书的内容主要包括两个方面：一是被申请修改的信用证的情况，如信用证的号码、受益人名称及地址、通知行等，以便使开证行确定哪个信用证是要修改的；二是关于修改的指示。修改申请书需由申请人签章。

2.开证行审查修改申请书的内容

开证行接到信用证修改申请书后，应根据申请书所列的信用证号码审核：①修改后的条款有无相互抵触之处；②是否注明修改手续费由申请人还是由受益人负担；③修改后的条款对我方是否有不利之处；④若修改涉及原证的有效期、金额、商品等超出了原有效凭证规定的范围，需提交符合修改条件的有效凭证。

3.缮制信用证修改书

银行审核信用证修改申请书后，即可缮制信用证修改书。如果使用SWIFT，则为MT707。若原证规定向偿付行索汇，当修改涉及延展装运期和有效期、增加金额的，还应向偿付行发出通知；如果修改申请书中规定修改费用由受益人承担，而受益人又拒绝该项修改的，则向开证申请人收取费用。

在受益人没有通过申请人而是通过通知行要求开证行修改信用证时，开证行接到请求后，通常要与申请人联系。开证行虽然有权决定接受该请求，但若没有申请人的同意，就可能因违背申请人的指示而无法获得偿付。若申请人不同意，开证行则拒绝修改；若同意，就缮制信用证修改书，由原通知行通知受益人。

四、信用证的撤销

信用证的撤销包括两种情形：其一是信用证过期未用，自动失效；其二是信用证未到期而在中途被撤销。这里我们主要介绍第二种情况。对于不可撤销的信用证，在发生必须撤销的某些情况时，符合下面几个条件就可以撤销：

（1）以书面的形式向开证行提出申请，若是受益人则同时退回信用证。

（2）银行审查，做出同意或不同意的决定。

（3）银行利用电信或邮寄方法通过通知行转告受益人关于撤销的事宜。

（4）有关当事人同意撤销的内容。

（5）若开证行要求撤销信用证，须先征得受益人同意，并收回全套正本信用证（包括修改和有关附件）。

信用证撤销有全额撤销也有部分撤销，如信用证已出口议付了一部分，其余部分可办理撤销。受益人从通知行处得到撤销的通知后，应尽快决定是否同意撤销。其余的做法均与修改一样。

下面以表格形式列示出信用证的样式，见表6-8。

表6-8　　　　　　　　　　　　**信用证样本**

2019FEB10 18：23：38　　　　　　　　LOGICAL TERMINAL EA24
MT 700 ISSUE OF A DOCUMENTARY CREDIT　　　PAGE 00001
FUNC LNSWPR2
MSGACK DWS765I AUTH OK，KEY DIGEST，BKCHCNBJ TOMIJPJT RECORD
BASIC HEADER　　　　　F　01　BKCHCNBJA810 1722 735135
APPLICATION HEADER　O 700　1511　090204 TOMIJPJTAXXX 4579 562238 090204 1411N

```
                                    * TOKYO TOMIN BANK LIMITED
                                    * TOKYO
USER HEADER      SERVICE CODE      103 :
                 BANK. PRIORITY    113 :
                 MSG USER REF.     108 :
                 INFO. FROM CI     115 :
SEQUENCE OF TOTAL      * 27    : 1 / 1
FORM OF DOC. CREDIT    * 40 A : IRREVOCABLE TRANSFERABLE
DOC. CREDIT NUMBER     * 20    : 015-612-01911
DATE OF ISSUE            31 C : 190203
APPLICABLE RULES       * 40 E : UCP URR LATEST VERSION
                         /
EXPIRY                 * 31 D : DATE 190503 PLACE IN THE COUNTRY OF
                                BENEFICIARY
APPLICANT              * 50    : GCO. , LTD.
                                TOKYO JAPAN
BENEFICIARY           * 59    : D CO. , LTD.
                                DALIAN, CHINA
AMOUNT                * 32 B : CURRENCY USD AMOUNT 20 000. 00
POS. / NEG. TOL (%)     39 A : 05 / 05
AVAILABLE WITH/BY     * 41 D : ANY BANK
                                BY NEGOTIATION
DRAFTS AT...            42 C : DRAFTS AT SIGHT
                                FOR FULL INVOICE COST
DRAWEE                  42 A : TOMIJPJT
                                * TOKYO TOMIN BANK LIMITED
                                * TOKYO
PARTIAL SHIPMENTS       43 P : ALLOWED
TRANSSHIPMENT           43 T : PROHIBITED
PORT OF LOADING/AIRPORT
OF DEPARTURE            44 E : CHINA
```

续表

```
PORT OF DISCHARGE/AIRPORT
OF DESTINATION            44 F :   JAPAN
LATEST DATE OF SHIP.      44 C :   190423
DESCRIPT. OF GOODS        45 A :
                 + LADIES' GARMENTS
                 FOB CHINA
DOCUMENTS REQUIRED        46 A :
         ACCOMPANIED BY THE FOLLOWING DOCUMENTS:
         + SIGNED COMMERCIAL INVOICE IN ONE SET INDICATING
         THIS CREDIT NO.015-612-01911
         +2/3 SET OF CLEAN ON BOARD OCEAN BILLS OF LADING
         MADE OUT TO ORDER AND BLANK ENDORSED AND MARKED
          'FREIGHT COLLECT' AND NOTIFY APPLICANT, INDICATING
         THIS CREDIT NO.015-612-01911
         + CLEAN AIR WAYBILL CONSIGNED TO GIP CO., LTD. AND MARKED
          "FREIGHT COLLECT" AND NOTIFY APPLICANT, INDICATING
         THIS CREDIT NO. 015-612-01911
         + PACKING LIST IN ONE SET
         + IN CASE OF SEA SHIPMENT
         BENEFICIARY'S CERTIFICATE STATING THAT ONE SET OF
         NON-NEGOTIABLE SHIPPING DOCUMENTS AND 1/3 SET OF
         ORIGINAL B/L HAVE BEEN SENT TO APPLICANT.
ADDITIONAL COND.          47 A :
         + THE DISCREPANCY FEE JPY5, 000 OR EQUIVALENT
         SHOULD BE DEDUCTED FROM CLAIM AMOUNT
         + THIS CREDIT ALLOWS A TOLERANCE OF 5 PERCENT MORE
         OR LESS FOR L/C AMOUNT
         + T. T. REIMBURSEMENT PROHIBITED
         + THIS CREDIT IS TRANSFERABLE AT ADVISING BANK.
DETAILS OF CHARGES        71 B :   ALL BANKING CHARGES OUTSIDE JAPAN
                                   AND PAYMENT COMMISSION ARE FOR
                                   ACCOUNT OF BENEFICIARY.
PRESENTATION PERIOD       48   :   DOCUMENTS TO BE PRESENTED WITHIN
                                   10 DAYS AFTER THE DATE OF SHIPMENT
                                   BUT WITHIN THE VALIDITY OF THE CREDIT.
CONFIRMATION              *49  :   WITHOUT
REIMBURSING BANK          53 a :   BKTRUS33REM
                                   * DEUTSCHE BANK TRUST COMPANY
```

续表

	* AMERICAS * NEW YORK, NY * （TRADE REIMBURSEMENT）	
INSTRUCTIONS	78 :	+TO THE PAYING/NEGOTIATING BANK：ALL DOCUMENTS AND THE DRAFTS MUST BE FORWARDED DIRECT TO THE TOKYO TOMIN BANK LTD. INT'L DIV., 3 - 11ROPPONGI 2 - CHOME, MINATO-KU TOKYO 106-8525 JAPAN IN ONE LOT BY COURIER SERVICE. + PLEASE REIMBURSE YOURSELVES FROM DEUTSCHE BANK TRUST COMPANY AMERICAS（53A：BKTRUS33REM）HAS ITS REIMBURSEMENT MAIL CLAIM PROCESSING CENTRE IN INDIA. KINDLY SEND ALL YOUR MAIL CLAIMS TO THEIR ADDRESS IN INDIA AS FOLLOW："C/O DBOI GLOBAL SERVICES PVT. LTD. ATTN：USD TRADE REIMBURSEMENT DEPARTMENT, VELANKANI TECH PARK, NO. 43, BUILDING NO. 8, NORTH WING, CASH OPERATIONS, 2ND FLOOR, ELECTRONIC CITY, PHASE 2, HOSUR ROAD, BANGALORE - 560 100, INDIA"
"ADVISE THROUGH"	57 D :	YOUR DALIAN XINGHAIWAN SUB-BRANCH
SEND. TO REC. INFO.	72 :	THIS CREDIT IS SUBJECT TO UCP 600（2007）AND REIMBURSEMENT UNDER I. C. C. PUBLICATION NO. 725 REIMBURSEMENT
TRAILER		ORDER IS < MAC：> < PAC：> < ENC：> <CHK：> < TNG：> < PDE：> MAC：00A2BE1C CHK：63BBA36465C4

本章基本概念

　　申请人　受益人　开证行　议付行　通知行　付款行　保兑行　偿付行　索偿行　不可撤销信用证　可撤销信用证　保兑信用证　付款信用证　议付信用证　承兑信用证　延期付款信用证　可转让信用证　循环信用证　红条款信用证

复习思考题

　　1. 如何理解信用证的性质及作用？

　　2. 信用证有哪些主要当事人？其责权是什么？

　　3. 简要说明信用证结算的业务流程。

　　4. 什么情况下会使用保兑信用证？

　　5. 信用证按使用方式如何分类？说明每种信用证的特点。

　　6. 什么是可转让信用证？UCP600中对其有何规定？

　　7. 审单的原则和标准是什么？

8. 议付行和开证行如何处理有不符点的单据？

9. 索偿行如何索汇？索汇时应注意哪些问题？

10. 开证行如何偿付？

11. 如何修改信用证？其遵循的原则有哪些？

第七章
国际贸易结算方式——银行保函和保付代理

本章提要

　　银行保函和保付代理与信用证一样，是建立在银行信用基础上的结算方式。通过本章的学习，要掌握银行保函和保付代理业务的特点、种类、业务流程；了解银行保函当事人及其权责关系、国际保理业务发展的原因；熟悉备用信用证的定义、性质。能比较出保函与信用证、保函与备用信用证结算方式的异同。

　　前几章我们介绍了汇款、托收和信用证三种传统的国际贸易结算方式。本章将介绍另外两种结算方式——银行保函和保付代理，这两种结算方式均属于银行信用。随着国际经济交往的日益频繁，商务活动的双方有时须依赖银行等金融机构所提供的信用来达成合同并保证交易的顺利进行，所以，以银行信用为基础的结算方式在国际经贸活动中发挥着重要的作用。

第一节　银行保函的性质及作用

一、银行保函的概念和性质

　　国际商会在 URDG758 中是这样定义保函的："Demand Guarantee or Guarantee means any signed undertaking, however named or described, providing for payment on presentation of a complying demand." 即见索即付保函或保函是指任何已签署的承诺，无论其如何命名或描述，该承诺保证凭相符索赔的单据进行付款。

　　通俗地说，银行保函是指银行应申请人或委托人（合约、交易的一方）的要求向受益人（合约、交易的另一方）开出的书面付款保证承诺。银行保证在申请人未履行某项合同义务或受益人在已经履行了合同义务后支付一定款项给受益人。

　　保函也可以由非银行机构如担保公司、保险公司或有偿付能力的法人开立，但在国际经贸往来中受益人更愿意接受由银行开出的保函，本书所说的保函就是后者。

　　就保函与其所依附的合同关系来看，有从属性保函（也称从属保函）和独立性保函（也称独立保函）之分。

　　所谓从属性保函（Accessory Guarantee），是将保函置于基础合同的从属地位，以合同条款来判断保函项下的索赔是否成立。如果基础合同无效，银行的担保责任即告消灭，并且如果委托人依法或依合同对受益人享有抗辩权，则担保行可以同样用来对抗受益人的索赔。由于保函是从属性的，所以担保银行的责任也是从属性的，即银行承担第二性的付款责任。当委托人违约时，应由其本人首先承担责任，只有委托人不能承担责任时，受益人才能凭保函向担保行索赔。传统的保函业务及各国国内交易使用的保函大都属于此种性质。

所谓独立性保函（Independent Guarantee），是指根据基础合同开具，但又不依附于合同而独立存在，其付款责任仅以保函自身的条款为准的一种保函。在此种保函项下，担保银行大多承担第一性的付款责任，即当受益人在保函项下合理索赔时，担保行必须付款，而不管申请人是否同意，也无须调查合同履行的事实。

独立性保函是第二次世界大战后为适应国际贸易发展的需要，随着银行和商业实践的发展而逐步确立起来的，并成为国际担保的主流和趋势。从目前银行开展的保函业务来看，多为独立性保函。从受益人的角度来看，为消除担保行所在国法律对保函业务的限制（许多国家对保函采取从属之说），以保障自身的正当权益不致因合同纠纷而遭受损失，希望申请人提供的银行保函能独立于基础合同；而银行为了避免在从属保函项下被卷入合同纠纷，也愿意开具在其付款时可不必考察基础合同履行情况的独立性保函，这两方面的因素使现代保函逐步发展为以独立性保函为主。

独立性的保函就是国际商会 URDG 中的见索即付保函，是担保人在相符索赔下进行付款的书面承诺。在这里担保行承诺的是付款，而付款的条件是提交与保函条款约定相符的单据。

例如，A 与 B 签订了一份建筑合同，应 A 要求，G 银行开出以 B 为受益人的保函。保函规定：如果 A 未能履行上述合同项下的契约责任，我行（G）保证赔付你方（B）之损失，最高金额不超过 100 万英镑。此保函属于 URDG 适用范围吗？因担保人的责任取决于申请人的违约，且仅限于受益人实际遭受的损失，所以该保函不适用于 URDG。如果保函规定：我们保证凭首次书面要求向你方支付索款要求的金额，最高不超过 100 万英镑的款项（We undertake to pay you on first written demand the amount specified in such demand up to a maximum of GBP1 million）。这就是一个 URDG 范畴内的见索即付保函，因为付款责任仅仅取决于书面要求文件的提交，支付金额也仅取决于保函本身和限定的最大责任。

在我国，独立保函一直被限制在国际经贸活动中，即我国不支持国内保函的独立性。随着"一带一路"建设以及企业"走出去"等国家战略的持续深入推进，我国与各国之间的贸易、金融交往日益增多，独立保函越来越成为企业参与境外交易和签署合同的必要条件之一。在这种大环境下，最高人民法院于 2016 年 11 月 22 日正式公布了《关于审理独立保函纠纷案件若干问题的规定》，在法律上明确了国内保函的独立性原则。由于可以借鉴国际保函的各种应用场景，国内保函的业务规模和体量开始超过跟单信用证，2017 年以来，国内许多商业银行开始将独立保函作为一项主要的贸易金融产品来推介。

根据《关于审理独立保函纠纷案件若干问题的规定》第三条第一款，只要满足以下任一条件，独立保函即成立：载明见索即付、适用国际商会《见索即付保函统一规则》（即URDG758）或付款义务独立于基础交易关系及保函申请法律关系，但是未载明据以付款的单据与最高金额的除外。

二、银行保函的当事人

银行保函的基本当事人有三个，即申请人、受益人和担保人，有时还会出现通知行、保兑行、指示行等。

1. 申请人（Applicant）

根据URDG758中的定义，申请人是"保函中表明的、保证其承担基础关系项下义务的一方。申请人可以是指示方，也可以不是指示方"。简单地说，申请人是向担保行申请开立保函的当事人，与信用证不同的是，申请人的身份并不局限于进口商，还可能是出口商、投标人和承租人等。

申请人的主要责任是履行合同项下的有关义务，并在担保行按照保函规定向受益人付款后，立即偿还担保行所垫付的款项。保函开具后，申请人有义务向担保行支付费用，如担保费、函电往来等通信费，以及利用国外代理行服务而发生的各种费用。申请人向银行提出开立保函的申请时，要提交申请书，并提供保证金或第三方出具的反担保、财产抵押、质押等。

2. 受益人（Beneficiary）

受益人是接受保函，并有权按保函规定向担保行索偿的人，一般是与申请人相对的基础合约的另一方当事人。在投标保函和履约保函项下，受益人指招标人；在进口保函项下，受益人指出口方或供货人；在租赁保函项下，受益人指出租人。作为受益人，在保函规定的索赔条件具备时，只要按保函要求提交相符单据，便可要求担保行支付相应的款项。

3. 担保人（Guarantor）

担保人是接受委托向受益人开立保函的一方，银行保函的担保人就是银行。其责任是：当受益人提供了符合保函规定的单据或声明，说明申请人已经违约或受益人已经执行了某项规定的义务时，担保行就必须付款。在实务中，由于担保行不愿介入合同的纠纷之中，因此保函中的索赔条件也趋向单据化。因此，只要受益人提供了符合保函要求的单据，担保行就要付款行。

担保行在向受益人付款后，有权向申请人或反担保人索偿；有权根据保函的金额和风险的大小向申请人收取手续费；在申请人不偿还的情况下，有权处理保证金、抵押和质押品。

担保行有权不予开具保函，但必须毫不延迟地告知申请人，一旦开立，未经相关方同意，不得修改与取消。与信用证业务一样，担保人在不同国家的分支机构视为不同的实体。

4. 通知行（Advising Bank）

通知行也称转递行（Transmitting Bank），是指应担保人的要求对保函进行通知的一方，即受担保行的委托将保函交给受益人的银行。担保行开出保函后，可直接交给受益人，也可通过受益人所在地的银行通知，以确保其真实性。通知行的责任就是负责核实印鉴或密押以确定保函表面的真实性，不承担保函项下的任何支付。通知行有权收取手续费。

5. 保兑行（Confirming Bank）

与信用证业务中的保兑行类似，当受益人对担保行的信誉和资金实力存有怀疑时，就可要求另一家银行对保函加具保兑。因此，保兑行是应担保行的要求，以自身的信誉对担保行的支付承诺予以保证的银行，一旦担保行未能按保函规定付款，则由保兑行代其履行付款义务。保兑行付款后，有权向担保行追索。

6. 指示方（Instructing Party）

URDG758 第 2 条将"指示方"定义为：Instructing Partymeans the party, other than the counter-guarantor, that gives instructions to issue a guarantee or counter-guarantee and is responsible for indemnifying the guarantor or counter-guarantor in respect of any payment made under the guarantee or counter-guarantee.（指示方是指除反担保人外，向担保行或反担保行发出开立保函或反担保函指示，并负责偿付担保行或反担保行在保函或反担保函项下支付的款项的一方）

指示方与申请人可以是同一当事人，也可以是两个。指示方如果不是申请人，往往是由于以下的原因造成：受益人有时只接受本国银行出具的保函，而要求申请人到受益人所在地的银行去申请开具保函往往是不现实的，因为国际业务中的保函受益人和申请人处于不同的国家。此时，申请人只能通过本国的银行转而委托受益人所在地的银行（即担保行）开出所要求的保函。由于申请人的往来银行不能直接向受益人开具保函，只能作为指示人，指示受益人所在地的银行凭其反担保向受益人出具保函，所以将接受申请人的申请并向受益人所在地的担保行发出委托指示，同时做出在担保行遭到索赔时予以偿付保证的申请人所在地的银行称为指示行。指示行的承诺文件也叫反担保函。

7. 交单人（Presenter）

交单人是指实施交单行为的人。提交索赔书的交单人通常是受益人，但也可以是受益人的受让人或代理人。提交索赔书以外其他单据的交单人可以是申请人或其代表，如提交保函生效、减额或失效的单据等。

8. 反担保人（Counter Guarantor）

反担保人是指向担保行出具反担保函的一方，通过反担保函对担保人或其他反担保人承担相应的付款承诺责任。

担保行为了避免风险，常常要求除申请人以外的第三方对担保行进行再担保，一旦受益人向担保行索赔，担保行付款后，可按反担保协议向提供反担保的当事人索赔。进行反担保后，不仅担保行的风险降低了，而且由于涉及的当事人多了，申请人的压力相应增加，会促使申请人严格履行合同。反担保人的责任是：向担保行做出承诺，当担保行在保函项下付款以后，担保行可从反担保人处得到及时、足额的补偿。

三、银行保函的特点

作为独立性保函，银行保函具有以下几个特征：

1.保函具有独立性

见索即付保函的独立性体现在两个方面：一是独立于申请人与受益人之间的基础合同；二是独立于申请人向担保人发出的开立保函的申请。也就是说，见索即付保函仅受其自身条款的约束。

保函的开出基于交易双方存在的合同关系，没有基础合同，保函就无开出的必要及可能。但保函一经开立，银行和受益人之间即产生了一种独立的经济、法律关系和或有债权债务关系，这种关系不再依附于申请人与受益人之间的合同关系。若申请人与受益人发生纠纷诉诸法院，法院将只以保函本身的条款为依据来审理，不允许以基础合同中的抗辩理由来对抗受益人；担保行也只能依保函本身的条款来判定索赔或付款是否成立，只要保函规定的付款条件已经具备，担保行就须付款，而对合同的执行情况不予过问，更不参与合同双方的争议或纠纷。而且，担保行的责任并不因基础合同的终止或失效而自动失效，除非保函到期或受益人声明解除担保行的责任。

2.担保行只处理单据

担保行是否履行保函项下的赔付责任，完全取决于受益人提交的单据是否符合保函的条款，而不管与单据有关的货物、服务及其履约行为是否符合基础合同。只要受益人提交的单据构成相符索赔，担保行就必须付款。

虽然银行也可以开出以执行或未执行合同作为付款前提的保函，但必须同时规定提供某种单据以确定是否执行了合同。在这里，担保行和信用证中的开证行或议付行一样，处理的只是单据或证明文件，而不是合同或货物，担保行对货物的品质、数量、真伪、是否装船、中途的遗失与否以及是否到达目的港均不负责。并且，担保行对单据或证明的处理也只是要求单据或证明表面与保函的规定相符。

3.保函以支付为目的

无论是付款类的保函还是信用类的保函，担保人开具保函的最终目的不是代替申请人履约，而是支付款项。

4.担保行的责任有时是第一性的，有时是第二性的

这是由保函中的索偿条件所决定的。当保函中免去受益人先向申请人请求付款，即受益人可直接向担保行索款而无须先找申请人时，银行负第一性的付款责

任。当担保行保证在保函规定的付款条件已具备时申请人一定付款，只有在申请人不能付款的情况下，担保行才负责向受益人付款，这时担保行的付款责任是第二性的，也就是作为第一付款人的申请人不付时再付。以往，人们往往认为在从属性保函项下，担保行的责任是第二性的；而在独立性保函中，担保行的责任是第一性的。实际上并非如此绝对。在独立性保函中，担保行的责任大多是第一性的，但也可以是第二性的。如一份保函的保证条款是"We hereby guarantee that the buyer pay according to the following payment schedule"，显然，担保行在此只是保证买方按期付款，而没有做出自己首先付款的承诺，属第二性的付款责任。再如，保函中明确规定，"受益人无须首先向申请人提出付款请求，即可直接要求担保行付款"，诸如此类条款的保函，担保行无疑承担的是第一性的付款责任。

四、银行保函的作用

开出保函的目的是使作为合同一方当事人的受益人得到银行的保证，以消除其对申请人履约能力的怀疑，从而促成双方交易的达成。总体来看，银行保函有以下两个基本作用：

（一）保证款项的支付

保证款项的支付即保证合同项下款项的支付，这是保函与信用证相似的地方，也正因为如此，银行保函才成为一种结算方式。付款保函、租赁保函、借款保函，以及诸如费用、佣金、关税、票据等保函均属此类，银行在保函中向受益人保证交易的对方将按期支付合同的价款。

下面比较一下保函和跟单信用证：

1.两者的相同或相似之处

（1）银行保函和信用证都是银行应申请人的要求开出的，以银行信用来代替商业信用，解决合同双方互不信任的问题，并由银行承担付款责任的一种保证或承诺。通过银行的保证或承诺，使合约的另一方获得或享有合同所赋予的权利。

（2）就独立性的保函而言，由于其不依附于合同而独立存在，所以和信用证是相似的。

（3）无论是独立性的保函还是信用证，银行处理的都是单据，而对于基础合同、货物等概不负责，且遵循单据表面相符的原则，对于单据的真伪及其法律效力、邮寄途中的遗失和延误不承担责任。

2.两者的不同之处

（1）应用范围不同。信用证通常只适用于贸易合同，是开证行应进口商的申请向出口商开出的，在出口商提交了符合信用证条款的单据后，由开证行向出口商支付货款的一种贸易结算方式。而保函既可用于国际贸易，也可作为国际上其他交易（如劳务承包、租赁、借贷等经济活动）的结算方式，它既是银行的结算方式，也是保证合同项下某项义务履行的手段。因此，银行保函的应用范围远远地大于跟单信用证，甚至可以说，任何需要银行信用介入的交易和场合，都可以使用保函，它适合于任何性质的支付。

最初保函只用于借款方面，其后用于履约，逐步又扩大到对国际工程的投标，后来又发展到凡因经济政治上的原因，无力或无法偿付，以及法令变动、资金冻结、进出口许可证停发或取消，甚至战争、灾害造成的风险或损失，均包括在担保的范围内。

目前，国际国内投资贸易活动纷繁复杂，保函的覆盖面涉及多个细分市场领域，如工程、造船、航空、电力、通信等。未来保函业务必定朝着宽领域、多层次的方向发展，对保函从业人员的复合专业背景要求也会更高。

（2）银行的责任不同。信用证中的开证行承担第一性的付款责任，一旦开出信用证，就必须凭相符交单付款，付款行为基本都会发生。而保函项下的担保银行，其责任可能是第一性的，也可能是第二性的，要根据保函中的条款而定。负第一性付款责任的担保行，也是凭单付款，而第二性的保函，则要在申请人拒绝付款或无力付款之时凭受益人的书面声明才由担保行付款，也就是说付款不一定会发生。

（3）银行付款属性不同。信用证下的款项大多是货款，而保函支付的不仅是货款，还可能是赔款或退款。担保行若承担第一性的付款责任，则其支付的款项就具有合同价款的性质，因为在这种保函中，只要受益人履行了合同规定的义务，担保行就必须向其支付合同的价款；若担保行承担的是第二性的付款责任，则其支付的款项要么是赔款，要么是退款，因为此时担保行的承诺是保证申请人履行合同中规定的某项义务，只有发生了违约担保行才支付，具有惩罚的性质。

（4）指定银行不同。在信用证业务中，开证行可指定其他的银行作为信用证的议付行、付款行或承兑行接受受益人的单据并向受益人议付或支付；而在保函业务中，担保行不能指定自身以外的其他银行作为付款行，也无议付之说，只能由自己承担责任。

（5）单据及要求不同。信用证项下要求的单据为货运单据及其他各种商业单据、检验证明及产地证等；保函由于应用范围广，所以要求的单据多种多样，既包括货运单据及其他单据，也包括书面索赔书及声明等。另外，二者对单据的要求也不同，保函要比信用证宽松一些。虽都是凭单付款，但信用证要求单证一致、单单一致；而保函项下担保行对单据上的一些细小的、文字上的非实质性的差错并不挑剔，只要受益人提交了保函所规定的单据，担保行即予支付。

（6）到期地点不同。信用证的到期地点要视使用方式而定，可能是受益人所在地，也可能是开证行或付款行所在地，而保函的到期地点一般均在担保行所在地，且期限比信用证的要长。

另外，信用证的融资功能明显。从银行的风险来看，保函比信用证高，因为在信用证项下，银行掌握着代表货权的单据，而大多数保函并不控制货权，遭遇恶意索赔的情形要多一些。

（二）保证合同的履行

银行保函可以制约申请人按期履行其合同义务，以避免和减少违约事件的发生，因为申请人不履约就非支付赔款不可，即使是银行支付的，它也要归还，这也是保函区别于信用证的一个重要方面。属于这一类的保函有履约保函、投标保函、预付款保函、保释金保函等。

由于银行保函具有上述两项基本作用，其应用范围远远大于跟单信用证，并能解决一些信用证无法解决的问题。人们既可以把它当成结算方式，解决各种交易中的支付问题，也可以用它来保证合同的正常实施，一旦申请人违约，就成为对申请人的惩罚和对受益人的补偿手段。

第二节　银行保函的内容及种类

一、银行保函的内容

由于基础交易不同、保函的种类不同、各地区及国家的习惯不一样，保函的格式多种多样，但所有的保函都包括两部分的内容：一是URDG758规定的基本内容；二是附属条款和附属内容。

（一）银行保函的基本内容

根据URDG758，开立保函的指示及保函本身都应该清晰、准确，避免加列过多细节，并建议保函要明确如下内容：

1.有关当事人的名称和地址

保函应清楚地表明申请人、受益人及担保行的名称、地址，如果有通知行，也应将其名称和地址列出。

2.基础交易及相关信息

保函中应对基础交易加以描述，包括有关合同或标书的编号、签订日期、工程或标的名称及当事人等。虽然保函与基础交易是相互独立的，但开立保函毕竟是为了担保申请人履行基础合同下的义务，而在不同的合同中申请人的义务是各不相同的，所以要求保函注明其依据的基础交易。

3.保函或反担保函的编号及其他信息

例如，开立日期和地点等。

4.赔付金额或最高赔付金额及币种

通常情况下，保函规定的是一个最高限额，而不是确定的金额，因为在开立保函时，事先不能知道申请人违约给受益人造成损失的程度。如果担保金额随履约的比例减少，保函中必须加列递减条款。一般情况下，保函中使用的货币要与合同规定的货币一致。

如果保函中未对金额加以规定，则保函的付款承诺就是没有最高金额的承诺；

如果对付款币别未予明确，担保人将根据受益人提交的索赔书中列明的币别进行支付。

5.保函的失效

保函的失效是指保函的终止，即受益人不再拥有保函项下的权利，不可再根据保函提出索赔或展期等要求，通常用失效日（保函效期届满）或失效事件（赔款、减额到零、撤销等）表示。

（1）失效日。失效日是指保函中规定的最迟交单日（非索赔的最后日期），可以是某一具体日期，也可以是一段时间。如"本保函于2025年6月20日失效"或"本保函有效期自开立之日起18个月"。如果失效日恰逢索赔地的非营业日，则顺延至下一工作日。

（2）失效事件。失效事件并不是指事件本身，而是证明失效事件发生的单据被提交的日期。例如，保函规定自货物送达后失效，而货物送到的证据是向担保人提交海关证明。如果货物于8月13日到达，但海关证明的提交日期是8月16日，则根据URDG758的规定，保函的失效日是8月16日，即使海关证明表明货物已于8月13日到达。

如果既规定失效时间又规定了失效事件，则以较早发生者为失效日；如果保函未规定失效日或失效事件，根据URDG758第25条的规定，则保函自开立日起3年之后终止。

当出现下述情况时，保函也会失效，无论保函是否退还给担保人：保函金额随着保函项下的支付而递减，全部金额支付完毕；受益人以书面声明形式解除担保人的责任，并将保函及修改书退还给担保人。

保函一旦终止，受益人应将保函退还给担保行，因有的国家规定保函不得有到期日的记载，有的甚至规定如果受益人没有退回保函，也没有解除担保函责任的话，保函将一直有效。因此，保函中明确规定失效时退回保函是有必要的。

6.索赔条件

索赔条件是指保函中规定的受益人可向担保行提出索赔的条件，即在什么情况下可以提出索赔，采取什么方式，通过什么渠道和提供哪些证明文件。需要注意的是，保函的索赔条件必须单据化，也就是说索赔条件仅为提交与保函条款相符的书面索赔书和保函规定的其他单据，这样可避免担保行陷入合同纠纷，银行不必去验证事实。

保函项下所要求的单据一般为一份书面的索赔书，且索赔书必须有书面声明支持，声明申请人未能履行其在基础合同项下的责任，或在投标保函项下违反了投标条件。声明书可包含在索赔书中或以独立的单据出具，随索赔书一起提交，并在索赔书中加以引述。有时保函还要求提交汇票，有时为防止受益人的不正当索赔，还会要求提交其他的单据，如仲裁裁决书、质量鉴定书、检验证等，这些单据和索赔书不同，是由保函及基础合同之外的第三方出具的。

7.指明索赔书或其他单据的形式

指明索赔书或其他单据是纸质的还是电子的形式，如果没有表明，则应采用纸质形式。

8.单据所使用的语言

在保函未对受益人或申请人提交的单据的语言形式有明确要求时，则需与保函所使用的语言一致。

9.费用的承担方

费用包括佣金、手续费、成本或开支，保函中一般会就费用的最终承担人做出界定。如果保函规定费用由受益人负担，但在受益人不付或倒闭时，费用最终仍由指示方承担。

（二）银行保函的附属内容

1.保函的种类

标明是投标保函、履约保函还是预付款保函等，这是保函其他要素的依据。

2.保函的生效

一般情况下，保函是自开出之日起生效，但保函也可规定一个较晚的生效日，这个日期可以是一个固定的日期，也可以是保函开立后的某一特定日期。保函还可以规定生效事件，即当某一条件具备后生效，如在预付款保函项下，以收到预付款为生效条件，但此条件必须单据化，必须提交规定的相应单据。

如果保函中未列明生效时间或生效事件，则默认保函自开出之日生效。保函生效时间应适当，不应早于基础合同生效时间。

3.减额条款

担保行的责任有时会随着申请人的履约或担保行的付款而相应递减，因此，保函中一般会规定自动减额条款，主要有以下几种情况：

（1）根据已支付的金额进行减额。

（2）按保函约定在规定的某一日期或发生某一事件时减额。

（3）受益人部分解除保函责任而发生的减额。

4.担保行的责任条款

这是保函中非常重要的一项内容，通过此条款，可以判定保函的性质及担保行的责任。为防止日后发生争议，保函中要体现出银行的第一性或第二性的付款责任。

5.适用法律

保函可以规定适用哪一个国家的法律或仲裁程序。在保函没有规定适用法律的情况下，应参照担保人所在地的法律，如果担保人有多处营业地址，则以开立保函的营业地的法律为准。

6.转让与款项让渡

保函的转让是指保函项下权益的转让，保函只有特别声明"可转让"时，才可以转让，且可转让多次，但必须是全部金额的转让。

受益人有权将保函款项（全部或部分）进行让渡。

二、银行保函的种类

目前，应用保函的国际业务主要有进出口贸易、补偿贸易等有形的商品交易，以及有关服务方面，如投标与引进技术等，再就是借款、举债（发行债券）等资金融通方面。实务中，各类保函往往交叉使用的。例如，有关进出口贸易与补偿贸易，一般为付款保函，但有时也可能为履约保函。投标时，使用投标保函，中标后又要签订履约保函。在引进技术时，可以使用进口付款保函，也要使用还款保函。

通常可根据保函作用的不同，将保函分为付款保函和信用保函。付款保函多用于进口结算，进口商从国外进口设备时，可以通过银行向出口商开立付款保函，保证在出口商履行合同义务的前提下进口商付款或由担保行偿付。显然，只要交易发生，这种支付就一定会发生，所以，该种保函是为既定的支付进行担保，可分为即期付款保函和远期付款保函两种。

信用保函属于赔付性质的保函，它是担保行保证申请人履行所规定的义务，如履约、承包工程等，否则由银行承担赔偿责任的一类保函。可见，与上述付款保函不同，这种支付是或有的，只有申请人履约不当或未能履约时，该保函项下的支付才会发生，这类保函在工程投标中使用较多。

我们还可根据保函与基础合同或交易的关系，将保函划分为从属性保函、独立性保函；依担保人承担的责任，划分为第一性的保函和第二性的保函；按索赔条件的不同，分为有条件保函和无条件保函（见索即付保函）。

为方便起见，以下我们按保函的使用范围，将保函分为出口保函、进口保函及其他保函来介绍。

（一）出口保函

出口保函的"出口"包括货物的出口和劳务的出口。出口保函是银行为出口方向进口方开立的书面付款承诺，以满足出口货物和劳务的需要，具体包括以下几种：

1.投标保函（Tender Guarantee/Bid Bond）

投标保函属于信用保函，是担保行应投标人的要求向招标人开具的，保证投标人不单方面修改投标条件、中途不撤标以及中标后一定履行标书规定责任和义务的一种保函，见表7-1。

表7-1	投标保函

TENDER GUARANTEE

GUARANTEE NO._____

DATE OF ISSUE：_____

PRINCIPAL：_____　（NAME AND ADDRESS）

BENEFICIARY：_____　（NAME AND ADDRESS）

GUARANTOR：CHINA CONSTRUCTION BANK CORPORATION _____BRANCH

GUARANTOR'S ADDRESS：_____

WE （GUARANTOR） HAVE BEEN INFORMED THAT_____, （HEREINAFTER REFERRED TO AS "THE PRINCIPAL"）, RESPONDING TO YOUR INVITATION TO TENDER NO. _____DATED ON_____ FOR THE SUPPLY OF_____ （请填写货物或服务描述）, HAS SUBMITTED TO YOU HIS OFFER NO. _____ DATED_____.

FURTHERMORE, WE UNDERSTAND THAT, ACCORDING TO YOUR CONDITIONS, OFFERS MUST BE SUPPORTED BY A TENDER GUARANTEE.

AT THE REQUEST OF THE PRINCIPAL, WE HEREBY IRREVOCABLY UNDERTAKE TO PAY YOU AN AMOUNT NOT EXCEEDING IN TOTAL OF_____ （say：_____） AFTER RECEIPT BY US OF YOUR FIRST DEMAND IN WRITING STATING：

1) THE NUMBER AND DATE OF OUR GUARANTEE UNDER WHICH YOUR CLAIM IS MADE; AND

2) THE AMOUNT YOU CLAIM; AND

3) THAT THE PRINCIPAL IS IN BREACH OF HIS OBLIGATION （S） UNDER THE TENDER CONDITIONS; AND

4) THE RESPECT IN WHICH THE PRINCIPAL IS IN BREACH; AND

5) THAT YOU HAVE FULFILLED YOUR OBLIGATION （S） IN ACCORDANCE WITH THE CONTRACT AND THUS THE PRINCIPAL CAN NEITHER ASCRIBE THE BREACH OF HIS OWN OBLIGATIONS TO THE BENEFICIARY NOR EXEMPT HIMSELF FROM THE OBLIGATIONS THEREOF.

FOR THE PURPOSE OF IDENTIFICATION YOUR WRITTEN STATEMENT MUST BE DULY SIGNED AND PRESENTED THROUGH YOUR LOCAL BANK AND YOUR SIGNATURE （S） ON THE DEMAND IN WRITING MUST BE VERIFIED AND AUTHENTICATED BY THE PRESENTING BANK WHICH MUST CONFIRM TO THIS EFFECT THROUGH AUTHENTICATED SWIFT （OR TESTED TELEX） MESSAGE TO US.

THIS GUARANTEE SHALL EXPIRE ON_____AT THE LATEST.ANY DEMAND FOR PAYMENT AND DOCUMENTS REQUIRED UNDER THIS GUARNATEE MUST BE RECEIVED BY US ON OR BEFORE THAT DATE AT OUR ADDRESS STATED ABOVE.UPON EXPIRY, PLEASE RETURN THE ORIGINAL GUARANTEE TO US. BUT THIS GUARANTEE WILL BECOME NULL AND VOID UPON EXPIRY WHETHER THE ORIGINAL GUARANTEE IS RETURNED TO US OR NOT.

THIS GUARANTEE IS NOT NEGOTIABLE OR TRANSFERABLE OR ASSIGNABLE NOR CAN IT BE USED AS COLLATERAL WITHOUT THE WRITTEN PERMISSION OF THE GUARANTOR.

MULTIPLE DRAWINGS ARE NOT ALLOWED.

THIS GUARANTEE IS SUBJECT TO_____. （填写适用的法律，应适用中国法律或国际惯例）

THE PLACE OF JURISDICTION IS_____. （本条款为司法管辖条款，可以不写。如果写的话，应填写中国城市）

国际上对于一些比较大的采购和工程项目往往采取公开招标方式，招揽各国公司投标供货或承建工程。在招标时，一般都要求投标者提供一定金额的银行保函，并将它作为投标的条件之一，以表明投标者确有诚意和足够的资金实力。银行保证投标人履行下列责任和义务：

（1）投标人不修改报价，不撤回投标。

（2）中标后一定和招标人签订合同。

（3）按招标人规定的日期提交履约保函。

如投标人未履行上述义务，在开标前撤回投标或投标人中了标而对标价反悔，不肯签约或履约，招标人就有权凭保函向银行索赔。银行作为担保人必须按保函金额赔付以弥补其损失。

保函金额一般为报价金额的1%～5%（也可以是固定的金额，如300万美元），这是由招标人在标书中明确的，其有效期一般从开立保函日到开标日期后的一段时间为止，有时再加一定天数的索偿期。如投标人中标，则有效期自动延长到投标人与招标人签订并交付合同和履约保函为止，一般为3～6个月；如果未中标，保函自动失效。

2.履约保函（Performance Guarantee）

简言之，履约保函是担保合同的一方履约的保函。在通常情况下，履约保函是担保行应供货方或承包方（中标者）的请求而向买方或业主做出的一种履约保证承诺。银行在保函中保证申请人履行商品或劳务合同，按时、按质、按量地交运货物或完成所承包的工程。如果申请人违约，则受益人有权向担保行索赔。

履约保函的金额一般为合同金额的10%左右，若是工程承包保函，一般为合同金额的10%～25%。其有效期则视不同的情况而异，大多从保函的开立日起，一直到合同到期或双方商定的具体日期为止。

3.预付款保函（Advanced Payment Guarantee）

预付款保函也称还款保函（Repayment Guarantee）或定金保函（Down Payment Guarantee），是银行应供货人或承包商的委托向买方或业主开具的保函，保证申请人（即供货人或承包方）未发货或未按要求使用预付款时，由担保行退还受益人所支付的预付款。

在资本商品交易（机器、轮船、飞机、大型发电机等）和承包工程中，进口方和工程业主须向对方支付一定的定金（通常为合同金额的5%～20%），作为生产订货的资金或招工、动员费等。进口方或工程业主为避免出口方或承包人不履行合同而损失这笔预付金，在支付定金前，要求出口方或承包人提供银行保函，保证未履约时归还这笔定金，这种保函就叫还款保函或预付款保函。保函的金额就是定金的数额。若申请人只是部分违约，担保行支付相应比例预付金的款项；若全部违约，担保行应将全部定金（有时还包括利息）退还给受益人。

此种保函的金额不应超过预付款的总额，一般自申请人收到预付款时生效。在买卖合同项下，通常为货物装运后一定时期（如30天）失效；在承包合同项下，则于项目完工时失效。

4.留置金保函（Retention Money Guarantee）

留置金保函又叫保留款保函、尾款保函。在成套设备进出口交易中，合同中常常规定，合同金额的5%～10%要在设备安装完毕、运转良好、经买方验收后再付，这部分未付款称留置金或预留金。如发现设备质量或规格不符合合同规定，双方可经商谈减价，减价的部分便可从这个留置金中抵扣。不仅是一些成套设备，对一些易发生损耗和伤残的货物，如中药材、皮张等，通常也有一定比例的留置金。有时，卖方要求将留置金随货款先支付给他，买方在卖方提供银行保函的前提下会同意这样做。银行保证货到后若品质不符、短量或伤残时，由卖方将预支的留置金退还给买方，否则担保行负责赔付。

在国际工程承包中，则是承包商向银行申请开出以工程业主为受益人的保函，保证在提前收回尾款后，如果所承包的工程达不到合同规定的质量标准时，承包商将把这部分留置金退还，否则，由担保行赔偿。

保函的金额就是留置金的数额，通常为合同价款的5%～10%，最多不超过10%。保函的生效以留置金的支付为前提条件。比如，业主支付5%的尾款，承包商就交付5%的质保金保函。作为申请人的承包商要避免在还未收到尾款的情况下留置金保函却已提前生效的情形。

5.质量保函（Quality Guarantee）和维修保函（Maintenance Guarantee）

在供货合同中，尤其在军工产品、机械设备，以及船舶、飞机等资本商品的出口合同中，为保证货物的质量，买方要求银行提供担保，保证一旦货物质量不符合合同规定而卖方又不能更换或维修时，由担保行赔付买方一定金额以弥补其所受损失。

维修保函多用于承包工程。一旦工程质量不符合合同规定，而承包人又不能维修时，由担保行提供赔偿给业主。

可见，质量保函和维修保函是担保行对合同标的物的质量所出具的保函。担保行向受益人保证申请人所提供的货物或承建的工程符合合同所规定的质量标准，一旦标的物的质量不符合要求而申请人又不能维修时，就由担保行向受益人赔偿。

这两种保函的金额一般为合同金额的5%～10%，有效期一般至合同规定的质量保证期满或工程维修期满，通常是在设备安装后1个月或工程维修到期后1个月。

（二）进口保函

进口保函是银行应进口方的要求向出口方开具的一种书面保证文件，是为满足进口商进口商品（包括货物和服务）的需要而开立的。

1. 付款保函（Payment Guarantee）

付款保函是担保行针对买方的付款责任而出具的一种保函，分为即期付款保函和延期付款保函两种。

（1）即期付款保函。通常情况下，担保行向出口商担保，一旦收到保函中所规定的出口商应出具的各种单据，表明已出运货物或工程已进入（完成）的阶段，由担保行立即向出口方支付货款或进度款。这种保函是典型的"见索即付"，起到了和信用证一样的作用。与信用证不同的是，付款保函不仅可以单独使用，而且可以与其他以商业信用为基础的结算方式如汇款、托收等相结合使用，这时，由于它是作为商业信用的一种补充，因此受益人应先向申请人索款，未果时才能转向担保行要求支付。

（2）延期付款保函。在进口大型成套设备时，一方面由于出口方交货不集中，往往要在较长的一段时间内才能交完；另一方面进口方也无力一次支付全部款项，甚至要等引进的设备安装投产后，用投产后产生的收益在一段时期内分多次来付款。在这种情形下，虽然可以采用远期或延期信用证进行结算，但由于其局限性（如强调单证一致、凭单付款等），不如保函灵活，因此实际业务中更多的是使用银行保函。担保行在保函中保证其从收到达到合同金额的90%～100%的国外装船单据起的一段时间后开始，把合同金额分成若干相等的份额，每隔一定的时间（如每个季度或每半年）支付一定金额并加利息，直到付完为止。这种银行保函就是远期或延期的付款保函。

不论是即期还是延期的付款保函，保函的金额为合同的价款或扣除了定金的待付金额，有效期取决于合同中规定的付款期限。

2. 租赁保函（Lease Guarantee）

租赁保函是银行应承租人的要求向出租人开具的对租金的支付义务进行担保的保函，适用于以租赁方式进口机械、仪器、设备、运输工具等。担保行保证承租人按时支付租金，否则，由担保行负责支付，或者保证由担保行代承租人支付租金给出租人。

在第一种情况下，担保行承担的是第二性的付款责任，即承租人违约不付时，再由担保行凭受益人的索赔书来支付。

此种保函还常被出租人用于质押，以便从银行或其他金融机构获得融资，因此出租人往往要求这种保函具有一定的可转让性。租赁保函的最高金额是各期租金之和，担保行的责任随每一次租金的支付而减少。租赁保函的有效期从保函开立或租赁合同生效之日起，到最后一笔租金付清之日止。

3. 补偿贸易保函（Compensation Trade Guarantee）

补偿贸易保函是在补偿贸易中，银行为进口设备的一方向供给设备的一方提供的书面保证文件，以保证进口方在收到与合同相符的设备后，以该设备生产的产品交付给提供设备的出口方或指定的第三方，以偿付进口设备的价款。如进口方未能按合同规定将产品交给供给设备的一方或指定的第三方，又不能以现汇偿付的，便由担保行凭受益人索赔书赔付。

保函的金额即设备的价款。保函有效期一般为合同规定的进口方以产品偿付设备款之日再加半个月。

4.加工装配保函（Guarantee for Assembly and Processing）

加工装配保函是在来料加工和来件装配业务中，银行为进料、进件的一方向供料、供件的一方出具的书面保证文件，以保证进料、进件方收到与合同相符的原料、元件（有时还包括加工、装配所需的小型设备或工具）后，以该原料或元件加工或装配，并按合同规定将成品交付供料、供件方或指定的第三方。如果进料、进件方未能按合同规定交付成品，又不能以现汇来偿付的，担保行凭受益人的索赔书予以偿付。

保函金额为来料、来件金额加利息。保函有效期一般为合同规定进料、进件方以成品偿付来料、来件价款之日再加半个月。

（三）其他保函

1.借款保函（Loan Guarantee）

借款保函是银行应借款人的申请向国外贷款人开出的保函，银行保证借款人按期还本付息，否则将由银行凭贷款人的索赔书代为还本付息。

借款保函的金额即借款金额加利息，有效期从开立日或与贷款协议同一日生效，到期日为贷款本息还清之日。

2.海关免税保函（Duty-free Guarantee）

海关免税保函是银行给国外海关开立的保证临时进口的商品撤回而不纳税的保函。这种保函主要用于两种情况：一是对外承包工程时，需将一些施工器具运入对方国家，运入时本应向工程所在国海关交纳一笔税金，工程完毕后将这些施工器具运回时，海关再退还。但承包人为加速资金周转，常不交付这笔税金，而由银行向工程所在国的海关出具保函，保证工程完毕后一定将施工器具运回。如不运回，则由银行支付这笔税金。二是在国外举办或参与展览时，将展品或有关器具运进时也会发生同样的情况。但若销售了展品，则必须交税。

保函金额即海关规定的税金金额。保函有效期为合同规定的施工器具或展品等撤离该国之日再加一定时日。

3.透支保函（Overdraft Guarantee）

承包工程的公司在外国施工时，一般在当地银行开立账户，为了得到当地更多的资金融通，可申请开立透支账户。在开立透支账户时，一般须提供银行的担保，保证该公司按透支契约的规定向银行补足透支金额，如不能按时补足，便由担保行代其补足，即透支保函是银行为对外承包工程的公司开立透支账户所进行的担保。

保函金额一般为透支契约规定的透支限额及利息和费用之和。保函有效期为透支契约规定的结束日再加半个月。

4.保释金保函（Bail Bond）

这类保函多用于海事纠纷，如两船碰撞造成货主或他人损失，或者载运货物的船只以及其他运输工具由于船方的责任造成货物的短缺、残损，使货主损失，在确定责任前，当地法庭将扣留船只，只有交纳了保释金才能放行。这时，船方若能向当地法庭提供一份银行保函，保证船方按法庭判决赔偿损失，这个保函便能代替保释金，使船只得以被放行，继续营运。这种银行保函即为保释金保函。

保函金额一般视损失的多少由法庭确定。保函有效期至法庭判决日以后的若干天。

随着共建"一带一路""中国制造2025"等倡议和目标的提出，保函的业务品种逐渐丰富，如EPA保函（美国环保署保函），能帮助国内企业通过美国的EPA认证，拓展北美市场机会；飞机租赁保函，能提高资金周转效率，扩大航空公司在境内外航空市场份额；诉讼保全保函，能保障由于财产保全不当给被担保人造成损失；发债保函，能提高债券发行人的信用等级，降低融资成本，增强债券流动性；劳工保函，保障劳工及时获得劳动报酬，防止承包商拖欠劳工工资（在南美工程承包过程中运用较多）。随着金融科技发展，保函的数字化、智能化趋势明显，未来可能出现更多创新型产品。

第三节　银行保函的业务流程

一笔银行保函业务的基本流程大致有以下几个环节：申请人向担保行申请开具保函；担保行审查后开出保函；受益人凭保函索赔；担保行对申请人或反担保人进行追索；保函注销。

一、申请人申请开立保函

1.保函申请书

需要银行提供保函时，申请人应提前向银行提出申请，填写保函申请书。申请书的格式是由各银行自己拟就，它是担保行与申请人之间的契约，也是银行对外开立保函的法律依据。保函申请书一般应包括以下内容：

（1）申请人名称、地址、电话、电传及联系人。

（2）受益人的名称、地址。

（3）保函的类别。

（4）保函的金额、币别。

（5）与保函有关的协议，如投标文件或合同等的名称、日期及号码等。

（6）申请人希望选用的转递保函、转开保函或加保的国外银行名称及地址。

（7）保函开立方式（直开或转开）及保函签发手段（电开或信开）。

（8）保函的有效期。

（9）申请人的责任保证，即当保函的受益人按保函规定的条件向担保行提出索赔时，申请人要对担保行进行偿付，并注明偿付的方法。

（10）担保行的免责事项。担保行只处理保函所规定的单据和证明，而对其所涉及的合同项下的货物不负责；对单据、文件或证明的真伪及在邮递中可能出现的遗失和延误等不负责；对发出的要求通知、转开、保兑的指示未被执行而造成的损失也不负责。

（11）申请人希望采用的保函格式。

（12）明确国内外银行的费用或其他费用的承担人。

（13）申请书附件的名称及件数。

（14）申请人的有效签章。

保函申请书的格式多种多样，示例见表7-2。

表7-2 **保函申请书**

保函申请书

××银行：

_____（以下称申请人）根据第_____合同/标书的规定，兹向贵行申请开立金额为_____的不可撤销、不可转让的_____担保函，担保效期从_____起至_____止。

受益人名称地址：

通知行/转开行：

保函种类：

申请人就申请开立上述保函向贵行做如下保证和说明：

一、申请人将按贵行规定提供贵行可接受的反担保及贵行要求的其他文件。

二、请贵行参照所附保函格式开立保函，因保函条款而产生的一切风险由申请人承担。

三、在保函有效期内，如受益人按保函条款规定，要求贵行履行保函项下偿付义务，经贵行审核索偿文件/单据后认为符合保函规定时，贵行可立即借记申请人在贵行开立的任何账户以履行付款责任，申请人对贵行为履行担保义务而主动借记申请人账户决不提任何异议，并放弃一切抗辩和追索的权利。

四、申请人保证向贵行支付该保函项下索赔款项、迟付利息、贵行及国外受托行的手续费及其他一切费用（包括电讯费、邮费、印花税等）。上述款项贵行可主动借记申请人账户。

五、申请人无条件地同意贵行按有关规定和国际惯例办理保函项下的一切事宜，并由申请人承担由此产生的一切责任和风险。

本申请书是我司与贵行签署的第_____号授信协议不可分割的一部分。

我司同意贵行通过_____对外开立保函。

申请人名称：　　　　　　　　　　　　　申请人公章：

地址：

（中英文）

法定代表人签字：

经办员：　　　　　　　联系电话：　　　　　　　传真：

2.提交担保行要求的其他文件

申请人除应提供保函申请书外，还应按银行的要求提供其他可能的一系列资料，这些资料应真实完备，能充分证明全部交易的真实性与合法性，包括但不限于：营业执照副本、申请人法定代表人资格证书、国家有关管理部门准许申请人从事相关对外经营活动的批件；基础交易的合同、标书或协议等；国家外汇管理部门允许申请人得到外汇并为相关基础交易汇出外汇的许可证明；如系代理业务，须提供与委托人之间签订的委托协议。

3.交保证金或提供反担保

担保行为降低风险，有权要求申请人提供充足的抵押或质押，若申请人不能提供，就必须提供有效的反担保，此时，申请人获得的有效的反担保函是担保行决定是否同意开具保函的重要依据之一。

目前国内许多银行只接受保证金，在收取了客户全额或超额保证金的前提下，才考虑开出保函。若申请人使用现汇，应将其转入现汇保证金账户。若使用人民币，应按当日外汇对人民币牌价并考虑未来汇率风险因素收取人民币，转入人民币保证金账户备用。

二、担保行审查及开具保函

1.担保行审查

担保行没有必须为申请人开出保函的义务，因此银行在接到保函申请书后，要进行多方面的审查，方可决定是否接受申请。重点审查项目为：

（1）申请人的资格。申请人必须是具有对外经营权、具有履行合同能力和偿还债务能力及在担保行开户的企业和其他经济组织。无对外经营权的实际申请人可由具有对外经营权的代理人向担保行提出开立保函申请。

（2）落实反担保。应对抵押或质押或反担保进行审查，若是以实物抵押，应了解抵押物的所有权、可转让性及实际价值；反担保人必须具备资格，拥有足够的资金。

（3）对担保项目的审查。担保项目应符合国家规定；具有先进性；项目所需资金有来源；项目的预计产出情况、价格、成本及行情等明确。

（4）对申请书的审查。根据基础交易的有关合同、协议或标书，审核申请书的内容是否相符，申请人与受益人之间权利与义务的划分是否合理；申请书的内容是否正确；担保行与申请人之间的权利与义务划分是否清晰合理；保函申请书应从内容及文字上保证担保行对外担保的义务在保证范围上小于申请人对担保行承担的义务。

（5）对保函格式的审查。在保函格式是由国外的受益人提供的情况下，尤其要注意是否有对我方不利的或无理的条款，若有，应建议申请人与受益人交涉。

（6）提交的其他材料完整、合法。

2.担保行开立保函

担保行应根据申请人的要求以直开或转开的形式出具保函。

（1）直开，是指担保行应申请人的要求，直接以对方为受益人并径直向该受益人承担付款责任的一种方式。它由申请人的银行开出（而非受益人国家的当地银行），只有申请人、受益人、担保行三方当事人。这种保函也称直接保函。

（2）转开，是申请人所在地的银行（即指示行）以提供反担保的形式委托国外受益人所在地的银行（即转开行）所出具的保函，并由后者承担付款责任。此时保函有四个当事人：指示行、申请人、担保行、受益人。其中，指示行只对担保行负责，受益人要求付款的对象是担保行，与指示行无关。与上述直开不同的是，它是由受益人当地银行开出的，这种保函也称间接保函。

无论是直开还是转开，保函都可以采取信开或电开的形式。在直开方式下，担保行既可将保函直接开给受益人，也可通过受益人当地的银行即通知行通知并转递。由于通知行的作用仅限于核验保函表面的真实性，并将保函交给受益人，除非它被要求并同意对该保函加保兑，通知行在该保函项下并不承担任何责任，所以通知行的利用并不影响直开的实质，甚至还可将保函交给申请人自带给受益人。在转开方式下，反担保函和担保函也可直交或通过当地的银行转交。

需要注意的是，保函的正式文本形成后，要确保申请人、受益人和担保行都无异议，并且保函本身没有漏洞，这时才能正式签署，由担保行有权签字的人签字，签字后的保函才能正式生效。

3.保函的修改

与信用证一样，虽然保函是不可撤销的，但在有效期内，只要当事人都同意，仍然可以修改。以下是URDG对修改的规定：

（1）当收到保函修改指示后，担保行不论何种原因，不准备或无法做出修改时，应毫不延迟地通知向其发出指示的一方。

（2）未经受益人同意，保函修改对受益人没有约束力；对于担保行，只要发出修改就受其约束，只有受益人明确拒绝时，担保行方可不受该修改的约束。

（3）对保函修改的接受与否，受益人既可以通过发出接受或修改的通知来表示，也可以在交单的时候来表示，即如果受益人交单是按照修改后的保函来提交的，则表示接受了修改；反之，如果根据修改前的提交，并不必然表示受益人接受了修改。这一点与信用证的规定略有不同。

（4）通知方应将受益人接受或拒绝保函修改书的通知毫不延迟地通知向其发送修改书的一方。

（5）对同一修改书的内容不允许部分接受，部分接受将被视为拒绝接受。

（6）对修改书中"除非在指定时间内拒绝，否则该修改将生效"（沉默即表示接受）的条款不予理会。

三、受益人凭保函要求支付或索赔

1.索赔书

担保行履行付款责任的先决条件是受益人须提交书面形式的索赔书，并辅助以（除保函中可能规定的其他单据外）书面声明。因此，如果申请人违约，受益人索赔时，必须准备好保函所规定的索赔文件或单据，并在保函规定的失效日期或失效事件前送达担保行。这个环节应该注意的事项有：

（1）出单日期。索赔书或支持声明的出单日期应在保函开立日与失效日之间；其余单据如运输单据等的出具日期可早于保函开立日，但不能晚于失效日。

（2）索赔的金额。允许部分索赔（少于保函上的金额）和多次索赔（提交一次以上的索赔），除非保函上有相反的规定。如果保函约定只能进行一次索赔，而该索赔被拒绝了，可以在保函失效当日或者之前进行再次索赔。如果索赔的金额超过了可用的金额，或者提交的支持声明及单据所表明的金额合计少于索赔的金额，都将构成不相符的索赔。

（3）交单的时间和地点。受益人必须是在保函开立的地点或者是保函中指明的其他地点，并且在保函失效的当日或者之前交单。交单必须完整，除非明确表明今后将补充其他单据，在后一种情况下，全部单据都应该在保函失效当日或者之前补交。如果保函当中没有指明单据的提交，可以采用能够验证的任何电子格式或者是纸质格式。

2.担保行发出索赔通知并审单、赔付

（1）索赔通知。担保行要将受益人提交的任何索赔情况（或展期等要求）立即通知给申请人或指示行（若有）。

（2）审单的时间。担保行应该从交单翌日起5个工作日内审核索赔书及声明书等单据，并且确认该索赔是否相符，如果受益人交单的同时声明有其他单据后续提交，则担保行可在全部单据提交齐全后再开始审单。当保函项下发生"展期或付款"（extend or pay）的索赔情况时，担保行处理单据的时间为收到索赔单据翌日起30个日历日。

（3）审单的标准。见索即付保函是单据化的赔付承诺，担保行对单据仅从表面上审核，看其是否为"相符交单"，不需对单据表面记载之外的事实进行核实。URDG对"相符交单"有专门的解释，即首先要与保函条款相符，其次与URDG所要求遵循的相关适用规则相符，最后在保函及URDG没有规定的情况下，与见索即付保函的国际标准实务相符。

（4）担保行不理会非单据化条件，不审未规定的单据。

3.担保行付款

一旦担保行确定索赔相符，就应付款，付款地在保函的开立地，即担保人的分支机构或营业场所（保函在付款地另行约定的情况下，则为约定的地点）。担保行应该按照保函上的币种进行赔付。

4.不相符索赔

如果受益人提交的索赔单据不符合保函条款，即索赔为不相符索赔时，担保行有权拒付。依据见索即付保函的独立性，拒绝赔付的主动权在担保行，但也可以联系指示方，使之放弃不符点。当担保行拒绝赔付时，应向索赔提交人发出一次性的拒付通知，该通知应包括担保行声明拒绝赔付和相关的全部不符点，并要在交单日翌日起5个营业日结束之前；否则，担保行无权宣称单据不符。

四、担保人对申请人或反担保人的追索

担保行收到索赔后，应毫不延误地将受益人的索赔书和所有相关单据转递给申请人。在直接保函中，担保行必须将单据转递给申请人；在间接保函中，担保行将单据转递给指示行，再由指示行转给申请人。担保行可在付款前通知，也可在付款后通知，目的是让后者准备支付的资金。

如果是间接保函项下的索赔，担保人收到受益人的索赔要求并付款时，应及时通知指示行，并将受益人提交的单据以及担保行的书面声明交给指示行。书面声明的内容应包括：①担保行已经收到索赔；②索赔符合保函条款；③随附必要的违约声明，该声明可包括在索赔书中或单独出具，凭以从指示行处获得足额补偿。指示行在反担保失效之前收到担保行的书面声明及受益人提供的索赔文件或单据时，应进行审核。若无误，应立即支付，并从申请人处得到补偿；若发现不符点，可以通知拒付。

五、保函的终止

保函终止的情况包括：①保函失效；②保函项下无可索赔款项（即已经全额赔付或减额至零）；③受益人向担保行提交了解除保函责任的书面声明。

第四节　备用信用证

备用信用证（Standby Letter of Credit）起源于19世纪中叶的美国，根据美国联邦银行法，无论是在联邦还是在州注册的银行均不得开立保函，银行为了争取业务，便采取了变通的做法，创造了这种实际上是保函的备用信用证。此后，备用信用证的适用范围逐步扩大，由于其具有独立性、单据化和见索即付等特点，相较于保函，银行和受益人更愿意接受，备用信用证迅速演化为一种国际性的支付手段。美国取消限制银行开立保函的法律规定后，备用信用证仍大行其道，在世界范围内也得到了广泛的应用（我国使用较少）。

一、备用信用证的含义

根据美国联邦储备委员会1977年的解释，备用信用证是代表开证行对受益人承担一项义务的信用证，开证行承诺偿还开证申请人的借款或支付由开证申请人承担的债务，或在开证申请人未能履约时保证为其支付。概括地说，备用信用证是开

证行应申请人的申请向受益人开立的，保证申请人未履约时，开证行凭受益人提交的符合备用信用证规定的未能履约的声明或证明承担付款责任的保证。

备用信用证实质上是银行保函，也是一种特殊形式的信用证。

在国外，备用信用证也称担保信用证。一般情况下，在备用信用证的有效期内，如申请人违约或未能按约定支付款项，受益人可以根据备用信用证规定，凭应提交的表面上与备用信用证条款相一致的文件或单据，要求开证行付款，以取得赔偿；如申请人已履约付款，则该证不起作用，故称为备用信用证。

备用信用证用途广泛，只要甲方对乙方承担了义务，而乙方认为仅仅由甲方履行义务的承诺尚不够完全时银行就可以介入，通过开备用信用证的方式，应甲方要求对乙方做出承诺。因此，备用信用证实际上是银行保函性质的支付承诺。

二、备用信用证的性质

根据ISP98，备用信用证在开立后即是一项不可撤销的、独立的、跟单的及具有约束力的承诺，并且无须如此写明。

首先，备用信用证是不可撤销的，开证行的义务不能由其自行修改或撤销，除非备用信用证中另有规定或得到其他当事人的同意。

其次，备用信用证是独立的，开证行的付款义务独立于基础交易合同本身，也独立于申请人与开证行之间的开证契约，开证行的付款义务取决于备用信用证的条款，只是凭单付款，不管事实如何，不管合同的执行情况，也不管单据本身的真伪。ISP98中规定，"开证人对受益人的义务不受任何适用的协议、惯例和法律下开证人对申请人的权利和义务的影响"。

再次，备用信用证是单据性的，开证行的义务取决于单据的提示（只要收到了备用信用证要求的以及提示的单据即构成了提示），开证行有权对所提示的单据表面上审核是否与备用信用证中注明的条款相符以及单据之间的一致情况。单据一般以光票为常见，此外还包括声明申请人违约的文件等非货运单据。ISP98中规定的单据包括"汇票、索款要求、所有权凭证、投资担保、发票、违约证明，或其他事实、法律、权利或意见的陈述"。

最后，备用信用证具有强制性。不论备用信用证的开立是否由申请人授权，开证人是否收取了费用，受益人是否收到、相信该备用信用证，只要备用信用证一经开立，即对开证人具有强制性的约束力。

基于这些关键的性质，备用信用证融合了跟单信用证和独立性保函之特长，因此在实践中体现出独特的优势。

三、备用信用证的关系人

1.申请人（Applicant）

申请人是申请开立备用信用证或为他人申请开立备用信用证的人，与保函一样，申请人既可以是出口商也可以是进口商，视具体情况而定。在开证行对受益人付款后，申请人必须予以偿付。

2.受益人（Beneficiary）

受益人是根据备用信用证有资格获得付款的指定人，包括可转让备用信用证项下的"受让受益人"。

3.开证行（Issuing Bank）

开证行是接受申请人的申请开出备用信用证的银行。

开证行开出备用信用证后，等于向受益人承诺，对表面上符合备用信用证条款的付款提示，开证行将即期支付提示所要求的金额。当备用信用证中规定通过承兑受益人开出以开证行为付款人的汇票这种方式承付时，开证行应及时承兑汇票，并在到期时付款；若规定开证行对受益人的要求作延期付款，则开证行应及时承担延期付款义务，并在到期时付款；若规定议付，开证行需无追索地即期支付所要求的金额。

4.保兑人（Confirmer）

保兑人是指在开证行的指定下，对开证行的承诺加上自身保证承付该证的担保人。保兑人是独立的，与开证行的地位相同。

5.通知行（Advising Bank）

通知行是受开证行的指定，将备用信用证交给受益人的银行。通知行有权不通知，但要及时告知开证行；一旦决定通知，即要核实备用信用证的表面真实性，并及时通知。

6.指定人（Nominated Person）

与跟单信用证一样，备用信用证可以指定其他人进行通知、接受提示，做出转让、保兑、付款、议付、承担延期付款的义务或承兑汇票。这种指定并不迫使被指定人采取行为，除非被指定人同意。

7.提示人（Presenter）

提示人是指作为或代表受益人或指定人进行提示的人，也称交单人。

8.转开行（Reissuing Bank）

与银行保函类似，备用信用证有时也会有转开行。转开行是受国外指示行（反担保行）的委托，向受益人开出备用信用证的银行。

四、备用信用证的种类

备用信用证用途广泛、方便灵活，提供商业单据与否均可，付款与提供担保都行，已成为保函的一种替代形式。它可以用来替代投标保函、履约保函、预付款保函、质量和维修保函，也可以作为付款保函、借款保函及反担保来使用。根据ISP98的规定，常用备用信用证的种类如下：

1.履约备用证（Performance Standby L/C）

履约备用证是开证行对申请人的某项履约义务（而非支付款项）进行的担保，

即对申请人在基础交易中违约引起的损失进行赔偿的担保。

2.预付款备用证（Advance Payment Standby L/C）

预付款备用证是对申请人收到受益人预付款而承担义务的一种备用信用证。与银行保函一样，预付款备用证通常用于国际工程承包和贸易合同中的预付款，如申请人违约，开证行负责退还受益人的预付款。

3.投标备用证（Bid Bond/Tender Bond Standby L/C）

投标备用证是开证行担保申请人中标后一定履行合同义务的备用信用证。若投标人没有履行合同，则由开证行承担赔偿义务。

4.融资备用证（Financial Standby L/C）

融资备用证是开证行对申请人的付款义务进行担保的备用信用证，包括证明借款义务的任何凭证。开证行担保在到期日由开证行向受益人直接履行付款义务。该种备用信用证被广泛地运用于国际信贷，如到境外投资时，通过融资备用证可以获得东道国的信贷资金支持。

5.保险备用证（Insurance Standby L/C）

保险备用证是对申请人的保险或再保险义务进行担保的备用信用证。

6.商业备用证（Commercial Standby L/C）

商业备用证是开证行为申请人对货物或服务的付款义务进行担保。当申请人不能以其他方式付款时，可采用这种商业备用证。

7.直接付款备用证（Direct Payment Standby L/C）

直接付款备用证一般用于保证申请人到期付款，尤其是到期没有任何违约时的本金和利息的支付，如企业发行债券。这实际上已经突破了备用信用证"备而不用"的传统性质。

8.反担保备用证（Counter Standby L/C）

反担保备用证又称对开备用信用证，是保证反担保备用证受益人所开立的另外备用证或其他承诺。有些受益人只接受本国银行开立的备用证，因此申请人所在国的开证行给其受益人所在国的往来银行出具反担保备用证，以便对方凭以向受益人开立单独的备用证。

五、备用信用证业务中有关环节的要求

备用信用证曾适用于UCP500，并被视为一种特殊的信用证，因此业务程序与信用证是相似的，从申请到开证、通知、付款等基本一致。结合ISP98，现将备用信用证业务中的重要环节介绍如下：

（一）备用信用证的修改

备用信用证开出后，可能对金额、到期日等提出修改。若备用信用证中表明可以"自动修改"，则该修改自动生效，无须任何进一步的通知，即这种修改可以被认为是没有修改而生效。如果备用信用证中无自动修改的规定，只有受益人同意，才受此修改的约束。受益人的意思表示必须明确地通知发出修改的一方，除非受益人提示的单据与修改后的备用信用证一致（而不是与修改前的一致）。在无自动修改的备用信用证项下，对于开证行来说，当其发出修改后就要受修改的约束；保兑行有权对修改不予保兑，若相反，则保兑行也是在修改发出后即产生约束。

备用信用证的修改必须通过同一通知行通知；如果在修改或撤销之前备用信用证已被使用（付款、议付、承兑等），则此项修改、撤销或展期无效，毫不影响开证人对指定人承担的义务；只对部分修改同意的视为拒绝整体修改。

（二）备用信用证的提示

受益人交付备用信用证要求的单据即为提示。备用信用证中应表明提示的时间、地点及位置、接受提示的人和方式。

1.一份提示必须标明凭以提示的备用信用证

可选用的方式包括：①注明备用信用证的完整号码和名称，以及开证人的地点或附上备用信用证的原件或副本；②如开证人不能从收到的单据的表面上判定是否根据该证来处理此单据，或不能确定与该单据有关的备用信用证，则要等到能认定时才视为提示。

2.提示地点和对象

一项相符的提示，必须是在备用信用证中注明或在ISP98中规定的地点或位置做出。如果在备用信用证中没有注明提示地点，应在备用信用证开立的营业处所进行提示；如果是保兑的备用信用证，且在保兑书中没有注明提示地点，提示必须在开立保兑的营业处所向开证人做出；如果没有注明位置（部门、楼层、房间、驻地、信箱等），可向以下地点提出：①备用信用证中注明的普通邮政地址；②指定交付信函或单据的地点；③在提示地被授权接受提示的任何人。

3.提示的时间和方式

适时的提示应在开立备用信用证以后以及在到期日之前。单据必须以备用信用证中注明的方式进行提示（电子方式或纸质单据），若未注明方式，单据必须以纸质单据的形式提示。

4.多次提示和金额

除非备用信用证表明"禁止多次提示"，否则可以做出一次以上的提示；除非注明"禁止多次提款"或有类似的表示，否则做出的提示可以少于可使用的全部金额；若提出的要求超过了备用信用证可使用的总金额，则该提示视为不符；使用"大约"等相似意义的词，允许所指的金额伸缩10%。

5.提示的独立性

若提出一次不相符的提示，撤销一次提示，并不影响另一次适时的提示，无论备用信用证中是否禁止部分或多次的提示或提款（对提示的索偿）；不正确地对一次相符提示的拒付，并不构成对备用信用证下任何其他提示的拒付或对该证的拒付。

（三）审核

开证行被提示后，应审核所提示的单据表面上是否与备用信用证的条款相符，并根据备用信用证的规定审核单据之间的不一致之处。审核时，以下几点应予注意：

第一，非备用信用证要求的单据无须审核。要么退还受益人，要么随其他提示的单据一起递交。

第二，单据的开立日期可以早于但不得迟于提示日期。

第三，除非在备用信用证中注明该单据必须签署，否则无须签署。所要求的签署，可以用任何方式，只要与提示的签署单据的载体相符，除非备用信用证中要求注明签署人的身份，否则不一定要表明身份。

第四，备用信用证中的非单据性条件必须被忽略。

第五，提示的单据必须是正本。

（四）拒付

若开证行认为提示不符，有权拒付，但必须在单据提示以后一段合理的时间（3个营业日内）发出拒付通知，超过7个营业日将被认为是不合理的。拒付通知可以通过电讯方式或其他快捷的方式发送给交单人，拒付通知中要注明凭以拒付的全部不符点。如果没有按备用信用证指定的时间和方式在拒付通知中加入不符点，就不能在含有该不符点单据的再提示中声明这种不符点（不同的提示则不受影响）；如果没发出拒付通知，则开证行在到期时就有义务付款。

在存在不符点的情况下，开证行可自行决定或在提示人的要求下，联系申请人放弃不符点。申请人应以快捷的方式及时通知开证行，拒绝接受不相符的提示，若未及时通知，申请人就不能对开证行声称其收到的单据在表面上有任何不符点或其他问题，但这并不影响拒绝在同一或不同备用信用证下的任何不同的提示。

（五）转让取款权利

这里的转让是指受益人请求开证行或指定人支付款项给另外的第三者。只有规定可以转让的备用信用证才可转让。除非可转让备用信用证的开证行或指定人对于正本备用信用证的存在和真实性感到满意，或者受益人向开证行做出了一种可接受的转让申请或提交了正本备用信用证或为受益人签署的人签名（或授权）的证实，或支付了转让费用，否则开证行或指定人可以不履行转让。如为全部取款权利的转让，汇票应由受让受益人签署，在要求的其他单据中，受让受益人的名称可以代替转让受益人的名称。

（六）业务流程

由于备用信用证"出身"于信用证家族，其业务流程与信用证类似：首先，申请人（基础交易合同的债务人）向开证行申请开出备用信用证。开证行严格审核开证申请人的资信能力、财务状况、交易项目的可行性与效益等重要事项，若同意受理，即开出备用信用证，并通过通知行将该备用信用证通知受益人（基础交易合同的债权人）。然后，若申请人按基础交易合同约定履行了义务，开证行不必因开出备用信用证而必须履行付款义务，其担保责任于信用证有效期满时解除；若申请人未能履约，备用信用证将发挥其支付担保功能，此时，受益人在规定的时间内提交备用信用证规定的索赔文件向开证行索赔。开证行确认是相符的索赔后，必须无条件地向受益人付款，并向申请人索偿，后者有义务予以偿还。全部流程如图7-1所示。

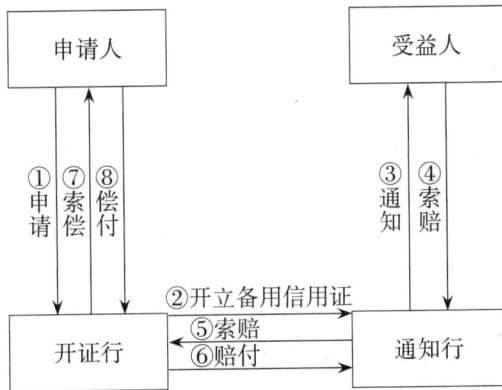

图7-1　备用信用证流程图

六、备用信用证项下的单据

备用信用证项下的单据有以下几种：

1.索偿书

索偿书是备用信用证必备的单据之一，根据ISP98，索偿书是一项付款的要求，它可以不与受益人的声明或其他单据分开，也可以是独立的。也就是说，索偿书可以是单独的，也可以是汇票或其他的指示、命令或付款要求的形式。如果备用信用证明确规定单独出具索偿书，则内容一般包括：要求付款的文句、金额、日期和签字等。

2.违约或其他声明

备用信用证要求提供违约或其他索款事项的声明，但没有指明内容，只说明"由于备用信用证中描述的付款事由已经发生，应该付款"以及日期和受益人的签名，则该单据就被认为是相符的。

3.法律或司法文件

备用信用证中有时要求提示政府开立的文件、法院命令、裁决书或类似的文件，只要表面上是由政府机构、法院等开立的，有名称、日期及被签署，经相应机构的官员进行了认证，就被认为是相符的。

4.其他

备用信用证项下的单据有商业发票、运输单据、保险单据等，一般是副本。

七、备用信用证与保函、跟单信用证的比较

（一）备用信用证与保函的比较

1.备用信用证和保函的相同之处

（1）定义与当事人基本相同。它们都是由银行或其他实力雄厚的非银行金融机构应某项交易合同项下的当事人（申请人）的请求或指示，向交易的另一方（受益人）开立的书面文件，承诺对提交的在表面上符合其条款规定的书面索赔声明或其他单据予以付款。保函与备用信用证的法律当事人基本相同，一般包括申请人、担保人或开证行（二者处于相同地位）、受益人。

（2）应用上相同。保函和备用信用证都是国际结算和担保的重要形式，在国际经贸往来中可发挥相同的作用，达到相同的目的。如招标交易中的投标担保、履约担保，设备贸易的预付款还款担保、质量或维修担保，国际技术贸易中的付款担保等，这些担保都可通过保函或备用信用证的形式实现。从备用信用证的产生来看，它是作为保函的替代方式而产生的，因此，它所达到的目的自然与保函有一致之处。

（3）性质相同。国际经贸实践中的保函大多是见索即付保函，它吸收了信用证的特点，越来越向信用证靠近，使见索即付保函与备用信用证在性质上日趋相同。具体表现在：

第一，担保行或开证行的担保或付款责任都是第一性的，保函或备用信用证发挥担保的作用，即当申请人不履行债项时，受益人可凭保函或备用信用证取得补偿。

第二，尽管它们是依据申请人与受益人订立的基础合同开立的，但一旦开立，则独立于基础合同。

第三，它们是纯粹的单据交易，担保人或开证行对受益人的索赔要求是基于保函或备用信用证中的条款和规定的单据，即只凭单付款。因此，有人将保函称为"担保信用证"。

2.备用信用证和保函的不同之处

备用信用证可以代替保函，但两者仍有以下几点主要区别：

（1）适用的规则和法律规范不同。见索即付保函适用的是URDG758，而备用证适用的是ISP98。并且，备用信用证可以同时适用于两个惯例，即在备用证上可同时注明"subject to UCP600, and subject to ISP98"，但ISP98有优先权。

由于各国对保函的法律规范各不相同，到目前为止，尚未有一个可为各国银行界和贸易界广泛认可的保函国际惯例。独立性保函虽然在国际经贸实践中有广泛的应用，但大多数国家对其性质在法律上并未有明确规定，这在一定程度上阻碍了保

函的发展。

（2）与基础交易合约的关系不同。备用信用证是跟单信用证的一种派生物，具有信用证的若干特点，如开证行只凭单付款、不管事实、不管单据本身的真伪等。就其与合同之间的关系来看，备用信用证与独立性保函是一样的，但保函有从属性和独立性之分，而备用信用证并不存在从属性之说。

（3）备用信用证可以规定向开证行以外的其他银行交单，并由这一被指定的银行议付、付款、承兑或承担延期付款的义务，而保函没有这样的做法。

（4）到期地点不同。备用信用证的到期地点，视被指定行而不同，其到期地点既可在开证行所在地，也可以在受益人所在地或在该两地点以外的其他地点，而保函的到期地点在担保行所在地。

（5）要求的单据不同。索赔时，备用信用证一般要求即期汇票及说明申请人违约声明，而保函不要求汇票，仅提交书面索赔和违约声明。

（二）备用信用证与跟单信用证的比较

1.备用信用证与跟单信用证的相同之处

（1）具有独立性，都是不依附于基础合同而独立存在的付款保证承诺。

（2）开证行的责任相同，均承担第一性的付款责任。

（3）凭符合信用证规定的单据付款，而不是合同或货物。

2.备用信用证与跟单信用证的不同之处

（1）遵循的惯例不同。虽然备用信用证可以依据UCP600开立，但UCP600中的有些条款不适用于备用信用证。不仅银行可开立备用信用证，保险公司等非银行机构也可开立备用信用证，而跟单信用证只能由银行开立。

（2）要求的单据不同。备用信用证所要求的单据比跟单信用证要简单，跟单信用证中关于运输单据、保险单据和商业发票及货物装运的规定一般不适用于备用信用证；开证行审单的要求也不同，跟单信用证项下，银行审单时不仅要求单证一致，单单也必须相符，而备用信用证不管单单是否一致；由于不掌握物权单据，备用信用证开证行的风险较高，也不能以物权凭证为质押给出口商融资。

（3）用途不同。与银行保函类似，备用信用证的用途广泛，可用于投标、履约、借款等任何经济活动，而跟单信用证只用于货物的进出口。

（4）开证行是否付款不同。备用信用证是"备而不用"，只有在申请人违约时开证行才付款，而跟单信用证是正常进出口交易中使用的，只要单据相符，开证行必须付款。

第五节　保付代理

保付代理（Factoring）是在以赊销为支付方式的贸易中，由保理商（Factor）向出口商提供的一种集融资、结算、财务管理、信用担保为一体的综合性的贸易支付方式，简称保理业务。保理业务分国内保理和国际保理两种，我们在这里介绍的是国际保理业务。

通常在赊销方式下，出口商根据合同或订单发货交单后，只能被动地等待进口商到期时付款，因赊销是汇款方式中的货到付款，属于商业信用，并不像信用证那样由银行来承担第一性的付款责任。由于各种原因，一些进口商可能会一再拖延付款，而有一些进口商可能永远也不会付款，除非进口商的资信可靠，或者双方中的一方是另一方的子公司。如果出口商和保理商签订了协议，情况就会发生根本性的变化。保理商将负责对进口商的资信进行调查，提供风险担保，并替出口商催收账款及进行有关账务管理和资金融通等，从而解除出口商的后顾之忧。这里的保理商一般是从事国际业务的银行或银行的附属机构，也可以是非银行专业机构。

一、保理业务产生的原因及发展

一方面，传统的信用证结算方式由于风险小、安全性强，一直是国际贸易中的主流结算方式。但由于其手续复杂、成本高，且要在一定时期内占用进口商的资金，所以对于进口商来说更愿意接受非信用证的结算方式。特别是在买方市场下，如果出口商坚持使用信用证，就会失去一部分市场，出口商为了推销产品、开拓市场、扩大销售，往往不得不同意进口商使用非信用证结算的要求。另一方面，伴随着非信用证结算方式使用量的增加，进口商提出的付款期限也越来越长，从几十天到几百天，甚至是几年、十几年。在这种情况下，如果出口商采用了非信用证的结算方式就将面临两个难题：一是使用非信用证结算方式中的信用风险问题；二是资金占用问题。国际保理业务正是在这种背景下发展起来的。

保理业务起源于18世纪英国和美国的贸易活动。当时英国凭借其发达的纺织业，在美国建立了庞大的销售市场，英国纺织厂在美国的代理人便充当了"保付代理商"的角色，收取费用，担保美国的进口商支付货款，并在货物发运后向出口商预付一定比例的货款。这种业务方式出现后因其独特的功能而被广泛采用。

19世纪末期，保理业务在欧洲大陆得到了广泛的发展，保理商的职能也从货物寄存、商品推销、催收账款向坏账担保和贸易融资上转移，现代意义的保理由此产生。

20世纪50年代，随着第二次世界大战结束后欧洲经济的恢复，出口竞争加剧，形成了买方市场，出口商由于提供了大量的赊销而使应收账款的管理负担加重，面对出口商的资金周转困境，保理商买进出口商的应收账款并提供坏账担保，正好满足了出口商的需要，于是保理业务的市场需求迅速扩大。在此之后，随着贸易方式、运输方式和融资方式的发展变化及买方市场的形成，特别是通信设备、电脑和信息处理技术的发展，保理业务才有了用武之地。1968年，国际保理商联合会（Factors Chain International，FCI）在荷兰成立，总部设在阿姆斯特丹。这是一个由全球各国保理公司参与的开放性的跨国民间会员组织，目前，FCI拥有近400家会员，遍布全球90多个国家，所涉及的国际保理业务占全球保理业务的90%以上。作为权威性的国际保理组织，国际保理商联合会建立了成熟的组织运作机制和较为完善的业务规则，如《国际保理商联合会章程》《国际保理商联合会国际保理规则》《国际保理商联合会业务仲裁规则》等。国际保理商联合会有三项宗旨：扩大跨越国境的保理服务合作；开发统一的保理服务技术；协调解决国际保理服务的法律和技术问题，以及其他直接或间接与保理服务有关的问题。国际保理商联合会是一个开放式组织，允许一个国家有多家保理公司参加。1993年3月，中国银行成为境内首家加入国际保理商联合会的银行，在2012年之前我国的入会成员全部是银行，到2012年时，嘉融信国际保理公司作为商业保理公司率先加入FCI。目前，一些国家的保理商为了适应飞速发展的国际贸易的需要，已开始与储运公司、商检机构、运输等有关部门联合起来为客户提供一揽子服务，卖方只要找到了买方，包括包装、贴标签、刷唛头、商检、租船订舱、发运、保险、仓储、交货、收款、风险担保等在内的一切事宜都可交给保理商办理。这种做法有可能成为今后保理业务的发展方向。FCI历年公布的预估数据显示，近年来全球的保理业务持续增加，2024年全球保理业务达到3.5万亿欧元，同比增长约6%。虽然全球经济发展缓慢，但保理具有逆周期性的特点，因而保理业务仍旧维持了较高的增长速度。

保理业务在我国仅有30多年的历史，20世纪90年代初保理业务随着国际贸易的发展进入我国，但在2000年以前，我国保理业务都处于市场起步和培育阶段，商业银行中只有中国银行和交通银行开办了此项业务，且业务规模较小。自2001年起，我国银行保理业务量增长迅猛，2024年的规模为8 000亿欧元，占全球23%。其中国内保理业务占85%，国际保理业务占15%。

2009年3月，中国银行业协会保理业务专业委员会成立，首届保理委员会成员包括国内14家中资银行和3家外资银行。2014年4月，银监会颁布实施了《商业银行保理业务管理暂行办法》。2025年1月1日，由中国服务贸易协会正式颁布的《再保理、双保理和联合保理业务操作指引》（T/CATIS 024-2024）开始实施（该标准适用于国内保理业务，商业银行开展国际保理可参考执行）。

二、保理业务的当事人

国际保理业务涉及的基本当事人有出口商、出口保理商、进口保理商和进口商。

1.出口商

在保理业务中，出口商又叫销售商，由其向出口保理商提出叙做出口保理业务的申请，并与出口保理商签订保理协议。出口商将应收款项出售给保理商，可以利用保理商提供的各种服务，并要为此支付相应的费用。

2.出口保理商

它接受出口商的申请，向出口商提供包括预付款融资在内的保理服务，同时与国外的进口保理商签订代理协议，委托后者提供相应的服务并将出口商出售给自己的应收账款转让给进口保理商。

3.进口保理商

进口保理商位于进口商所在地，是提供信用额度以及债款回收和坏账担保的保理商。它直接与进口商打交道，与出口商没有直接的契约关系，仅对出口保理商负责。因为在这之前，进口保理商已与出口保理商签订了保理商代理合约，规定了双方可以互委保理业务。

4.进口商

在保理业务中，进口商又称债务人，是指对提供货物或服务所产生的应收账款负有付款责任的一方。

三、保理业务的服务内容

保理业务是银行为出口商提供的一种综合性的服务，这种综合性体现在以下几个方面：

1.信用控制

信用控制是指保理商代出口商对进口商的资信情况及商品的市场等情况进行调查并核定信用额度。调查的内容包括进口商的注册资本、经营风格、资产负债比例、近期经营状况等。交易对方所在国的外汇管制、金融政策、国家政局等也是影响安全收汇的因素，因此也是调查的内容。如果没有广泛的信息网络，对一个出口商来说是困难的，但保理商却可容易地解决这个问题。保理商和进口商同在一地，可通过多种渠道和手段获得最新的资料。一方面，保理商可利用保理商联合会网络及民间的咨询机构与调查机构；另一方面，保理商可利用其母银行广泛的分支机构和代理网络，以及自身的数据资料库。这些便利条件使保理商对进口商的资信能较为客观地做出评估，并根据资信情况，对进口商核定一个合理的信用额度。资信越高，信用额度就越大。出口商可根据进口保理商核定的信用额度签订销售合同，从而将收汇风险降到最低。

2.代收账款

货款能否及时收回，直接影响到出口商的资金周转。如果大量资金积压在应收账款上，且长期得不到解决，将对一个企业形成致命的打击，如果通过法律途径来解决，出口商也将会感到力不从心。因西方的法律条文繁多复杂，一般人根本弄不清楚，加上高昂的律师费、旷日持久的诉讼程序，企业将难以承受。而保理商设有专门的收债人员，拥有专门的收债技术和丰富的经验，并利用所属大银行的威慑力来收债，所以收债率极高。保理商一般都设有专门的部门处理法律事务，随时可提供一流的服务，其有关的费用也由保理商来负担（为维护出口商和进口商的商业关系，除非征得出口商的同意，一般不擅自采用法律手段来处理问题）。

3.账务管理

出口商发出货物后，将有关的售后账务管理交给保理商。保理商一般均为银行或大商业银行的附属机构，拥有完善的账务管理制度。当保理商收到出口商的发票后，即设立有关分账户，定期或不定期地提供关于应收账款的回收情况、逾期账款、信用额的变化及对账单等各种财务报表，这样就为出口商减少了管理人员和办公设备，并且由保理商负责收款、寄送账单和查询、催收等工作，还能节省大量的邮电费等开支。

4.风险担保

风险担保又称坏账担保。保理协议签订后，进口保理商要在协议生效前给进口商核定一个信用额度。如果进口商在付款到期日拒付或无力付款，进口保理商将在付款到期日后的第90天无条件地向出口保理商支付不超过其核定的信用额度的货款。信用额度核定后，保理商可根据进口商资信变化情况，随时调整或撤销，但在调整或撤销的通知未到达出口商之前，以前核定的信用额度仍然有效。对出口商在信用额度内的销售，保理商将提供百分之百的信用担保。也就是说，只要出口商对进口商的销售控制在信用额度之内，就可以完全消除因进口商信用造成的坏账风险。但有一个前提，出口商出售给保理商的必须是正当的、无争议的债务请求权，如果因商品质量、服务水平、交货期限等引起进口商的拒付而造成的坏账，保理商将不负责赔偿。

5.贸易融资

贸易融资是保理业务最大的优点，保理商可以向出口商提供无追索权的融资，且简单易行，手续简便。出口商在发货后，将发票副本提交给保理商，就可以立即获得不超过80%发票金额的无追索权的预付款融资，不必像贷款那样需办理复杂的审批手续，也不像抵押贷款需办理抵押品的移交和过户手续，基本上解决了出口资金的占用问题，但此项融资的期限较短，一般不超过180天。

国际贸易中，出口商可以根据需要选择以上全部或其中的两个及以上的服务项目。

四、保理业务的分类

保理业务可按不同的标准分类：

1.到期保理和融资保理

这是按保理商是否向出口商提供融资来划分的。

到期保理（Maturity Factoring），是指出口商将有关单据出售给保理商后，保理商在单据到期时，才向出口商无追索权地支付货款，这是比较原始的保理方式。

融资保理（Financed Factoring），也叫预支保理，是指出口商将有关单据出售给保理商后，保理商扣除融资利息和费用，立即以预付款方式无追索权地付给出口商80%左右的发票金额，其余20%于货款收妥后再结算，这是比较典型的保理方式。

2.公开型保理和隐蔽型保理

这是按销售货款是否直接付给保理商来划分的。

公开型保理（Disclosed Factoring），是指出口商必须以书面形式将保理商的参与通知进口商，并指示进口商将货款直接付给保理商。

隐蔽型保理（Undisclosed Factoring），是指保理商的参与对外是保密的，不通知进口商，货款仍由进口商直接付给出口商。此时融资与有关费用的结算是在保理商和出口商之间进行。

目前大多数的国际保理业务都是公开型的。

3.单保理和双保理

这是根据是否涉及进出口两地的保理商来划分的。

在国际保理业务中，保理商分为进口保理商和出口保理商。位于进口商所在地的保理商叫进口保理商，位于出口商所在地的保理商叫出口保理商。仅涉及进口或出口一方的保理商的叫单保理（Single Factor），多用于进出口双方中有一方没有保理商的情形，如在直接进口保理方式中，出口商与进口保理商进行业务往来；而在直接出口保理方式中，出口商与出口保理商进行业务往来。涉及双方保理商的则叫双保理（Two Factor），在此种模式下，进出口双方均只与本国的保理商打交道，不存在法律、商业习惯和语言等方面的障碍，有助于降低成本，提高效率，这也是目前世界上较为通行的做法。

4.无追索权保理和有追索权保理

这是根据保理商是否有追索权来划分的。

无追索权保理（Non-Recourse Factoring），是指保理商凭保理协议向出口商融通资金后，放弃对出口商的追索权，进口商拒绝付款或无力支付时，由保理商自担风险。此时保理商要为进口商核定信用额度，这是比较常见的保理。

有追索权保理（Recourse Factoring），是指保理商凭保理协议向出口商融资后，一旦发生进口商拒付或无力支付，保理商有权要求出口商偿还的保理方式。此时保理商在与出口商签订的保理协议中，规定保理商仅提供贸易融资、账务管理、催收账款等服务，而不负责审核进口商的资信，也不核定信用额度和提供坏账担保。

5.批量保理和逐笔保理

这是根据保理业务的操作方式来划分的。

批量保理（Bulk Factoring），是根据保理合同，保理商向出口商提供全部销售或一系列销售活动的保理业务。

逐笔保理（Facultative Factoring），是出口商逐笔向保理商申请、询价并要求提供保理服务。

6.银行保理和商业保理

这是按提供保理业务的机构来划分的。

银行保理（Bank Factoring）是指由银行开办的保理业务，而商业保理（Commercial Factoring）是指由非银行保理商开展的保理业务。在我国，最初的保理业务都是银行开办的，直到2005年，天津瀛寰东润国际保理有限公司在天津滨海新区营业，成为我国第一家商业保理公司，我国商业保理发展之路由此开启。2015—2016年是我国商业保理发展相对鼎盛的时期，这期间国内涌现出了上千家保理公司。2024年末，商业保理法人企业及分公司累计达10 724家，业务量突破1.38万亿元。

五、保理业务的流程

由于各个国家和地区的商业交易习惯及法律法规不同，各国及国内开展保理业务的各机构办理国际保理业务的内容以及做法也有所差异。以双保理为例，保理业务的流程如图7-2所示。

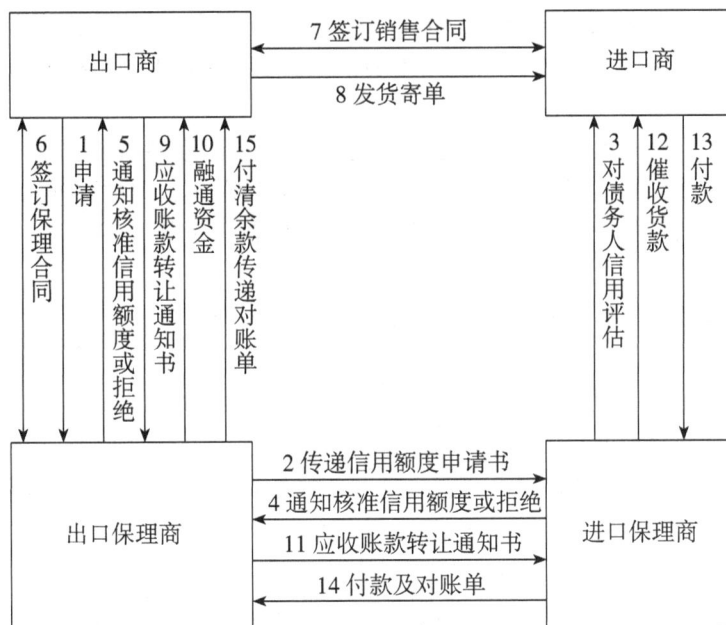

图7-2 保理业务流程图

1.出口商向出口保理提出业务申请

出口商填写"出口保理业务申请书"（又称"信用额度申请书"），用于为进口商申请信用额度。其内容包括：①进出口商名称及其详细地址；②出口商品的名称和数量；③付款条件；④出口总金额；⑤发票金额；⑥申请信用额度的货币和金额。

2.出口保理商选择进口保理商

出口保理商一般会选择已与其签订过代理保理协议、参加FCI组织且在进口商所在地的保理商作为进口保理商，并将出口商填具的"信用额度申请表"传递给进口保理商，请其对进口商进行信用评估。

3.进口保理商对进口商的资信进行调查和评估，核定信用额度

核定信用额度的目的是为明确保理商承担的风险与责任，保理商将在核准额度内，对应收账款承担信用风险，但保理商这种控制业务风险的做法通常仅限于提供无追索权的预付款融资的保理业务。如进口商信用良好，进口保理商将为其核准信用额度。

进口保理商对进口商的调查是非常详细的，如进口商的公司组织形式、股东情况、所属行业、经营业务、经营业绩、财务状况、经济实力以及偿债表现，并通过进口商的开户银行以及往来的企业，了解进口商的经营作风、履约情况，通过法律顾问、司法部门了解该进口商是否发生过经济纠纷、诉讼等。按照FCI的国际惯例，进口保理商应最迟在14个工作日内答复出口保理商。如果进口保理商在上述期限内不能做出决定，其必须在此期限内尽快将此情况通知出口保理商，并说明其决定所要依据的事实和可以做出决定的时间。

信用额度可以是单笔业务的，也可以是循环的。单笔信用额度即对进口商的一项订货所支付金额的信用额度，只能使用一次，也称单笔订单的核准；循环信用额度是对一个进口商的经常交易确定一个最高信用限额，供其循环使用。如第一次发货按期收妥货款后，该额度在下次发货时仍可使用。

4.进口保理商将其对进口商核准的信用额度（或拒绝核准信用额度）通知给出口保理商

5.出口保理商将进口保理商核准或拒绝的信用额度通知给出口商，如果是前者，出口保理商要加上自己的条件或报价

6.出口商收到核准的额度并接受保理商的报价后，与出口保理商签订《出口保理协议》

保理协议的主要内容包括：

（1）双方各自的责任和义务，如确定出口商将应收账款转让给出口保理商；对已核准的应收账款，保理商可以提供无追索权融资和坏账担保等。

（2）基本运作程序，包括单据的流转方式。

（3）出口商应向出口保理商支付的费用。

（4）限制条款，如未经保理商同意，出口商不得以任何方式将应收账款质押给第三方；合同生效后，出口商不得再与任何第三方签订类似的协议。

（5）协议的有效期以及修改或解除。

（6）纠纷或争议的处理或仲裁。

7.出口商与进口商签订销售合同

8.出口商发货寄单

出口商根据合同装运货物，将全套单据的正本寄给进口商，或将全套单据的正副本都交给出口保理商，由出口保理商转交。

9.出口商让渡债权

出口商填写"应收账款转让通知书"并附发票副本两份送交出口保理商。"应收账款转让通知书"是出口商向出口保理商让渡应收账款这一债权的声明，其中要有"债权已转让给保理商"的文句；有时，要求出口商将债权让渡的文句注明在发票的正本与副本上。

10.出口保理商向出口商提供资金融通

如果出口商和出口保理商签订的是预支保理，则出口商在认为需要时，就可向出口商申请融资，出口商要提交申请书。出口保理商根据出口商及进口商资信状况及市场情况，立即提供不超过发票额80%的预付款。

11.出口保理商再让渡债权

出口保理商在发票上加具"再让渡"寄送给进口保理商，表示出口保理商将该笔应收账款转让给进口保理商。

12.进口保理商催收

进口保理商在应收货款的到期日没有得到进口商的付款，就应催收。在货款到期日后的第90天，进口商仍未付款时，进口保理商有义务支付全部货款，扣除手续费后，交出口保理商转给出口商。

13.进口商到期向进口保理商付款

14.进口保理商将款项转付给出口保理商

进口保理商在收到进口商的货款后，若未立即汇交出口保理商，则应支付期间的利息（利率两倍于LIBOR）；若是由于不可抗力的原因而使收妥的款项未能立即汇交，也要支付利息（此利息较低，不具惩罚性）。

15.出口保理商扣除预付款项和银行的利息、费用，将余款付给出口商

六、出口商应具备的条件

保理商仅对满足条件的出口商叙做保理业务，这些条件包括：

1.出口商必须是依法注册的法人

这一点有助于保理商判断并确信其所购买的是正常商业交易所产生的债权，一旦出现纠纷又协商不成时，可通过双方都熟悉的本国法律和诉讼程序来解决。

2.年销售额较高

保理商由于承担了所有的售后管理和风险，所以收费较高。如出口商的业务量较大，保理商的单位管理费用会随业务量的增加而相应减少，坏账发生率也可以随风险的合理分散而有所下降，因此保理商的费率也可以相应降低。相反，如出口商

业务量小，保理商的单位管理费用就高，坏账发生率也会由于风险得不到合理分散而有所上升，这些因素迫使保理商提高费率，其结果不仅加重了出口商的负担，而且在不同程度上抵消了保理业务给出口商带来的利益，甚至会出现增加的收益不足以支付保理费用的情况。因此，保理商为维护自己的信誉及增加该项业务的吸引力，通常只接受年销售额大的客户（英国规定是10万英镑或等值的其他货币）的申请。在这个基础上，保理商一般均可保证该项业务给出口商带来的经济效益和增加的业务收入超过有关的费用支出。

3.成立一年以上并具有一份经独立的会计师事务所审计的年度财务报告

保理商可以通过对财务报告的分析来了解出口商的经营状况、管理水平、清偿能力和发展前景，以决定是否接受出口商的保理申请。

4.经营批发业务

出口商应是批发商，而不是直接面向私人消费者的零售商。因私人消费者数量大、流动性强，资信状况难以掌握，且易出现商业纠纷和坏账。

5.一般不采用分期付款的方式

采用分期付款，其金额往往较大，融资期限长，结算方式也较复杂，还可能涉及银行担保等银行费用。而保理提供的是不超过180天的短期融资，且结算方式仅限于赊销，所以分期付款方式的合同不宜采用保理方式。

6.经营的不是资本性商品

资本性商品一般比较昂贵，如大型精密机床、成套设备、产品生产线等，而且融资方式、结算方式也比较复杂，还要包括一系列售后服务，货款也往往是分期付款。由于合同执行期长、内容繁多、条款复杂，容易发生纠纷，且商品的流通性差，所以，这类商品的交易也不适合保理业务。

7.客户分布合理

保理商为分散风险、减少损失，一般要求出口商的客户具有合理的分布，并根据客户所在地区的风险等级在费率上加以区别对待。有些保理商明确规定对高风险国家和地区的业务不予受理。

8.贸易方式为赊销

赊销是指卖方在收到买方的付款前发货，并将运输单据交给买方凭以提货。这种贸易方式手续简便、费用低，最受买方欢迎，也便于保理商提供售后账务管理和融资。有时保理商也接受承兑交单下的跟单托收，但信用证（不包括备用证）、凭单付现或任何以现金交易为基础的交易除外。

七、保理业务的利弊分析

保理业务无论对出口商还是对进口商及保理商都有积极的作用。具体分析如下：

1.简化结算手续

因为保理商只是凭进口商的信誉和财务状况核准一定的信用额度，而无须像信用证业务那样，既要交纳保证金又要办理申请，而出口商只要凭信用额度发货就得到了收回货款的保证，其产生的保证作用和信用证是相似的。同时，保理业务对单据的要求不那么苛刻，避开了信用证项下严格的审单环节，对各方来说都简化了结算手续。

2.降低风险

出口商只要在核准的信用额度内发货，其信用风险、汇率等风险便转嫁给了保理商，可以避免信用证业务中经常发生的迟付或因进口商倒闭、赖账而遭受的损失；而对于进口商来说，该业务可保证其单据和货物的合格，因为保理商承担坏账风险的前提条件是货物的品质符合合同规定，一定程度上制约了出口商必须按合同行事。

3.加速资金周转

出口商发货后向保理商提供发票副本即可获得80%左右的货款，等于提前收回了资金；而进口商以赊销方式进口货物，无须垫付资金，也不必交保证金、办理担保及抵押手续，双方的资金周转速度明显加快了。

4.有利于扩大销售

保理业务是为赊销方式而设计的一种综合性业务，所以出口商可以通过提供最有吸引力的结算方式来增强市场竞争力，扩大销售；进口商获得了有利的付款条件，以有限的资金购进更多的货物，加速了资金周转。

5.服务内容多，选择性强

保理业务是一种集融资、结算、财务管理、信用担保于一体的结算方式，出口商可根据自身的需要，选择部分或全部的保理服务。

【案例7-1】

S公司是国内一家民营企业，生产家用炊具。2002年起，公司计划拓展海外市场。当时，S公司品牌在海外知名度不高，美欧等地的进口商均拒绝开证，要求的支付方式为O/A90天。S公司既要对进口商提供优惠的付款条件，又担心进口商的信用风险，同时还面临资金周转的问题，于是便向中国银行寻求解决方案。中行向S公司推荐了出口双保理业务，利用与美国保理商的良好合作关系，成功地为公司在美国的进口商核准了保理额度，为公司开办了出口双保理业务。2003年，S公司业务量即超过1 500万美元。之后，中行又为S公司对欧洲的出口提供了出口双保理业务。在中行出口双保理业务的帮助下，S公司成功开拓了海外市场，销售额和利润率节节上升，于2004年成功上市。中行这一成功营销案例也登上了FCI2005年的年报。

但是，保理业务也不是万能的，它也存在一些缺陷：

第一，保理商只承担信用额度内的风险，对超过的部分不予担保。

第二，因货物质量、数量、交货期不符等违约行为引起的拒付、少付不予担保。

第三，费用高，对业务量有一定的要求，使一些小企业无力享受这项服务。保理费用主要由两部分组成：一是手续费，包括进口商的资信评估方面的花费及账务处理费用等。费率取决于产品种类、进口国别、金额及信誉、汇价风险大小等，一般不超过发票金额的2.5%。二是利息，即保理商从预支货款到货款收回这段时间的利息，利率参照市场利率而定。由于费用较高，增加了出口商的成本，有可能影响商品的竞争力。但因为获得了信用风险担保和资金融通等服务，其综合收益有可能抵消保理费用的损失。

本章基本概念

银行保函　独立性保函　见索即付保函　指示行　投标保函　履约保函　留置金保函　租赁保函　付款保函　海关免税保函　透支保函　保释金保函　备用信用证　保理　到期保理　预支保理　公开型保理　隐蔽型保理　单保理　双保理

复习思考题

1. 什么是从属性保函和独立性保函？其各自特点是什么？

2. 银行保函有哪些当事人？

3. 试对保函和信用证进行比较。

4. 银行保函的种类主要有哪些？

5. 保函可采用什么方式开立？

6. 简述保函业务的程序。

7. 什么是备用信用证？它与保函的区别有哪些？

8. 简述保理业务及其功能。

9. 保理业务的流程是怎样的？

10. 简述保理业务的利弊。

第八章
灵活贸易结算方式和跨境人民币结算

📖 **本章提要**

　　通过本章的学习，应掌握灵活贸易结算方式的特点和种类；了解跨境贸易人民币结算的有关政策规定，掌握跨境贸易人民币结算的意义和业务流程。

　　所谓灵活贸易方式，是指除单边贸易以外的一些特殊的贸易方式，具有更强的适应性、合作性或创新性，旨在解决特定问题（如资金短缺、市场准入、政策限制等）或优化资源配置，如易货贸易、转口贸易、加工贸易和补偿贸易等，这些贸易方式是传统对外贸易方式的补充和创新，进出口商可以针对不同的国家和地区、不同的交易对象、不同的商品灵活采用，达成交易。

知识拓展

灵活贸易与传统单边贸易的区别

第一节　灵活贸易结算方式

一、易货贸易及结算

（一）易货贸易的含义

　　易货贸易（Barter Trade），是指不需要借助货币实现的以货物或服务交换货物或服务的交易。

　　在商品货币经济不发达、自然经济占统治地位的社会，易货曾是主要的贸易和结算方式。由于交换面窄、效率低，在货币出现、商品经济发展起来后，易货贸易逐步被以货币为媒介的交换所替代，但易货从来没有完全退出经济领域。企业只要在互联网上将易出、易入的产品信息发布出来，就能迅速、准确地找到合作企业。早在20世纪50年代，美国就出现了易货公司，专门为现金不足的企业寻找易货的机会，并逐渐在不同的易货公司使用各自不同的交易货币。在全球化、数字化和金融创新的推动下，易货贸易的模式不断演变，形成了更具灵活性和效率的创新方式。

（二）易货贸易的形式

1.传统的易货贸易

传统的易货贸易包括直接易货和综合易货两种形式。

（1）直接易货。直接易货又称一般易货，是最普遍也是应用最广泛的易货形式，即进出口商一次性交易等值的货物，一笔交易一般只签订一个易货合同，各自出口的商品按约定的货币计价，总金额一致或基本一致，不涉及第三方，如A用木材交换B的机械设备。对需要通过运输运送货物的交易方来说，由于进出口很难同时进行，因此在实际业务中，形成了一些变通的做法，最常见的是通过对开信用证的方式进行易货贸易。

（2）综合易货。综合易货也称记账易货或清算账户易货，即根据贸易双方的协议，双方银行互设账户，在约定的时期内，互购对方的货物，进出口可同时进行，也可有先有后。其金额由银行逐笔记账，一定时期（通常为一年）结算，互相冲抵，出现差额时由逆差方支付现汇、利息或用商品支付，以维持双方进出口收支平衡。记账易货通常由政府一级签订协定后实施。苏联时期，经济互助委员会（COMECON）国家间就采用了这种易货方式，如民主德国用工业品换苏联石油。

2.现代易货贸易

现代易货贸易包括数字化易货平台、多边易货贸易、混合易货、服务易货、绿色易货、政府主导的战略易货等。

（1）数字化易货平台（B2B电子易货）。这类平台利用区块链、大数据和智能合约技术，搭建线上易货交易平台，实现全球企业间的商品/服务互换。其优点是：降低了传统易货的谈判、物流和结算成本；由于AI算法能自动匹配供需，提高了匹配效率；区块链记录交易，可防止欺诈。例如，在Barter Trade（国际B2B易货平台）上，企业可用库存商品兑换广告、物流或其他服务；在中国"易货通"上，中小企业可以通过平台以货抵债或置换资源等。

（2）多边易货贸易（Multilateral Barter）。这种方式突破传统"一对一"易货，引入第三方甚至多国参与，形成复杂的交换网络。例如，三角易货，A国用石油换B国的粮食，B国再用粮食换C国的机械设备，最终各方各取所需。再如，国际易货联盟的"石油–药品–工业设备"的跨国链条。

（3）混合易货（Partial Barter）。这种方式采用部分现金+部分货物结算，灵活适应交易需求。应用场景可以是企业债务重组（债权人接受"50%现金+50%商品"偿还债务），也可以是跨境贸易（进口商支付部分外汇，剩余用本地产品抵偿）。

（4）服务易货（Service Barter）。服务易货即用服务（而非实物）进行交换，适用于轻资产企业。例如，广告换产品（媒体公司用广告位换取客户的商品，如酒店房间、食品），技术换市场（IT公司为制造业提供软件服务，换取对方渠道推广）。

（5）绿色易货（Sustainable Barter）。这种方式聚焦环保和可持续发展，推动"碳信用""再生资源"等新型易货标的。例如，废料换新产品（塑料瓶回收兑换日用品）、碳权交易（企业用减排指标换取其他资源）等。

（6）政府主导的战略易货（State-led Barter）。这是指国家层面推动大宗商品易货，规避制裁或外汇短缺问题。例如，石油换食品计划（历史上伊拉克"石油换食品"联合国项目）、资源换基建（共建"一带一路"部分项目采用易货模式）等。

（三）易货贸易的特点

近年来，易货贸易规模有所增加，这是因为易货贸易本身具有其他贸易方式所不具有的特点：

1.非现汇结算

在易货贸易中，货币只是计价工具，以货换货，不需要使用现汇，可以克服贸易一方或双方由于外汇支付上的困难所造成的贸易障碍，在易货市场上易出其现金市场所卖不出去的商品，同时又能易入原本需要花现金才能买回的商品，从而解决了现金交易中资金缺乏或不足的问题。

20世纪五六十年代，我国贸易的主要对象是当时的苏联、东欧国家，由于双方都缺少外汇，各自的货币又都没有国际支付能力，易货贸易就很自然地成为双方发展经贸关系的桥梁。这一时期，中国的易货贸易达到了前所未有的规模，其中对苏联和东欧的出口额占到了总出口额的76.2%。从70年代起，我国同发展中国家之间的易货贸易大部分改为现汇贸易。

2.避免外汇风险

易货贸易的履约期一般较短，交易无须支付外汇，同时双方都把互换货物的单价确定下来保持不变，因此交易双方不存在任何外汇风险。

3.进出结合，进出平衡

易货贸易把进口与出口直接联系起来，贸易双方有进有出，一方既是卖方同时又是买方，换货的品种相当，换货的总金额相等，交易双方根据对等的原则各自保持收支平衡。另外，易货贸易的商品组合通常是软硬搭配，买卖双方既可购进自己需要的商品，又可带动本国滞销商品的销售。

4.形式灵活

随着国际贸易的发展，易货贸易的做法日趋灵活。在成交时间上可以进出口同时成交，也可以有先有后；在支付方式上，可以用现汇支付，也可以通过银行账户在账面上相互冲抵；在进出口金额上，可以进口和出口金额完全相等，也可以大致相等。

易货贸易也有其固有的缺点。例如，交换货物不易对路，金额难以相当，交易过程复杂，有很大的局限性，成交的机会难以把握，因此在现代贸易中不占主要地位。随着区块链等技术升级和全球化需求变化，易货贸易仍将成为国际贸易的重要补充形式。

（四）易货贸易的结算

易货贸易的结算有多种方式，具体操作办法差异较大，可根据贸易的实际情况分别进行处理。

1.交货即结算，无外汇转移

2.对开信用证

双方互以对方为受益人开立信用证，信用证的金额相等或大体相等。由于分别结算，开证时间有先有后，先开立的信用证以收到、认可对方开出的等值或基本等值的信用证为生效条件。

3.记账

进出口双方分别通过各自的银行开立账户，货物出口后银行记账冲销；如有余额或逆差，可以用货物冲抵或支付现汇，顺差方不能挪用余额，只能用于易货项下的货款支付。

4.第三方易货平台结算（Digital Barter）

平台发行"易货额度"或"虚拟货币"作为中介。如 Barter Trade 平台，企业用闲置库存兑换"易货积分"，再用积分购买其他商品。

二、转口贸易及结算

（一）转口贸易的含义

转口贸易（Entrepot Trade）又称中转贸易（Intermediary Trade）或再输出贸易（Re-export Trade），是指国际贸易中进出口货物的买卖，不在生产国与消费国之间直接进行，而是通过第三国转手进行。这种贸易方式在生产国为间接出口，在消费国为间接进口，而对第三国来说，它将进口的货物再出口，所以是转口。这种模式在国际贸易中广泛应用，主要优势体现在以下几个方面：

第一，规避贸易壁垒与关税。例如，货物通过中转地（如中国香港、新加坡）重新包装或贴牌，改变原产地证明，规避高关税或反倾销税；受制裁国家（如伊朗、俄罗斯）通过中立国（如阿拉伯联合酋长国、土耳其）转口获取国际商品。

第二，优化税务与利润留存。例如，中国香港、新加坡等自由港企业所得税税率低（如中国香港利得税税率为16.5%），企业可通过转口留存部分利润；中转地通常与多国签有税收协定，减少预提税（如股息、利息税）。

第三，供应链与物流灵活性，缩短交货时间。例如，在中转地（如迪拜、鹿特丹）建立区域仓储，快速响应市场需求；在复杂供应链下，通过转口整合多国资源（如 A 国原料+B 国加工+C 国销售）。

第四，外汇与资金管理优势。例如，资金通过离岸中转地（如中国香港）结算，避免本国严格的外汇审批；中转地可用稳定货币（如美元、欧元）结算，减少新兴市场货币波动影响。

第五，市场准入与品牌策略。例如，敏感商品（如高科技产品）经中立国转口，避免终端市场政治风险；在中转地重新贴牌，淡化生产国标签，提升国际接受度。

第六，风险分散与合规性。例如，受地缘冲突影响时（如中美贸易战），转口贸易可分散供应链风险；中转地文件（如香港原产地证）提供贸易合规性证明，减少海关审查。

（二）转口贸易的方式

转口贸易已有数百年历史，新加坡、中国香港、伦敦、鹿特丹等都是国际著名的转口贸易中转地，拥有数量很大的转口贸易额。通过转口贸易除了可以得到可观的转口利润和仓储、运输、装卸、税收等收入外，同时也能推动当地金融、交通、电信等行业的发展。

转口贸易的当事人涉及生产商、中间商、买方、物流、金融及监管机构的多方协作。其中，离岸中间商是关键，它是注册在中转地的公司，负责组织转口贸易。转口贸易根据货物是否在中转地加工，可分为纯粹转口贸易、加工转口贸易和离岸转口贸易三种。

1.纯粹转口贸易

纯粹转口贸易指中转的第三国对进口的货物未经加工直接再出口。如缅甸玉石经香港转口至欧美市场。在中转地可以将进口货物在当地保税仓库进行分级、混装、加包装、贴标签等，这些活动并未改变原进口货物的形态、性质、结构或效用等，所以不属于加工的范围。

2.加工转口贸易

加工转口贸易指货物通关输入到中转国，经加工增值后再输往进口国的贸易方式。如中国电子元件在越南组装后转口至美国。货物经过某种程度的加工后，与原来未经加工的货物相比，在形态、性质、结构或效用上发生了某些变化，以这种方式出口不仅可以获得转口利润，还可获得加工利润。加工转口贸易要求中转地有大量的劳动力、工资水平较低、基础设施较好，并有保税仓库或保税区等，这样才能使商品加工成本低，具有国际竞争力。加工转口贸易可以对整批货物进行加工、装配等；也可以从国外采购某些零部件，与原有的设备配套装配成大型设备出口。

3.离岸转口贸易

离岸转口贸易是通过第三国（或地区）离岸公司的操作，实现货物中转和资金结算分离的国际贸易模式。其核心特点是货物流与资金流分离，通常借助如中国香港、新加坡、开曼群岛等离岸金融中心完成交易，以达到税务优化、规避制裁或贸易壁垒的目的。

（三）转口贸易的结算

1.可转让信用证

中间商为保护商业秘密、降低交易费用，可要求进口商开立可转让信用证，然后通过银行将该证转让给供货人即出口商使用。

2.背对背信用证

背对背信用证是指由进口商开出不可转让信用证，中间商以此证为担保要求银行开立以供货人为受益人的新证。

3.电汇（T/T）

买方通过银行将款项汇至离岸中间商的账户，如香港银行账户；离岸中间商留存差价（如10%~20%），剩余款项汇给卖方。货物直接从生产国运往消费国（或

经中转地短暂仓储）。

三、加工贸易及结算

（一）加工贸易的含义

加工贸易指一方提供原材料或零部件（委托方），另一方（加工方）按约定要求进行加工生产，成品交还委托方并收取加工费的方式。从委托方看，降低了生产成本，从加工方看，可以利用闲置产能，无须承担销售风险。

其形式为两种：一是来料加工（Processing with Supplied Materials），委托方提供全部材料，加工方仅负责加工；二是进料加工（Processing with Imported Materials），加工方自行进口原料，加工后出口成品。

（二）加工贸易的结算

来料加工项下，外商免费提供原料，中方仅收取加工费，成品所有权归外商，原则上采用国际贸易中通常使用的结算方式，如通过T/T或L/C支付。

进料加工项下，中方自付货款进口原料，加工后出口，自负盈亏。原料进口时，中方通过T/T或L/C支付货款。成品出口后，外商通过T/T、L/C或D/P支付全额货款。

四、补偿贸易及结算

（一）补偿贸易的含义

补偿贸易（Compensation Trade）是买方以产品或服务（而非全部现金）支付进口设备、技术或货物的款项。如设备出口方提供机器设备、生产技术、原材料，在约定的期限内，由进口方用出口方提供的设备、原材料所生产出来的产品，或以双方商定的其他商品分期偿付出口方提供的设备、技术等的价款和利息的一种贸易方式。

补偿贸易有助于缓解进口方资金压力，同时使出口方的设备和技术有更广阔的市场。我国在20世纪80年代曾广泛采用补偿贸易方式引进国外先进技术、设备，但规模不大。随着外商以设备、技术作为直接投资进入我国渐多，补偿贸易占整体贸易较少。

（二）补偿贸易的形式

按照用来偿付的标的不同，补偿贸易大体上可分为四类：

1. 直接补偿

直接补偿即进口方用进口的设备所生产出来的产品，直接偿付进口之价款。这种办法也称为产品返销（Product Buyback）或产品回购。

2. 间接补偿

间接补偿是指进口方用其他产品或服务（非进口设备生产）支付进口的货款，如中国进口俄罗斯石油设备，用农产品（如大豆）分期补偿。这种形式也叫抵偿贸易，或互购、反向购买。

3.劳务补偿

劳务补偿即通过提供加工、运输等服务抵扣货款，如越南船厂为德国公司修船，费用抵扣进口船舶技术的款项。

4.综合补偿

综合补偿是上述三种补偿方法的综合运用，即对引进技术、设备的价款，部分用产品、部分用劳务或货币偿还。这种偿付货款的办法更为灵活和方便，是补偿贸易的变通形式。

（三）补偿贸易的结算

1.对开信用证

对开信用证是指引进方和供应方各自通过银行向对方开立信用证，凭单据结算付款。引进设备方开立的是远期信用证，以支付引进设备的货款，其应有足够的时间通过产品的出口来补偿引进设备的货款，并在远期信用证中列明收到对方开立的回头信用证后方能生效的条款。而设备供应方开立的是即期信用证，以支付补偿产品的货款。这一方式对双方都有利，设备引进方实际上仍用产品进行偿还；而设备供应方通过开立信用证，可取得银行的资金融通。

2.银行保函

贸易双方各自通过银行向对方开立银行保函，如任何一方未能按规定履行付款义务，则由银行承担付款责任。

3.托收

贸易双方各自通过银行办理货款托收，引进方以远期托收方式支付引进设备的货款，供应方以即期托收方式支付补偿产品的货款。远期托收的期限，应与产品偿还期相吻合。

4.银行贷款

银行贷款是指利用银行的贷款来支付引进设备的货款。设备输出后，供应方即可从银行取得货款；补偿产品输出后，由承付设备货款的银行按贷款规定的还款计划逐批冲账抵消，至货款全部付清为止。

第二节　跨境人民币结算

一、跨境人民币结算的含义

所谓跨境人民币结算，是指在国际贸易、投资及其他经济活动中，使用人民币作为计价和结算货币，完成资金跨境收付的行为。

2009年4月，国务院常务会议决定在上海、广州、深圳、珠海、东莞五城市开展与我国港澳地区和东盟国家跨境贸易人民币结算试点。2009年7月1日，中国人民银行公布《跨境贸易人民币结算试点管理办法》及其"实施细则"，对跨境贸易人民币结算试点的业务范围、运作方式，试点企业的选择、清算渠道的选择等问题做了具体规定。2010年6月，跨境贸易人民币结算境内试点地区扩大到20个省份，且不再限制境外地域。2010年8月16日，央行宣布允许境外央行或货币当局、港澳地区人民币清算行、跨境贸易人民币结算境外参加行以人民币投资境内银行间债券市场。2011年，央行颁布了《境外直接投资人民币结算试点管理办法》，跨境人民币结算从贸易扩展到直接投资，允许所有境内城市和地区开展人民币跨境结算，并放宽企业开展跨境贸易人民币结算业务的限制，只要其具有进出口经营权就符合要求。2013年，"沪港通"启动，人民币股票投资渠道开放，此时中国成为全球最大贸易国，人民币结算占比快速提升。2015年10月8日，人民币跨境支付系统CIPS（一期）成功上线运行，标志着人民币国内支付和国际支付统筹兼顾的现代化支付体系建设取得重要进展。

2015年11月30日，国际货币基金组织决定将人民币纳入特别提款权（SDR）货币篮子，自2016年10月1日起，人民币与美元、欧元、日元和英镑一起，构成特别提款权篮子货币。2016年"深港通""债券通"启动，资本市场互联互通深化，2018年进一步明确，凡依法可以使用外汇结算的业务，企业都可以使用人民币结算，并推动"本币优先"理念落地。2018年3月26日，CIPS二期投产试运行，同年5月2日全面投产，系统运行时间由5×12小时延长至5×24小时+4小时，实现对全球各时区金融市场的全覆盖，支持全球的支付与金融市场业务，满足全球用户的人民币业务需求。

党的二十大报告强调，"有序推进人民币国际化"。跨境人民币结算是推进人民币国际化的重要抓手。近年来，在新冠疫情、乌克兰危机等外部冲击下，全球"去美元化"认同加强，"区域贸易圈"兴起，数字货币研发推广加快，人民币全球资产储备和大宗商品货币锚定属性增强，为跨境人民币结算带来新的发展机遇。根据中国人民银行发布的2024年第四季度的《中国货币政策执行报告》，2024年，跨境人民币收付金额64.1万亿元，同比增长3%，其中实收31.1万亿元，实付33.0万亿元。经常项目下跨境人民币收付金额合计16.2万亿元，同比增长16%，其中，货物贸易收付金额12.4万亿元，服务贸易及其他经常项下收付金额3.8万亿元；资本项目下人民币收付金额合计47.9万亿元，同比增长25%。根据SWIFT的统计，2024年末，人民币在全球支付货币中的占比持续上升，并保持全球第四大活跃支付货币的地位。

二、跨境人民币结算出台的背景

1.适应人民币流通范围不断扩大的需要

早在20世纪90年代，我国与周边邻国就已开始在边境贸易中使用人民币进行结算，周边国家形成了一定规模的人民币使用区域。1993年，中国人民银行与8个周边国家和地区的央行签署了边贸本币结算协定。经过10多年的发展，在我国与越南、缅甸的边境贸易中，人民币作为支付工具已被广泛使用；云南和广西地区的边贸结算有80%以上使用人民币，人民币在这些国家具有很高的接受度。1997年亚洲金融危机之后，通过跨境旅游和劳务输出等渠道，人民币现金大量进入我国港澳、新加坡、泰国、马来西亚、越南等市场，人民币现钞跨境流通逐步增多，人民币信用卡开始在这些周边国家和地区出现。2003年中国人民银行分别对香港和澳门银行开办的个人人民币业务做出了清算安排，中银香港和中国银行澳门分行分别作为当地唯一指定清算行承担了港澳地区人民币的清算职责。

2.规避汇率风险的需要

长期以来，我国对外贸易大都采用主要的国际货币进行结算，在与美、欧等主要贸易伙伴以外的国家和地区进行的货物贸易中，超过90%的结算采用的是第三方货币。两国贸易用第三国的货币有很多不便，一有汇率风险，二有汇兑成本，所以进出口商更乐于使用本币结算。进入21世纪以来，我国经济强劲发展，逐步发展成为全球第二大经济体、第一大外汇储备国和第一大货物贸易国（数据截至2019年），这为人民币跨境结算提供了条件，也为人民币在未来进一步国际化奠定了坚实的基础。

3.国际金融危机凸显了国际货币体系的弊端

美国次贷危机引发国际金融危机后，以美元为核心的国际货币体系遭到普遍质疑，改革之声此起彼伏。减少对美元的依赖，让人民币走出国门并在国际货币体系中占有一席之地，成为我国面对全球复杂金融形势的应时之举。与此同时，中国经济稳健增长，人民币保持相对稳定，也为人民币国际化提供了良好的契机。在此背景下，推动人民币跨境贸易结算，是推进人民币的区域化、走向国际化的第一步。

三、跨境人民币结算的意义

不论是国家、企业、个人还是银行，都将从人民币跨境结算中获得相应的收益。

1.提升了人民币的国际地位

跨境人民币结算可促进我国与周边国家边境贸易、服务贸易和跨境投资的有序开展，加快推动人民币成为国际市场交易计价结算货币的进程；人民币参与国际结算后，可以用人民币替代部分外汇收支，有助于改善国际收支的平衡状况，减轻国家宏观调控压力。

2.降低了进出口企业的成本和风险

人民币用于跨境结算，不仅有利于企业有效地规避汇率风险，同时消除了企业为抵御汇率风险而产生的衍生产品交易费用，使得成本和收益相对固定，有助于企业将经营成果清晰化。由于省去了汇兑环节，不仅节省了两次汇兑所产生的部分汇兑成本，而且减少了资金流动的相关环节，缩短了结算过程，从而有利于企业加快运转速度、提高资金的使用效益。

3.拓展了我国银行业的市场空间

跨境人民币结算给银行的国际业务带来了新的市场需求，中间业务将得到快速发展，有助于提高我国银行业的整体竞争实力，加快国内金融业走向国际化的步伐。

同时，人民币跨境结算有助于推动国际货币体系多元化，减少对美元的依赖。

人民币跨境结算带来的收益的同时也有成本与风险，人民币跨境结算对我国货币政策的实施、经济金融体系的稳定性和收支统计监测等会有一定的挑战。但从长远来看，人民币跨境结算符合我国的总体利益，所以，推进跨境人民币业务是我国一个很重要的战略举措。

四、跨境人民币结算的模式

人民币跨境支付系统（CIPS）自2015年上线后，已成为人民币跨境结算的核主渠道，但传统模式（如代理行、清算行）仍在小范围使用。未来，随着CIPS网络扩展和政策支持，预计几乎所有跨境人民币结算都将通过CIPS进行。

（一）人民币跨境支付系统

人民币跨境支付系统（Cross-border Interbank Payment System，CIPS）是经中国人民银行批准专司人民币跨境支付清算业务的批发类支付系统，致力于提供安全、高效、便捷和低成本的资金清算结算服务，是我国重要的金融市场基础设施，在支持上海国际金融中心建设、推动金融业双向开放、增强金融服务实体经济能力、服务"一带一路"资金融通、助力人民币国际化等方面发挥着重要作用。截至2025年3月末，CIPS共有170家直接参与者、1 497家间接参与者，其中亚洲1 091家（含境内560家）、欧洲260家、非洲59家、北美洲34家、南美洲33家、大洋洲20家。

1.CIPS的主要参与者

为了更好理解CIPS的运作逻辑，我们先看一下图8-1中的参与者。

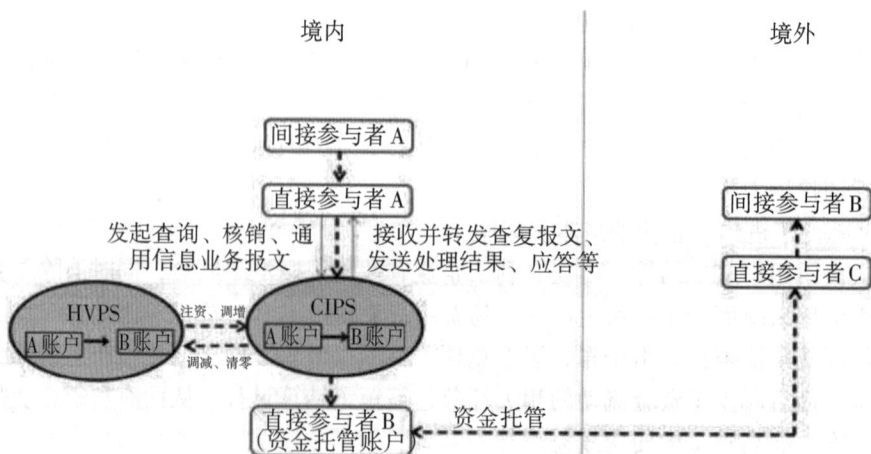

图8-1　CIPS清算系统业务流程

可见，CIPS的参与者分直接参与者与间接参与者（均为金融机构，而非普通企业或个人）。

（1）直接参与者

直接参与者是指具有CIPS行号+CIPS账户[1]，可直接通过CIPS办理人民币跨境支付的境内外银行和金融基础设施机构（指清算机构、证券结算机构、支付机构等，之所以作为直接参与者接入CIPS，主要是为债券通，或者股票沪港通提供服务）。

要成为直接参与者，需经中国人民银行批准，符合反洗钱、资本充足率等监管标准；具备与CIPS系统对接的IT基础设施（如专线连接、报文处理系统）；需在CIPS开设清算账户并维持足够人民币头寸。

直接参与者分为两种类型：一种是境内有HVPS清算账户（大的海外清算行会有）；另一种是没有HVPS清算账户（大部分中资海外分行没有）。如果没有HVPS账户，如图8-1中的海外直接参与者C，需要通过境内直接参与者B开立托管账户参与。

（2）间接参与者

间接参与者是指未在CIPS开立账户，但具有CIPS行号，委托直接参与者通过CIPS办理人民币跨境支付结算业务的境内外机构。

直接参与者与间接参与者在系统接入方式、业务权限和清算流程上存在明显差异，表8-1是详细对比。

表8-1　　　　　　　　　　**直接参与者与间接参与者对比表**

功能	直接参与者	间接参与者
是否直接接入CIPS	是	否，需代理行
是否自主管理流动性	是	否
是否能发起/接收支付指令	是	否，依赖代理行
是否支持DvP/PvP	是	否
是否能代理其他机构清算	是	否
适用机构	大型银行、金融基础设施	中小银行，境外机构

（3）HVPS

HVPS（High Value Payment System）即大额支付系统，是中国人民银行按照支付清算需要，利用现代计算机技术和通信网络开发建设，处理同城和异地跨行之间和行内的大额贷记及紧急小额贷记支付业务，中国人民银行系统的贷记支付业务以

---

[1]　CIPS行号是CIPS参与者在CIPS的唯一身份标识，由运营机构编制；CIPS账户是CIPS直接参与者在CIPS开立的资金账户，该账户不计息、不得透支，场终（日终）余额为零。

及即时转账业务等的应用系统。CIPS通过HVPS完成注资（预注资）、调增（预注资调增）、调减（预注资调减）和清零等操作。

（4）资金托管行

资金托管行是指符合条件并与不具有HVPS清算账户的直接参与者签订资金托管协议，为其提供注资（预注资）、调增（预注资调增）等相关服务的境内银行类直接参与者。

（5）CIPS的运营机构

CIPS的运营机构是跨境银行间支付清算有限责任公司（CIPS Co.，Ltd.，简称"跨境清算公司"）。该公司成立于2015年，负责CIPS系统的建设、运营和维护，旨在推动人民币国际化进程，为全球金融机构提供高效、安全的人民币跨境支付清算服务。

跨境清算公司最初由中国人民银行清算总中心独资控股，为适应跨境人民币业务发展需要，满足全球市场对人民币资产配置需求，更好地服务人民币国际使用，展现我国金融持续对外开放姿态，中国人民银行于2018年3月批复同意跨境清算公司开展增资扩股工作，并引入境外投资者，注册资本则从780万元增加到238 000万元，股东增至36个。中国人民银行清算总中心目前持股比例为15.7%，为第一大股东，中国银联、上海黄金交易所、中国金币总公司和银行间市场交易商协会、中国印钞造币总公司并列第二大股东，均持股7.85%；汇丰中国、中银投资、上海建银国际投资咨询有限公司持股3.93%；工银亚洲、上海国际集团、交银国际、农银投资的持股比例也超过3%。

2.结算模式

CIPS主要采用实时全额结算（RTGS）和定时净额结算（DNS）两种模式，并结合混合结算机制以满足不同业务需求。以下是其核心结算模式及特点：

（1）实时全额结算（RTGS）模式：逐笔、实时、全额清算，即每笔支付指令单独处理，资金实时划转，不进行轧差，适用于大额、高优先级交易，如跨境贸易结算、金融市场交易（债券通、沪港通等）。其特点是：资金实时到账，无轧差风险；高效安全，但对流动性要求高，付款方需预存足够资金。

（2）定时净额结算（DNS）模式：批量轧差、定时清算，即多笔交易按净额结算（如A需付B 1亿元，B需付A 8 000万元，最终A净付B 2 000万元），适用于小额、高频交易，如跨境电商支付、小额汇款。其特点是：减少资金占用；适用于高频小额支付，但存在信用风险，若某一方在结算前违约，需依赖中央对手方担保。

（3）混合结算模式：CIPS根据业务场景灵活组合RTGS和DNS，即关键交易走RTGS，确保实时性；普通支付走DNS，提升效率；支持参与者设置优先级，动态调整结算顺序。

（二）传统跨境人民币结算模式

在CIPS上线前，人民币跨境结算主要通过以下三种方式实现：

1.代理行模式（Correspondent Banking）

境外银行与境内商业银行（如中国银行、中国工商银行等）签订代理协议，通过境内银行的清算系统完成人民币跨境结算。在这种模式下境外银行需在境内代理行开立人民币同业账户（Nostro Account），资金清算依赖传统SWIFT报文系统，适用于与中资银行有合作关系的境外银行，尤其是早期人民币国际化试点阶段。

2.境外清算行模式（Offshore Clearing Bank）

这是指中国人民银行授权境外中资银行（如中国银行香港分行、中国工商银行新加坡分行）担任当地人民币清算行，提供离岸人民币（CNH）清算服务。在此种模式下，清算行直接接入中国人民银行的大额支付系统（HVPS），实现实时清算，主要服务于香港、新加坡、伦敦等离岸人民币市场。

3.非居民账户（NRA）模式

这是指境外企业或个人在境内银行开非居民账户（Non-resident Account，NRA），直接通过境内银行系统完成人民币收付。这种模式下的账户余额可自由兑换为外币，但资金流动将受境内监管政策限制（如需审核贸易背景）。这种模式适用于与中国有频繁贸易往来的境外企业，如共建"一带一路"国家企业。

CIPS上线后，取代代理行和清算行模式，兼容了NRA账户，整合了上述三种模式的优势，但部分机构尤其是未接入CIPS的中小银行仍可能沿用传统模式。

（三）CIPS的主要业务

CIPS的业务包括支付业务和信息业务两大类，其中支付业务是CIPS的核心功能，涵盖人民币跨境资金清算与结算，主要包括跨境贸易结算、跨境投融资（例如，境外机构通过"债券通"投资中国银行间债券市场时的资金划转）、金融市场交易（支持互联互通机制如沪港通、深港通、跨境理财通及衍生品交易，如互换通）以及其他跨境支付（包括个人汇款、金融机构头寸调拨、跨境人民币现金管理等）。具体分为客户汇款、金融机构汇款（含中央证券存管）业务、批量业务以及金融市场资金结算业务等。

1.客户汇款

客户汇款指汇款人和收款人中至少一方为非金融机构的汇款业务。单笔发起客户汇款业务采用实时全额结算方式进行结算。直接参与者可为本机构、建立业务关系的间接参与者及其代理机构向CIPS发起"客户汇款报文"（cips.111）办理该类业务。主要流程是：

（1）日间、夜间处理阶段，直接参与者向CIPS发起"客户汇款报文"。

（2）CIPS收到报文后，进行报文格式、重账、数字签名合法性和业务合法性检查。业务合法性检查内容主要包括参与者行号、直接参与者与间接参与者业务关系、参与者状态、业务权限等。对检查未通过的报文做丢弃或拒绝处理，并向参与者发送通知报文。对检查通过的，CIPS进行业务排队检查。

（3）无更高或相同优先级排队业务时，CIPS检查发起直接参与者CIPS账户可用余额是否大于等于该笔业务金额。如可用余额充足，则借记发起直接参与者CIPS账户，贷记接收直接参与者CIPS账户。结算完成后，CIPS向发起直接参与者返回"支付处理确认报文"（cips.601），通知其业务成功结算，同时，将汇款报文转发给接收直接参与者。如可用余额不足，则将该笔汇款业务纳入排队处理，并向发起直接参与者返回"支付处理确认报文"，通知其业务处于结算排队状态。

（4）接收直接参与者收到CIPS转发的汇款报文后，完成后续处理。

（5）原发起直接参与者可发起"业务撤销申请报文"（cips.303）对未结算的业务进行撤销。

2.金融机构汇款

金融机构汇款业务指汇款人和收款人均为金融机构的汇款业务，直接参与者可为本机构、建立业务关系的间接参与者及其代理机构向CIPS发起"金融机构汇款报文"（cips.112，含COV部分）办理该类业务。金融机构汇款业务采用实时全额结算方式进行结算。主要流程与单笔发起的客户汇款处理流程一致。

3.批量业务

直接参与者可以批量打包形式，向CIPS发送支付指令，处理其自身、建立业务关系的间接参与者及其代理机构的客户汇款业务等。批量业务采用定时净额结算方式进行结算。运营机构对包中单笔明细金额上限及净额结算场次进行参数化设置，并通过系统通知参与者。

4.金融市场付款交割、人民币对外币同步交收资金结算

CIPS支持付款交割结算和人民币对外币同步交收结算。按发起方不同，可分为银行类直接参与者发起和金融基础设施类直接参与者发起两种模式。

付款交割，即Delivery versus Payment（DvP），是一种用于证券交易的结算机制，确保证券交割与资金支付同步完成，避免一方履约而另一方违约的风险。例如"债券通"中，境外投资者买入人民币债券时，债券交割与人民币支付同步完成。

人民币对外币同步交收，即Payment versus Payment（PvP），是一种用于外汇交易的结算机制，确保两种货币的支付指令同时最终完成，避免因时差导致的汇率风险。例如，境内企业用人民币兑换美元，双方款项同步清算、CIPS与香港RTGS系统对接，实现人民币与港币的PvP。

5.中央对手资金结算业务

中央对手资金结算业务即Central Counterparty Clearing（CCP），是金融市场中一种关键的结算机制，由中央对手方介入交易双方之间，成为"买方的卖方"和"卖方的买方"，以确保交易的顺利结算，降低信用风险。

CCP的主要功能是风险管理和结算保障，具体包括：

（1）成为所有交易的对手方：在交易达成后，CCP介入，买方和卖方不再直接对接，而是分别与CCP结算。

（2）净额结算（Netting）：对多个交易进行轧差，减少资金和证券的实际交割量，提高市场效率。

（3）担保交收：CCP要求参与者缴纳保证金，确保即使某一方违约，交易仍能完成。

（4）违约管理：若某机构违约，CCP使用其清算基金或违约处置机制来弥补损失。

本章基本概念

灵活贸易结算　易货贸易　转口贸易　加工贸易　补偿贸易　跨境贸易人民币结算　CIPS　HVPS

复习思考题

1.灵活贸易结算方式主要包括哪些？各自的特点是什么？

2.为什么要实施跨境人民币结算？

3.简述跨境人民币结算的模式。

第九章
国际贸易结算中的融资

🐚本章提要

　　当前国际结算发展的趋势之一就是结算与融资的紧密结合，贸易融资业务已成为许多银行的主要业务之一。通过本章的学习，应掌握国际贸易融资的特点和重要意义；熟悉各种贸易融资方式并能加以比较。

　　在实际业务中，结算和融资是相互关联、不可分割的，一些结算方式本身就是融通资金的一种方法，有的则是根据结算方式来选择的。在国际贸易中，进口商不可能在任何时候都能凭自己的能力履行付款义务，出口商也很难自付一切生产、装运等费用，于是银行在为买卖双方办理结算的同时也授信，提供融资便利，促进贸易的顺利进行。随着科学技术的不断进步及国际贸易的发展，融资方式越来越灵活，新的融资方式不断出现。本章我们将分别从传统和创新两个方面来谈国际贸易融资。

第一节　国际贸易融资的特点和意义

一、国际贸易融资的界定

　　国际贸易融资有广义和狭义之分。就狭义而言，国际贸易融资是指外汇银行在为进出口商办理国际结算业务时，对进口商和出口商提供的与结算相关的短期和长期的融资便利。它以该项贸易活动的现金流量作为进口商或出口商履约的资金来源，以结算中的商业单据或金融单据等权利凭证作为进口商或出口商履约的一项保证。其基本方式包括出口项下的打包放款、议付、票据贴现，进口项下的押汇、信托收据、提货担保等。这是一个特定范围内的资金融通。首先，它紧紧围绕着进出口各环节而开展，是为对外贸易服务的，即融资的对象仅限于进口商和出口商。不论进出口商所属的行业是农业还是工业，所经营的是普通商品还是资本性商品，只要其贸易伙伴是外方，就是国际贸易融资所服务的潜在对象。其次，此项融资仅指外汇银行的融资活动或以银行作为中介的融资活动，由买卖双方直接进行的诸如赊销、预付等不包括在本书所涉及的融资范围内。最后，国际贸易融资是在国际结算业务过程中进行的，国际结算中使用的单据可作为质押标的。所以，非国际结算环节所发生的融资，如企业申请外汇贷款等，虽然也可能是将贷款资金用于从国外进口或加工出口后销往国外，但由于没有单据做担保，也不是狭义国际贸易融资的范畴。

　　广义的国际贸易融资是指外汇银行为进口商和出口商提供的与进出口贸易有关

的一切融资活动，除包括上述狭义的常规贸易融资外，还包括在其基础上产生的各种创新。如结构贸易融资，这是一种综合性的、运用风险分散和资本市场的技术，根据国际贸易的特殊要求，创造性地设计、组合国际贸易融资的方法和条件的统称。在这样的融资安排中，除银行外，还涉及其他中介机构，代表货权的单据也不一定完全由银行控制。

二、国际贸易融资的特点

传统的国际贸易融资是银行为进出口商提供的与国际结算相关的资金融通，并围绕着结算的有关环节进行，不但是中间业务，还是资产业务，所以与其他形式的融资方式相比，具有一定的特点，以下将根据其与银行贷款的比较进行具体分析。

贷款是银行的主要资产业务，是银行通过向借款人提供一定数量的资金由借款人在规定的时间内使用、到期归还本金并支付利息的一种借贷行为。而国际贸易融资是银行两种业务的融合，其中有的属于金融创新产品。虽然都是一种间接的信用活动，并有相应的合同或契约加以约束，但它服务于企业生产经营的不同阶段，安全性、流动性和收益性有所不同。

1.资金所服务的阶段不同

贷款在企业中是这样运行的：企业从银行借入资金，用于购买原材料等，然后进行加工生产出成品，商品销售后，企业重新获得货币资金。这时，企业将贷款本金加上利息归还给银行，银行的贷款即完成了一次周转。可见，贷款要参与企业的生产和销售，伴随着生产的全过程。而国际贸易融资则不同，大多数情况下，出口商在申请融资时，不仅采购和生产已经结束，而且销售也已基本实现或正在实现。所以，资金并未进入企业的生产过程，只进入流通环节。对出口商来说，此项融资的意义在于能提前获得货款；对进口商而言，则解决了其临时性的支付困难。

2.风险大小有别

首先，由于银行贷款参与了企业生产和销售的全过程，其风险自然来自生产经营中的所有环节。不论是采购、生产，还是产成品的保管、销售，其中任何一个环节出现问题，都有可能使银行的贷款难以收回。贸易项下的融资则避开了漫长、复杂的生产过程，其风险仅限于销售环节，而销售由于已基本实现，因此其风险主要集中在货款的收回上。

其次，还款来源不一样。作为一笔贷款，到期时借款企业能否归还，排除信用因素，主要取决于企业的生产和经营状况。如果企业经营失败，有可能使其现金净流入量不足，有时即使经营成功，但投入增加，也可能造成企业当前的盈利能力下降，银行便难以收回贷款。而贸易融资是一种自偿性贷款，与特定的商品销售相联系，只要特定的贸易能顺利开展，贷款到期之日，就是销售回收货款之时，跟企业的整体经营所产生的效益无直接联系。由于在出口贸易中，商品销售收入所产生的现金流量在时间和金额上与贸易项下的融资相吻合，保证了放款的收回；在进口贸易项下，虽然没有与融资本息直接匹配的应收账款，但进口商国内销售产生的现金流也会改善其整体偿债能力。

再次，银行贷款一旦进入企业的账户，贷款银行便很难控制资金的用途，尤其当客户在甲银行贷款而去乙银行结算时，此时银行能否收回贷款，只能取决于借款人的信誉。贸易融资则不然，在出口项下，由于贸易融资与贸易结算环环相扣，银行直接控制着结算项下的资金收回，并依据与客户的协定，可自动扣收融资的本息；在进口项下，采用信托方式时，银行甚至可以向进口内销商品的购买者追索货款以收回放款本息。

最后，银行掌握的担保不同。在国际贸易融资中，贸易项下的单据为银行所控制。由于单据在国际贸易和国际结算中不仅是出口商履约的证明，也是物权凭证，因此，控制了单据，就掌握了货权。在这里，单据被视为银行的质押标的，构成融资银行的一项担保。一旦客户违约，银行就可处理这些单据：或凭单据提货销售、拍卖，或直接出售单据。在与信用证有关的融资业务中，除物权担保外，还有来自国外银行的付款承诺。所以，国际贸易融资中，银行融出资金的安全性相对较高。而在银行的贷款业务中，由于贷款对象不一定在此银行结算，不存在国际贸易融资中结算和融资的紧密关系，贷款银行无法控制权益凭证，即使银行经手，由于银行与客户之间没有类似的质押协议，不能对权利凭证主张质押权和所有权，同时，也很难找到另一家银行的担保，所以，在安全性方面逊色于国际贸易融资。

3.收益不同

商业银行作为经营性企业，获取利润是其最终的目标，也是其生存的必要条件。为获取足够的利润，扩大规模，巩固信誉，提高竞争能力，避免被对手吞并，尤其在存贷利差缩小的情况下，谋取中介服务收入，是银行增加收入来源的一个重要方面，而国际贸易融资就有这种功能。

我们知道，银行贷款的核心收入是利息，而国际贸易融资除收取正常的利息收入外，银行还可以通过提供结算、处理结算中的单据，赚取各种手续费，如审单费、议付费、承兑费等。不仅如此，由于对外贸易中的支付是以外币进行的，进出口商必须在付汇和收汇时，到银行去购汇或售汇，买卖之间的差价构成银行的汇兑收益。有时，进出口商为了避免汇率和利率波动的风险，可能要通过银行做一些保值性的外汇交易，如套汇、掉期、远期和期权、期货等，这时，银行又可获得佣金收入。由于贸易融资与国际结算是不可分离的，以上各项收入完全被控制在提供融资的银行手中，保证了业务和收益均不会流失。

4.流动性不同

一般的银行贷款期限在1年或1年以上，有的长达7年甚至10年，等到银行发现企业不能还款时，借款企业早已因经营失败而人去楼空。而国际贸易融资是针对流通环节的贷款，由于国际贸易每次周转的时间不长，与其相配套的融资期限也大多较短，一般在180天以内，实际业务中，大量的融资是针对特定贸易的临时资金融通，期限在1个月左右，有的只有几天或十几天。由于期限短，还款期很快就到，如果客户不能偿还，银行可以很快察觉并采取补救措施。同时，由于进出口商的国际结算按要求是在融资银行办理，银行可确定还款来源，一旦货款回笼到账，银行可立刻扣账还款，防止企业挪用资金，保证融资款项按期收回。

三、国际贸易融资的意义

作为一种商品，其市场存在的一个前提就是有交易主体，即供给者和需求者，而且只有当供给者和需求者有交易动机，或者说只有当交易能为其带来收益时，交易才会发生。那么对国际贸易融资来说，供需双方从中获得的收益是什么呢？

（一）国际贸易融资是银行有发展潜力的业务之一

1.国际贸易融资是银行有效运用资金的一种较为理想的方式

商业银行是以吸收存款、发放贷款为主要业务的特殊企业。由于所运用的资金主要靠负债形成，资本金甚少，所以，在其经营中，必须权衡盈利性、安全性和流动性。国际贸易融资是与国际贸易结算密切相关的一种融资活动，具有风险小、收效快的特点，符合银行资产的盈利性、安全性和流动性原则，因而成为国际商业银行投入比重比较大的一项资产业务。比如，香港银行的国际贸易融资业务一直是核心收入来源之一，汇丰、渣打、中银香港等头部银行的占比可达20%~30%。2023年香港银行业总营收约4 500亿港元，其中国际贸易融资贡献为800亿~1 100亿港元。

2.收益率高，利润丰厚

建立在国际结算基础上、作为国际结算业务延伸的国际贸易融资，由于其业务的前期属中间业务、业务过程中或后期属资产业务，所以银行可以获得两方面的收入，即手续费和利差。其中，手续费除纯粹的结算费用外，有时还可获得1‰~5‰的汇兑收益及外汇交易费用等。

3.有利于银行营运能力的提高

国际贸易融资业务对银行内部的运行机制是有很高要求的，需要有一套现代的、科学的内部组织体系和运行系统加以支持，唯有如此，才能在市场上占有更多的份额，赢得更多的机会。这就促使银行对内部营运机制进行不断的改善和调整，而这种改善和调整的过程也就是提高银行营运能力的过程。例如，为从制度上化解融资风险，需要对银行的内部组织加以重新设计，以使整个业务在相互衔接、相互制衡的情况下高效运转。为方便控制，有利于监督，要设计能覆盖结算、融资及相关会计业务的软件，以便银行对客户的资金运作、结算情况、融资余额、过往记录等有较完整的记录与分析。

另外，国际贸易融资业务需要有关业务人员具备较高的专业知识水平和娴熟的业务操作技能，这就促使银行在这方面采取必要的措施，使员工的素质不断提高，在日常经营中形成良好的服务规范，而这一切反过来又推动了业务的发展和银行营运能力的提高。

4.密切了银企的关系

银行和进出口商实质上都是以追求利润为目标的企业，有各自的利益。银行需要稳定的、信誉良好的客户群；进出口商也绝不能缺少优质的银行为其提供金融服务。因此，密切银企的关系对双方都十分重要。国际贸易融资是有一定技术、资金实力的银行才能提供的，通过这种服务，银行一方面可以证明自己的实力和资力，提高银行的声誉；另一方面也可以获得更多的业务。在得到满意的服务的前提下，进出口商也会更愿意与这样的银行打交道，使双方的联系紧密起来，为双方今后开展其他方面的业务合作奠定基础。

总之，银行提供国际贸易融资服务并不是简单的放款行为，而是有综合效益的：首先，一定时期风险低、收益高的国际结算量增加了；其次，安全性高、周转快的贷款量增加了；再次，保证金等自然存款增加了；最后，国内人民币结算量增加了。这些会涉及银行的不同部门，从而能产生全行性的综合效益。

（二）国际贸易融资有利于进出口商扩大贸易

1.缓解资金压力

一个企业要正常运行，其前提是资金能顺利地周转。不论在生产环节还是销售环节，一旦资金不到位或被积压，就会出现难以为继的状况。受支付方式、交通条件、信息等因素的影响，现代市场条件下，几乎没有一个企业能确保资金在任何时候都可以"自给自足"而不接受"外援"，尤其是现代化的企业更会经常遇到资金方面的问题，所以负债经营已成为普遍的现象。负债的形式有很多，如解决长期的资金问题，可通过资本市场，即发行债券、股票来筹集；如果是解决短期资金周转的困难，可向银行申请各种形式的贷款（贴现、抵押、质押、担保），甚至在企业之间也可以通过延期付款等方式加以解决。但这些融资方式并不能解决所有的问题，因为每种融资方式都有一定的条件限制，有的要通过资格审核，要物色中介机构，要进行市场推介、广告宣传等，资本市场的融资工具大都如此；有的需提供第三者的担保或以动产、不动产作抵押；有的需要公证机构、律师事务所的参与。这些过程最快一般也要耗时半个月左右，难解企业的燃眉之急。所以，对企业来说，融资渠道和融资方式越多，才越有可能在需要时及时获得融资，单一的、较少的融资方式很难与企业的各种需求相适应。

国际贸易中的出口商同样很难自付一切生产或采购、装运等方面的费用；进口商也不可能总凭自己的能力来履行对外付款义务。例如，某进口商从国外进口货物，当货物到达目的港时，通常货运单据已寄到进口地银行。如属即期信用证交易，开证行会立即付款，进口商应备款向开证行赎回货运单据。这时，进口商可能因资金周转原因而无法付款，不付款就不能提货，在这种情况下，就可要求开证行先行垫款，并将货运单据交给进口商以便提货，在出售或经加工出售后，再归还银行的垫款。如开证行当初开出的信用证是远期信用证，进口商虽无须立即付款赎单，但也拿不到货运单据，这时也可要求银行先交付货运单据提货，待货物出售、汇票到期时再清偿货款。可见，这种针对进出口某个环节提供的融资，可以有效缓解企业的资金周转问题。

出口商有时仅仅向对方提供商品是远远不够的，特别是那些资金较为缺乏国家的进口商，还要在货款支付方面给予方便，然而支付的灵活性意味着风险的增加，同时也会占压资金，两难境地下，出口商很可能被迫退出竞争，从而失去市场。如果银行提供国际贸易融资，就可消除出口商的后顾之忧。

2.争取有利的支付方式，增强谈判中的优势

在国际贸易的种种程序中，最重要的一个环节就是磋商（谈判），进出口商必须就支付方式等做出安排。国际贸易中的具体支付方式有汇款、托收、信用证、保函和保理等。支付方式不同，款项的授受时间、风险及进出口商的权益相应地也不同。一般在选择支付方式时常常要考虑的是：首先，交易对手的资信状况。在首次与对方打交道时，贸然使用属于商业信用的支付方式，如汇款和托收，而未采取任何其他的保护措施，就是不明智的，很有可能钱货两空。其次，货物畅/滞销情况。如果货物属于畅销货，坚持使用对自己有利的支付方式会较容易为对方所接受，在货源有限的情况下，买方甚至会主动提出某种有利于出口商的支付方式作为吸引成交的砝码；反之，如货物属大路货、滞销货，出口商仍坚持使用信用证的支付方式，很可能丧失贸易机会，难以达成交易。再次，销售国家或地区的商业习惯。商业习惯既非法律也非约定，而是一种传统的做法，尊重对方的商业习惯是对外贸易谈判中应注意的，如有的国家规定，所有进口的商品必须选择托收作为支付方式，这时如果使用了信用证，则将使货款延迟收到，更大的可能是双方的合同告吹。最后，交易金额的大小。和国内贸易一样，对于交易数量多、金额大的合同，往往会在支付方式、价格、费用等方面有优惠，当进口商就这样的合同与出口商谈判时，无疑会在讨价还价中处于有利地位。总之，双方的贸易条件和贸易地位是决定具体支付方式的主要因素。

除款项和货物的安全外，资金负担是否平衡不仅是支付方式本身所具有的特点，也是进出口商权衡利弊所考虑的重要因素。如果资金负担平衡，或者进出口商能获得外来的融资，则进出口商都可选择相对有利的结算方式。在买方市场的大环境下，总体上看，进口商拥有更大的主动权，在磋商中更能体现自己的意志，较好地维护自身的权益。如果此时某一出口商允许进口商延期付款即赊购，无疑对进口商的吸引力大增。那么，如何解决赊销的资金来源呢？这时就需要银行的国际贸易融资。银行通过议付、贴现、保理等方式为出口商垫款或贷款，不仅可以使销售顺利实现，而且可以继续下一个循环的生产。进口商亦如此，对于那些紧俏的商品，

为抓住货源，最有利的支付方式莫过于向出口商预付部分或全部货款，而预付的资金同样可由银行融资来解决。银行的融资，优化了进出口商的现金流，从而使其竞争力大为提高，尤其是中小企业可以借此参与全球贸易，逐步走向国际化。

可以说，进出口商只要能从银行获得融资，在整个国际贸易中，甚至不需要动用自己的资金，就可以完成贸易过程（当然，企业要支付利息和相关费用），这一点对企业有很重要的意义。而且，有时进出口商不是生产企业，没有大量的厂房、设备和固定资产，也没有原料、半成品及库存，更没有太多的流动资金，只要上有货源下有买家就可以开展业务，其业务量可做到多大，往往就取决于从银行获得融资支持的多寡。在目前企业资金普遍比较紧张的情况下，银行资金支持的意义更为重要。而银行如果能遇到经营良好的企业并予以融资，本身亦可得到综合收益。

（三）国际贸易融资能促进对外贸易的增长

1.国际贸易融资可以调节进出口结构，促进国际收支平衡

国际收支是衡量一国经济发展状况的重要指标，国际收支任何性质的失衡都将对经济产生不利的影响，尤其是结构性失衡需要花很长的时间和很大的力气去调节。国际贸易对平衡国际收支具有重要的作用，而国际贸易融资将通过对进出口结构的调节而使国际收支平衡。

按国际货币基金组织的定义，经常账户由四部分组成：货物、服务、收入和经常转移（单方面转移）。其中的货物即通常所说的贸易收支，也称有形贸易收支，即有形商品的进出口。它是经常账户，也是国际收支平衡表中最重要的项目，其顺差、逆差与否直接决定一国的国际收支、汇率状况。不仅如此，在开放的经济条件下，一国的对外贸易状况还是决定国民收入高低的因素之一，并与产出和就业有密切的联系。而较高的产出和就业水平又是一国宏观经济所要达到的目标，所以对外贸易已成为一国经济的重要组成部分，在一些国家，国内生产总值的2/3都是由进出口贸易实现的，从这一点上讲，对外贸易具有经济增长引擎的作用。所以，促进对外贸易的增长，实现经常项目的平衡、盈余，成为所有开放经济国家共同追求的目标。国际贸易融资是通过融资对象上的有所侧重或限制，改变进出口结构，改善资源的合理配置，调节进出口数量，有效地扩大出口来实现的。

2.国际贸易融资是一国贸易政策的组成部分，是鼓励出口的手段

一国鼓励进出口、促进对外贸易发展的方法有很多，从大政方针到具体的方式、手段。例如，根据所起作用的不同，政策工具可分为价格政策工具和数量政策工具。前者是指通过进出口关税和补贴等来调整进出口商品的价格；后者是通过进出口配额等来直接影响进出口商品的数量，从而使国际贸易量增加。在以上两种工具中，又包括关税和非关税障碍（壁垒）两大类。所谓的非关税障碍，是指除关税以外影响进口和出口的一切措施，如配额、进口许可证、外汇管制、政府采购、国内税、最低限价、进口押金制、海关估价、技术标准、出口补贴等。虽然自早期的

关税和贸易总协定开始，一直要求只以关税作为唯一的国际贸易保护手段，但经过成员国的多次谈判，各国关税已被大大削减，关税的保护作用日益减小，而非关税壁垒因具有很强的隐蔽性被越来越多地采用，在其效果十分明显的影响下，其措施已由20世纪70年代的800多种，增加到目前的接近3 000种。显然，新的贸易保护主义在贸易自由化的大背景下仍然在兴风作浪，各国以更隐蔽的方式来实现奖出限入。

国际贸易融资既不属于价格工具，也不属于数量工具，只有结构贸易融资的出口信贷被视为非关税措施。显然，就传统的国际贸易融资来讲，它既达到了促进国际贸易发展的目的，又避免了受他国指责和遭受诸如反倾销等的报复。即使是出口信贷，由于贷款条件中均附带限制性条款，即只限于购买债权国的商品，对进出口的两个国家来讲是互利的，贸易摩擦的可能性小。所以，国际贸易融资基本上是没有副作用和消极影响的低成本、高效率的促进一国对外贸易发展的良方。

3.国际贸易融资能促进一国有效地参与国际经济活动

这种参与既包括商品市场的参与，也包括金融市场的参与。从前者来看，国际贸易融资通过多种方式向进出口商提供金融服务，使企业在获得资金融通的同时，能凭借优惠的信贷条件和有竞争力的支付条件，接受更多的订货，从而提高国际竞争能力，打开和占领新的市场，在世界经济中扮演更重要的角色；从后者来看，国际贸易融资是银行业务，需要国际银行间的配合。实践表明，随着双方配合的深入，业务往来不再仅限于结算、融资，而是扩大到几乎所有的金融领域，包括货币市场和资本市场等，使银行有更多的机会步入国际舞台，发挥更重要的作用。

第二节　传统的国际贸易融资

一、传统的国际贸易融资及特点

所谓传统的国际贸易融资，是指外汇银行在日常的国际贸易结算中，向进出口商提供的期限短、金额小、能满足进出口商普通商品进出口需要的资金融通。它的特点可归纳为：

首先，周期一般较短。即使是远期信用证项下的融资，期限也只有6个月左右，最长不超过1年。其次，业务较为单一，往往是单项融资和结算手段即可以满足某项融资需求，如信用证授信、押汇、贴现、打包放款等，因此，这种贸易融资方式具有单一性，无论是融资范围，还是涉及的当事人。最后，操作简单、灵活、成本低。对于日常的国际贸易往来，特别是对贸易金额较小而且贸易往来双方及国家具有较正常关系的普通商品贸易项目来说，这种传统的贸易融资结算是最理想的手段。

二、传统的国际贸易融资的方式

（一）出口贸易融资

对出口商来说，并不是在任何时候都能有足够的资金来经营其出口业务，特别是在货物数量多、金额大的情况下，就需要某种形式的资金融通，而这种融通无论在出口货物装运前还是装运后都有可能发生。装运前，出口商可能需要资金备货或完成货物的生产；装运后，若不是采用即期付款的结算方式，出口商要等到规定的期限到期时才能收到货款，如30天、60天等，在这段时间，出口商的资金被占压，一旦急需用款，就需融资。总之，出口商的融资是分装运前和装运后两个阶段进行的。

1. 装运前融资

（1）红条款信用证（Red Clause Credit/Anticipatory Credit）

这种信用证本身就是对出口商的资金融通，它有一个特别的条款，允许出口商在全部货运单据备齐之前预先向出口地银行预支部分货款。在手续上也颇为简单，出口地银行在收到这样的信用证后，就可根据信用证上的条款，自动地将货款的全部或一部分交给出口商，同时将预支的金额、日期、利率等通知给开证行，等以后在出口商交单议付时再从议付金额中将预支的本息扣除。整个过程在银行的结算部门进行，一般不会涉及贷前审查等事宜，而且由于"红条款"是开证行应买方即申请人的要求加列的，即进口商是授信人，有关费用、损失等均由进口商来负担，成本小，对出口地预支款项的银行来说，仅仅是提供服务，并不负责监督受益人是否将预支的款项用于规定的用途（如用于采购信用证所规定的货物），对受益人的偿还能力也可不予考虑。受益人一旦未能装运货物或未向预支行交单，预支行可要求开证行偿还预支的金额及利息，开证行再按约定向进口商索偿。但如果预支行知道受益人已破产或要将款项移作他用，则应拒绝受益人的预支要求。

值得注意的是，除非进口商及开证行对受益人十分了解，确信受益人能按信用证要求装运货物、提供单据，否则一般不会贸然开出这种信用证，以免招致损失。实务中，进口商之所以愿意开出这种信用证，很大程度上是受市场供求关系的影响。如果货源紧俏，而进口商又急于进货，预支货款往往就成为出口商与之成交的条件。有时为降低风险，国外开证行要求在预支给出口商货款的同时，出口商要提供一份保函，保证将来一定按信用证要求出口货物，如违约，则交回预支货款并加付利息。

（2）打包放款（Packing Credit/Packing Loan）

打包放款是出口地银行向本国出口商提供的一种短期（最长为6个月，一般为3个月）资金融通。出口商凭国外开来的正本信用证向银行借入资金，用于购买、包装、出运信用证内所规定的货物。这种放款因最初仅向受益人提供包装费用方面的融资而得名。

我国商业银行在开展此项业务时，一般要求出口商是在当地登记注册、具有独立法人资格、实行独立核算、有进出口经营权、在银行开有人民币账户或外汇账户、信用等级评定 A 级以上；同时，申请打包放款的出口商，应是信用证的受益人，并已从有关部门取得信用证项下货物出口所必需的全部批准文件；信用证应是不可撤销的跟单信用证，并且信用证的结算不能改为电汇或托收等其他结算方式；开证行应是具有实力的大银行；信用证条款应该与所签订的合同基本相符；出口的货物应该属于出口商所经营的范围；开出信用证的国家政局稳定；如果信用证指定了议付行，该笔打包放款应该在议付行办理；信用证类型不能为可撤销信用证、可转让信用证、备用信用证、付款信用证；远期信用证不能超过90天。

打包放款的操作程序包括以下几个环节：

① 申请。欲利用打包放款的出口商，事先一般应与银行签订《打包放款总协议》，该协议会确定双方的责任和义务以及总的放款额度。协议签订之后，出口商提出贷款要求时，可凭正本信用证和"打包放款申请书"到银行提出申请。有的银行还要求出口商提供外销合同、境内采购合同、营业执照副本、贷款证、近3年的年度报表、最近1个月的财务报表以及法定代表人证明书等。

② 审查。其包括资信审查和信用证审查两个方面，如审查申请人的经营范围、经营能力、财务状况等，这在签订《打包放款总协议》之前为确定总额度已经做过了；如未签订过总协议，此时银行要进行认真的审查，然后是审查信用证的条款，如开证行的资信、出口货物的市场情况、信用证的有效性等。

③ 签订打包放款合同。经审查，若银行同意出口商的申请即可签约。合同的内容除包括贷款货币、金额、期限、利率、还款方式、违约处理等项目外，还包括出口商的承诺，如出口商在本合同下的全部出口商品必须向银行所认可的保险机构投保，银行有权监督出口商对贷款的使用情况，有关打包放款合同项下贷款债务的转移需经银行同意等。

④ 发放。签约后，银行便可向出口商发放贷款，贷款金额一般为信用证金额的60%～80%；期限从贷款之日起至信用证项下的货物出运办理议付或货款收妥结汇日止，一般不超过信用证有效期后的15天，大多为3个月。核发贷款时，银行应在信用证上批注。

⑤ 偿还。提供打包放款的银行一般是议付行，当出口商交单议付时，银行从议付款中扣除打包放款的本金、利息和其他费用，也可按协议在收妥结汇时偿还。如出口商未在信用证的有效期内交单，或开证行因单证不符拒付，或开证行无理拒付，银行有权在贷款到期时，从出口商的账户上扣除本息及费用。

打包放款的资金必须专款专用，仅限于信用证项下出口商品的备货备运、生产和出运，不得用于其他用途。

（3）红条款信用证与打包放款的比较

红条款信用证与打包放款这两种针对出口商装运前的融资方式，均以出口地银行为经办行，且只能向经办行交单，在偿还方式上也是一样的，均可以从议付额中扣除。但二者是两种不同的融资方式，现将其不同点列入表9-1。

表9-1　　　　　　　　　　　　红条款信用证与打包放款的比较

红条款信用证	打包放款
1.性质上是信用证的一种	1.性质上是流动资金贷款
2.进口方是授信人	2.出口方的银行是授信人
3.对议付行来说，有开证行和进口商的双重保证，风险较小	3.与开证行和进口商无关，贷款行自担风险
4.有关费用由进口商承担	4.有关费用由出口商承担
5.用于特定交易，使用较少	5.不限定交易，使用较多

国际上，打包放款有时也不一定必须依据信用证，有银行认为，此种贷款的要点是出口商的资信，而商品的销售情况及货物能否按信用证装运、单据是否合格等，是银行事先不能把握的，所以没有信用证也照样做打包放款。

2.装运后融资

（1）贴现（Discount）

贴现是银行有追索权地买入出口商手中的远期票据，从而为其提供的短期融资服务。它对加速企业资金周转具有积极的作用。例如，某企业持有一张20万元3个月的远期汇票，如果不贴现，则只能在3个月后汇票到期时才能收到货款，然后用这笔款去重新组织货源或加工生产。即使能很快组织到货源或加工生产出成品来，资金在1年内最快也只能周转4次，况且组织货源、加工生产也是需要一定时间的。如果将汇票拿到银行去贴现，那么这20万元资金就不仅周转4次了。

适合于贴现的出口贸易结算票据可以是：①信用证项下的票据；②托收项下的票据；③保理项下的票据。实务中主要是银行承兑汇票，且多以出口商为出票人和申请人。

出口商办理贴现时，要提交贴现申请书，承认银行对贴现款保留追索权。贴现行要认真审查，包括申请人名称、账号、承兑人名称、地址、汇票日期及金额等要式和要件。在远期信用证项下，银行还需逐项审查单据，要求企业提交的全套出口单据必须是符合信用证条款的单据，对风险大的可酌情考虑不予贴现。如果所提示的汇票及各种单据经审查和信用证所规定的条件一致或无证项下的汇票经对方有影响的及信用可靠的银行承兑，银行即从汇票金额中扣除贴息及各项费用，如手续费、邮电费等，所得净额按汇率折成本币付给出口商。

由于出口商申请贴现一般是在出口地的某家银行，所以最方便的贴现是对以出口地银行为付款人的远期汇票所发生的行为，即汇票上的付款人是出口地的某家银行。这样，出口商在开出汇票后，可直接交给当地的这家银行承兑，然后便可由任何愿意贴现的银行贴现。由于在实务中以出口地银行为汇票付款人的情况不多，所以这种"方便"的贴现的机会较少。如果汇票的付款人是国外的开证行或付款行，则要将汇票与单据寄到国外，要求开证行或付款行承兑，然后将承兑的汇票寄回，再由银行办理贴现。目前国内银行是仅凭国外的承兑通知进行贴现的。

当贴现票据到期付款人拒付票款时，银行可以行使追索权。国内银行的贴现率由各银行自行制定，一般按 LIBOR/HIBOR/SHIBOR 加点计算（如 LPR+2%），通常低于流动资金贷款。银行在收妥货款后要存入专户，以用于汇票到期日支付贴现银行的贴现票款。

国外票据业务历史较长，业务发达，贴现不仅用于出口融资，而且用于进口方面，即 B/A 业务（Bank's Acceptance），如进口商需立即付款而头寸又不足时，可开立一张融通汇票，当汇票上的受票人承兑后，进口商即可申请贴现。

（2）出口押汇（Export Bill Purchase）

①概念。所谓出口押汇，是指银行以出口商提供的信用证项下的货运单据作质押，在收到开证行支付的货款之前，向出口商融通资金的业务。或者说是银行以单据为质押先垫付一笔资金给出口企业，这样就能使出口商在整个出口业务中资金不被占用，在开证行付款以前就能得到货款。如果单据遭到国外开证行的拒付，押汇银行有权向出口商行使追索权，索回融通的资金及其利息。由于其授信行为有货权作质押且有追索权，所以银行的风险较小。

信用证项下和托收项下的单据都可申请做出口押汇，两者的不同之处在于：前者收款的对象是银行，只要单证相符，银行收回融资款的风险不大；而后者的收款对象是进口商，风险相对大一些。近年来，银行竞争激烈，为招揽生意、增加利润，托收项下的出口押汇也成为银行经常性的业务之一。我国刚开始开办这项业务时，主要是做信用证项下的出口押汇，而较少开展托收项下的出口押汇。但目前，许多银行对托收项下的出口押汇申请也是接受的。其具体可分为信用证项下押汇、D/P托收押汇、D/A托收押汇、O/A项下的押汇等几类。

②押汇和议付的区别。从形式上看，议付和押汇都是对出口商装运后的融资，具体的业务操作也有相同之处，因此将两者等同起来理解的大有人在，而实际上两者的区别还是非常明显的：

首先，两者所构建的基本法律关系不同。出口押汇所构建的法律关系是附有担保的债权债务关系，即借贷和质押担保关系，银行给予出口商的融资是以出口商提供的单据作质押担保为基础的，适用当事人选择的特定国家的法律；而议付关系则是一种信用证法律关系，银行和出口商之间是一种议付关系，受UCP600的约束，惯例没有规定的，则由当事人选择的特定国家的法律来补充调整。

其次，银行的地位不同。由于出口商是将单据质押给了银行，所以银行在此享有债权和质押权；而议付银行是支付了对价、买入单据，直接对单据享有所有权。

再次，遭拒付时，银行的救济手段有别。出口押汇项下信用证被拒付后，银行可以根据押汇协议主张合同上的债权及附属的担保物权向押汇申请人索回垫款，并对单据项下的货物享有优先受偿权。议付项下议付行在信用证被拒付后，既有权向开证行、保兑行追索，也有权向受益人行使票据上的追索权（但银行如作为保兑行、付款行或承兑行时不能行使追索权），同时还有权自行处置信用证项下的货物。

最后，银行审单的责任不同。出口押汇所构建的关系不直接与银行的审单责任联系在一起，因此，即使单据有不符点，银行仍然可以基于押汇协议要求押汇申请人偿还押汇款项或者行使担保物权保障自己的债权。议付项下银行的权利则直接与审单联系起来，银行如未按照UCP600的要求履行议付的审单义务，则直接影响到议付行权利的实现。

③信用证项下单证相符押汇的流程：

A.出口商申请。出口商要和银行签订出口押汇总质权书（General Letter of Hypothecation），在出运货物交单时还要逐笔申请，填具出口押汇申请书。总质权书是出口商出具的承担有关付款责任的书面文件，具有长久的效力。出口商承担责任的内容也因银行而异，但不外乎以下几点：出口商愿意提供其所装运的货物或代表该货物的单据作为银行的质押品；付款人拒绝承兑、付款或承兑人拒绝付款时，银行可以处理货物以抵偿损失，如不足以清偿，银行有权继续向出口商追偿其差额；当银行认为有必要时，可随时要求增加抵押品或担保品；出口商将以银行的名义投保，银行有权代为投保，保险赔款归银行，保险费或损失由出口商承担；付款人如提前付款，可按适当利率扣减利息。

出口押汇申请书的内容通常包括三部分：出口商请求押汇的文句及提交的单据；保证银行所承购的汇票能获得承兑和付款，否则由出口商负责赔偿；指示处理押汇的方式，如拨入某账户或签发支票等。

B.银行审核。银行收到申请书后，要认真审核以决定是否接受出口商的申请。审核的内容包括：开证行及出口商的资信状况，进口方国家的外汇管制情况及开证行的经营作风等。

审核单据。在押汇业务中，如果出口商提供的单据有问题，虽不至于使押汇银行丧失权利，但却不能从开证行处得到偿付，所以押汇行要尽量保证出口商提供的单据和信用证所要求的一致。

审核信用证。如信用证中限制其他银行议付、索汇路线迂回、开证行所在地局势紧张等，银行可考虑拒绝接受申请。此外，还要看信用证是否已过期、金额是否已用完、是否是可撤销的信用证等。

审核货物情况及进口商的信誉。银行的押汇是以代表物权的单据作担保的，因此银行要对货物的市场情况有所了解，对那些受季节变化影响大、市场供过于求、易变质的商品不宜押汇。同时，还要对进口商进行审查，以减少押汇款项拒付的风险。因为信誉不好的进口商在市场不利时，往往会指使开证行在单据上挑剔以"合理"拒付，押汇行虽然可以处理货物，但有可能因销售货款不足以抵偿押汇本息而蒙受损失。

C.支付押汇款项。押汇行在对有关当事人的信用调查及单据审查完毕之后，如无缺陷或虽有缺陷但有开证行的授权，银行即可向出口商支付货款。这里的货款要扣除利息和手续费（如有），一般是单据金额的70%~80%，押汇天数可按实际押汇天数计算，也可按经考核的平均收汇天数加上银行合理工作日制定。押汇利率参照国际上同种货币的银行同业拆放利率来计算。

银行办妥上述手续后，将押汇金额及日期在信用证上做背批，单据寄往国外银行（信用证项下的开证行或被指定行，或托收项下的代收行）进行索汇。国外银行收到单据后提示给信用证项下的开证申请人，或托收项下的付款人，到期向押汇行付款，押汇行用以归还押汇款项。

D.押汇款项的追索。信用证的最终付款取决于开证行，如开证行拒付，银行有权向出口商追回垫付的货款以及由此而产生的利息、费用等，并可从其账户中扣还。

（3）福费廷（Forfaiting）

福费廷即包买票据。这是一种中期的、利率固定、无追索权的出口贸易融资方式。"Forfaiting"来自法文，是放弃或让出某种权利的意思。具体地是指出口商向进口商提供货物或服务后，包买商（Forfaiter）从出口商处无追索权地购买（即买断）已经承兑的，并通常由进口商所在地银行担保的远期汇票或本票，提前向出口商支付款项。这里的包买商通常是银行或银行的附属机构。

①福费廷的起源。福费廷起源于第二次世界大战后的东西方贸易。东欧国家在重建过程中需要大量进口资本货物，但缺乏外汇，因此要求延期付款，富有国际贸易融资经验的瑞士苏黎世银行率先开创了这种贸易融资业务。20世纪50年代末60年代初，国际市场出口竞争加剧，出现买方市场，买方对融资期限的要求越来越长，这种需求又进一步促进了福费廷的发展及市场的形成。这一时期，福费廷业务主要服务于资本货物的出口，帮助出口商提前获得资金，同时满足进口商的延期付款需求。20世纪70年代以后，由于石油危机，中东国家通过福费廷融资购买西方设备。到了80年代，发展中国家大多受到债务危机的困扰，又进一步促进了福费廷业务的发展，福费廷业务逐渐由欧洲中东、拉美和亚洲，业务范围也从资本货物扩展到消费品和农产品出口。

1999年，国际福费廷协会（International Forfaiting Association，IFA）成立，标志着福费廷业务进入成熟期。为促进市场规范化，IFA着手制定行业规则，于2013年推出福费廷统一规则，2018年更新至URF 800版本，使福费廷交易有了标准化的法律框架；并且形成了银行间福费廷票据二级市场，使该业务的流动性得以提升（投资者包括对冲基金、资产管理公司等）。

随着经济全球化与新兴市场的崛起，中国、印度等成为福费廷主要需求方（如"一带一路"基建项目融资），人民币福费廷占比提升（2023年占全球约15%），区块链平台（如Contour、马可波罗）的出现使福费廷实现了全流程电子化。

20世纪90年代初福费廷业务由外资银行（如德意志银行、瑞士信贷）引入我国，主要服务于外资企业和部分大型国企，业务规模较小，主要集中在上海、广州等少数沿海城市。1995年，中国进出口银行开始办理福费廷业务。1997年，我国引入国内信用证产品，为国内信用证福费廷业务的发展奠定了基础。2000年以后，福费廷业务逐步发展。2001年，中国银行办理了国内首单福费廷业务。2016年，新版《国内信用证结算办法》颁布，扩大了国内信用证的适用范围和参与主体，推动了国内信用证福费廷业务的快速发展。同年，中国外汇交易中心推出"福费廷交易平台"，二级市场走向标准化。2018年中国银行牵头成立"中国贸易金融区块链平台"，实现福费廷业务电子化。2019年7月，我国首个专门针对福费廷业务的全国性自律文件《商业银行福费廷业务指引》（中国银行业协会）印发。2020年，上海票据交易所推出"跨境人民币贸易融资转让服务平台"，支持人民币福费廷跨境流转。2024年3月，国家外汇管理局发布了"跨境贸易外汇便利化2.0版"，允许优质企业福费廷业务免事前审核、试点本外币一体化。除政策支持外，技术升级也发挥了巨大的推动作用，2023年12月数字人民币福费廷融资业务首单落地苏州，区块链平台交易占比不断提高（2024年上半年占45%）。总之，我国已成为全球福费廷市场的重要参与者，近年来保持着15%～20%的增速，远高于全球平均水平（约8%）。2023年交易量超6 000亿元人民币（约合850亿美元），占全球福费廷市场的25%～30%，其中人民币福费廷占比达65%（2023年），美元、欧元等外币占35%。

②福费廷的特点。与其他融资方式相比，福费廷具有五个特点：

第一，无追索权融资。出口商与银行签订福费廷协议后，就放弃了对所出售的所有债权凭证的一切权益，他要在汇票或本票上加注"无追索权"字样，从而将收款的权利、风险及责任转嫁给银行，银行也放弃了对出口商的追索权，即买断，这和贴现及押汇的保留追索权是相区别的。

第二，福费廷服务的交易多限于资本商品。因办理福费廷后出口商只在产品的质量和可靠性上对进口商负责，负责收款的是银行，且对出口商无追索权，所以有些商品不属于福费廷的服务范畴，特别是油料、矿产类原材料等。而且从期限上看，福费廷提供的是中期贸易融资，也适合于资本性的商品交易。如前所述，由于技术的改进、市场的发展和竞争加剧，一些有能力的包买商也开始为非资本性的商品交易提供该项服务。

第三，福费廷是中期融资，福费廷本质上是一种以中期（1~5年）为核心的贸易融资工具，但同时具备短期和长期融资能力，某些特殊案例中，融资期限可能达7~10年甚至更长。

第四，利率固定。贴现率参照票据的市场利率、进口商的资信等级及进口国信用风险程度等商定，是固定不变的。

第五，福费廷不仅有初级市场，而且还存在二级市场。包买商买下出口商的债权凭证后，为使资金不占压，便在二级市场上将一些票据转卖给其他的包买商。他可以出售某笔交易的全套票据，也可以只出售其中的一期或几期。

③福费廷业务的当事人。福费廷交易涉及多方主体，主要包括出口商、包买商、进口商、承兑银行和担保人等。

A.出口商（Exporter）。出口商发起福费廷融资业务的原始债权人，其主要责任是：提供真实有效的贸易单据，确保贸易背景合法合规，向包买商支付贴现利息及手续费。权利是：获得无追索权融资款；提前实现销售收入（优化财务报表）。

B.包买商（Forfaiter）。包买商是买断应收账款的金融机构，通常为商业银行（如中国银行、德意志银行）、专业福费廷公司。其主要责任是：审核单据真实性及承兑行资质、承担买方信用风险和国家风险、按约定支付融资款。权利是：持有票据并到期收款、对出口商欺诈行为保留追索权。

C.进口商（Importer）。进口商是贸易合同付款责任人，要按合同接收货物，提供银行承兑汇票。

D.承兑银行（Accepting Bank）。承兑银行是票据的承兑方，多为买方本地银行。主要责任是承兑远期汇票，并在到期无条件付款。

E.担保方（Guarantor）。进口商银行信用不足时，需第三方担保（如出口信用保险机构）。

④福费廷业务流程。福费廷可以是无证项下的融资，也可以是即期或远期信用证项下的融资，下面就福费廷的一般业务程序做一介绍：

第一，询价与申请。如果出口商打算利用福费廷来取得资金融通，就要尽早与包买商联系，甚至在和进口商签订贸易合同之前，以核算成本，包买商一般会原则上表明是否提供福费廷服务。在此基础上，出口商向银行提出正式申请，提交"福费廷业务申请书"，并提供相关的信息和资料。

第二，审查与报价。包买商在收到出口商的申请后，要进行调查及风险分析，以决定是否承做这笔业务。调查的内容包括出口商的详细情况，如资信状况、经营业绩；进口商的经营地点；担保人的信誉；融资的币种、金额；商品的类别；有关的进出口许可证是否办妥等。包买商只有确信在合同的履行过程中没有明显的阻碍，才能接受出口商的申请。若包买商同意承做这笔业务，就会对出口商报价。报价的内容包括贴现息、承诺费和宽限期贴息三个部分，具体各项收费通过合同约定。

贴现息由票面金额按一定的贴现率计算而成，贴现率可以是固定的，也可以是浮动的，一般以 LIBOR 利率为基准，在考虑进口国国家风险、开证行信用风险、承兑银行的信用等级、贴现期限长短和金额的基础上加一定点数。

从出口商和包买商达成福费廷协议到票据实际买入之日的时间为承诺期，在此期间，包买商要筹集资金，形成实际资金成本和机会成本，因此要向出口商收取承诺费。一般每月收取一次，如果承诺期少于一个月，可同贴现息一并收取。

从票据到期日到实际收款日的期限称为"付款宽限期"，包买商通常将宽限期计算在贴现期中，收取贴息。

第三，签约。如果出口商接受了报价，在包买商确认后，包买商即开始承担将来按这种价格向出口商购买某种票据的责任和义务，而出口商必须按规定在约定的时间将债权凭证出售给包买商。此项确认也叫承诺函，是叙做福费廷双方的合同，任何一方违约或单方面中止交易，违约的一方必须赔付对方由此而造成的一切损失和支付的费用（出口商和进口商的贸易合同也是在这个过程中签订的）。

第四，出口商发货、寄单。出口商发货，并将全套单据通过当地银行交进口方银行，如果合同规定的债权凭证是汇票，那么在出口商提交的单据中还应包括汇票。

第五，进口商申请担保。如果债权凭证为汇票，进口商应予承兑（信用证项下由开证行或其指定行承兑）并向担保行申请担保；如果是其他债权凭证（如本票），则直接向银行申请担保。

担保人通常是进口商所在地经营国际金融业务的大银行，个别情况下也允许是进口地以外的银行。担保时可以由担保行提供无条件的、不可撤销的保函，也可以由银行在已承兑的票据上加注"Per Aval"字样并签章（即票据行为中的"保证"），表明它对买方付款的违约承担责任。

第六，贴现。包买商对出口商所提交的单据审核无误后，即按原承诺函中的贴现率向出口商付款。同时，向出口商和担保人各提交一份清单，前者列明贴现率、每期票据的面额及贴现后的净额，后者列明每期票据的到期日、金额和币别等。

第七，付款。票据到期时，包买商向担保行或承兑人提示付款，担保行于到期日按包买商的指示汇付票款，如担保行延期付款，甚至超过了规定的宽限期，则要追索迟付的利息。

进口商付款后，此笔交易即告结束。

以上过程可用图9-1简示。

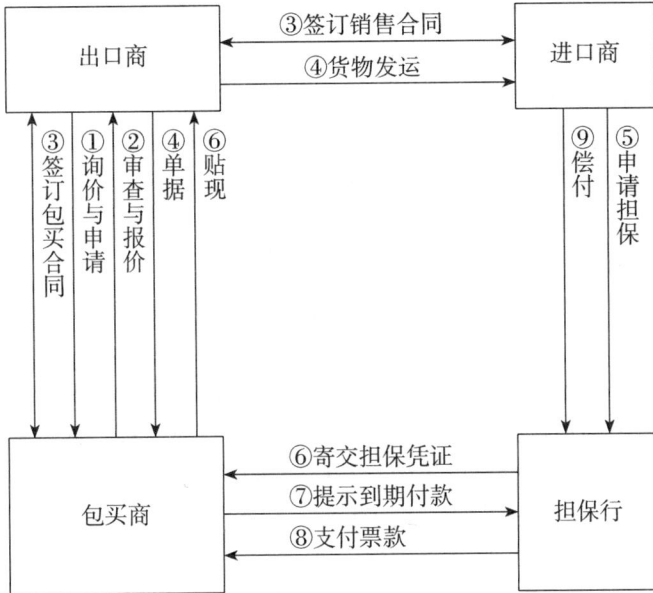

图9-1　福费廷的业务流程

⑤福费廷的利弊分析。对出口商来说，使用福费廷有几点好处：将远期债权变成了现金，有效地解决了应收账款的资金占用问题，所以资金周转灵活了；因福费廷没有追索权，所以成交后出口商不再负担此项资产的管理和债款的回收，也不必监督货款的按期偿还；由于风险都转嫁给了包买商，出口商不再承担利率风险、汇价风险、信用风险及国家风险等；福费廷是固定利率，是在交易初期就商定好了的，便于出口商确定交易条件，计算成本，将有关融资费用通过提高商品的价格转嫁给进口商；因福费廷除使用汇票或本票外，通常并不需要其他的单据，因此单据的准备和提交简单易行；包买商是否承做业务在很短的时间内即可做出答复，交易迅速、效率高。

但与此同时，出口商必须保证其债权凭证满足三个条件，即正当交易、有效票据、有效担保，如此才能不受包买商的追索。这就要求出口商必须了解进口商国家有关商业票据和担保的法律规定。虽然实务中这个责任大多是由包买商来承担，但实际上是对出口商的一个不利之处。另外，出口商不能保证进口商能找到一个会使包买商满意的担保人。最后，由于包买商承担了所有的风险，所以费用稍高。

对进口商来说，使用福费廷也有好处：福费廷的利率是固定的；可自行选择任何可自由兑换的货币；单据简单，办理迅速。但由于出口商将融资费用计入货价，因此商品的成本稍高，而且进口商还要向担保人支付担保费用。

对包买商来说，由于承担了所有的风险，所以收益较高；可将所购资产在二级市场上转让；文件简单，办理迅速。但包买商没有追索权，为降低风险，包买商要调查、了解担保人的资信状况及进口商所在国有关商业票据和保函的法律规定，并承担审核票据和担保的责任。

对担保人来说，由于交易金额大，一般可得到可观的保费收入。但也有风险，担保人对到期票据负有绝对的无条件的付款责任，付款后能否得到偿还，主要取决于进口商的资信。

（4）保付代理

有关保付代理我们在上一章中已进行了介绍，下面仅将福费廷和保理做一比较。

从相同点看，福费廷和保理都是针对出口商装运后的一种贸易融资方式，使之能从出口地银行得到预付的货款，加速了出口商的资金周转，且二者都是或可以是无追索权的融资，只要出口商出售的是合格的债权，那么来自进口方的任何风险均与出口商无关，而由出口地的银行来承担。

但两种融资方式也有明显的区别：

① 适用的交易类型不同。福费廷适用于资本性货物的交易，其金额大、收款期限长；保理业务服务于一般性的商品交易（如消费品），交易金额小。

② 融资期限不同。福费廷以中期融资为主，一般期限在3~5年，因此存在二级市场；而保理业务属短期融资，最长不超过1年，通常在1~6个月，无二级市场。

③ 是否需要担保不同。由于福费廷的金额大、期限长，因此风险大，必须有第三者对进口商的到期支付进行担保；而保理业务由于金额小、期限短，相对风险小，无须第三者的担保。

④ 计息方式不同、风险不同。福费廷是按贴现方式进行的，出口商获得的是贴现净额，从贴现日到票据到期日所发生的利率或汇率的变动对出口商无任何影响；而保理业务是期末付息，即保理商先提供80%左右的预付款，然后以预付款为本金计算自预付日到收款日的利息，在收到货款后与出口商结算20%左右的余额时扣除，这部分余额有可能承受利率风险和汇率风险。

（二）进口融资方式

进口融资，是指银行对本国进口商在从国外进口商品时提供的资金解决方案，使进口商完成跨境采购并优化其现金流。

1.开证授信（Limits for Issuing L/C）

银行开立信用证的主要功能之一，就是以中间人的身份解决买卖双方互不信任的问题。对开证行来说，只要出口商提交的单证相符，便承担第一性的付款责任。因此，开立信用证也是一种授信业务，除进口商本身必须具备一定的资力及信誉之外，还需向银行提供抵押品或担保或交保证金，以降低银行自身的风险。但对于那些在开证行开立账户、有多年往来关系且具有良好资信的进口商，开证行根据其资信情况可以提供信用支持，即为进口商核定一定的金额，作为开立信用证的额度。它是银行给客户核定的减免保证金开证的最高限额，只要客户开立的信用证的金额不超过这个额度，银行可以免收保证金，这样就使进口商的资金压力减轻了。

（1）开证额度的种类

一次性额度，即银行与进口商就某笔进口开证业务而签订一次性的进口授信额度协议，这笔进口业务结束后，此一次性额度随即失效。对于业务往来不久但对其资信有一定了解的进口商，银行可提供这种不能循环使用的额度，有时客户的成交金额大，循环性的授信额度不够时也可申请这种一次性额度。

循环性额度，或称总额度，是由银行与出口商签订一个总的进口授信额度协议，由进口商在此额度内循环使用。此额度并非一成不变的，银行根据客户的资信变化和业务需求可以对额度做必要的调整。这种循环性额度多用于在银行开有账户并与银行长期保持良好业务关系的进口商。

（2）开证授信额度的操作流程

A. 需申请开证授信额度的进口商按银行规定的格式填写授信额度申请书，以及贸易合同、财务报表、抵押/质押物等文件，提出申请的授信金额，表明其应承担的义务。

B. 银行根据进口商的申请，审核资料完整性，初步评估其资质和贸易背景真实性；审查其资信状况、经营状况、内部管理以及以往的有关业务记录，确定对该进口商的授信额度总数。

C. 银行风控部门核定授信额度、期限、保证金比例及利率。

D. 签署《开证授信协议》或《综合授信合同》，明确权利义务。协议书的主要内容包括：银行的开证义务，进口商的付款义务，进口商的保证条款，抵押及担保条款，费用条款，生效条款等。

E. 当进口商使用授信额度开立信用证时，如果是循环性额度，其授信额度相应减少，信用证执行完毕时，即单到付款后，授信额度相应恢复。如果是一次性额度，则结束授信业务，额度不能再次使用。

要说明的是，并不是有了开证额度，银行就必须为进口商开证。进口商每次开证时，都要向银行提交开证申请书，银行除审查开证额度是否足够外，还要对申请书本身及货物等进行全面的了解，若认为存在较大的风险，银行有权不予开证。

2.假远期信用证（Usance Credit Payable at Sight）

这种信用证是指买卖双方达成了即期交易，但规定受益人出具远期汇票，提供有关单据后即可即期收汇。对出口商来说，由于能立即收汇所以是即期的，而对进口商来说，要等到汇票到期时才付款给开证行，所以和远期信用证具有同样的功效，因此称这种信用证为假远期信用证。

假远期信用证实际上是开证行对进口商提供的资金融通。信用证中要注明：①本信用证项下汇票付款日为见票后××天；②远期汇票按即期议付办理；③本信用证限制在××银行议付。当出口商凭此信用证装运后，出具远期汇票，备妥信用证要求的所有单据，通过出口地银行交开证行，开证行经审单无误，即承兑汇票，并授权出口地银行将款项支付给出口商，相当于开证行贴现，贴现及承兑费均由进口商负担。出口方银行从支款日计算利息，待汇票到期，进口商将售出进口货物的款项连同所有利息及费用偿付给开证行。

这种信用证结合了即期信用证和远期信用证的特点，常用于进口商希望延长付款期限，而出口商要求即期收款的贸易场景。

3.信托收据（Trust Receipt，T/R）

信托收据是指进口商为提前得到货物，在未付清货款时出具的文件。在此文件中，进口商将货物抵押给银行，以银行受托人的身份提取货物，并在一定的期限内，对银行履行其付款责任。简言之，该种融资方式使进口商在未付款前能先行提货销售，同时银行保留对货物的所有权作为担保。

信托收据的主要功能就是协助进口商从银行获得资金融通，以利于资金周转。举例说明如下：假如某进口商从国外进口货物，当货物到达目的港时，通常汇票和货运单据已寄到进口地银行。如属即期信用证，开证行应立即付款，进口商也应备款向开证行赎回货运单据。这时，进口商可能因资金紧张而无法付款，不付款就不能提货。如开证行当初开出的信用证是远期信用证，进口商虽无须立即付款赎单，但也拿不到货运单据。在托收项下，如属付款交单，进口商也会遇到同样的情况。这时，通过信托收据就可以使进口商在未付款时也能拿到单据。

这种融资方式的核心是：依据信托收据，进口商与银行便形成了一种信托关系，进口商以受托人的身份，根据信托收据上的条款，用信托收据换取货运单据以提取货物，并出售这些货物，将出售货物的款项一次或分数次还给银行，以清偿其票款；而银行则以信托人的身份，保留对货物的所有权，直到进口商完全清偿货款。进口商如违反信托收据上的条款，银行有权以货物所有人的身份，随时向进口商收回货款，以确保其债权。

在信托收据中，进口商被称为受托人，他的义务主要是：①将信托收据项下的货物和其他货物分开保管；②出售货物的货款应交付银行或暂代银行保管，但在账目上需与自有资金分别开列；③不得将该项货物抵押给他人。开证行被称为信托人，他的权利是：①可以随时取消信托关系，收回借出的单据或货物；②若货物已被出售，可以随时收回货款；③如进口商借单后倒闭清理，银行对货物或货款有优先权。

信托收据需逐笔申请，进口商在付款或承兑日前向银行提出书面申请，申请书需明确信托收据的金额、期限、申请人的责任、还款方式、还款责任及违约处理等，并注明此业务的船名、货名、唛头、金额、信用证号码。

在使用信托收据的情况下，虽然进口商处于受托人的地位，货物的所有权归银行，但银行往往很难实际控制货物。如进口商资信欠佳，银行所承担的风险是很大的。比如，客户将单据抵押给第三者，货物经加工后已改变形态，将货物运往第三国加工或转卖等，在这些情况下，银行收回货款的机会很小。因此，银行对此业务一般都从严掌握。

表9-2是一份信托收据的式样。

表9-2   信托收据

TO THE MANAGER   London date_____

COLLECTING BANK Ltd.

LONDON

Dear Sir,

In consideration of the release to me/us of the undermentioned documents, I/we engage in landing, storing and holding the goods represented thereby as Trustee for and on behalf of the Bank.I/we undertake said goods shall be lodged and kept in an approved warehouse separate from our other goods, and separate from those of other parties, and that the proceeds of the sale (s) of the said goods shall be received by me/us as Trustee for the Bank, kept separate from all the other mine/ours of money and separate from the money of other parties, and paid to the Bank as and when received. I/we shall advise the Bank of the account on which such payment is made, and I/we undertake to provide the Bank by this or other means with sufficient funds to meet the said draft not less than three clear days before maturity.

I/we also undertake to keep the goods fully insured against fire with approved insurers, and to hand to the Bank the relative policy (ies) and full amount as and when received from the said or other insurers respect of the merchandise.

I/we also undertake to return to the Bank on demand in writing at any time the said Documents or to deliver to the Bank the said goods or any part thereof.

yours faithfully,

for and on behalf of the Importers

stamp

（signed）

续表

伦敦（日期）_____

致伦敦代收行有限公司经理

敬启者：

关于贵方把贵方留置的下述单据交给我/我们一事，我/我们愿意以受托人的身份为贵银行的利益并以贵银行的名义运输、储藏和持有单据所代表的货物。我/我们保证，我/我们将把有关货物存放在合格的仓库里，而且不与自己的和其他人的货物混在一起。我/我们保证，我/我们将以贵银行受托人的身份收受出售有关货物的货款，将该笔收入与我们自己的和其他人的资金分开保管，并在收到货款时将其支付给贵银行，而且通知贵行我/我们付款的账号。我/我们保证，我/我们至少在汇票到期前三个结算日以某种方式向贵行提供足够的资金。

我/我们还保证，向合格的保险公司就有关货物投保火灾险，将货物投保的保险单及从上述或其他保险公司就该货物投保所得的款项交给贵行。

我/我们还保证，随时凭贵银行的书面通知将有关单据退还给贵行，或把有关货物或货物的一部分交给贵银行。

此致

进口商（公司）

盖章

（签字）

信托收据适用的场景既可以是信用证项下进口押汇，也可以是 D/P、D/A，以及存货融资等。

4.进口押汇（Import Bill Advance）

进口押汇是指在信用证（L/C）或 D/P、D/A 业务中，银行为进口商提供的短期融资，使其在未全额支付货款的情况下，先行取得货运单据并提货，待货物销售后再偿还银行本息的一种贸易融资方式。进口押汇业务有两种方式：一是凭信托收据放单（因此信托收据也是进口押汇的一种形式）；二是凭进口押汇协议放单，这种协议通常包括类似于信托收据的内容。实务中，有的银行将两种方式结合起来使用。

申请进口押汇时，进口商需出具押汇申请书（有时需同时出具信托收据），申请书应列明申请人名称、信用证编号（或托收编号）、押汇金额、押汇期限，以及其他担保文件（如保证金、抵押物等）。

银行收到申请后，应对进口商的资信、进口商品的国际国内市场行情、信用证有关条款等进行认真审核。

若银行同意办理进口押汇，应与客户签订进口押汇协议。主要内容有：①押汇金额及进口商的付款义务。一般规定，进口商从银行得到的进口押汇资金用于银行为其开立的信用证项下的对外付款。押汇期满，进口商应将押汇款项连同利息归还给银行。②押汇期限及利率。押汇期限一般在3个月以内。③进口商保证条款。该条款通常规定进口商保证在押汇期到期日前归还银行本金及利息，否则，银行有权对其收取罚息，或处理押汇项下的货物。④延期还款条款。⑤货权及货权的转移条款。其规定在进口商还清银行押汇本息之前，押汇项下货物的所有权属于银行，在押汇期间，银行有权检查监督货物的销售和收款情况。⑥违约条款。⑦生效条款等。

在信用证项下单到并经审核无误后，银行凭进口押汇协议（及/或信托收据）对外付款，即为进口商垫款，并从垫款之日起开始收取利息，利率依押汇天数的长短而不同。进口商则从银行借出单据提货。

押汇期满，进口商应归还押汇的本息。如进口商违约，银行有权处理货物或提起法律诉讼，或冻结其在银行的其他账户，或停止其在银行办理一切融资业务等。

5.提货保函（Shipping Guarantee）

也称提单保函或海运保函。在国际贸易中，当两国的地理位置较近时（如中日、中韩航线），货物可能比单据先到达目的地。若进口商急于提货（避免滞港费或市场机会损失），便可使用提货保函，使之在不凭正本提单的情况下也能得到货物。

提货保函是银行应进口商申请，向船公司（承运人）出具的担保文件，要求凭提货保函先行放货，保证日后补交提单，并负责交纳船公司的应收费用及赔偿有可能遭受的损失的一种融资方式。当银行收到出口商寄来的单据后，可要求进口商赎单，凭提单向船公司换回原提货保函，退还银行注销。

进口商向银行申请此项业务时，需提交提货保函申请书、发票和提单的副本。银行应对这些文件中有关商品的名称、数量、船名、金额、合同号码等项进行一致性核对，以确定该货物确属银行所开信用证项下的货物。同时，要求进口商在办理了必要的手续后方能出具提货保函。因为在保函中银行通常声明，凡是船公司由于凭担保放货而遭受的一切经济损失都由银行负责赔偿。不仅如此，银行面临的另一风险是，信用证项下的单据到达后，即使发现不符点，也不能对外拒付。为避免这类风险，银行在出具提货保函之前必须做到：

① 要求进口商提交抵押品或保证金，或有信托收据额度（在额度内凭信托收据签发提货担保），或提供第三方担保。

② 要求进口商在申请书中明确保证，在单据到达后，无论有无不符点，均不提出拒付。

以上各项内容经审核无误后，方可出具保函。提货保函可以是银行自己出具，也可以是申请人提供由银行加签。银行出具或加签提货保函后，对随后收到的信用证项下的单据，需立即偿付议付行或交单行，并通知进口商凭正本提单换回提货保函。

一般银行仅向那些由本行已提供了授信额度的进口商提供提货保函服务。在出具保函时，进口商可不再办理有关抵押或担保手续，只是凭信托收据申请出具提货保函，银行在出具提货保函之后，再从进口商总的授信额度中做相应扣减。提货保函多用于信用证项下的货物，但对本银行授信客户，在收取足额保证金且客户保证无条件承担由于出具提货保函可能给银行造成的一切损失的情况下，也可办理进口代收业务项下的提货保函业务。

第三节　创新的国际贸易融资

上一节介绍的传统国际贸易融资方式固然有许多优点，但也有局限性。首先，这些传统的贸易融资虽然已经具有防范和减少风险的功能，但风险只限于正常市场状况下的一般风险，如违约、流动性风险等。而对由国家主权、法律和制度不健全等引起的风险，这些融资工具却无能为力。其次，对长期贸易融资需求（1～5年和5年以上）以及交易金额较大的大宗商品或资本商品的融资需求也显得力不从心。为适应形势的变化，我国各商业银行近年在国际贸易融资业务领域开发了许多新的品种，但因对业务理解的差异，在业务操作、制度规定上各有不同，称谓也各异，如对以为出口商提供的商业发票为背景的融资，就有出口商业发票融资、出口商业发票押汇、商票贴现、汇款押汇等多种不同的名称。以下介绍几款主要的创新融资方式。

一、退税融资（Export Tax Refund Financing）

退税融资又称出口退税贷款或退税质押贷款，指银行为解决出口企业出口退税款未能及时到账而出现的短期资金困难，在对企业出口退税账户进行托管的前提下，向出口企业提供以出口退税应收款作为还款保证的短期流动资金贷款。

凡在国家市场监督管理部门注册，具有进出口经营权，独立核算，没有非法逃套汇和偷税、骗税、抗税行为，资信良好的企业，均可申请出口退税贷款。

该项融资的特点是：出口商不必提供额外抵押、保证，只需办理退税账户托管，即可取得银行的融资；在合同期和最高限额内，额度可循环使用，按批次管理，没有使用次数和累计金额的限制；融资款金额最高可达当次出口退税稽核单（或退税汇总申报表）所列出口退税应收款的90%；根据退税进展的快慢，贷款期限可灵活制定，通常为3～12个月，最长不超过2年（含展期）。

申请出口退税贷款时，出口商要向银行提交"出口退税账户托管贷款额度申请书"、国家税务机关印制的出口企业退税登记证、经当地外经贸主管部门年审的出口退税稽核资料收文本、经当地税务部门年审的退税资料收文本；通过额度审批后，按税务部门的"应退未退税额证实书"或外经贸主管部门确认退税的证明（以上资料根据不同地区的退税政策和退税程序有所不同）核定每笔退税贷款额；与银行签订借款合同，银行发放贷款，退税款入账后专项用于偿还贷款。

退税融资是解决企业"已出口、未退税"阶段资金需求的高效工具，尤其适合退税额稳定但现金流紧张的中小出口企业。通过将"未来退税权益"转化为"当下流动资金"，企业可加速资金周转，扩大出口规模。

二、仓单融资（Warehouse Receipt Financing）

仓单融资又称仓单质押融资，是指申请人将其拥有完全所有权的货物存放在商业银行指定的仓储公司，并以仓储公司出具的仓单[①]在银行进行质押，作为融资担保，银行依据仓单向申请人提供用于经营与仓单货物同类的商品的专项贸易的短期融资业务。仓单融资适用于流通性较强的大宗货物，特别是具有一定国际市场规模的初级产品，如有色金属及原料、黑色金属及原料、煤炭、焦炭、橡胶、纸浆以及大豆、玉米等农产品。其融资期限短，通常为 3～12 个月。

当企业缺乏合适的固定资产作抵押，又难以找到合适的担保人时，就可以利用自有存货的仓单作为质押申请贷款。在仓单融资中，抵押货物的管理和控制非常重要，由于银行一般不具备对实物商品的专业管理能力，就需要与有实力、信誉高的专业仓储公司合作。同时，银行需要确认仓单是否为完全的货权凭证、银行在处理仓单时的合法地位、抵押物价值的评估等问题。仓单融资的流程是：企业将自有货物存入银行认可的仓储公司的仓库中，取得该仓储公司对货物验收后签发的仓单；企业、银行和仓储公司三方签署《仓单质押授信监管三方协议》；企业与银行签订相关信贷合同及对应的《仓单质押合同》；企业将用于质押的仓单做质押背书记载，经仓储公司对记载事项予以确认后，将仓单交付银行保管。银行放款通常为货物价值的 50%～80%（视商品波动性而定）。企业偿还本息后，银行解除质押，仓单归还企业。

其业务模式有三种：

（1）静态仓单质押。质押期间货物不可提取，还款后解押。适合价格稳定、流动性强的商品。

（2）动态仓单质押（核定库存）。允许企业按约定置换货物，保持质押货物总价值不变。适合需要频繁周转的企业。

（3）标准仓单融资（交易所仓单）。以上海期货交易所（SHFE）、伦敦金属交易所（LME）等注册仓单质押。流动性最佳，银行接受度高。

三、订单融资（Purchase Order Financing）

订单融资为出运前的融资，是指在汇款、跟单托收方式等非信用证结算方式的国际贸易中，出口企业凭出口合同/订单，向银行申请的用于出口货物备料、生产

---

① 仓单是由第三方仓库交易所指定交割库开具的货物权属凭证，代表对特定数量和质量货物的所有权。

和装运等履约活动的短期融资，亦可称为汇款或跟单托收项下的打包放款。

订单融资为出口商解决了生产备货阶段所需的融资款项问题，使之能及时按照贸易合同的规定发货，缓解了流动资金压力。从操作上看，简便易行，单据要求简单。出口商填写申请书、提供出口合同/订单，经银行审核无误后，即可得到融资款项；在货物出运后，出口商可办理发票贴现或出口押汇，用以归还订单融资款项，也可以等出口收汇后归还。

四、现货融资（Spot Commodity Financing）

现货融资是以可立即交割的实物商品作为担保或还款来源的短期融资方式，是大宗商品贸易领域的核心金融工具。其适用于进口开证/押汇、进口代收押汇、汇出汇款（限货到付款）融资和国内综合保理融资四个品种，可接受的质物包括汽车、煤炭、钢铁、化工、粮棉油五类商品。

该贸易融资产品主要有以下优势和特点：一是盘活了货物，减少了抵（质）押担保品的占用，有助于大企业提高其供应链体系的整体竞争力。二是突破了授信瓶颈，促进了业务发展，能有效解决中小企业融资难的问题。三是进口商获得了新的授信渠道用以满足资金需求。四是拓宽了贸易渠道，进口商获得了更多的贸易机会。

与现货融资类似的一种融资方式叫存货融资（Inventory Financing），是企业以库存原材料、半成品或产成品作为担保品获取资金的融资方式，也是供应链金融的核心工具之一。二者虽然都是以实物资产为担保的融资方式，但其标的物性质不一样，存货融资覆盖全品类库存（原材料/在制品/产成品），接受非标准化商品（如定制机械部件），如服装企业以积压库存融资；现货融资仅限可即时交割的标准化大宗商品，必须符合交易所质量标准（如LME铜锭纯度≥99.9%），如原油贸易商以保税仓库现货融资。二者在定价机制、操作流程等方面也有区别。

【案例9-1】

浙江某民营企业A常年从国外进口一种合成树脂用于内销。该产品市场国内需求量大，行情较好。A公司拥有稳定的购销渠道，货物周转量较大，迫切希望获得融资支持以缓解资金周转压力，但由于企业自身固定资产有限，财务状况一般，因此银行按通常标准和渠道难以为其核定足够的授信额度。为满足企业的资金需求，中国银行与仓储监管企业C公司开展合作，为A公司提供现货融资的解决方案，具体操作流程如下：首先，A公司将进口货物质押给银行，银行委托C公司负责仓储监管，同时以认定货值按一定的质押率为A公司办理进口押汇融资用于对外支付，缺口部分由A公司以自有资金支付。其次，A公司分批向银行付款赎货用于国内销售，其间由C公司按银行指示向A公司分批放货。最后，A公司向中国银行付清融资本息，银行指示C公司释放剩余的质押货物，业务结束。

五、短期出口信用保险项下的贸易融资业务

这是指出口商在中国出口信用保险公司投保出口信用保险后，将保单项下的赔款权益转让给银行，在货物出运后银行按货物价值的一定比例给予的资金融通业务。该业务适合于以跟单信用证、跟单托收和赊销为结算方式的出口贸易。中国银行的"融信达"、工商银行的"信保融资"、民生银行的"短险融资"、建设银行的"出口信用保险项下贷款"指的都是这种业务。

短期出口信用保险项下的融资业务是一种信用授信方式，出口商一般无须提供担保即可获得融资；可灵活选择融资币种，既可以是人民币，也可以是出口业务的结算货币，以避免汇率风险。由于短期出口信用保险项下的贸易融资业务相当于在原有贸易融资产品的基础上增加了一层收汇保障，即出口信用保险公司就其承保的信用风险范围向融资银行提供额外收汇保障，因此申请方便快捷，加快了资金周转速度。

该业务的流程是：出口商向信保机构申请买方信用限额，签订《短期出口信用保险综合险保单》，缴纳保费（通常为应收账款的0.5%~1.2%）；出口商向银行申请融资，并提交出口单据和出口信用保险单据；银行对单据进行审核；审核合格后，向国外寄送单据，并按照出口商的申请发放押汇款项；收汇后，银行扣除押汇本息和相关费用，将余额款项贷记或结汇给出口商。如进口商违约，出口商向信保机构索赔，最高可获得90%的赔付，获得赔款后，应先偿还银行押汇本息和费用，余款转入出口商账户。如果出口商破产，银行对保单现金价值优先受偿。

要注意的是，出口信用保险承保的是进口商的信用风险和国家风险，对于出口商自身违约、汇率波动损失，以及进口商破产前已逾期账款等情形，是不予承保的。

【案例9-2】

中国出口商E公司向伊拉克某公司出口白糖，价值50万美元，E公司担心进口商实力不够，或由于制裁收不到货款，于是便向银行申请办理短期出口信用保险项下的贸易融资业务，由银行先行将40万美元的货款（一般是总货款的80%）支付给E公司，等到E公司收到进口商支付的50万美元货款后，再将40万美元连本带利还给银行。如果出现了到期不能收到货款的情况（非商业纠纷原因），则由中国出口信用保险公司调查后先行偿付银行，然后再向进口商索要货款。但不论其最终能否从伊拉克的进口商处收到货款，后果均由信保公司承担。

六、保函项下的融资

（一）内保外贷（Domestic Guarantee for Overseas Loan）

内保外贷是指境内企业通过向境内银行申请开立保函或备用信用证，为境外企业（通常为境内企业的境外子公司）向境外银行借款提供担保。该业务主要有两个

关键点：一是"内保"，即境内企业以资产或信用做担保向境内银行申请开立保函，境内银行审核同意后出具保函给境外银行。二是"外贷"，即境外银行凭收到的保函向境外企业发放贷款。实质上是担保人注册地在境内、债务人和债权人注册地均在境外的一种跨境担保。

假设国内的A公司在海外有个子公司B，B因自身经营急需银行的授信支持（如参与国际贸易竞争或者企业周转资金），但因B在海外成立时间较短，得到海外授信的难度比较大。而A公司跟某银行境内分行合作良好且有授信额度。在这样的背景下，由境内的A公司向某银行境内分行申请开立融资性保函，给该行的境外分行，由境外分行提供授信给海外子公司B，这样就解决了B的资金需求。

内保外贷融资方式通过跨境"增信"可以帮助国内企业"走出去"，使其境外分公司获得融资。由于境内外资金成本存在差异，使得跨境担保也经常被用于跨市场的资金套利业务。对于境内银行来说，内保外贷属于表外业务，既不占规模，又能获得中间收入，还有利于拓展海外市场，而境外银行有境内银行的担保，风险低，有利息和手续费收入。

内保外贷有四个基本当事人，即境内银行、该境内银行的海外联行、境内公司及境内该公司的海外关联公司。境内银行就是担保行，其海外联行是贷款银行，即债权人；境内公司是申请人，境外关联公司是借款人，即债务人。

图9-2显示的是内保外贷的简易流程。

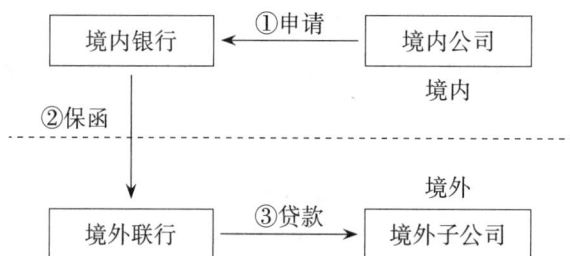

图9-2　内保外贷流程图

首先，境内公司作为申请人向境内银行即担保行申请开立融资性保函或备用信用证，在这之前申请人应已向商务部申请在境外设立子公司或参股公司并已向外管局办理境外投资外汇登记手续。

其次，担保行对境外联行开出保函或备用信用证。担保行在接到申请人的申请后，要向其总行申请内保外贷额度，总行批复同意后，完成单笔保函/备用证的内部审批流程，才能向境外联行（也有人称其为受益人）开立融资性保函/备用证。

最后，在借款人向境外联行申请贷款后，境外联行向其提供贷款或其他融资。贷款发放后，担保行向外管局办理对外担保登记手续。

如果境外借款人到期正常还款，则保函到期自动失效，未发生资金跨境转移。

但如果境外借款人未能还款，则境外银行会向境内银行（担保行）提出保函项下索赔。根据保函开立的内容，大多数情况下境内银行必须"见索即付"，无条件付款，随后再向境内企业（反担保人）进行追索。这个赔付的过程即形成了境内资金的流出。

内保外贷项下资金仅用于债务人正常经营范围内的相关支出，不得用于支持债务人从事正常业务范围以外的相关交易；不得虚构贸易背景进行套利或进行其他形式的投机性交易；不得将担保项下的资金直接或间接调回境内使用。

（二）内保跨境融资（Domestic Guarantee for Cross-border Financing）

内保跨境融资是指境内银行接受企业的申请，开立以境外银行为受益人、以境内企业自身或其指定的其他境内企业为被担保人的备用信用证或融资性保函，境外银行基于该备用信用证或融资性保函，向境内企业或其指定的其他境内企业发放融资的业务。借款的第一还款来源为企业的出口收汇货款。

【案例9-3】

A公司创建于20世纪90年代，是一家以建材机械、锂电材料为核心业务的制造型企业。某年8月，A公司在Z银行申请内保跨境融资业务，金额为725万欧元。具体流程如下：

1．A公司取得境外B银行的跨境融资授信额度，并签署《跨境直贷授信合同》。

2．A公司在当地外汇局办理外债签约登记手续，并在Z银行开立欧元外债专户及结汇待支付账户。

3．Z银行开立以境外B银行为受益人的备用信用证，并由境外B银行向A公司发放跨境融资款至企业的外债专户。

4．Z银行为企业办理外债资金结汇并按约定的贷款用途办理用款支付。

5．在跨境融资到期日，A公司用欧元出口收汇的货款归还境外B银行的贷款本息。

6．在归还外债本息后，A公司向银行提交办理外债注销登记的申请。

内保跨境融资业务适用范围广，成本优势明显。但该项业务的专业性及政策性强，涉及的操作环节较多，业务操作环环相扣，要求业务操作人员熟悉掌握业务流程及风险要点。因此在办理内保跨境融资业务时，要与监管部门密切沟通，全流程跟进做好业务衔接，控制外汇政策风险及业务操作风险，确保业务合规地开展。

在全球化、数字化与可持续发展观的驱动下，近年国际贸易融资呈现出融资方式多元化、供应链融资发展迅速、绿色贸易融资兴起等新趋势。

传统的国际贸易融资方式逐渐被多种融资产品组合的结算方式替代，贸易融资也不再局限于外汇银行，投资公司、保险公司与包买商等也纷纷涉足，为企业提供了更广阔的融资渠道。

金融机构不再单纯对国际贸易中某个环节或阶段的客户做局部融资调整，而是参与到供应链各环节，对贸易全过程的货物和资金走向信息进行跟踪，为买卖双方提供一条龙服务。

随着全球对可持续发展的重视程度不断提高，绿色贸易融资成为重要的增长领域，相关融资需求预计将大幅增加。

本章基本概念

贸易融资　打包放款　出口押汇　福费廷　开证授信　假远期信用证　信托收据　提货担保　出口退税贷款　仓单融资　订单融资　现货融资　退税融资　内保外贷

复习思考题

1. 出口融资方式有哪些？如何分类？
2. 什么是打包放款？如何操作？
3. 什么是押汇？押汇是否就是议付？
4. 简述福费廷的定义、特点及其与保理业务的区别。
5. 进口融资方式有哪些？各有什么特点？
6. 什么是开证授信额度？
7. 进口押汇如何操作？
8. 创新的国际贸易融资方式有哪些？

第十章
非贸易结算方式

🐚 **本章提要**

　　非贸易结算方式较多，本章只选择了其中的几种。要求掌握这几种结算方式的特点；了解国际非贸易收支的范围；熟悉信用卡的种类、维萨和万事达国际组织、中国银联等的概况。

　　非贸易结算是指由无形贸易引起的跨境资金收付，区别于货物贸易，其核心特征是不伴随实物商品流动。非贸易结算的范围很广，涵盖了服务类、资本类及个人跨境资金收付，其涉及的内容及项目繁多，方式灵活，但金额较低（相对于贸易外汇收支而言）。非贸易结算的方式包括汇款、光票托收、信用证，信用卡和外币兑换等。

第一节　国际非贸易收支的范围

　　国际非贸易收支是指除商品进出口贸易以外的国际经济、文化等往来所产生的外汇收支，随着全球服务贸易和资本流动的增长，非贸易收支在各国国际收支平衡表中的占比逐渐提升，也是跨境结算和外汇管理的重要监管对象。国际非贸易分类通常按交易性质或场景划分，主要包括：

一、服务贸易收支

　　服务贸易是国际非贸易收支的核心组成部分，指跨境提供服务产生的货币收付，具体包括：

　　运输服务：国际海运、空运、陆运等运费收支，以及港口服务、货运代理等相关费用。

　　旅游服务：境外游客在本国的消费支出（如住宿、餐饮、购物），以及本国居民出境旅游的消费支出。

　　建筑服务：跨国建筑工程承包、劳务输出/输入的费用结算，如境外工程施工收入或向境外支付的建筑服务费。

　　通信与信息技术服务：跨境电信服务（如国际话费、流量费）、软件开发、数据处理等服务的收支。

　　金融与保险服务：跨境银行手续费、信用证费用、保险费（如国际货物运输保险、海外保单缴费）、投资收益（如境外存款利息、股票分红）等。

　　知识产权服务：专利使用费、版权费（如境外影视版权购买、软件授权费）、商标许可费等收支。

二、收益与经常转移收支

（一）收益项目

职工报酬：跨国劳务人员的工资、奖金等收入，如外籍员工在本国的收入，或本国居民在境外工作的收入。

投资收益：境外直接投资（FDI）、证券投资的利润、股息、利息等收入或支出，如中国企业海外子公司的利润汇回，或本国居民购买境外债券的利息支出。

（二）经常转移（无偿捐赠与援助）

国际捐赠：政府或民间组织的对外无偿援助。如抗疫物资捐赠的资金结算、跨国慈善捐款等。

侨汇：海外侨民汇回本国的款项，或本国居民向境外亲属的汇款。

赔偿与保险理赔：跨境事故赔偿、保险理赔款的收支，如境外保险公司对本国企业的理赔支付。

三、资本项目收支（非贸易相关部分）

这是指资本项目中不直接与贸易挂钩的跨境资金流动，具体包括：

直接投资非贸易部分：跨国企业非贸易目的的资本转移，如境外子公司向母公司的利润再投资，不涉及商品交易。

证券投资收支：跨境股票、债券、基金等金融资产的买卖资金流动。如本国居民购买境外股票的支出，或境外投资者买入本国债券的收入，不涉及实物贸易。

其他资本流动：跨国贷款，如国际金融机构向本国政府的贷款、担保资金跨境流动、非贸易性的融资租赁费用等。

四、个人外汇收支

这是指个人非贸易目的的外汇收付，包括：

留学与教育支出：向境外支付的学费、住宿费，或境外学生在本国的教育相关消费收入。

医疗与保健支出：跨境就医的费用，如赴境外看病的医疗费，或本国医疗机构接收境外患者的收入。

个人购物与消费支出：境外网购、跨境电商平台消费（非贸易项下个人物品购买），或境内免税店对境外游客的销售收款。

五、政府与国际组织收支

政府间非贸易结算：外交使节费用、国际组织会费（如联合国成员国缴纳的会费）、政府间援助贷款的本息偿还等。

国际组织收支：国际机构在本国的运营费用（如世界银行驻华办事处的支出），或本国向国际组织的捐款。

六、其他非贸易收支

博彩与彩票收支：跨境彩票购买支出，或境外博彩所得的汇入（如合法境外赌场的奖金汇回)。

文化与体育交流收支：跨国演出、体育赛事的收入或支出，如境外乐团在本国演出的票房收入，或本国运动员参加国际赛事的费用

第二节　结算方式

一、汇款、光票托收和信用证

汇款、托收和信用证这三种国际贸易结算的传统方式，在非贸易项下也是应用的，原理一样，只是结算内容不同，因为没有单据，在操作层面更为简单。

（一）汇款

通过银行或其他金融机构将资金汇出境外，是最基础的非贸易结算方式，适用于侨汇、留学费用、劳务报酬等场景。

1.电汇（T/T）

通过电报、电传或SWIFT系统发送付款指令，到账速度快（1~3个工作日），安全性高，是最常用的汇款方式。

2.信汇（M/T）

通过邮寄付款指令完成转账，成本低但速度慢，目前应用较少。

3.票汇（D/D）

由汇出行开立以汇入行为付款人的汇票，交给汇款人邮寄给收款人，收款人凭票取款，灵活性较高，适用于小额款项。

（二）光票托收（Clean Collection）

光票托收区别于贸易项下的跟单托收，即仅凭金融单据（如汇票、本票）办理托收，不附带商业单据，适用于非贸易项下的小额款项结算，如佣金、运费、保险费等。

（三）信用证

信用证虽常见于国际贸易，但在非贸易场景（如大型服务项目、国际工程承包）中也有应用。银行根据申请人（付款方）的要求，向受益人（收款方）开立有条件的付款承诺，只要受益人满足条款（如提交合规单据），银行就会付款，本质是借助银行信用保障交易安全。

二、第三方支付平台结算

随着数字化发展，第三方支付在非贸易结算中应用日益广泛，尤其适用于跨境电商、跨境服务、个人汇款等场景。

（一）跨境支付平台（Cross-Border Payment Platform）

跨境支付平台是指通过数字化技术连接不同国家或地区的支付系统，为个人、企业或金融机构提供合规、高效、低成本的国际资金转移服务的金融科技基础设施。如PayPal、Stripe、支付宝国际版、微信支付跨境版等，支持多币种结算，可

连接全球商户和消费者，提供收款、结汇、转账一站式服务，适合高频小额交易。

（二）电子钱包（E-Wallet）

电子钱包是一种通过数字化载体（APP/芯片/云端）存储支付凭证并完成资金交易的金融工具，其本质是"去实体卡化"的支付账户体系。

根据国际清算银行（BIS）标准，电子钱包需具备三大核心功能：价值存储——绑定银行账户或预存资金；支付结算——支持线上线下场景支付；身份认证——符合eKYC（电子身份验证）规范。如 Apple Pay、Google Pay 以及各国本地电子钱包（如东南亚的GrabPay）等。

三、国际信用卡

国际信用卡通过Visa、MasterCard、中国银联等国际卡组织网络完成跨境支付，适用于旅游消费、留学缴费、线上服务购买等场景，具有便捷、实时到账的特点，持卡人可直接在境外商户刷卡消费或ATM取现，银行按当日汇率结算，部分卡种还支持跨境转账。

（一）什么是信用卡

信用卡是银行或专门的发卡机构发给资信良好的消费者的一种信用凭证。持卡人可凭卡在发卡机构指定地购物和消费，也可以存取现金。

从形式上看，普通信用卡的尺寸如同身份证，由硬塑料制成。其正面印有发卡机构和信用卡的名称、国际信用卡组织统一标志和防伪暗记、国家、凸起的信用卡号码、有效期限和持卡人姓名等。信用卡的背面有一磁条（或芯片），上面记录着持卡人的有关资料和密码，供专门的电脑终端设备和自动柜员机阅读。信用卡的背面还有持卡人的预留签字和发卡银行的简要说明。

信用卡起源于20世纪初的美国。当时，美国的一些商店、饮食店为扩大销售、方便顾客，创造了信用卡，其雏形类似一种金属徽章，后来演变成为用塑料制成的卡片，持卡人可以赊销货物或消费，事后付款，这就是信用卡的萌芽。20世纪六七十年代，信用卡在整个西方普及，并逐步为众多的发展中国家所接受和青睐。目前，信用卡已成为许多国家普遍采用的支付方式。

信用卡在我国有近50年的历史。1979年10月，中国银行广东省分行与香港东亚银行签订了为其代办"东美Visa信用卡"协议，代办东美卡取现业务。从此，信用卡在中国出现。1985年3月，中国银行珠海分行发行了我国第一张信用卡——中银卡，标志着信用卡在我国诞生。根据中国人民银行《2024年第四季度支付体系运行总体情况》，截至2024年第四季度末，全国共开立银行卡99.13亿张，其中借记卡91.86亿张，信用卡和借贷合一卡7.27亿张，人均持有银行卡7.04张，人均持有信用卡和借贷合一卡0.52张。

（二）信用卡的功能

信用卡的功能是由发卡机构根据社会需要和内部经营能力赋予的，因此各发行机构所发行的信用卡其功能各不相同。但作为信用卡，其基本功能主要有：

1.转账结算

这也是信用卡的主要功能。发行机构为了方便持卡人的使用，与一些特约机构建立了联系，包括商店、宾馆、旅游场所和服务机构，持卡人到特约的商号购物或取得服务时，可凭信用卡支付，代替现金结算。

2.支取现金

利用信用卡还可以支取现金，这可理解为信用卡的辅助功能。虽然发行机构联系了一些特约机构，但仍不能保证持卡人凭卡办理所有的支付，有些情况下还必须使用现金。但是，以信用卡支取现金要受到一定的限制。

3.提供信贷

对于持卡人，允许其在一定的限额内透支，这是发卡机构向客户提供信贷的一种形式，因此信用卡具有消费信贷的功能，即使信用卡账户上无存款，也可先行消费，对透支的款项，银行要收取比同期贷款利率高一些的利息。

（三）信用卡的种类

根据发卡机构、发卡对象、资金的清偿方式、流通范围，以及持卡人的信誉、地位和清偿责任的不同，信用卡可分为以下几种类型：

1.根据发卡机构不同，可分为零售信用卡、旅游娱乐卡和银行信用卡

（1）零售信用卡。这是商业机构，如百货公司、石油公司等所发行的信用卡，专用于在指定商店购物或在加油站加油等，定期结账。

（2）旅游娱乐卡。这是服务业企业，如航空公司、旅游公司等发行的信用卡，用于购票、用餐、住宿、娱乐等。

（3）银行信用卡。这是银行所发行的信用卡，持卡人可在发卡银行的特约商户购物消费，也可以在发卡行所有的分支机构或设有自动柜员机的地方随时提取现金。

2.根据发卡对象的不同，可分为公司卡和个人卡

公司卡的发行对象为各类公司、企业、科研教育等事业单位、国家党政机关、部队、团体等法人组织。

个人卡的发行对象则为有稳定收入来源的城乡居民。个人卡以个人名义申领并由其承担用卡的一切责任。

3.根据资金的清偿方式不同，可分为准贷记卡和贷记卡

（1）准贷记卡（Semi-Credit Card），是介于贷记卡和借记卡之间的一种信用卡。这种信用卡的持卡人须先按发卡银行要求交存一定金额的备用金，当备用金账户余额不足支付时，可在发卡银行规定的信用额度内透支，但透支没有免息期。目前国内各家银行的准贷记卡大多已经没有备用金的要求了。

（2）贷记卡（Credit Card），是由发卡银行提供信用的银行卡，既具有支付功

能，又具有消费信贷的功能，允许持卡人在信用卡账户上无存款时，先行透支使用，然后再还款或分期付款，其清偿方式为"先消费，后存款"。目前国际上流通使用的大部分是这类信用卡。

（3）借贷合一卡（Debit-Credit Card），是集借记卡和贷记卡功能于一体的新型银行卡，由中国银行于2009年开发，覆盖了长城人民币信用卡和长城电子借记卡的所有功能，既可在信用额度内进行透支消费，享受最长56天的免息还款期，也拥有贷记卡账户和借记卡账户之间的自动关联还款功能。

4.根据流通范围的不同，可分为国际卡和地区卡

（1）国际卡（International Card），是一种可以在发行国之外使用的信用卡，并可在全球通用。

（2）地区卡（Local Card），是一种只能在发行国国内或一定区域使用的信用卡。

5.根据持卡人的信誉、地位等资信情况不同，一般可分为普卡、金卡、白金卡、钻石卡和黑金卡

（1）普卡。普卡是发卡机构发行的入门级别的信用卡，信用额度通常在10 000元以下。

（2）金卡。金卡相比普卡信用额度高一些，持卡人拥有一些基本权益，但对申请人的审核会严一些，信用额度通常在10 000到50 000元之间。

（3）白金卡。白金卡一般对申请人的经济收入或者银行的存入资产有一定的要求，属于高端卡，银行的审核严格。其特点主要还是体现在权益上，如机场贵宾厅服务、健康尊享医疗、高尔夫预约服务等。

（4）钻石卡。钻石卡可以理解为贵宾级别的卡。银行对申请人的要求相应的也非常高，比如年收入要在百万元以上，还会有一定的资产要求。但钻石卡对应的信用额度也在100万元左右，享受的权益更多。

（5）黑金卡。其通常指花旗银行名为"Ultima"的黑色信用卡以及美国运通在1999年推出的名为"Centurion"的黑色信用卡，被业内人士称为"卡中之王"。黑金卡采取邀请制，不接受主动申请，私密性极强，其额度也没有上限。

6.根据持卡人所处的地位和清偿责任的不同，可分为主卡和附属卡

主卡是由持卡人本身对自己所持有的信用卡的所有支付款项承担清偿责任的信用卡。

附属卡的持卡人一般并不对自己所持有的信用卡承担清偿责任，而是由其主卡的持卡人来承担这一责任。

另外，按账户设置分，信用卡可分为单币卡和双币卡、多币卡；按品牌分，有维萨卡（VISA）、万事达卡（Master Card）、美运卡（American Express）和银联卡（China UnionPay）。

（四）信用卡的关系人

信用卡的交易过程涉及5个参与者：持卡人、发卡行、特约商户、收单行以及清算机构。

1.持卡人

持卡人是由银行或发卡机构批准，拥有一定信贷额度的持卡消费者。持卡人可使用信用卡购买物品、服务或支取现金。

2.发卡人

发卡人也称发卡行或发卡方。发卡人要审核和批准持卡人的申请并发卡，接收与支付来自维萨或万事达的交易，对持卡人发放账单及收款。发卡人也可以将这些外包给第三方来操作。

3.特约商户

特约商户也称受卡商，是接受信用卡使用的商家，如经销商品或服务的零售商、饭店、航空公司、宾馆、医院、超市、快餐店、电影院等。商户必须满足维萨或万事达以及收单行的资格标准，并与收单行签有合同。

4.收单行

收单行也称收单机构，是为特约商户提供收单、结算服务的专业机构。收单机构除各发卡银行外，还有第三方，国内比较有名的如拉卡拉、银联商务等。由于信用卡发行量越来越大，支持信用卡的商户也不断增加，交易量变得非常大，于是出现了第三方的收单机构，代替商户去发卡行兑现资金。

5.清算机构

清算机构即为发卡行提供资金清算服务的组织，如维萨国际组织、万事达国际组织，以及中国银联等。

（五）信用卡的业务流程

1.申请信用卡

当向银行申请信用卡时，申请人一般被要求填写一份信用卡申请表，内容有真实的年龄、姓名、收入状况、职位及等信息，并提供身份证原件，有的银行还需要与工作人员的合影。因为银行只给有固定收入、有偿付能力的人发卡，因此银行要对申请人进行审核。收到申请后，银行会进行电话回访，以确认信息的真实性。如果通过了审核，银行会通知申请人在规定的时间内查收卡片（如未通过审核，同样会收到未通过审核的信息）。

收到信用卡后，持卡人要激活信用卡才能使用，一般有三种方式：一是网上银行激活；二是电话激活；三是到银行的柜台激活。激活过程中要设置查询密码、登录密码和交易密码等关键信息，然后持卡人就可以使用信用卡了。

2.交易授权

持卡人购物时，特约商户的刷卡机读出信用卡背后磁条上所记录的信息，包括信用卡号码以及有关销售款额等，发送到商家所属的收单行，要求授权。收单行将信息连接到清算机构（维萨或万事达），后者收到信息后，马上转送到信用卡的发卡行，发卡行的电脑系统根据信用卡号码，调出其所属的账户信息，然后决定是否给予授权。发卡行的授权决定，主要基于持卡人账户的以下信息：付账状态（有无拖欠，拖欠多久等）；信用状态（良好，或曾有破产记录等）；可用款额（信用额度减去已用款累计总额）；信用卡的有效期等。如果没有什么问题，发卡行就会发出交易的授权批准。这个信号沿原路返回到特约商户的刷卡机，刷卡机得到授权信号之后，电脑会立刻打印出收据。以上看似复杂的授权批准过程，实际上只需几秒钟便可完成。授权批准之后，交易并未完成，还需持卡人在购物小票上签名才算最终完成。

3.清算与结算

特约商户在每天营业截止后，其系统会自动生成当天收款的总额，报给收单行，并在商户的账户上入账。商家银行将当天的结算总额报给清算机构，清算机构再把这些信息发给发卡行。当持卡人账户的支付积累一个月之后，发卡行便向持卡人发账单。

除了持卡人和发卡行的结算是按月进行的之外，清算与结算一般是同时进行的。在结算过程中，商户、收单行以及发卡行都要被收取一定的固定费用。

信用卡的业务流程见图10-1。

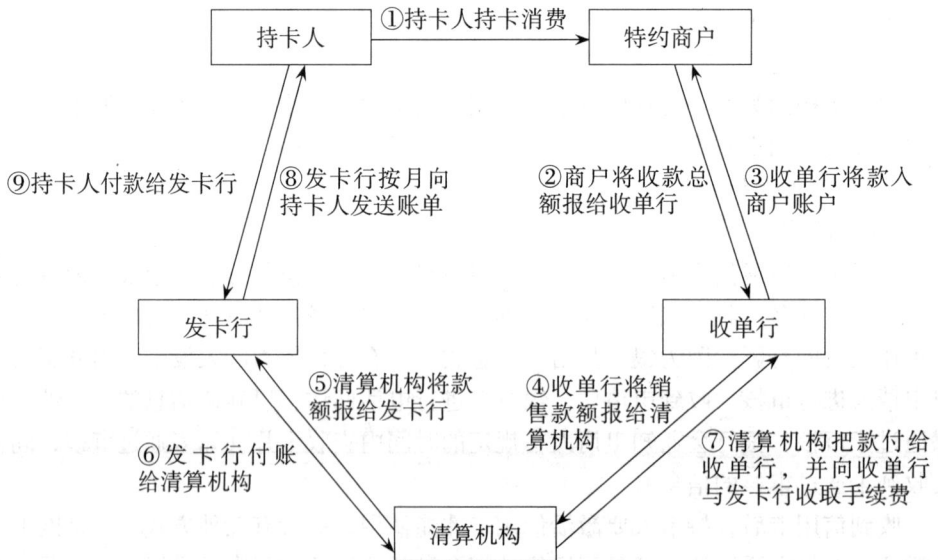

图10-1　信用卡流程图

（六）Visa、MasterCard和中国银联

1.维萨国际（Visa）

维萨国际是目前世界上最大的信用卡、旅行支票组织，其前身是美洲银行信用卡公司。早在1959年美洲银行就开始在美国加利福尼亚州发行"美洲银行卡"，后来又专门成立美洲银行信用卡公司，吸收了许多中小银行参加联营。20世纪70年代美洲银行信用卡公司与西欧国家的一些商业银行合作，于1974年成立了国际信用卡服务公司，1977年正式以"VISA"为该组织的标志，称维萨国际组织，总部设在美国的洛杉矶。为便于各地区制定适合本地区的市场发展战略，维萨国际组织将全球划分为五大业务区：美国区、加拿大区、亚太区、拉美区、欧洲中东和非洲区，各区设立相对独立的地区总部和董事会。经过几十年的发展，维萨国际组织已成为世界上最大的信用卡集团，无论是信用卡的数量还是交易额都居世界首位。该组织的现代化授权系统和清算系统有力地支持了维萨卡全球的发展。持有维萨卡的人几乎在全球任何一个国家或地区都可享受广泛的服务，若信用卡丢失或被窃，可到就近的维萨组织会员机构挂失，发卡行接到通知后立即通知全球电脑系统，保证资金的安全。维萨集团在全球的会员共数万家，持卡人可凭卡在多个国家或地区的数万家特约商户用卡消费。

中国银行在内地最早开办了维萨卡代理业务，1981年分别与香港东亚银行和香港汇丰银行签订了代理协议，并于1987年加入了维萨国际组织，1989年，中国银行开始发行人民币长城维萨卡。之后，另几家国有商业银行及其他一些银行也分别加入了维萨国际组织。

2.万事达国际（MasterCard）

该组织是服务于金融机构的非营利性的全球性协会组织，其宗旨是为会员提供全球最佳的支付系统和金融服务。1966年，美国的一些商业银行成立了同业银行卡协会（Inter Bank Card Association），这是万事达的早期组织。此后的一段时间，各发行银行开始发行带有同业银行标志的信用卡。1969年，该组织更名为万事达国际组织并统一信用卡标志，从1979年开始，使用MasterCard的名称。随着电子技术在金融领域的广泛运用，1984年万事达国际组织建立了全球自动授权系统和清算系统，万事达卡也由最初的单一品种发展成为系列产品，包括普通卡、金卡、商户卡、自动提款卡和旅行支票等。该组织也将全球划分为五大业务区，其中亚太区董事会设在新加坡。

1987年，中国银行加入万事达国际组织，并于同年发行了人民币长城万事达卡，1988年，又推出了国内第一张外汇卡——长城万事达国际卡。

万事达国际组织于1988年在北京设立了代表处，负责中国市场的万事达卡业务。

3.中国银联（China UnionPay）

中国银联成立于2002年3月（上海），是国务院批准设立的国家级银行卡清算机构。经过多年的发展，中国银联受理网络已延伸至全球180多个国家和地区，全球联网商户近6 000万户，境内外成员机构2 500多家，发卡量超96亿张（截至2024年），位居全球第一，与Visa、MasterCard并称全球三大卡组织。

四、外币兑换

外汇银行办理外币的兑入和兑出业务统称外币兑换业务（Exchange of Foreign Currency）。外币兑换不直接与货物贸易挂钩，更多是为非贸易活动提供货币兑换服务。

外币兑换的个人应用场景一般为旅游换汇（用人民币兑换美元、欧元等用于境外消费）、留学缴费（兑换外币支付学费）、侨汇（境外收入兑换成本国货币）等。企业应用的场景为非贸易项下的服务费用结算（如跨国咨询费、技术服务费）、境外投资资金币种转换等。

以中国银行为例，目前柜台可提供多达32种货币兑换，包括美元、英镑、欧元、港币、新加坡元、日元、加拿大元、澳大利亚元、瑞士法郎、瑞典克朗、丹麦克朗、挪威克朗、澳门元、新台币、新西兰元、菲律宾比索、泰国铢、韩元、俄罗斯卢布、印度尼西亚卢比、印度卢比、巴西雷亚尔、阿联酋迪拉姆、南非兰特、哈萨克斯坦坚戈、越南盾、柬埔寨瑞尔、蒙古图格里克、尼泊尔卢比、马来西亚林吉特、巴基斯坦卢比、文莱元。网上银行等电子渠道目前已推出20余种货币的兑换服务。

（一）业务流程

1.身份与材料核验

个人客户要携带身份证（境内）或护照（境外人士），兑换超年度限额（5万美元/年）需补充用途证明（如留学录取通知书、旅游行程单）。现钞兑换大额（如超1万美元）需提前预约。

企业客户要提供营业执照、法人证件、合同或付款凭证，证明服务贸易方面的资金用途，要符合国家外汇管理局对经常项目/资本项目的规定。

2.兑换申请与信息填写

填写《个人购汇/结汇申请表》或企业兑换单据，注明币种（如美元、欧元）、金额、类型（现汇/现钞）；个人需选择"购汇"（人民币换外币）或"结汇"（外币换人民币），企业需明确资金用途类别。

3.汇率确认与费用说明

银行展示实时外汇牌价（买入价/卖出价）；购汇用"银行卖出价"，结汇用"银行买入价"。客户确认汇率后，银行计算实际兑换金额。

4.资金交割与处理

（1）现汇兑换

购汇：人民币从账户划出，外汇存入客户外汇账户或直接用于跨境汇款（需提供收款方SWIFT代码、账户信息）。

结汇：外汇账户资金兑换为人民币，转入人民币账户。

（2）现钞兑换

购汇取钞：客户提取外币现金，银行核验库存后交付（大额需预约）；

结汇存钞：外币现金兑换为人民币，存入客户账户或银行外币现钞账户（部分银行支持）。

5.合规审核与记录

系统自动核查个人年度额度，超限额需人工审核材料；对大额交易（如单笔超5 000美元现钞或1万美元现汇）或可疑交易，按反洗钱规定上报国家外汇管理局。

向客户出具兑换水单（含汇率、金额、交易时间），作为凭证留存。

（二）不同渠道的操作

1.柜台办理

当面提交材料，柜员人工审核后操作，适合复杂业务（如企业兑换、超限额业务）。

2.手机银行/网上银行

自助填写信息、上传证明材料（拍照上传），系统自动审核小额交易（如小于等于5万美元个人购汇）；现钞兑换可在线预约，到网点取钞。其优势是实时查询汇率、24小时办理、流程简化（如小额无须人工干预）。

3.ATM机

支持部分主流币种现钞取现（如美元、欧元），按当日汇率从人民币账户扣款，收取跨境取现手续费（1%~3%）。

五、旅行支票和旅行信用证

（一）旅行支票

旅行支票（Traveller's Cheque）是由银行和专门机构印发的一种定额支票，主要供旅行者在旅行时使用（购买物品或旅费），它不载明付款人和付款地点，一般也没有日期的限制。除少数印有地区限制和有效期的之外，能在世界范围内使用。具有携带安全、面额固定（美国运通旅行支票的面额为20美元、50美元、100美元、500美元、1 000美元）、兑取方便等优点。

1891年4月，美国运通发行了全球第一张旅行支票，用以替代携带大量现金。此后，旅行支票业务逐渐发展，美国运通成为全球最大的旅行支票发行公司。20世纪，特别是在第二次世界大战后，随着全球旅游业的蓬勃发展，旅行支票的使用越来越广泛。它在国际旅行中如同现金一般具有流动性,很多商场、酒店都支持旅行支票付款,也可在各地兑换为当地货币。在20世纪80年代,旅行支票达到鼎盛,是人们出国旅行的常用支付工具。除了美国运通,Visa、通济隆(Travelex)、MasterCard、花旗(Citi)等也开始发行旅行支票,且有多种面额及币别可供选择。1978年1月,中国银行在香港特别行政区和澳门特别行政区发行人民币旅行支票,主要面向港澳地区居民以及国际游客。1998年,欧元区推出欧元旅行支票。2008年金融危机后,旅行支票销量锐减50%。

随着数字支付的兴起,如信用卡、借记卡和数字钱包等,因其更便捷、安全,且被广泛接受,使得旅行支票的受欢迎程度大幅下降。2015年美国运通宣布停止零售渠道销售,仅对企业客户批量销售,通济隆也仅维持有限币种,国内银行从2017年开始相继停办了旅行支票的兑付。旅行支票作为实体支付工具已基本退出历史舞台,现代旅行者更依赖"信用卡+数字钱包+少量现钞"的组合方案。

(二)旅行信用证

旅行信用证(Traveller's Letter of Credit)与我们前面讲的跟单信用证不同,虽然旅行信用证也是信用证的一种,但两者的内容和使用目的完全不一样。它是银行为方便游客在国外各地支付旅途费用开出的光票信用证,准许持证人在规定的金额及有效期内向指定的银行兑现。作为一种支付工具,旅行信用证曾在20世纪80年代初期广泛使用,在一定时期内此项服务方便了广大旅游者。

旅行信用证的特点是,开证申请人和受益人是同一人;开证时,开证行根据客户的旅行路线,在信用证上列明代理行或联行的名单,凡列入名单内的银行才能兑付;旅行信用证的正本由申请人自己携带,不能转让;可分次支款使用,只要不超过旅行信用证的金额;旅行信用证是一种光票信用证;不附带任何单据。

旅行信用证只能在规定的银行兑付,还要在背面批注,一旦忘记,就可能超支,而且旅行信用证常被伪造。由于有这样的缺点,所以许多代办银行拒绝议付旅行信用证,因此这种结算方式越来越少,旅行信用证业务日趋萎缩,早在1994年10月,我国各银行即停办了旅行信用证业务。

本章基本概念

信用卡 光票托收 跨境支付平台 电子钱包 Visa MasterCard 中国银联

复习思考题

1. 国际非贸易收支的范围包括哪些?
2. 简述信用卡的定义及功能。
3. 如何理解光票托收?

第四篇 国际结算中的风险及控制

第十一章
国际结算及融资活动中的风险及风险控制

本章提要

国际结算和贸易融资中的风险具有复杂、多变的特点，通过本章的学习，了解结算和融资活动中的各种风险表现形式以及控制措施。

第一节　国际结算及融资活动中的风险

所谓风险，即遭受不可预知的损失的可能性。它具有客观性、不确定性、潜在性、可测性和相关性的特征。对潜在的风险进行识别、衡量和处理即所谓的风险控制或管理。下面我们按不同的结算方式，分析当事人面临的风险。

一、托收业务中的风险

托收是以商业信用为基础的，没有银行信用的参与，因此对进出口商来说风险较大。

（一）出口商面临的风险

在介绍跟单托收时，我们已介绍过，从总体上看，托收是对进口商更为有利的一种结算方式。从风险方面分析，出口商承担的风险比进口商的风险更多也更大。

【案例11-1】

某年3月，我国甲公司与印度尼西亚乙公司签订了一笔2万美元的出口合同，乙公司要求以D/P at sight为付款方式。在货物装船起运后，乙公司又要求国内出口商将提单上的收货人注明为乙公司，并将海运提单副本寄给他。货到目的港后，乙公司因资金困难不能付款赎单，遂要求出口商将付款方式改为D/A，并允许其先提取货物，否则就拒收。由于提单的收货人已记名为乙公司，出口商无法将货物再转卖给其他客户，只能答应其要求。然后乙公司以货物是自己的为由，以保函和营业执照复印件为依据向船公司凭副本海运提单办理提货手续。货物被提走转卖后，乙公司不但不按期向银行付款，而且再也无法联系，使甲公司货、款两空。

此案例充分说明了出口商在托收结算方式下面临的巨大风险，体现了双方风险负担的不平衡，这是由托收结算方式的特征所决定的。出口商在托收业务中面临的风险有：

1.市场风险

虽然买卖双方签订了贸易合同，但从订立合同起，备货、加工、打包、发运到制单、托收货款，时间很长，期间利率、汇率、物价等因素的变化都有可能使出口商的盈利减少。如利率一旦上调或汇率上调，出口商预计的利润可能会消失甚至亏本；货物价格下降时，由于进口商无利可图，从而挑剔单据或借故拒付，同样会给出口商带来损失。

2.信用风险

如果进口商信誉很差，就有可能存心挑剔、无理拒付，迫使出口商降价，尤其是在货物行情下跌时，为转嫁市场风险，进口商更会使出浑身的解数。当资信不好的进口商又面临着财务状况恶化时，若使用的是D/A，进口商承兑汇票后提走货物，到期时进口商已倒闭，出口商就会钱货两空。

3.货物损失风险

当进口商拒绝付款赎单时，不但收不到货款，出口商还要冒货物遭受损失及费用增加的风险。首先，因为在托收业务中，代收行没有代出口商提货、存仓和保管的义务；其次，由于没有及时提货，货物可能变质、短量；再次，若转售货物，可能发生价格上的损失，若转售不出去，将货物运回时又增加了费用；最后，储存时间过长的货物，可能在当地被廉价拍卖掉。

4.保险风险

当双方以进口方投保的FOB或CFR价格成交时，则出口商面临着保险方面的风险。如果进口商准备拒付，一般不再愿意支付保费或不去投保，这样，万一货物遭受损失，出口商将不能从保险公司得到赔偿。即使进口商已办好了保险手续，但由于保险单掌握在进口商手中，货物受损办理索赔时就非常被动，除非进口商将保单转让给出口商或者出口商将货运单据交给进口商。

5.地区习惯风险

如远期D/P被按承兑交单处理，远期D/P要求在货到后付款或即期D/P要求在货到后见票等。前者使不良商人可先凭承兑汇票提取货物，而后又找借口推卸付款责任；而后者改变了付款交单的基本原则，使得推定交货变成实际交货，由于货物堆放在码头或仓库，费用、风险和损失都有可能增加。

6.海关风险

部分国家或地区出于对国内进口企业的保护，在退运（指货物因质量不良或交货时间延误等原因，被买方拒收而要退回引发的运输）或转卖方面有相关的政策加以限制。比如，印度、斯里兰卡、孟加拉国、尼日利亚、土耳其等国的海关规定，货物到港后如果要退运或转卖，必须获得原收货人出具的"不反对声明书"（Non-Objection Certificate，NOC）。

另外，部分国家海关对货物滞港后的罚没期较短，菲律宾为20天，沙特阿拉伯为21天。对超过罚没期仍未提取的货物，海关将没收、拍卖甚至销毁。虽然理论上可以有条件地申请延期提货，但一般较难申请成功。这些政策如被不良客户利用，极易导致货物到港后被恶意拒收或要求不合理折扣。

（二）进口商面临的风险

作为进口商，除了利率、汇率、物价等风险同样存在外，由于货物单据化，进口商付款时所依据的只有单据，对货物无从了解，这就有可能在付款后发现货物与合同规定的不相符合。另外，进口商若承兑了汇票，还承担了票据风险，因为汇票在性质上与基础合同是相独立的，一旦对汇票进行了承兑，进口商就同时承担了对合同和对票据的两项债务，如果事后进口商发现出口商有重大违约，并且汇票已被转让到正式持票人手中，进口商就必须付款，也要冒钱货两空的风险。

（三）银行面临的风险

跟单托收属于商业信用，银行只要遵守国际惯例，应该没有风险，但不排除进出口商联手欺诈的情形，如果银行疏于防范，就有可能遭遇风险。

【案例11-2】

某年6月至8月间，国外甲银行（托收行）向我国乙银行（代收行）寄来了4套进口单据，注明适用URC522，总金额为10 000美元，条件为D/A At 90 Days Sight。汇票的出票人为出口商，发票等其他单据的抬头为进口商，但托收面函及汇票上的付款人却做成代收行。

收到单据后，代收行并未重视汇票付款人的问题，而是向进口商原样提示了单据。进口商在该商业汇票正面用中文写明"同意承兑，到期付款"，并加盖该公司的公章和法定代表人印章。代收行即用SWIFT通知托收行："Documents are accepted to mature on … on which payment will be effected"（单据已承兑，将于某年某月某日付款）。

在单据陆续到期付款之前，进口商称根据买卖双方新的付款协议，付款期限将延长60天，请代收行洽托收行提出延期付款。代收行立即致电寄单行："The drawee requests to extend the bill to mature on … Please approach the drawer for approval. Upon receipt of your return message of agreement, we'll give you a formal message of acceptance"（付款人请求将上述票据延期到某年某月某日付款，请洽客户同意后，我方将给予正式的承兑电文）。托收行回电答复为："…Payment can be extended to … against your good bank undertake to effect payment on the new maturing date"（凭你行在新到期日的付款承诺，付款可以延期到某年某月某日）。

代收行遂致电托收行，确认了新的付款到期日："Docs are extended to mature on … payment will be effected on the new maturing date"（单据已延期到某年某月某日，付款将在新的到期日执行）。

至新的到期日，进口商又一次提出延期付款，托收行断然拒绝，要求立即付款。次年1月，进口商称上述4笔单据项下的货物一直未能到达，经买卖双方协商，同意将单据全部退回，其余问题待双方协商解决。代收行立即致电托收行，说明应进口商的请求已退回单据，并宣布关闭业务卷宗。

次年2月24日，托收行又将4套单据退回代收行，称该行已凭代收行的承兑向出口商做了贴现，要求代收行按照承诺立即付款。该纠纷已诉至各自总行，但长期得不到解决。

从本案例的情况来看，托收行和代收行在操作中均有不当之处。

1.不应以代收行作为汇票付款人

出口商要求托收行同意接受以代收行为付款人的商业汇票，企图收到承兑通知后，通过银行办理贴现。托收行本应拒绝办理，但该托收行却只考虑与客户的业务关系和自身的商业利益，在未征得代收行事先同意的情况下，擅自将代收行作为汇票和托收指示的付款人。这种做法不符合有关国际惯例，也极易引发银行间的争议和纠纷。

2.代收行业务人员责任心不强、业务素质不高

根据URC 522的规定，代收行没有义务审核单据，但对于托收面函和汇票的内容还是应该仔细审阅，以确保所收到的单据与托收指示中所列各款相符，并且向正确的付款人提示汇票和单据。本案中，代收行业务人员如果认真负责，完全可以发现汇票和托收指示的不正常，及时发电询问，避免事后的纠纷。此外，在代收行向托收行传达进口商欲延期付款的电文中，竟然出现了"我方将给予正式的承兑电文"这样的字句。托收行在交涉中就抓住这段电文，强调说代收行明确承兑了汇票，应该承担到期付款责任，使代收行非常被动。托收行在回复代收行同意延期付款的电文中称"凭你行在新到期日的付款承诺，付款可以延期到某年某月某日"，其用意就是企图借此电文进一步确认汇票是经代收行承兑而非客户承兑的。代收行在收到此电文时，本可予以否认和反驳，可是代收行经办人员因责任心不强或业务水平差，竟然没有做出反应。

本案经最终查实，托收单据中的航空运单是伪造的，根本没有货物进口，实际上是进出口双方以进出口商品为名事先预谋的，以跟单托收的结算方式为工具骗取融资。

二、信用证业务中的风险

信用证虽然有着银行信用、独立于买卖合同、单据交易的特点，较之商业信用的汇款和托收更具安全性，但风险依然存在。

（一）出口商面临的风险

1.单证不符引起的拒付风险

发生拒付时，受益人轻则迟延收款，损失利息；重则损失部分或全部货款。而在所有的信用证交易纠纷中，由于单证不符引起的拒付占50%以上。大家知道，开证行履行付款义务的先决条件是受益人提交符合信用证条款的单据。对于不符的单据，开证行可以拒付，而实际上，单证不符已使银行信用变成了商业信用，出口商失去了银行的付款保证，如果进口商资信欠佳，则风险不可避免。

2.适用法律存在的争议风险

国际商会只是一个国际性的民间经济组织，不具备国际法上的主体资格，因而不具有强制执行权。UCP 600属于国际惯例，在信用证声明适用时才发生效力，有时即使有关信用证依据 UCP 600的规定是有效的，如违反对其他有约束力的法律的强制性规定，仍是无效或无法执行的。例如，尽管信用证依据其所选择的 UCP 600有效，但违反了有关国家的外汇管制法、进出口法等，则当事人也不能执行。实际上，信用证的受益人不可能对所有国家的相关法律、不同时期的政策法规全部知悉，因此适用法律方面的风险在所难免。

3.国家风险

来自进口商的国家风险主要包括：

（1）外汇管制的风险。进口国的外汇管制可能是交易发生之前就存在的，也可能是突然发生的。如进口商没有预先申请办妥进口外汇，议付行的收款可能受到阻延甚至收不到。对有可能突然发生外汇管制的国家更要注意，因为一旦该国宣布全面冻结外汇，则由该国开出的信用证就会被止付。

（2）贸易管制的风险。当前几乎各国对贸易都有管制，且根据需要不断调整和改变管制的具体规定及措施，使出口商很难适应。例如，我国向欧洲某国出口纺织服装，如超过配额被该国海关扣留，要等到下一年度才能进关。如果被扣留的服装是冬装，等到次年春天才清关就错过了季节，成为过时商品，而如若等到次年的冬季，则款式已旧。在这种情况下，进口方必然拒付，开证行会故意寻找不符点。

（3）战争或内乱。国际风云变幻无常，一旦进口商所在国政局不稳，发生动乱、政变或战争，很可能禁止国际汇兑，使出口收汇面临风险。

4.来自开证行的风险

其一是指开证行因破产或丧失偿付能力而对受益人构成的风险。在一些国家银行破产的事时有发生，即使一些历史悠久的大银行也不例外。开证行一旦倒闭，出口商可凭合同要求买方付款，尚有挽救之余地。其二是指开证行的资信、经营作风等方面存在问题而可能给受益人造成的损失。有时开证行并未倒闭，但由于经营管理不善，亏损严重，于是便不顾信誉，千方百计地赖账。有时开证行会根据进口商的要求，无理拒付或严加挑剔，找出不符点，迫使出口商降价，或协同进口商要求法院冻结信用证项下货款的支付。这时，出口方可根据国际惯例据理力争，处理得好，有可能收回开证行欲拒付的货款。

【案例11-3】

香港 N 银行于某年5月26日开来号码为 LC00182的信用证一份，向 A 公司购买1万吨水泥熟料，金额为388 800美元，偿付方法为单到开证行付款。公司接证后，备货出运。后来最终收货方提出不再需要该笔货物（香港中间商来电告知），因A公司已经备好货物，因此拒绝撤销合同，准备严格按信用证条款制单。7月22日，A公司将全套单据送交银行议付。议付行经办人员进行了严格的初审和复审，认为单证相符，于次日寄单索汇。8月2日，N银行电提两条不符点：①发票、提单、箱单、产地证明书以及重检证、质检证上出现了"符合BSS12-1978"字样，该项并未在信用证中要求；②（检验证明）重量和质量证明书与信用证要求的单据不符。议付行当日查看了留存记录，发现这两个问题在制单过程中已被发现，并都已在加入的括号中做了处理。因此，与公司联系后于8月4日回电N银行陈述如下理由：首先，"CONFORMING BSS12-1978"系水泥熟料的规格，并且是显示在括号中。按照国际商会的意见，该附加说明并没有与信用证所规定的货物描述发生任何矛盾，故应被接受。其次，开证行将"（检验证明）重量和质量证明"作为单据名称看待。第一行"INSPECTION CERTIFICATE"是中国商检局证书的印就格式，由于它不符合信用证的要求，制单时已将其置于括号中，只有第二行即"WEIGHT AND QUALITY"才是正式的单据名称。

电报发出后，N银行迟迟没有反应，经向A公司了解，开证行已派代理人与A公司进行磋商，N银行显然在拖延时间，故议付行在10日发出普通查询催收无果后，又于11日致电N银行进口部经理，陈述了经过，重复了4日电报全文，要求对方马上答复。

N银行当即回电，电文中既不对议付行所提出的反驳理由作回答，又不提付款的事，也未提出坚持拒付的理由，只说不符点仍未被客户接受，代为掌握单据。议付行立即以加急电的形式致电N银行总经理，告知不符点不成立，要求马上付款，如有异议，亦请回电。此后，又经两次去电催促，对方在8月17日方来电称，收到申请人的指示，要求以二分之一货款付讫为条件放单。经与客户联系得知，A公司并未与买方达成协议，而买方因货物质量及销路问题发生争议，A公司要求尽快索回全部货款。8月22日，议付行再致电对方总经理，指出N银行在此笔业务中既不提出合理理由，又不拒付货款，导致议付行蒙受利息损失USD1 849.72，要求赔偿，否则将寻求其他的解决方式。同日，收到N银行来电，称已付款，次日收到报单，收妥货款，至此结案。

此案例中，由于事先已考虑到进口商可能会要求开证行在单据上硬性挑剔，故在发生拒付后，议付行能马上进行反驳和交涉，又因为对方提出的不符点均是议付行考虑到的，故交涉起来比较自如。由于议付行交涉在理且不断升级，N银行最终不得不付清票款。

5.进口商信用不佳的风险

市场行情发生变化时，信用不佳的进口商对单据的非实质性不符无理挑剔，拖延甚至拒付货款，使出口商面临收汇风险。信用不好的进口商以下的所为也会给出口商带来风险：

（1）不及时开证。进口商没有在规定的期限内开出信用证，使出口商收到信用证时，已临近装运日，无法安排装运。有时，进口商借故拖延甚至不开证，要求改用其他方式支付。

（2）开立带有软条款的信用证。

（3）开立带有风险条款的信用证。例如：

① 正本提单径寄申请人的条款。这种条款的最大风险在于，申请人可不必对银行付款，仅凭手中的提单就可提货，然后逃之夭夭，使受益人蒙受损失。

② 限制运输船只、船龄或航线条款。一旦信用证中对有关运输的船只、船龄和航线等做出限定，就给受益人配船设置了障碍，甚至会错失良机，影响货物的及时出运。如 "Certificate shipping company certifying that the said vessel is less than 10 years of age" 条款，若在临近装船期时无法找到船龄少于10年的远洋货船，而进口方又不同意展期，则只能看着信用证过期失效。

③ 含空运单及邮包收据条款。空运单和邮包收据只是货物的收据，形式上都是记名的，不是物权凭证，其提货并不以交出运输单据为条件，有时仅凭收据上记载的收货人的签字就可提货。因此，出口商发货后，虽然掌握着单据，但对货物已失去了控制。

【案例11-4】

某年6月，浙江某出口公司与印度某进口商达成一笔总金额为6万多美元的羊绒纱出口合同，合同中规定的贸易条件为 CFR NEW DELHI BY AIR，支付方式为100%不可撤销的即期信用证，规定8月间自上海空运至新德里。合同订立后，进口方按时通过印度一家商业银行开来信用证，通知行和议付行均为国内某银行，信用证中的价格术语为"CNF NEW DELHI"，出口方当时对此并未太在意。他们收到信用证后，按规定发运了货物，将信用证要求的各种单据备妥交单，并办理了议付手续。然而，国内议付行在将有关单据寄到印度开证行后不久即收到开证行的拒付通知书，拒付理由为单证不符：商业发票上的价格术语"CFR NEW DELHI"与信用证中的"CNF NEW DELHI"不一致。得知这一消息后，出口方立即与进口方联系要求对方付款赎单；同时通过国内议付行向开证行发出电传，申明该不符点不成立，要求对方及时履行偿付义务。但进口方和开证行对此都置之不理，在此情况下，出口方立即与货物承运人联系，其在新德里的货运代理告知该批货物早已被收货人提走。在如此被动的局面下，后来出口方不得不同意对方降价20%的要求作为问题的最后解决办法。

从以上案例可看出，造成出口方陷入被动局面的根本原因在于丧失了货权，而出口方在得到偿付之前货权就已丧失是由航空运单的特性决定的。信用证的最大优点就是银行信用保证，虽然银行处理的只是单据，不问货物的具体情况。但如果买方不付款赎单，就提不到货物，这在海运方式下是可以实现的，因为海运提单是物权凭证，买方只有凭其从银行赎来的海运提单才能到目的港提货。但空运方式下的航空运单则不具有物权凭证的特征，它仅是航空承运人与托运人之间缔结的运输合同以及承运人或其代理人签发的接收货物的收据。由于空运的时间很短，通常在托运人将航空运单交给收货人之前，货物就已经运到目的地，因此收货人凭承运人的到货通知和有关的身份证明就可提货。这样一来,在空运方式下即使是采用信用证结算方式,对于卖方而言也不是很保险。

（二）进口商面临的风险

在信用证业务中,进口商面临的最大风险是出口商的信用风险。在出口商无履约能力的情况下,即使进口商如期开出信用证,也无法收到出口商的货物,进口商将因此蒙受开证费用的损失和进口商品的机会损失等。

信用风险还来自出口商交货严重违反贸易合同的要求,甚至根本就不交货而用假单据骗取开证行的付款。根据UCP 600,银行是凭相符单据付款而不过问货物或事实,对于一个有经验的出口商来说,制作表面上相符的单据并不是困难的事。

（三）开证行面临的风险

开证行面临的风险主要来自申请人的信用和信誉风险,包括无理拒付相符单据或开出信用证后拒付。由于对相符单据开证行必须付款,并不受申请人清偿能力或倒闭的影响,所以只要进口商不付款赎单,开证行就要承担无法向申请人追回货款的风险。虽然开证行拥有货权,但处理货物过程中依然存在风险,如货物无销路或要削价处理等。开证行面临的另一风险是进出口商合谋欺诈,致使开证行最终遭受损失。申请人违规、违反国家进口计划或超过进口许可证金额,也会给开证行带来风险。另外,信用证及有关单据的内容及信息传递方面的问题都会使银行处于风险中。

三、保函业务中担保行的风险

担保行在保函项下的风险归纳起来主要来自以下几个方面:

1.来自受益人的风险

当担保行开出的为见索即付的独立性保函时,可能遭受来自受益人不合理索赔的风险。因为只要索赔文件或单据表面合格,担保行就必须承担支付责任,而此时事实上可能申请人已履行了合同或受益人已违约。由于担保行在支付后仍可要求申请人或反担保人赔偿,若二者的资信良好,担保行即可将风险转嫁出去。

【案例11-5】①

山东电建与能源公司签订合同,约定山东电建作为承包商,在印度承建一座燃煤火电厂。根据山东电建的申请,银行开立了9份金额共计202 322 359美元的保函,并开立了相应的反担保函。合同履行过程中,能源公司以山东电建违约为由要求印度国家银行班加罗尔分行(担保行)支付保函项下的全部款项。印度国家银行班加罗尔分行向能源公司支付了4份保函项下的款

---

①　2023年9月27日,最高人民法院发布第四批共12个涉共建"一带一路"的典型案例,此为其中的第四个。原标题为"明确保函欺诈以及银行付款行为是否善意的认定标准维护独立保函见索即付制度价值——中国电建集团山东电力建设有限公司与印度卡玛朗加能源公司(GMR KAMALANGA Energy Ltd.)等涉外保函欺诈纠纷案"。

项。印度国家银行上海分行（指示行/转开行/反担保行）按照印度国家银行班加罗尔分行向其提出的索赔，支付了反担保函项下的相应款项。山东电建提起本案诉讼，请求终止支付案涉保函、反担保函项下的款项。

最高人民法院二审认为，山东电建以独立保函欺诈为由提起本案诉讼，其应当举证证明印度银行班加罗尔分行、印度银行上海分行明知能源公司存在独立保函欺诈情形，仍然违反诚信原则予以付款，并进而以受益人身份在见索即付独立反担保函项下提出索款请求。由于能源公司的索赔符合保函条款，印度银行班加罗尔分行应承担见索即付的付款责任；至于付款当日是否有罢工情形、款项的支付方式是否符合能源公司索兑函的要求与判断该行付款行为是否善意没有关联。山东电建未能提交充分的证据证明印度银行班加罗尔分行付款是非善意的，一审判决认定其为非善意付款缺乏事实和法律依据，应予纠正。反担保函为转开独立保函情形下用以保障追偿权的独立保函，在相符交单的条件成就时，就产生开立人的付款义务。因此，印度银行上海分行在收到印度银行班加罗尔分行的相符索赔时，即应承担付款义务，其也有权向浦发银行济南分行和工行山东省分行索赔。一审判决认定印度银行上海分行非善意付款缺乏事实和法律依据，应予纠正。印度银行班加罗尔分行和印度银行上海分行上诉主张其构成善意付款，不应止付反担保函下款项的上诉理由成立，予以支持。改判驳回山东电建的诉讼请求。

本案重申了独立保函"见索即付"的制度价值，人民法院对基础交易的审查坚持有限原则和必要原则。出具独立保函的银行只负责审查受益人提交的单据是否符合保函条款的规定并有权自行决定是否付款，担保函的付款义务不受基础交易项下抗辩权的影响。本案同时明确了反担保函项下"善意付款"的认定标准。本案裁判体现了对中外当事人的平等保护原则和我国良好的法治环境，对推动中国企业在"走出去"过程中加强法律意识，提升风险管控能力亦具有积极意义。

2.来自申请人的风险

在信用类保函中，如果申请人没有履行某一合约项下的义务，则担保行就要向受益人承担赔偿的责任；在付款类保函中，只要受益人按合同规定履行了一定的义务，担保行也要支付。担保行付款后，申请人破产或无力或不愿偿付，则担保行就会因得不到补偿而遭受损失。这就是担保行可能承受的来自申请人方面的风险。如果有反担保人或申请人曾提供了抵押品或质押品，则担保行可向反担保人索偿，或依法行使其抵押权或质押权。

3.来自反担保人的风险

担保行在出具保函之前，有时会要求申请人提供一份由第三方出具的以担保行为受益人的反担保函。反担保人的责任是保证担保行对外支付后，特别是在申请人无力偿还的情况下，补偿担保行因履行担保责任而做出的任何支付。有时，反担保是不具资格的非经济实体（如政府部门）承担的，这样，担保行将面临反担保不具法律效力的风险。即使是经济实体承担的反担保，也可能出现反担保人不愿履约或无力履约的情况，使反担保函成为一纸空文。

4.来自保函条款本身的风险

保函和所依据的基础合同是各自独立的法律文件（从属性保函除外），保函虽然依据合同开立，但又独立于合同，即受益人要求的付款能否成立，关键在于其索赔是否满足了保函条款的规定，所以，保函条款是否严谨直接关系到保函项下风险的大小。

四、保理业务中的风险

国际保理业务主要涉及出口商、进口商和保理商三方当事人，因为进口商完全是凭着自身的信用表现来获得保理商对其债务的担保的，所以风险集中在出口商和保理商身上。

（一）出口商的风险

保理业务不同于信用证以单证相符为付款依据，而是在商品和合同相符的前提下保理商才承担付款责任。如果由于货物品质、数量、交货期等方面的纠纷而导致进口商不付款，保理商不承担付款的风险，故出口商应严格遵守合同。另外，进口商可能会联合保理商对出口商进行欺诈，因为保理商对其授信额度要负100%的责任。

国际保理业务的依据是国际保理商联合会颁布的《国际保理业务惯例规则》（现在使用的是GRIF 2023），本规则在第15条中规定，只要进口商提出抗辩，保理商担保付款的责任就解除，一切争议由进出口商自行协商解决。有时进口商故意制造纠纷以拖延付款，而保理商也以此为理由推卸责任，这就是国际保理的潜在风险。下面的例子就是一个非常典型的以纠纷推卸责任的案件。

【案例11-6】

内地某出口商欲将电视机卖到香港，遂向某保理商申请100万美元的信用额度。保理商在调查评估进口商资信的基础上批准20万美元的信用额度。出口商在此基础上与香港进口商签订23万美元的贸易合同。发货后出口商向保理商申请融资，保理商预付16万美元。到期日进口商以该批货物与以前所购货物为同一型号，而前批货物有问题为由拒付。进口保理商随之以贸易纠纷为由免除坏账担保责任。出口商认为对方拒付理由不成立，并进一步了解到对方拒付的实际理由是香港进口商的下家土耳其进口商破产，货物被银行控制，香港进口商无法收回货款。因此，出口方要求香港进口商提供质检证，未果。90天赔付期过后，进口保理商仍未能付款。出口方委托进口保理商在香港起诉进口商。但进口保理商态度十分消极，结果内地出口商败诉。

简析：这是一起典型的贸易纠纷导致保理商免除坏账担保责任的保理案例。那么，引发贸易纠纷的货物质量问题是否存在？进口商认为货物质量有问题的理由过于牵强，根本原因是自己从下家处已无法收回货款，从而面临损失的风险。为了避免自己受损，进口商自然不会配合出口商解决贸易纠纷，对出口商提出的提供质检证的要求自然也就置之不理。进口保理商由于贸易纠纷的原因免除坏账担保责任，在90天赔付期内拒付是正当的行为，符合国际保理惯例的相关规定。但同样根据国际保理惯例的规定，进口保理商有义务尽力协助解决纠纷，包括提出法律诉讼。但本案中，进口保理商作为出口商的代理在诉讼过程中态度却十分消极，并不想打赢官司，原因很简单，因为赢了官司的后果是自己承担付款的责任，并因为进口商偿付困难的现实，从而有可能最终是由自己承担16万美元的损失。本案中，出口保理商为出口商提供了买方资信调查与坏账担保服务，因而提供的融资应该属于无追索权融资。如果事先与出口商未就贸易纠纷下的追索权问题达成协议，则拒付的风险将由出口保理商承担。

（二）银行的风险

对商业银行而言，保理业务的风险有三：一是进出口商之间的欺诈性交易风险，这也是保理业务最大的风险，如商业银行不能较好地掌握客户情况，恰当地对客户进行风险评估，出口商在商业银行已核准应收账款额度内的风险通常将转移给保理商。二是信息不对称风险。从具体操作情况看，在正常的贸易交往中，特别是国际贸易交往中，往往受地域及行业差异等因素影响，难以做到信息对称，保理商特别是未加入国际保理商联合会（FCI）的保理商，始终处于不利地位，存在信息不对称风险。三是法律风险，包括受让债权的合法性风险、受让债权的可转让风险、出口商履约瑕疵风险、强制追偿方面的风险等。

五、融资业务中的风险

银行的贸易融资方式有许多，现以几种融资方式为例，说明其风险：

（一）打包放款的风险

人们一直认为打包放款是质押放款，有开证行的信用和单据（货物）的双重保证，风险很小，即使有风险，也是来自进口方面而非受益人，如开证行资信较差、倒闭或无理拒付，软条款信用证，国家风险及进口商信用不佳等。但实际上，以上的风险最终是否会转化为损失，很大程度上取决于受益人单据的质量（不包括国家风险）。因为开证行的付款是以受益人提交相符单据为前提，银行可能面临信用证受益人提交不符点单据遭到开证银行拒付，以致无法清偿打包放款本息的风险。更为严重的是，受益人因这样或那样的原因未能在信用证效期内交单。例如：①没有有效组织货源，无法在信用证效期内备货装运；②打包放款挪作他用，没有组织备货；③申请人与受益人合谋，骗取打包放款资金。总之，在受益人不按期交单的情况下，放款银行就失去了来自开证行的付款保证，面临着收不回本息的危险。

（二）议付的风险

从表面上看，议付既有代表物权的单据作质押，又有开证行的偿付承诺，似乎是有"双保险"的，其实不然。其风险具体地表现在以下几个方面：

首先，进口商所处地区和国家政局动荡或不稳，使单据到达开证行后存在着货款被没收、冻结的风险；或者存在外汇管制和较严格的进口限制政策，即使货物和单据正常到达，由于进口商在操作程序中的疏漏，也有可能造成货款的暂时冻结扣押，影响货款的及时收回。

其次，出口商品价格行情变化较大，与原合同相比有大幅下降，存在进口商与开证行对单据加以挑剔，从而拒绝付款的风险。其结果是对产品进行压价、迟付甚至退单拒付。如某年8月，太原市一家外贸公司根据外商开来的信用证，组织焦炭出口，在向银行办理押汇并按信用证条款备好货源准备发运时，国际市场焦炭价格大跌，外商为了甩掉进口后大额亏损的包袱，拒不执行此项合同，造成了议付行139万美元货款的损失。

再次，开证行资信较差，无理挑剔，拒付、迟付，或者开证行规模较小、经营业绩较差，也会给货款的收回带来一定的风险。

最后，在开证行拒付后，议付行向国内出口商追索议付款项时也存在风险。一是企业不予配合，逃避责任，拖延甚至拒绝偿还该款，这给银行收回垫款带来了极大的困难；二是企业本身经营困难、财务拮据，无力还款，甚至已破产，无法归还全部或部分议付款。当然，也有来自银行内部业务操作失误（如审单疏忽、寄单及索偿的失误等）带来的货款遭拒付或迟付、少付的风险。

（三）提货保函的风险

实务中，尽管银行出具提货保函会要求进口商事先存入全额保证金，但还是有提货保函被诈骗分子所利用，导致银行遭受损失的案例发生。银行出具提货保函要承担的风险，主要体现在以下几个方面：

1.担保方式

银行在提货保函业务中承担了连带保证责任，一旦船公司的利益受到损害，船公司可以要求进口商赔偿，也可以直接要求银行承担保证责任，不以对进口商的起诉或仲裁为条件。事实上，一旦损失发生，船公司都会直接向银行进行索赔，如果卷入纠纷或诈骗案件，银行很容易成为最终受害人。

2.银行的赔偿责任不限于货物价值本身

尽管在实务中银行要求进口商事先交纳货物价值的100%作为保证金，备付船公司的索赔。但事实上船公司对银行的索赔金额往往大于发票上表明的货物价值，因为索赔金额是由船公司对第三方（一般是正本提单持有人）的赔偿金额决定的，而船公司自身承担的赔偿一般要大于货物价值。

3.担保期限不确定

提货保函未规定银行的担保期限，进口商承诺在收到正本提单后，及时到船公司换回提货保函，将其退回银行，使银行终止担保责任。如果进口商始终得不到正本提单，或拿到正本提单后不去船公司换回保函，都会使银行的担保责任无限延长。

4.欺诈风险

在信用证结算方式下，当信用证未要求全套正本海运提单时，如果银行出具了提货保函，就很容易被诈骗分子利用，使银行落入圈套。当议付的单据中未要求正本提单时，银行出具提货保函要冒更大的风险。

【案例11-7】

某年5月2日，甲船公司所属某货轮在香港承运一批货物。货物装船后，甲船公司签发正本提单一式三份。提单载明：托运人名称、收货人凭指示、通知人乙公司、起运港香港、目的港珠海及相应货物等信息。5月3日，货轮抵达珠海，甲船公司通知乙公司提货，因其不能出示正本提单，甲船公司拒绝交付货物。5月9日，乙公司向甲船公司出具一份银行印制的"提货担保书"。担保书在提取货物栏记载信用证号码、货值、货名、装运日期、船名等。在保证单位栏记载："上述货物为敝公司进口货物。倘因敝公司未凭正本提单先行提货致使贵公司遭受任何损失，敝公司负责赔偿。敝公司收到上述提单后将立即交还贵公司换回此担保书。"乙公司盖章并由负责人签字。在银行签署栏记载："兹证明上述承诺之履行"，落款为丙银行，盖丙银行国际部业务专用章。甲船公司接受"提货担保书"，签发了提货单。但乙公司其后没有交款赎单，提单最终被退给托运人。

次年4月6日，托运人持正本提单在香港特别行政区法院以错误交货为由，对甲船公司提起诉讼，要求赔偿货价损失、利息和其他费用。香港特别行政区法院判令甲船公司向托运人支付赔偿金并承担托运人所发生的律师费。

甲船公司随后提示相应索赔单据向丙银行提出索赔，认为保函申请人乙公司于5月9日凭提货担保书提取货物后至今未将该项货物的正本提单交还，要求丙银行赔偿货款损失、利息及其他相关费用。丙银行审核相应单据后向甲船公司进行赔付，并向乙公司提出索赔。

此案例中：对甲船公司来说，虽然根据提货保函提货是国际惯例，但是提货保函对于承运人而言有一定的风险，因此承运人应该仔细审核提货保函条款以及提货人和担保银行的资信，从而合理保障自己的权益。

对于乙公司来说，凭保函提货后没有按照正常程序付款赎单并将提单交还承运人，企图赖掉其付款责任。这种做法大大损害了自己的信誉和与银行的业务关系，得不偿失。

对于丙银行来说，出具保函就意味着承担了保证责任，因此一定要谨慎审查保函申请人的资信，并严格控制根据提货保函提得货物的所有权，从而有效控制自身风险。

六、风险新特点

近年来随着全球经济数字化、地缘政治变化及技术创新的加速，国际结算领域呈现出新的风险特点和趋势。

一是数字化与网络风险升级。随着区块链、物联网等技术在国际结算中的应用，犯罪分子利用这些技术的漏洞进行作案，如针对区块链智能合约的漏洞攻击，或通过物联网设备窃取货物运输信息实施诈骗。SWIFT系统、CIPS成为黑客攻击目标，伪造指令、数据篡改等事件频发。

二是资金转移更迅速和分散。随着即时支付系统（一种金融基础设施，能够实现资金在付款方和收款方之间的实时清算和到账，通常几秒内完成，且支持7×24小时不间断运行）的发展，犯罪分子可以更快速地转移资金，减少被追踪和拦截的可能性。他们利用这些系统将非法资金迅速转移到多个不同的账户或地区，增加资金追溯的难度。为了规避金融机构的风险监测和监管部门的审查，犯罪分子采用小额多次的交易方式，将大额非法资金分散成多笔小额交易进行转移，降低单笔交易的风险，同时也增加了监测和识别的难度。

三是地缘政治与合规风险加剧。次级制裁扩展（所谓次级制裁，是指一国不仅对目标国家、企业或个人实施直接制裁，还惩罚与这些受制裁对象进行交易的第三方国家、机构或个人，以此迫使全球实体切断与被制裁方的经济往来），美国等国家将制裁链条延伸至金融机构（如2023年昆仑银行案例）；部分国家推动"去美元化"（如俄罗斯SPFS、中国CIPS），但新系统流动性不足可能引发结算延迟或失败。

【案例11-8】

2012年7月31日，美国总统奥巴马宣布对伊朗石油行业进行新的制裁，同时美国财政部根据《2010年对伊朗全面制裁、问责和撤资法案》对我国昆仑银行实施制裁。昆仑银行被指控至少为6家伊朗银行提供金融服务，而这6家银行与伊朗发展大规模杀伤性武器项目和支持国际恐怖主义有关。被列入黑名单后，禁止昆仑银行使用美元进行国际交易，并从SWIFT系统中剔除，要求任何持有昆仑银行账户的美国金融机构必须在10天之内销户。

2016年伊核协议（JCPOA）达成后，美国暂时放松对伊制裁，但昆仑银行仍未被解除制裁（因美国认为其仍存在风险）。

2018年美国退出伊核协议，重启对伊朗制裁，昆仑银行的跨境业务继续受限。

2023年后，随着美国加强对伊朗石油交易的次级制裁，昆仑银行面临更严格的合规审查。昆仑银行被迫转向人民币跨境结算（主要通过CIPS系统）和易货贸易模式。

昆仑银行简介：昆仑银行的前身是克拉玛依市商业银行，2009年4月中国石油天然气集团公司通过增资控股了克拉玛依市商业银行（持股比例超过77.09%，2024年底），2010年4月正式更名为昆仑银行。截至2024年末，总资产达4 555.6亿元，2024年全年净利润17.05亿元。共有分支机构77个，员工3 267人。

该银行依托中石油的产业资源，核心业务围绕能源行业展开，尤其是在石油贸易结算、能源企业融资等领域具有独特优势。

该银行分别于2014年和2019年在北京、上海成立了国际业务结算中心，主要服务于"一带一路"沿线能源贸易，在伊朗、中亚等地区占据主导地位，市场份额超30%。作为CIPS直接参与者，其跨境支付业务覆盖15个"一带一路"国家，日均处理量突破2.1万亿元。

四是供应链金融复杂性风险。虚构贸易背景的"重复融资"问题突出（如青岛港事件）。

【案例11-9】

青岛港事件是一起典型的重复质押、虚假贸易融资案件，涉及贸易公司、银行、仓储企业、监管机构等多方主体。以下是主要涉案关系人及其具体角色和操作细节。

1. 核心涉案企业及个人

（1）德正资源控股有限公司（核心骗贷主体）。实际控制人为陈基鸿（新加坡籍商人）。其操作手法是，通过旗下多家子公司（如德诚矿业、德正矿业）在青岛港保税区存放铜、铝、氧化铝等大宗商品；伪造仓单，同一批货物向多家银行重复质押，骗取贷款；利用虚假贸易合同申请信用证（L/C）融资，套取资金后挪作他用（如房地产、境外投资）。涉案金额超150亿元人民币（仅德正系）。

（2）青岛港关联仓储公司（协助造假）。青岛港保税区部分第三方仓储企业（未全部公开名称）的管理人员与贸易公司勾结，出具虚假仓单或"一货多单"；允许德正系公司在未实际转移货物的情况下，重复办理质押登记；部分仓库甚至虚报库存，实际货物远低于仓单记录。

（3）银行（风控失效的受害方）。主要涉事银行包括中信银行（损失约30亿元）、民生银行（损失约20亿元）、渣打银行（外资行中受影响最大，退出中国大宗商品融资业务）、部分城商行、法国巴黎银行。这些银行过度依赖仓储公司提供的仓单，未实地核查货物；忽视贸易背景真实性，未追踪资金实际用途。

2. 案件爆发与调查过程

（1）导火索（2014年5月）。铜价暴跌，银行要求追加保证金或收回贷款，但德正系无法兑付。银行抽贷时发现"货不对单"，部分仓库货物已被转移或根本不存在。

（2）警方介入（2014年6月）。青岛警方立案调查，查封德正系资产，控制陈基鸿等高管。

关键证据：同一批货物的多份仓单（不同银行持有）；虚假贸易合同（无真实物流记录）。

（3）司法审判（2016年）。陈基鸿被判合同诈骗罪，获刑23年（后减刑）。青岛港部分仓储人员因提供虚假证明文件罪被判刑。银行内部问责：多家银行涉事分行行长、风控负责人被撤职。

3. 事件暴露的深层问题

（1）仓单体系不透明。中国当时缺乏全国统一的仓单登记系统，银行难以核查质押货物真实性；仓储公司管理混乱，部分民营仓库监管缺失。

（2）银行风控形同虚设。过度信任"保税仓单"，认为港口仓库不会造假；忽视贸易融资自偿性（许多贷款无真实贸易支撑）。

（3）监管滞后。银保监会此前未重点监控大宗商品融资风险；海关、港口管理局对保税区仓储监管不足。

4. 后续影响与行业变革

（1）银行收紧大宗商品融资。外资银行（如渣打银行、法国巴黎银行）缩减中国金属融资业务。国内银行提高质押率要求，加强货物核查。

（2）仓单电子化与登记制度。中国推动动产融资统一登记公示系统（2021年全面上线）；

青岛港升级仓储管理系统，引入区块链技术防伪。

（3）贸易融资规范化。银保监会要求银行严查"融资性贸易"，禁止虚构交易背景贷款；企业需提供完整物流、资金流证据才能获得贸易融资。

五是操作风险技术化。AI与深度学习滥用，如2022年香港AI语音诈骗案；API集成风险，如开放银行接口被攻击导致数据泄露（2023年印度Paytm事件）。

第二节　风险控制

风险控制就是对潜在的损失进行识别、衡量和处理，以阻止损失的发生或减轻损失发生的影响程度，以获得最大利益的过程。国际结算及融资活动中的风险控制具有一定的针对性和专业性，是通过一整套的运作机制来实现的。

一、对客户资信的掌握及信用额度的确定

1.对客户资信的审查

在国际结算和融资业务中，银行对向其提出申请，要求其办理进出口结算及融资的客户，要进行资信方面的调查，以决定是否接受其委托。这是风险控制的首要环节。资信的好坏可以从许多方面反映出来，作为银行可重点审查客户的财务状况、管理水平、经营作风及发展前景等。

2.对客户核定信用额度

信用额度（Line of Credit）是银行根据客户的资信情况所确定的在一定时间内可以向客户提供的最高信用融资的账面余额。这个最高信用融资余额根据期限分为长期和短期；根据业务品种可以划分为开证额度、信托收据额度、出口押汇额度、打包放款额度等。其宗旨是在特定的时间里银行对其特定的客户所拥有的债权总数不能超过一定的量。在信用额度内，客户取得的融资可以周转使用。

二、对影响贸易的制约因素的分析

当客户向银行提出申请，要求具体办理一笔国际结算和融资业务时，银行要对影响贸易的制约因素加以分析，这些因素与客户的资信状况无关，却是形成风险损失的重要原因。

1.对贸易对象国国家风险的分析

银行在从事国际结算及相关的贸易融资时，为避免遭受损失，除须考虑一般性的商业风险外，还须考虑贸易对象国本身独有的政治、社会、法律等方面的风险。这就要对贸易对象国的政治形势进行分析，了解该国外汇管制及金融法规，熟悉该国的法律制度。

如果贸易对象国的国际关系发生重大变化，如对外发生战争、领土被侵占，或国内局势动荡等，就会使合同的执行、货物的交接、款项的拨付受到影响。而在外汇管制较严的国家，债务人即使有足够的实力偿还国外债务，也可能无法取得或汇出外汇，这种风险被称为"转移风险"。为了对一些国家的政治形势进行预测，国家风险评级受到国际银行业的重视。

首个面向企业市场的商业化风险评估机构是美国商业环境风险评估公司（Business Environment Risk Intelligence， BERI）。该公司20世纪60年代后期首次创立了BERI指数，为跨国企业、金融机构和政府提供投资决策参考。该指数一是对被评估国家的商业气候、政治稳定性及货币和支付风险进行分别评估。它每年都对客户进行调查以确定下一年度需要评估的国家。二是通过定量和定性分析评价一国的信誉状况。它采用几种定性和定量标准对未来5年这个国家的情况进行预测，并把国家风险评级具体地分成定量评级、定性评级和环境评级三类。它把1～100之间的各个国家分成多个档次，每年提供3次国际风险预测报告。

大家熟悉的标准普尔（Standard & Poor's）在国家主权信用评级等方面具有很高的权威性。穆迪（Moody's）对国家风险的评估在国际金融市场上受到广泛关注。惠誉（Fitch）与标准普尔、穆迪并称为全球三大信用评级机构，其总部位于英国的简氏信息集团（IHS Jane's），是全球领先的军事战略信息提供商。其国家风险评估数据库将全球分为17个地区，针对全球250个国家和地区安全环境进行关键分析，结合国家和区域安全评估，提供强大的情报资源。

2.对贸易中的国外当事人的调查

为保证结算和融资活动的顺利进行，银行不仅要对本国的客户进行资信调查，还要对与本国客户打交道的外国客商的资信进行了解和调查。尤其是在大额交易或特殊的贸易时，这种资信调查显得十分必要和重要。因为外国客商的信誉如何，直接关系到贸易的成败，实务中许多损失的造成就是缘于国内企业盲目签约而忽视了外商的资信。

了解外商资信状况的一个渠道是通过专门的咨询公司，这类公司往往掌握着第一手资料，但收费较高。另一渠道是通过当地的代理行，代理行和外商位于一地，甚至还可能是外商的开户行，这样不仅能很容易地得到信息，而且非常经济。通常这也是代理行相互之间提供服务的内容之一。还有一个渠道即审查其资产负债表。一些上市公司的资产负债表是公开的，通过分析，可以了解其经营及业务等情况。

3.对货物市场情况的调查

从上一节各种结算方式的风险分析中可以发现，货物的行情一旦发生不利的变化，直接影响着诸如进口和出口的融资能否按期收回及结算过程是否顺利，所以银行对货物有关情况的调查和了解也是十分必要的，特别是对金额大、市场情况变化敏感的商品更应如此。若属于紧俏的畅销商品，即使单据存在明显的不符，进口商往往也不会顾及。相反，若商品行情变坏，进口商就会百般挑剔以图"正当"拒付。此时若银行提供了融资（出口或进口）往往就非常被动，虽然控制着货权，可以处理货物，但很难再找到买主，往往不得不削价拍卖。

三、银行内部相应机构的设置

设置合理的银行内部组织机构是保证结算和融资顺利进行、抵御各种风险的重要措施。国际性的商业银行在这方面已经建立了一整套的运行机制，主要包括：

一是建立各级放款审查委员会。银行内部通常设立不同级别的放款审查委员会，如基层级的、中层级的以及由行长等组成的最高层级的放审委员会。以上三级放审委员会各有不同的权限，超过权限的贷款项目要求上报上一级放审委员会审批，超过分行权限的，则上报总行放审委员会。

二是把审贷分离作为业务运作的控制原则。银行的审与贷在运作上是分离的，这样就避免了信贷人员权力过大的弊病，使业务能有条不紊地开展。

三是设置方便客户的机构。银行内部运作，必须考虑如何方便客户，倘若过多地强调风险控制，设立过于烦琐的手续，使客户感到不方便，就有可能失去客户。因此，必须在机构设置方面，在考虑风险控制的同时考虑如何方便客户。

四、信用证结算中风险的防范

（一）信用证项下出口结算的风险防范措施

出口结算涉及的是出口商及通知行和议付行等。从保障货物和收汇安全的角度，以下几方面是应该做到的：

1.掌握开证行的资信

开证行的资信直接关系到出口商及出口商银行的利益，因此开证行最好是资信好、偿付能力强、有代理关系的银行。但开证行并不是由出口方选择的，这样，在收到国外开来的信用证时，首先要关心的就是开证行的资信。除了靠平时收集有关信息外，还可以利用国际上的资信评定机构所公开的资料对开证行的资信情况进行了解。在地域上，标准普尔和穆迪的重点是美国银行；惠誉的重点是欧洲及亚洲银行。另外，由英国 Reed Information Services 出版发行的《银行年鉴》（Banker Almanac）对世界 4 000 多家国际大银行包括这些银行在世界其他国家和地区的分支机构都做了介绍，其基本内容包括：该银行的历史、世界排名、本国排名、世界知名评级机构对其长期和短期的信用评级、资产负债表、利润表，在国外分支机构名称、重要的代理行名称，该行董事长、行长、有关业务部门负责人及联系地址，该行的SWIFT代码、BIC号码等。该年鉴收录最新统计资料，每年出版发行两次，如年鉴上"查无此行"，则说明银行很小，应提高警惕。对认为风险较大的开证行，不应接受或给出口商融资。如果出口商坚持，则应采取必要的措施（见第六章第四节的内容）。

2.出口商谨慎签约

信用证虽然是独立于合同的，但信用证开出的依据却是合同。因此，出口商在签订合同时，合同中的付款条件一定要具体、明确、完善。如为防止进口商拖延开证，合同中应规定信用证的开出时间；明确信用证的种类，如为"不可撤销""不可转让"等；列明费用由谁承担，等等。

　　3.认真审证

　　4.严格按信用证规定制单和交单

　　出口商应按信用证的要求，正确、及时地缮制所规定的各种单据并在规定的期限内交单。有时，即使是一字之差，也会引起争议和纠纷。

【案例11-10】

　　国内某银行办理了韩国某银行开出的见票60天付款的假远期信用证项下的出口业务一笔，金额为46 206.08美元，受益人为国内自营出口生产企业，远期汇票的付款人为开证行设在香港的全资附属机构某财务公司，出口货物为全棉牛仔布，货到韩国的釜山港。在规定日期受益人向寄单行提交了上述信用证项下的全套单据，要求办理出口收汇业务。寄单行于当日对开证行和汇票付款人分别寄出单据和汇票。一个星期后，寄单行收到香港地区汇票付款人通过办理贴现获得的即期款项，并于当日对受益人结汇。但3天后，开证行发来电传，称收到单据后发现提单的到达港是"Pusan"，而非信用证中规定的"Busan"，因而要求寄单行退款。实际上，"Pusan"是"Busan"的另一种拼法，已载入正式的出版物，却被对方抓住不放。此案经双方反复交涉，才使对方放弃了不合理的要求。显然，如果出口商在制单时能严格按信用证的要求去做，就可以避免这种不必要的纠纷。

　　5.出口地银行严格审单

　　上例中，如果寄单行能逐条逐句地审核单据，就可避免差错，为顺利收汇提供必要条件。

　　（二）信用证项下进口结算的风险防范措施

　　对于申请人和开证行来说，为保障进口货物和付汇的安全，可采取以下几方面的措施：

　　1.谨慎合理地制定信用证条款

　　进口商即申请人是通过信用证中的各项条款来制约受益人执行合同的，因此，信用证的条款应能最大限度地限制国外不法商人的不轨行为，以保障自身的利益。例如，为了防止受益人制造假单据或以坏货、次货充好货，可在信用证中规定由可信赖的检验机构或公证机构出具质量检验证明（如GSP检验证书），证明所交货物的品质、数量、包装符合合同规定，甚至还可规定具体的检验标准和条件；为了防止出口商短装货物，可要求检验机构出具数量和重量检验证明；同时，为防止出口商在检验后调包，还可规定检验证书必须标明检验是在装船时进行的；为了证实对方出口货物已获得政府有关机构的许可，可在信用证中要求对方在有关单证中加注许可证号码或出具许可证副本。

2.正确处理单据

正确处理单据一是指要认真审核单据，保证审单质量；二是指开证行要保管好单据。关于审单，在第六章中已介绍过，现举一开证行丢失单据造成对外赔付的实例。

【案例11-11】

某年5月8日，某开证行应国内A公司的申请开立了以韩国S公司为受益人的第LC22000号信用证，金额为63 500.00美元。9月18日，开证行收到一份由首尔C银行发来的催收货款的电报，称议付单据已于8月21日通过快递寄出，但款项尚未贷记其账户。同时，申请人也声称船只已于8月26日抵港，港口方面已催其提货并开始计提滞期费。开证行立即查阅了收电记录，并与本系统的收发部门联系，均未发现收到此套单据的记录。于是便一面告知申请人单据有可能耽误在途中，另一方面向议付行查询。9月28日，申请人向开证行提示了一份由受益人驻京商务代表处提供的开证行签收上述单据的快邮收据影印件。经收发部门确认，快邮收据上显示的图章为开证行下属某营业部专用，于是，立即查询该营业部。经核查得知，该营业部的确已于8月24日签收了此套单据，但却不知去向。为避免事态进一步扩大，开证行迅速采取了以下措施：首先，立即致电议付行索要付款指示，表明准备履行付款，尽管仍未收到有关单据；其次，出具提货保函交申请人凭以办理提货，以免造成更大的滞期费损失。10月6日，议付行复电，告知付款路线并称保留其追索迟付利息的权力。根据议付行的指示，开证行于10月9日办理了付款手续。议付行于11月18日来电追索开证行迟付44天的利息，按年息5.875%计算，计498.50美元。因此笔业务确系开证行工作疏漏所致，开证行决定对外赔付，但只同意按LIBOR利率赔付，并扣除6天的合理工作日，共赔付303.90美元迟付息。此案就此了结。

此案的赔付金额虽然不大，但性质严重。如果开证行在信用证中规定议付行必须于议付后分两次将单据寄交开证行，则单据丢失的可能性就不大；如果开证行于议付行首次催收时，不是简单地向议付行查询单据的下落，而是主动向内部其他业务部门查询，事情的结果可能就是另外一种情形。

3.要求出口商提供银行保函或备用证

当进口商对出口商的资信情况不太了解，而交易金额又较大时，可在合同中定明出口商须提交银行保函或备用证。

（三）融资风险的防范措施

由于打包放款和出口押汇属于出口业务项下的融资，所以我们前面提到的信用证出口业务的各项防范措施也是融资时要采取的。除此之外，从这两种融资方式的特点来看，严格对"证权"和"物权"的审查也是必要的。

从取得打包放款的"证权"来说，一是要把好申请阶段的审查关。对资信较差、收汇风险较大的国家或地区开来的信用证，应要求一家第三方银行对信用证予以保兑，否则不予发放。二是认真审核信用证的内容，凡信用证条款含糊不清的，应要求开证行修改；对信用证中未明确议付行的，也应要求修改，以保证放款能及时收回。三是对于"软条款"信用证最好不要接受。

从押汇银行取得的"物权"看，银行要认真审核企业提供的抵押单据和货物的真伪，对于金额较大的商品还要熟悉进口方国家的经济政治状况和商品在国际市场上的价格走向。同时要求提供必要的实物抵押，对抵押物的价值应请专家进行科学测算和评估，以确保其价值高于贷款额度，并易于变现，对于一些特殊的大宗商品抵押物，要经公证处公证，向保险公司投保。资金贷放后，要跟踪管理，以保证资金按时收回。

本章基本概念

即时支付　次级制裁

复习思考题

1．托收业务中，出口商面临的风险有哪些？

2．信用证业务中，主要当事人的风险是什么？

3．银行开具保函后，可能会遭遇什么风险？

4．银行如何对结算及融资中的风险进行控制？

第十二章
国际结算中的欺诈及防范

⚲ **本章提要**

了解欺诈的含义及常见的欺诈形式，理解软条款信用证的实质，掌握银行防范欺诈的措施，注意禁止（付）令的应用要领。

任何时候、任何国家，总有一些投机诈骗分子利用可乘之机进行诈骗活动。特别是在对外开放领域日益扩大，金融国际化、自由化以及科技不断进步的当今社会，金融诈骗呈现出隐蔽性强、金额巨大、专业化程度高等特点，诈骗分子利用先进的技术、高超的手段屡屡得逞，引起人们的普遍关注。

什么是欺诈行为？其要害在于其主观存在恶意，它是以不公平或不正当的途径获取实质上的利益。欺诈活动发生后，不仅会给当事人带来经济上的损失，而且会使其信誉受到影响。若某家银行在诈骗中中招，且损失巨大时，将使外界产生该银行专业技术水平不高、内部管理混乱的印象，从而导致人们对其失去信心。例如，有的银行开出的信用证不为国外银行接受，或者要求对信用证加具保兑，这都是诈骗活动引起的不良效应。欺诈不仅引起国际商界、银行界的重视，也促使各国政府采取一些防范措施。如有些国家通过了专门的防止国际贸易及金融欺诈的法律（我国《刑法》也有关于金融诈骗犯罪的规定）；有的国家则专门成立防止国际贸易和金融欺诈的机构。因此，识别和防止国际贸易和金融欺诈是值得高度重视的。

欺诈也是一种风险，由于和违约等一般性风险相比其危害更大，性质不同，因此本章对此专门进行阐述。

第一节 国际结算中常见的欺诈

国际结算及融资活动中的欺诈涉及的范围比较广泛，从假钞票、假信用卡、假票据到假单证；从假预付款、假托收到信用证任意加列软条款，几乎各业务的每个环节都会受到诈骗的干扰。本节只对几种主要结算方式及融资中的诈骗加以介绍。

一、票据诈骗

票据诈骗的具体表现有：伪造票据、变造票据、使用作废票据、冒用票据、骗取票据、使用远期或空白支票诈骗等等。

（一）伪造票据

在国际结算中，常采用预付款、支付定金或全部货款的方式。在这类业务中，有的诈骗分子就利用假票据行骗。出口商由于缺乏金融常识，认为收到银行票据即为收到货款，随即发出货物，待通过银行光票托收落空时，才发觉上当受骗。若只看到使用票据手续简便、结算费用低的一面，而不了解其风险，就会让诈骗分子有空可钻。例如，某年国内某外贸公司与一外商签订出口50万美元的首饰合同，运输方式是空运。外商先寄来一张银行支票，外贸公司收到支票后，即认为货款已收妥，发货后到银行办理托收时，对方代收行拒付，理由是此票据项下账户已注销。待通过使馆调查外商的行踪时，得知其已凭航空运单提货后不知去向。

这类诈骗的贸易背景通常是货物量少但价值高，而使用的运输方式大多为空运，诈骗分子利用出口商急于成交以及人们对银行的信任心理。客户在丧失警惕的情况下，接到支票即按指定地址发货，然后将发票等单据寄往"进口商"所在地。由于托收支票的时间比空运时间长，诈骗者有充足的时间作案，并且空运单并非物权凭证，按国际空运惯例，提货的单据随货物空运，货到后进口方凭通知单及证明身份的证件就可提货。至此，出口方钱货两空，损失惨重。

（二）变造票据

变造票据是非法变更票据上签名以外记载事项的行为，也是票据诈骗的一种形式，最常见的就是非法涂改票据上的金额。例如，香港某人来到上海某工商银行支行，要求贴现一大面额汇票，金额为700万美元，银行经办人员仔细审查，怀疑票据金额有误。后经审证，持票人是把预先准备好的小金额100万美元涂改成700万美元大面额票据，以达到行骗目的，结果被银行人员识破。

（三）使用作废票据

使用作废票据，是指以过期、失效、作废票据提示取现，充作抵押或其他交易等筹码的票据诈骗行为。例如，20世纪90年代初国内好几家银行先后遇到持票人持由蒋孝全签发的巨额支票要求兑现的案件，其中，既有不明真相的善意持票人，也有恶意持票人。经查，行骗人是一个广东无业游民及两名港商，声称自己是"蒋孝全"，为"发展祖国经济从台湾偷渡来大陆"，而其所持支票是早已作废三年的港基国际银行有限公司的支票。

（四）冒用票据

所谓冒用票据，是指假冒原持票人，使用他人票据取现或消费的诈骗行为。

【案例12-1】

新加坡A公司（出口商）与日本B公司签订一份价值120万美元的机械设备采购合同，约定以银行汇票结算。2021年3月5日，A公司通过新加坡星展银行（DBS Bank）签发汇票，付款行为中国银行东京分行，收款人为日本B公司。汇票通过国际快递（DHL）从新加坡寄往日本东京。

一个跨国诈骗集团（后查明主要成员为中国籍和马来西亚籍）在马来西亚吉隆坡拦截了该快递包裹，获取汇票原件，仿制日本B公司的财务专用章及法定代表人印章在汇票背面伪造B公司的空白背书，使汇票可被任意第三方兑现。然后伪造B公司员工的身份证明及授权委托书（声称B公司委托其贴现）。

2021年3月15日，犯罪分子派一名成员（化名李某）持伪造的汇票及相关文件，前往上海银行浦东分行申请贴现。上海银行未通过SWIFT报文向付款行（中国银行东京分行）核实汇票真实性，也未联系日本B公司确认背书授权，仅凭表面审核即完成贴现，将款项汇入李某指定的中国境内账户。

2021年4月2日，日本B公司因未收到汇票，向新加坡A公司查询，A公司通过DHL追踪发现包裹在吉隆坡异常滞留，随即向新加坡警方报案。中国银行东京分行在例行核对账目时，发现该汇票已被贴现但未收到B公司确认，遂启动内部调查。

针对主犯李某（中国籍）及幕后策划人（马来西亚籍），国际刑警发布红色通缉令。经查贴现资金通过中国境内多个账户分层转账，最终在深圳地下钱庄兑换为加密货币（USDT）。中国警方冻结部分账户，追回约40万美元。

主犯李某因冒用他人汇票且数额特别巨大（120万美元），被判处12年有期徒刑，并处罚金50万元人民币；上海银行浦东分行因未尽审慎审核义务（未验证背书真实性），被判向日本B公司赔偿80%损失（96万美元）；剩余20%损失由B公司自行承担（因其未要求A公司使用保付汇票或电子汇票）。

二、信用证结算中的诈骗

信用证欺诈是信用证结算的某一当事人制造假象使其他当事人失去有价财产或法律权利，从而达到不当获利目的的行为。信用证项下的欺诈不仅缘于外部因素，而且信用证运作的内在机理也存在产生欺诈风险的缺陷。一方面，受益人只需提交与信用证相符的单据，就可得到银行的付款。受益人如果以伪造的假单据骗取货款，申请人将会遭受损失。另一方面，受益人向银行提交的单据必须严格相符的原则也为申请人在信用证中加列冗繁条款，以便为行情不好时挑剔单据以求拒付提供方便。我国最高人民法院曾出台司法解释，明确了四种情形为信用证欺诈，即：受益人伪造单据或者提交记载内容虚假的单据；受益人恶意不交付货物或者交付的货物无价值；受益人和开证申请人或者其他第三方串通提交假单据而没有真实的基础交易；其他进行信用证欺诈的情形。

（一）伪造单据

伪造单据指受益人或他人以受益人的名义，用伪造或包含欺诈性陈述的单据，骗取信用证下款项的行为，甚至在货物根本不存在的情况下，以伪造的单据迫使开证行因形式上单证相符而无条件付款。这是信用证方式下最为多见的一种欺诈。

【案例12-2】

某年9月8日，某行收到由 Bumi daya INTL FINANCE Ltd., HongKong 开出的以内

地海南信息实业公司为受益人，金额为99.2万美元的L/C。

经了解，此笔业务由海南信息实业公司与我国香港兴和国际集团签订出口合同，由新加坡DMT集团在香港MAXVILLE公司开证，出口商品为20万台照相机，销往新加坡。

证内要求发货前需由收货人MAXVILLE公司指定人签字盖章出具货物检验证书，并由开证行签字盖章证实。

11月初，内地公司到深圳出货，事先香港兴和集团有关人员提供了由香港MAXVILLE公司指定人签发并经开证行证实的货物检验证书。11月5日，货物装船后，兴和集团有关人员以数张大面额的香港新华银行支票为抵押，从受益人手中取走1/2正本提单。

11月15日，受益人将其中两张支票交由海南建行向香港广东省银行托收，同时将L/C项下有关单据提交建行议付，建行以提单不全为由不予议付。11月21日，香港广东省银行电告托收支票为空头支票。

12月初，受益人向香港MAXVILLE公司和新加坡DMT集团查询，两公司均答复未收到货物。经与船公司联系，发现此货已于11月6日被人以MAXVILLE公司名义签字盖章取走。受益人得知情况后，立即委托对方通过新加坡中行向MAXVILLE公司且在新加坡总部托收有关货款。新加坡中行电告某行称对方未收货物，也未出具过任何检验证书，后又经我驻新大使馆商务处调查，确认所谓由MAXVILLE公司出具的检验证书是伪造的。

（二）伪造信用证

利用假信用证进行欺诈是通过开立假信用证，诱使出口商发货，并按信用证上提供的假地址寄单，从而使诈骗分子轻而易举取得货物，使出口商或出口方银行受到损失的一种诈骗方式。

在实施这类诈骗时，诈骗分子为了使其假信用证能够以假乱真，往往采用假印鉴、假密押的办法。在精心制造假密押的骗局方面，诈骗分子使用了一些银行难以察觉的手段。

【案例12-3】

某年我国内一家银行（甲银行）收到一家国外银行的分行以电传方式开立的信用证，因该国外银行只与我国内银行少数几家分行有密押关系，该信用证上注明，借用我国内某分行（乙银行）密押。次日，我国内甲行收到乙行电传，称国外开证密押相符。甲行感到此事有蹊跷之处，经与乙行及国外银行总行联系，得知此信用证为假信用证。在此诈骗案中，国外诈骗分子利用国内外贸公司急于出口已收购多时的农副产品，完成出口计划的心理，在开立假信用证后，向外贸公司施加压力，要求其凭该信用证发货，由于我方银行对疑点做了认真调查，及时识破了诈骗分子的骗局，使外贸公司避免了一笔巨额损失。

（三）软条款信用证

软条款信用证，也有人称之为可撤销的陷阱信用证，是指开证行可随时单方面解除其保证付款责任的信用证。软条款信用证的"软"主要表现在：

1.信用证附加生效条款

例如，要取得进口许可方能生效；电告出口方，样品合格并接到××检验机构的报告后才能生效；接到进口方允许使用的船公司名单后才能生效等。这样的条款使出口方处于被动地位，因为如果没有收到进口许可证或检验机构未予验货，没有出具检验报告，进口方允许使用的船公司未能配载，都会影响到出口方执行信用证条款。而且，由于信用证迟迟不能生效，占压了出口商的资金。有时接到生效通知时装期已临近，极易造成单证不符，遭开证行拒付。

2.条款苛刻

例如，某受益人接到香港来证，证中规定"发货前需由收货人××公司指定人签字盖章，出具货物检验证书，并由开证行签字盖章证实"。有的来证要求商品要由进口代理人检验，并出具没有"抱怨"的检验证书，交单据到议付行议付。而检验报告中含有大量的技术术语，议付行很难准确判断是否有"抱怨"，容易产生异议。

【案例12-4】

某年某外贸公司A与香港一商人B签订了出口编织袋的合同，总金额为220万美元。合同中规定出口方必须先付履约保证金，申请人才开证。A公司在成本低、利润大的诱惑下，按对方指定的账户汇了履约保证金。B即通过香港某银行开出信用证，其中含有如下的软条款：

"Inspection certificate issued by General Administration of Customs of the People's Republic of China signed and endorsed by applicant whose authority and signature must be in conformity with the record held in issuing bank."（中华人民共和国海关总署签发的并由申请人会签的检验证。申请人的签字必须与开证行的档案记录相符）。对此条款内地两方未加重视。随后，A公司将备妥的货物运抵口岸，经检验后装船出运。

同时，某议付行在没有确定检验证上开证申请人的签字是否与开证行留存的签字样本一致的情况下叙做了押汇。然而，单据到香港后，开证行以检验证上签字与签字样本不符为由拒付并退单。

至此，这笔软条款信用证给A公司和议付行都带来了严重损失：议付行22万美元的押汇款大部分难以追回；A公司支付的履约保证金被申请人骗走而且货物到达香港后无人提取，产生大量的仓储费。

上述案例有以下几个特点：

（1）开立带有软条款的开证行付款信用证，不把签字样本寄给通知行转交受益人，即使申请人在检验证上签了字，其签字与其在开证行留存的签字样本也不会一致。

（2）货价高出国际市场价格，引诱卖方上当。此案中的编织袋每条0.22美元，而国际市场价只有0.08美元。

（3）合同金额较大。此案中的合同金额为220万美元，该信用证金额是合同金额的1/10。

（4）申请人不是签约人，此案中的签约人是香港"宇通"公司，此公司根本不存在，经过多次转手，后者不了解业务背景，开出了软条款信用证。

（5）价格条款为FOB，买方根本不会派船装货。

（6）货物是较易生产的商品（如编织袋、纸制或木制包装箱、砌石、下水道盖板材、河卵石等）。

软条款信用证的根本点是它赋予开证行或申请人单方面的主动权，使得信用证可随时因开证行或申请人单方面的行为而解除，成为一种可撤销信用证。这种信用证虽然内容完备，但就其隐蔽程度和欺骗性而言，比伪造信用证还要危险。

（四）申请人与受益人合谋或者与其他第三方串通

1.开证申请人与受益人合谋

申请人与受益人以并非真实存在的买卖关系为幌子，由所谓的买方开立信用证，所谓的卖方向银行提交伪造的单据，使开证行与议付行都面临风险。

我国一家新成立不久的公司，在某年6月27日持国内某银行通知的三个信用证，到该行申请办理打包放款，金额近700万美元。经查实，证内货物、数量、规格、装运及有效期均属难以执行条款。实际上这是一起国外客户与国内公司相勾结、企图诈骗通知行巨额打包放款的一起诈骗案。

开证申请人与受益人合谋的案例并不鲜见，下例即是。

【案例12-5】

2004年4月22日，广州中级人民法院对一起特大信用证诈骗案做出一审判决，因虚构贸易骗开信用证诈骗141万美元的陈建明，被判处有期徒刑15年。1994年，陈建明为了骗开信用证套取现金，成立了南江贸易有限公司。1995年11月27日，陈建明利用南粤公司在中国银行澳门分行的授信额度，虚构向新加坡某公司购买柴油的事实，指使他人伪造进口贸易合同，骗取南粤公司为他在中国银行澳门分行开出一份受益人为新加坡某公司的信用证，金额为118.8万美元。此后，陈建明伙同他人伪造了该信用证项下的附随提单、数量证明书、货物发票等有关单证，在新加坡渣打银行将该信用证的118.8万美元解付。在很快归还这笔款项取得南粤公司信任后，1996年4月3日，陈建明采用同样手法，骗得南粤公司向中国银行澳门分行为其开出另一份受益人为新加坡某公司的信用证，这份信用证金额为141万美元。随后，陈建明用同样手法在新加坡渣打银行将141万美元解付。

2.受益人与船东共谋

这种诈骗方式因为有受益人与船东共同操作，增加了诈骗者实施诈骗行为的方便程度，加大了对受害者的危害性与危险性。具体来讲，这种诈骗表现为：

（1）受益人的货物根本不存在，受益人与船东共谋伪造提单等单据凭以结汇，直接诈取款项。

（2）受益人向承运人出具保函，要求承运人签发清洁提单以隐瞒货物装船前的瑕疵；要求承运人于货物装船时预借提单，或装船后倒签提单以隐瞒延迟交货的行为。

【案例12-6】

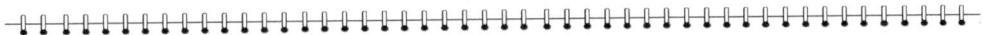

2020年7月，新加坡卖方Oceanic Trader与尼日利亚买方签订2 000吨冷冻鱼的买卖合同，金额500万美元，约定以信用证结算。信用证要求提交全套海运提单（B/L）、商业发票、原产地证书和SGS检验证书。

船东Alpha Shipping签发了清洁提单，但实际上货物仅为少量低值鱼干（价值10万美元），其余集装箱为空箱。船东通过贿赂检验机构SGS驻印尼办事处，获取虚假检验证书。

货轮在印度洋海域故意关闭AIS信号，将空箱抛海，伪造"船舶故障"报告。

卖方凭伪造的全套单据向中国银行新加坡分行交单，要求兑付信用证。银行审核单据表面合规，支付了500万美元。尼日利亚买方提货时发现90%集装箱为空箱，立即向开证行提出止付。

调查发现：SGS检验证书编号与系统记录不符；船舶卫星数据显示异常绕航；船东与卖方控股股东为同一离岸公司（英属维尔京群岛注册）。

新加坡法院审判的结果是：卖方负责人因信用证诈骗罪被判10年监禁（《新加坡刑法典》第420条）；船东公司被国际海事组织（IMO）列入黑名单，禁止进入主要港口。国际刑警对希腊船东发出红色通缉令（依据《联合国反腐败公约》）。

开证行（中国银行）因单证表面合规，无须对买方赔偿（UCP600第5条"银行仅处理单据"）。通过追索卖方在新加坡的资产挽回300万美元，尼日利亚买方因未投保贸易信用保险，自行承担200万美元损失。

此类欺诈的典型特征是受益人伪造单据，船东提供虚假运输证明；提单与检验证书是主要伪造对象（如"倒签提单""鬼船提单"）。赃款通过离岸公司（如塞浦路斯、开曼）洗白。

三、备用信用证诈骗

国外商人利用假的备用信用证骗取我出口公司的货物、预付金、保证金等的案件也时有发生。1993年曾发生了轰动全国的中国农业银行衡水中心支行开出的100亿美元备用证诈骗未遂案。虽然由于我司法机关和有关部门在国际警方和金融机构的配合下，采取了一系列紧急措施，没有出现资金支付情况，但已经使中国农业银行为此耗费了大量人力、物力、财力，蒙受了巨大的经济损失，其声誉也受到了严重损害。下例也是一则备用信用证诈骗案。

【案例12-7】

时间：2019年1月—2020年3月
涉案方：
受益人（诈骗方）：英国离岸公司Green Energy Africa Ltd（实际控制人为尼日利亚籍）
申请人（受害方）：中国工程公司 Power China International
开证行：渣打银行伦敦分行Standards Chartered UK
担保项目：尼日利亚某太阳能电站EPC合同（金额1.2亿美元）
诈骗方伪造尼日利亚能源部授权文件，声称中标太阳能项目，要求中国公司提供履约备用信用证（SBLC）作为投标担保。诈骗方使用黑客技术修改MT760报文格式、伪造渣打银行密押、提供冒充渣打银行员工的电话号码和邮箱等手段伪造了渣打银行备用信用证。

中国公司未直接联系渣打银行官网公开电话核实，仅通过邮件便"确认"了信用证真实性。2020年1月，诈骗方以"中方未按期开工"为由，向渣打银行提交索赔声明（符合ISP98形式要求）。银行因单证表面相符支付了 1.2亿美元，资金被迅速转移至迪拜NBD银行（5 000万美元）和塞舌尔离岸的账户（7 000万美元）。

渣打银行在内部审计时发现该MT760报文无原始发送记录；备用信用证编号与银行系统不符。国际刑警调查发现，尼日利亚能源部否认授权该项目；所谓"太阳能电站"用地实为荒地。

英国法院判决：主犯（尼日利亚籍）以诈骗罪被判14年监禁（《英国2006年诈骗法案》第1条）；追缴赃款 3 200万美元（部分资金已在塞舌尔被冻结）。中国公司因未核实信用证真实性，承担100%责任，无法从银行追偿，仅通过民事诉讼从离岸公司追回600万美元。

中国法院补充判决，开证行（渣打）因未检测伪造密押（银行仅审核单据表面真实性（第1.06条），但此案中SWIFT报文系伪造，银行系统漏洞被判担责30%），赔偿中国公司3 600万美元。

四、保函诈骗

保函诈骗是指诈骗分子打着国际招标的招牌，到处招标，并向招标方发出中标通知书，故设陷阱，诱使我国内企业向银行申请开立履约保函，企图骗取我方赔款。这种诈骗方式往往具有如下特点：诈骗分子以国际招标履约为借口，诱使中标方向银行申请出具履约保函；保函所依据的标书与合同之文字、内容及法律文件均偏护招标方而不利于中标方；保函受制于招标方所开条件苛刻之信用证；保函金额相对合同金额比例过高，且需委托招标方当地银行转开，风险较大。

【案例12-8】

某年3月15日，A公司持中标通知书到B银行申请出具中标履约保函，受益人为W国C公司（招标方）。担保行在审核申请人提交的有关资料后发现如下问题：原标书与合同均为西班牙文，而不是国际通用的英文，容易出现解释、理解方面的偏差；原标书规定中标方需提供银行保函，并与招标方签订合同，招标方根据合同开立延期付款信用证，使中标方处于不利地位；原标书规定保函金额为合同金额的20%，比例太高；招标书强调只接受其当地银行的保函，故要求担保行委托当地银行转开保函，而风险却由保函申请人承担。鉴此，担保行建议保函申请人与受益人联系做以下修改：提供原标书与合同的英文版本；先签约，且在收到国外开来的信用证后再开出保函；将保函金额调低至合同金额的10%以下；保函加列金额随装运情况按比例递减条款；来证限制担保行通知和议付；把延期付款信用证改为承兑付款信用证。

然而，买卖双方虽经多次磋商，仍未达到理想效果。稍后，招标方通过当地D银行开来两份信用证，来证规定：货物必须在3个月内按间隔相等的时间分三批运达港口，最迟装效期为9月25日，在保函申请人的一再要求且已落实反担保的情况下，我方担保行于6月22日指示D银行转开金额为21万美元的中标履约保函："保证受益人在保函申请人未能按时交货或短装情况下凭书面索赔函得到偿付，保函效期至全部货物运抵目的港后60天内或至11月30日，以早者为准。"同时还声明此保函系根据国际商会《见索即付保函统一规则》开立。11月10日，担保行获悉最后一批货已于9月25日到达目的港，便致电D银行，要求确认保函失效并解除担保责任。但直到11月24日，对方才复电称：保函受益人未退正本保函，并提示保函效期至12月30日。随后，担保行在12月14日接到D银行电告：保函受益人已于12月12日通过公证机构提交正式函件，声言保函申请人违约，要求担保行赔付全部保函金额，起息日为12月13日。经了解，保函申请人发送的第三批货晚到目的港，根据保函规定，保函受益人提出索赔的最长期限为全部货到后60天，而W国法律另赋予15天宽限期，所以最迟索赔日应为12月10日，但对方称保函受益人已于12月8日向当地公证机构提交索赔函公证，而12月10日和11日两天是当地假日，故D银行在12月12日受理受益人索赔，并执行了保函。结果，担保行与保函申请人在多次努力未能劝阻对方撤回索赔的情况下，为维护信誉，不得不于12月31日对外赔付，并承担了有关费用和利息。次年1月16日，此案以担保行收到对方撤函通知而自己已做出了赔偿的重大代价而告终。

五、信用卡诈骗

随着科技的发展，信用卡诈骗的作案手段花样百出，特别是网络诈骗，具有高技术性、跨国性、形式多样性和隐蔽性等特征，让人防不胜防。根据《刑法》，信用卡诈骗犯罪的方式有四种：使用伪造的信用卡，使用作废的信用卡，冒用他人的信用卡，恶意透支。

【案例12-9】

2024年1月初，北京张先生的手机在半夜突然黑屏震动，随后其信用卡在境外被盗刷1.5万元，用于在泰国一家免税店购买一块机械手表。警方调查发现，这是一个境内外勾结的盗刷信用卡犯罪团伙所为。该团伙通过钓鱼短信、伪造官方网站等手段窃取被害人信用卡信息，在境外购物网站或免税店无卡绑定消费，由职业背货人将商品带回境内销赃变现，所得资金转化为虚拟币后分赃。

这起事件涉及70余人，总金额约1 000万元。警方在全国16个省份抓获70多名嫌疑人，成功打掉该犯罪团伙。

第二节　银行欺诈防范

一、银行防范欺诈的措施

在全球经济格局深度调整的大背景下，全球范围内的金融犯罪呈现上升趋势，尤其是通信和互联网技术的发展，催生出了众多更具隐蔽性和破坏性的欺诈方式。近年来，全球网络犯罪几乎增长了一倍。诈骗组织一般分工严密，实行跨地区甚至跨国的远程操纵，中国等发展中国家往往成为资金的流出地和中转站，给国内金融业的安全稳健运营带来了巨大挑战。鉴于国际金融诈骗时有发生，各国银行对此都十分重视，纷纷采取措施，防范可能发生的金融诈骗事件。

为了防范国际贸易结算和贸易融资业务中的诈骗行为，银行主要采取了下面一些防范措施：

1.引入先进的反欺诈技术手段和识别工具

传统的防控手段多是通过历史数据回溯的方式来预测与判断交易风险，无法达到主动防御的目的。鉴于这种情况，一些金融机构规划建设了金融业反欺诈统一信息管理平台，运用统一的数据标准和系统接口，海量归集、分级分类管理金融业欺诈风险数据，运用数据挖掘技术、智能模型计算、行为特征判断、生物图像识别等新方法，提高反欺诈管理的信息化水平。区块链也是一个能够增强交易过程安全性的技术，能更大程度上确保支付过程的安全性。

2.建立和遵守规章制度，加强银行内部稽核工作

建立和遵守规章制度是保证银行正常经营的重要条件。只要规章制度能够完善并得到遵守，就能从日常经营业务中发现诈骗行为的蛛丝马迹。此外，银行内部稽核也是防止诈骗或发现诈骗后能及时采取补救措施堵塞漏洞的有效方式。近年来，我国国内金融业发展较快，许多银行扩建和新建了不少分支机构，这些机构内部运作机制有待完善，人员素质有待提高，即使是有多年经营历史的银行部门也不排除内部管理疏忽，以及内外串通作案的可能性。内部稽核制度的建立，能够有效地制

止各种欺诈性犯罪活动，尤其能遏制内外勾结作案，以及个别经办人员违章操作而使诈骗分子有可乘之机的情况。另外，如果银行内部稽核制度完善，即使发生欺诈案，也可及时发现并迅速采取措施，避免事态扩大，从而挽回损失或将损失降至最低限度。

3.严格审查贸易合同以及合同中有关信用证、保函的支付条款

对客户的宣传和信息服务是银行各项业务的重要内容之一，在国际贸易结算和贸易融资业务中也是如此。客户到银行办理相关的国际业务，对银行的业务以及国际金融知识不可能做到十分了解，这就需要银行提供一些必要的信息服务，向客户介绍国际贸易结算或融资中可能遇到的风险以及可以采取的防范措施。此外，在具体业务中，要对客户的贸易背景进行了解，必要时须审查相关贸易合同。在贸易合同中支付条款是保障客户权益的关键，倘若合同支付条款不合理，就有可能为将来上当受骗埋下伏笔。例如，有的进口合同规定，以信用证方式付款，但信用证对商检单据没有明确列明出证机构，致使诈骗分子能够以伪造的单据获取货款。银行在开证前发现这类问题时，应向客户及时指出，或在办理具体手续时，增加保证银行权益的进一步的措施。

4.加强国际交流合作

防范欺诈是一项社会系统性工程，客观上需要多国家、多组织、多主体的深度协作。欧美各国普遍建立了反欺诈监管工作体系，通过发布政策指引、监测预警等方式，从内部控制和操作风险管理等维度引导金融机构提高欺诈风险的防范能力。为积极履行大国责任和承担国际义务，结合维护金融市场秩序、规范金融业经营发展的需要，各金融机构应着力加强与国际监管组织和司法机关的跨境协作，逐步实现金融欺诈风险信息的共享和跨境欺诈情况的沟通，共同加大对跨境金融犯罪的打击和追讨力度。

另外，要慎重处理诈骗案件。国际贸易结算及融资业务中发生的诈骗案，在法律诉讼方面涉及不同国家的法律制度，处理不当会使当事人处于十分尴尬的境地，不仅经济利益受损，有关的权益也将进一步被损害。涉及国际银行间业务的诈骗案，其解决的方式通常是按照国际惯例，首先确保无辜的第三者的利益。例如，从国外进口商品时，若以信用证方式支付，一旦议付行付了对价，即议付行买单后，诈骗分子逃遁，议付行只能向原开证行索偿，原开证行不应以受到诈骗为由拒付。这一点国际海事法庭已有过相应的判例。有时，进口商为了自身利益，请求当地法院下达禁止令，禁止开证行对外偿付信用证项下款项，其后果可能是议付行到伦敦国际海事法庭或其他有开证行分支机构的当地法庭起诉开证行，并通过法庭冻结该行在当地分支机构的资金，从而使开证行的权益进一步受损。因此，在处理这类案件时必须十分慎重。银行应在欺诈案发后立即与国外银行以及有关的司法机构联系，并在必要时寻求国际刑警组织的帮助，在不进一步损害自身权益的基础上，寻

求解决办法。

二、法院禁止令

法院禁止令是英美法系中一种特殊的救济方法。在民事诉讼中，法庭往往发出要求一方当事人做或不做某一行为的命令，凡禁止做某一行为的，即为"禁止令"。在国际结算中，禁止令则是由法庭出具的用来禁止银行履行付款义务的命令，也有人称之为"禁付令"。

根据国际一般惯例，法庭在国际贸易结算中根据申请人的要求决定是否发禁止令是很慎重的，要做仔细的调查，考虑是否有利于贸易的畅通，是否有悖于信用证业务的统一惯例及有关票据法通则，尽量不使银行卷入商业争端，同时还要考虑到是否有无辜的第三者的利益因此而受到损害。通常只有在债权人和债务人之间存在明显欺诈的情况下，法庭才会发出禁止令。例如，保函的受益人在对保函申请人的交易中有欺诈行为，申请人向法庭申请向担保银行发出禁止令，银行收到禁止令则可拒绝保函受益人的索赔。

禁止令可以分为永久性的和临时性的。临时性的禁止令通常是在诉讼开庭审理前或者更早一些时间内下达，其目的在于保持现状，或者防止在案件审理结束前发生不可弥补的损害。根据英美法系的惯例，法庭发出临时性禁止令一周后，可应申请人要求对原案进行重议。因此，在国际贸易纠纷中，法庭发出临时性禁止令也可以作为公正解决纠纷的手段。因为在国际贸易中使用诸如信用证及保函之类的结算工具往往给受益人以较大的权益，倘若受益人凭信用证或保函向开证银行或担保银行索偿，开证行及担保行应按原信用证及保函的规定付款，即使背景交易出现了较严重的纠纷，甚至给申请人带来损失，其付款义务也不受影响。但此时倘若开证行或担保行已付款，申请人在与受益人解决纠纷时就将陷于十分不利的境地。反之，如果开证行或担保行接到法庭的禁止令，则有理由拒付，以迫使受益人与申请人解决纠纷。

美国法院处理信用证交易欺诈案的法律原则较为系统，最著名的是1941年的SZTEJN案，它开创了法院以欺诈为由下令禁止银行根据信用证规定向受益人付款的先河，在一定程度上将信用证同其基础交易联系起来。该案的大致经过是，卖方通过银行提交的发票和提单对货物的描述是猪鬃，但装运的却是一些牛毛和垃圾。法院据此认为，卖方故意没有装运买方订购的货物，纯系欺诈行为，在这种情况下，信用证项下开证行责任的独立抽象性原则不应扩展到保护不讲道德的卖方，因此法庭接受了买方的请求，对开证行下达了禁止令。从该案的处理结果看，法庭确立了处理信用证交易欺诈行为所遵循的重要原则：

（1）如果受益人在提交单据及装运方面有欺诈行为，而开证行在付款之前得知了这一情况，有权拒付。

（2）受益人的欺诈必须经银行或开证申请人确认成立，而不能仅仅是"据称"。

（3）只有在交易中出现欺诈行为，但并未危害第三者利益的前提下法庭才发出禁止令。

但在信用证和保函项下，法院若过于频繁地使用禁止令，会使银行的信誉受到影响。例如，在议付信用证项下，若议付行凭合格的单据议付后，开证行收到了法院的禁止令而拒付，此时如确系欺诈，受益人可能已逃之夭夭，而开证行因禁止令欲付不能，无疑其信誉就要受到影响。而在承兑信用证项下，开证行承兑汇票后若凭法院的禁止令拒付，也会影响其声誉。

近年来，国内法院在单证相符，有的甚至是在开证行已对外承兑了国外议付行提示的汇票的情况下，出具禁止令，要求银行拒付货款的情况屡有发生。产生这种情况的原因主要是国内买方忽视对国外客户的资信调查，草率与外方签订合同并通过当地银行对外开立信用证，待货到后发现货物有质量或其他方面的问题，在找不到单据有不符点的情况下，就通过法院发出禁止令来阻止银行按信用证规定对外付款，这种做法既违背了银行信用的独立性原则，又损害了国内开证行的对外信誉，也无法从根本上解决买卖双方的贸易纠纷。

我国自2021年1月1日起开始施行的《最高人民法院关于审理信用证纠纷案件若干问题的规定》是一部与国际通行惯例接轨的商事法律，它一出台就受到了国内外各方面的关注。其中有关欺诈例外规则的内容尤其引人注意，这些规则既借鉴了美国在此领域的有益经验，同时又考虑了我国的国情。其中第十条规定："人民法院认定存在信用证欺诈的，应当裁定中止支付或者判决终止支付信用证项下款项，但有下列情形之一的除外：开证行的指定人、授权人已按照开证行的指令善意地进行了付款；开证行或者其指定人、授权人已对信用证项下票据善意地作出了承兑；保兑行善意地履行了付款义务；议付行善意地进行了议付。"

本章基本概念

软条款信用证　禁止令

复习思考题

1. 信用证业务中买卖双方及银行可能遇到哪些风险？如何防范？
2. 保函业务中担保行面临哪些风险？
3. 保理业务中最大的风险是什么？
4. 风险控制包括哪几个方面？
5. 什么是结算中的欺诈行为？
6. 什么是国际结算中的禁止令？

参考文献

［1］中华人民共和国票据法.

［2］1882年流通票据法（英国）.

［3］日内瓦统一票据法.

［4］跟单信用证统一惯例（国际商会第600号出版物）.

［5］跟单信用证项下银行间偿付统一规则（国际商会第725号出版物）.

［6］UCP600下信用证审单国际标准银行实务（ISBP745）.

［7］见索即付保函统一规（URDG758）.

［8］见索即付保函国际标准实务（ISDGP）.

［9］国际备用信用证惯例（国际商会第590号出版物）.

［10］福费廷统一规则（URF800）.

［11］国际保理通用规则（GRIF 2023）.

［12］苏宗祥，徐捷.国际结算［M］.6版.北京：中国金融出版社，2015.

［13］王善论.国际商会信用证案例评析［M］.厦门：厦门大学出版社，2014.

［14］林建煌.品读ISBP745［M］.厦门：厦门大学出版社，2013.